AF370480

Impresiones de Lucía Richard: literatura, arte y sociedad en el Chile de los años 50

Daniel Piedrabuena Ruiz-Tagle

Booksideals

ASTURIAS, ESPAÑA

Daniel Piedrabuena Ruiz-Tagle/Booksideals
Asturias, Spain/33560
https://booksideals.wordpress.com/
booksideals@gmail.com

Foto de portada: Composición digital realizada por Daniel Piedrabuena Ruiz-Tagle a partir de la imagen nº #28104233 ©Wojtek/Fotolia

Otros libros por el autor: El conquistador alemán Pedro Lísperguer Wittemberg; Los lísperguer Wittemberg: una familia alemana en el corazón de la cultura chilena.

Impresiones de Lucía Richard: literatura, arte y sociedad en el Chile de los años 50/ Daniel Piedrabuena Ruiz-Tagle. -- 2ª ed.
Depósito Legal: M-008116/2010
ISBN: 978-84-120825-2-4

A mis hijos herederos de esta gran historia. A
mi tío Guillermo Piedrabuena Richard y a mi
hermano Juan Enrique por todo su afecto.
A mis tíos abuelos, Roberto y Carlos Humeres Solar,
grandes promotores del arte y de la intelectualidad chilena

"Obras son amores y no buenas razones"

—LOPE DE VEGA CARPIO (1562-1635)

ÍNDICE

 través de las páginas de la obra *Impresiones de Lucía Richard* podemos adentrarnos en la trayectoria literaria y artística de la poeta, escritora, dramaturga, cuentista, columnista, conferenciante, ensayista, radio presentadora... Lucía Richard. Esta es una obra luminosa, que aborda la creación y actividades del Cenáculo de Poesía del Conservatorio de Declamación, y en general, realiza con amenidad un seguimiento no sólo de Lucía Richard, sino de todos los compañeros/as de su generación. En especial se detiene en el estudio de un grupo de mujeres de los años cuarenta y cincuenta, aportando mucha luz sobre cuestiones que hasta ahora apenas habían sido marginalmente evocadas.

Entre ellas aborda la creación de la Casa de América en Santiago y todas las iniciativas y proyectos de estas personas. Es una obra inédita en su clase que rescata de forma entrañable la personalidad de Vera Zouroff y todo su grupo. Mediante recitales y conferencias, congresos americanistas y publicaciones, estas mujeres unieron sus voces para expresar su verdad, yendo en pos de un ideal que ha perdurado hasta nuestros días. La participación y reconocimiento de estos grupos por parte de personajes tan destacados como Samuel Lillo, Gabriela Mistral, Miguel Rocuant, Inés Echeverría, Jorge Gustavo Silva y muchos otros, le otorga un sello de calidad y trascendencia a su comprometida obra.

Nos encontramos ante la poderosa fuerza emocional de un grupo, que luchó activamente por encontrar su ubicación en la historia, por recuperar la dignidad de la mujer y aún mucho más, por crear una hermandad entre los pueblos de América. Su vocación de universalidad, les llevó a intentar crear un proyecto transnacional que sobreviviese al paso del tiempo, propagando un mensaje tan inspirado como altruista, que diese sentido a sus vidas y fuese capaz de renovar el acervo comunitario, en busca de un mundo más justo y libre.

Lucharon contra la intransigencia de la sociedad santiaguina, y en su pugna, se vieron confrontados con esa misma sociedad burguesa a la que ellos pertenecían y que sin embargo intentaban transformar. Luces entre sombras y en el horizonte su ideal diamantino: el amor, la verdad y el culto al espíritu. Esas son las únicas fuerzas que hacen rugir a las montañas y son capaces de liberar al hombre de su insidia, elevando la cultura, la identidad, la altura de miras, del ser humano integral. Así forjaron la grandeza de sus sueños, ilustrándonos como las cosas más bellas de la vida pueden estar al alcance de todos.

Daniel Piedrabuena Ruiz-Tagle
13 de mayo del 2016

ajo el halo de misterio con el que perecen todos los poetas, Lucía Richard, abuela de quien subscribe estas líneas, abandonó este mundo el 14 de agosto de 1969. Detrás quedó la incredulidad de las personas que la admiraron ante el impacto de la súbita pérdida, unos escritos un tanto desvencijados y el interrogante que suscita una persona que ha dedicado toda su vida a cultivar la inmaterialidad. En el momento de su desaparición yo apenas tenía cinco años de edad. De ella escasamente conservo algunos fugaces recuerdos en la chacra de Conchalí, una foto y poco más.

Sin embargo, algo trascendió en el tiempo y se instaló en lo más recóndito de mi subconsciente: una mirada que conmueve, una gracia natural o tal vez una forma de transmitir belleza. Una y otra vez la contemplo en la larga hilera de árboles que precedía la entrada de la chacra, dónde se me representa revestida de un aura de bondad y pureza. Con un semblante pálido y dulce, mezcla de ternura y sensibilidad, la veo descender hacia mi mundo de niño, al tiempo que me dirige unas cálidas palabras que hoy no alcanzo a descifrar.

Como esas hojas tornadizas que tantas veces evocó en sus poesías, el tiempo pasó, llegó el otoño de la vida y los sujetos que tanto protagonismo tuvieron en el escenario de entonces, hoy pugnan por no ser pasto del olvido. En 1973 mi padre buscando nuevos horizontes profesionales se había trasladado con su familia a España. Nuevos acontecimientos se fueron superponiendo a las remembranzas del ayer y poco a poco nuestro pasado chileno se fue esfumando de nuestra memoria.

Una nueva vida de rutina vino a sustituir aquella otra cargada de emociones, idealizada tal vez, pero parte inescindible de una infancia luminosa. Pero algo impreciso y persistente permaneció en la conciencia clamando por expresarse. Más allá de los océanos insondables, de las edades justicieras, de las tempestades de la vida, Lucía llegó a mí como las esporas que vagan por las inmensidades buscando un lugar propicio donde germinar.

Tendría unos trece años cuando por primera vez me tropecé con los poemarios de mi abuela. Había en mi casa por aquel entonces sólo dos, sin grandes lujos, ni ornatos. Sus cubiertas estaban desteñidas por el paso del tiempo. En uno se podía leer *Sursum corda*, publicado en 1925 y el otro llevaba el escueto título de *Poesías*, aparecido en 1938. En el primero, apenas se podía divisar su perfil esbozado por Jorge Delano y su prólogo nos hablaba de humildad y cariño. El segundo, ni siquiera tenía prólogo, ni imágenes y en su primera poesía nos pedía que siempre la recordáramos con la ingenua sonrisa de Mona Lisa.

Al adentrarme en sus páginas pude percibir un amor por la vida, una gran sensibilidad hacia las bellezas del mundo, una comedida melancolía atemperada por momentos de dicha, un forma de dar y compartir que me envolvió desde el primer instante. De forma recurrente volví a esas páginas que se convirtieron en mi particular libro de fe. De esta época datan mis primeras poesías y escritos, tal vez intentando emular las virtudes de mi abuela. Más tarde me cautivó leer *Recuerdos de viaje*, de 1934 y posteriormente los cuentos *El enigma*, de 1946.

Así pues crecí maravillado con estas bellas formas de espiritualidad que con los años se convirtieron en el nudo vertebral de mi existencia. Alrededor del año 1995 hice un viaje por Italia y recorrí cada una de las ciudades en las que había estado mi abuela en los años treinta, impregnándome de ese maravilloso Renacimiento que ella tanto apreciaba. Mientras yo en la sombra me embebía con los versos sutiles de mi abuela Lucía, mi tía Carmen Piedrabuena Richard, en el otro lado del océano, pacientemente recopilaba las obras de su madre.

En torno al año 1997 mi hermana María de la Luz me trajo de Chile un envío de mi tía Carmen: varios artículos de mi abuela, críticas a su obra, así como su ensayo titulado *Doña Marina Ortiz de Gaete*. Continué comunicándome con mi tía y gracias a los nuevos avances tecnológicos pude conseguir en breve tiempo sus audiciones radiales, sus estudios filosóficos, sus obras de teatro, su poemario *Humo azul*, así como otros ensayos y obras inéditas, adquiriendo la práctica totalidad de la obra de Lucía Richard.

A lo largo de esos años, viajes de hermanos y parientes se sucedieron continuando los contactos con mi nacionalidad primigenia. En abril del 2002 viajé a Chile, visité a mis tíos y primos, recorrí casi todos los museos de la capital, empapándome de la cultura chilena. Un momento emocionante fueron las Navidades del año 2004, en las que mi tío Guillermo Piedrabuena Richard, no obstante sus muchas ocupaciones en el cargo de Fiscal Nacional, encontró el tiempo para brindar un rendido homenaje a su madre Lucía, presentándose al público sus *Obras completas*, a la par que se pronunciaron conmovedores discursos, se publicaron artículos en el diario *El Mercurio*, se repartieron ejemplares, siendo el libro prologado por Hugo Montes, miembro de la Academia Chilena de la Lengua.

Fue éste un nuevo impulso, un inmenso esfuerzo, esta vez mucho más oficializado, de reunir la totalidad de la obra de Lucía Richard. Por primera vez un lingüista, un académico, reconocía a Lucía Richard como parte de una generación. Por primera vez teníamos una visión de conjunto de su obra. Sin embargo, por imposiciones de formato, la obra fue acotada, quedando algunas obras inéditas al margen de la magna recopilación. Con todo fue un avance meritorio que abrió la senda para que otros pudieran ampliar esa visión.

Posteriormente, pequeños hallazgos me hicieron comprender que tal vez estábamos oteando por la superficie y que era posible que tras el penacho del iceberg que asoma, se escondiera una desbordante personalidad. Por otra parte, es también verdad que la obra de Lucía no logró cosechar una estimación universal, no obstante que tuvo un reconocimiento más que acreditado en su época, incluso más allá de los estrictos contornos de la cultura chilena.

Muchos han especulado con bastante fundamento que sus muchas ocupaciones familiares –no obstante la ayuda de empleadas– no le dejaron el suficiente espacio para consolidar una carrera profesional en las letras. Sin embargo, también desvirtúa la realidad el no reconocer el justo nivel protagónico que alcanzó Lucía, cuáles fueron sus aportes a toda una generación de intelectuales y su contribución a las conquistas del feminismo chileno, entre otras muchas realizaciones.

Por lo tanto, mi primera intención ha sido la de complementar las *Obras completas*, subsanando pequeños errores y omisiones, dando relieve aquellas obras inéditas no incluidas en la recopilación y ampliando en definitiva todo lo que hasta ahora se sabía de Lucía Richard. Gracias a prolijas investigaciones se han podido encontrar cuatro nuevos artículos escritos por la autora: "A Gabriela Mistral", 1922; "Las mujeres del Quijote", 1946 (*Revista SECH*); ¿Quién es González Vera?, 1950 (*La Hora*); "El Libro de las Horas", 1957 (*El Mercurio*), así como una entrevista en el diario *Opinión*. Además han aparecido numerosas críticas literarias y reseñas sobre la escritora totalmente desconocidas por la familia.

Interesante ha sido estudiar varias obras de literatura que mencionan a Lucía y la sitúan en medio de una vorágine de iniciativas culturales y en contacto con muchos artistas e intelectuales de su generación. En este mismo sentido ha sido muy útil estudiar los boletines del Cenáculo de Poesía, pudiendo ahora comprender en mucha mayor profundidad cuáles eran los móviles de estos grupos, sus actividades, sus fines, así como conocer a sus integrantes, que para mi sorpresa descollaban entre los más destacados de la intelectualidad de entonces.

Asimismo, ha sido importante adentrarse en la vigorosa personalidad de Vera Zouroff, principal mentora de la carrera intelectual de Lucía, ciclón de toda una generación de artistas y promotora de muchos proyectos culturales. Gracias al estudio de los recitales poéticos organizados en Santiago por la feminista, se ha podido conocer la participación de Lucía en estos eventos y la gran acogida que éstos tuvieron en su momento en la prensa internacional.

También ha sido interesante tener conocimiento de nuevos programas de radio que lideró Lucía, que hasta ahora eran para nosotros totalmente desconocidos, así como conocer el verdadero alcance de las conferencias dadas por la poetisa. También ha sido primordial conocer en mayor detalle todos los entresijos del feminismo chileno, cual ha sido la implicación real de nuestra protagonista en esos eventos, quienes fueron sus principales actores, cuáles eran los fines de la Mesa Redonda Panamericana de las Mujeres de Chile, entre otras muchas cuestiones.

Igualmente ha sido fundamental el estudio del libro de Vera Zouroff titulado *El Cenáculo de Poesía a sus poetas*, que incluía en un lugar destacado a Lucía entre las personalidades más relevantes de la época. En adición a lo anterior ha sido muy enriquecedor explorar la publicación bimensual de Vera titulada *Mujeres de América*, donde se recogen infinitud de noticias de estos grupos y sitúan a Lucía Richard en contacto directo con muchas de sus compañeras en el Cenáculo.

Importante acervo de la publicación fue difundir los logros americanistas, poner en contacto a los intelectuales de todo el continente, así como dar a conocer las importantes realizaciones de la recién creada Casa de América en Santiago, momento cenital en el que Lucía participó muy activamente. Junto a esta publicación periódica, también el Boletín de la Casa de América ha sido de gran utilidad para rescatar innumerables informaciones.

Asimismo, ha sido trascendental conocer como muchas de las integrantes del Cenáculo estaban en constante contacto con el mayor portento literario de la época: Gabriela Mistral, que estaba muy al tanto de las actividades de sus compañeras en Chile. Valiosísima es una carta de Vera Zouroff recientemente encontrada, la cual al frente del Comité Directivo de la Casa de América, daba la bienvenida a Gabriela Mistral a su llegada a Chile en 1954, siendo la carta firmada por todo el comité, incluida Lucía Richard.

No menos apasionante ha sido descubrir la colaboración de Lucía con el célebre musicólogo Rene Amengual, creando canciones de Navidad, en las que éste puso la música y nuestra artista colaboró con los textos, posibilitando la recuperación de partituras que quizás algún día podrán ejecutarse.

Otro aspecto importante de este trabajo ha sido realizar una exégesis literaria a la obra de Lucía Richard. Esta ha sido quizás la labor más compleja y la más comprometida. Se ha dicho de Lucía que fue progresista, que en su obra subyace el panteísmo, como también podemos percibir un halo místico en sus escritos. Pero ¿Cuáles fueron sus concepciones estéticas? ¿Qué posición ocupó frente al modernismo? ¿Qué opinaba Lucía Richard del surrealismo, cubismo, impresionismo, existencialismo...? ¿Qué grado de afinidad tenía con

Pablo Neruda y Gabriela Mistral? ¿Cuál era el canon de belleza que perseguía la artista? ¿Cuál fue su juicio respecto a las nuevas corrientes científicas en relación al arte como es el caso del Psicoanálisis? ¿Qué ideología transmitían sus escritos?

En el año 2004, Andonie Dracos, periodista de *El Mercurio* escribió un artículo en el que la definió como: "La escritora que transgredió los cánones sin romperlos" (2004). A mí me ha interesado saber cuáles fueron esos cánones que transgredió y cuáles son los que no rompió. ¿Fue Lucía Richard una mujer avanzada para su época, o por el contrario fue una mujer retardataria? ¿Fue una representante de lo que se podría definir como una literatura burguesa o por el contrario lo fue de una literatura popular? ¿Fue una escritora romántica, criollista, costumbrista o naturalista?

Para la Sra. Dracos en el referido artículo, Lucía fue sin duda una *"adelantada de su época, feminista y multifacética"* (2004). En opinión del destacado periodista Pedro Pablo Guerrero en su artículo "Rescatando a Lucía Richard", asegura que *"no fue una feminista militante pero la escritora manifestó interés por las reivindicaciones de la mujer"* (2015).

En contraste con lo anterior, Totó Romero, en su artículo en la revista *Caras*, titulado "Revolucionarias très chic", sitúa a Lucía Richard entre las primeras dirigentes feministas que promovieron la poesía, la música y diversas iniciativas culturales entre 1940 y 1960 (ca 2006). Por último, el ilustre académico Hugo Montes en el prólogo de las *Obras completas* de Lucía Richard, la retrató como poeta lírica, señalando las grandes dificultades de las mujeres de su generación (Richard, 2004).

Todas estas cuestiones me han intrigado y a todas ellas he tratado de dar respuesta. Lucía Richard fue una mujer de un tiempo, de un país, de un continente y de su grupo social. En su personalidad se pueden vislumbrar aspectos muy avanzados junto a otros conservadores. Con todo fue una mujer que ocupó un espacio dentro de la intelectualidad de entonces, especialmente entre las feministas, un espacio que debe ser debidamente reconocido.

Por otra parte, si bien Lucía Richard escribió, publicó y tuvo actividades culturales desde los años 30 hasta los 60, es cierto que perteneció más bien a la generación de los años cuarenta (no en sentido literario, ya que ella nunca se vinculó a ninguna generación o escuela), aunque sus realizaciones más destacadas tuvieron lugar desde finales de la década de los cuarenta hasta mediados de los cincuenta. No hay que olvidar que inauguró la Casa de América en Santiago en 1951, publicó importantes artículos en *El Mercurio* en la década de los cincuenta, concluyó *Humo azul* en 1957 e incluso escribió importantes ensayos en la década de los 60. Por todo ello me ha parecido más conveniente englobar en el título la zona cronológicamente limítrofe de los "años 50", para explicar el grueso de sus actividades.

En conclusión, espero haber contribuido con este escrito a engrandecer la figura de Lucía Richard, o cuanto menos a justipreciar su papel en las letras chilenas, la cual aparece ahora no sólo como una autora de obras de mayor o menor relieve, sino como una escritora dinámica que perteneció a una generación y estuvo en contacto con la pléyade intelectual de los años cincuenta, contribuyendo de forma inequívoca al adelantamiento del pensamiento nacional.

Desde esta óptica ya no es tan importante dar respuesta al hecho de que Lucía publicara algunas obras y sin embargo, dejara otras sin publicar, o plantearse su mayor o menor trascendencia literaria, sino constatar que de una forma u otra contribuyó a vehicular el progreso espiritual de un bello país. No será la primera vez en la historia del arte que un talento excepcional se disipa ignorado con el ocaso de una época para luego ser rescatado en otra. Me atrevería a augurar que este será el caso de Lucía Richard y su hermosa obra.

Daniel Piedrabuena Ruiz-Tagle
El Casar, Guadalajara, 14 de julio 2010

CAPÍTULO I

VISIÓN GENERAL DE SU VIDA Y OBRA

Una intelectual comprometida con el arte y la belleza

ucía Richard Barnard nació en Santiago el 13 de diciembre de 1900 en el seno de una familia acomodada, hija de don Enrique Richard Fontecilla y doña Delia Barnard Ramírez y murió en Viña del Mar el 14 de agosto de 1969, breve epitafio para una mujer que amó la vida con una intensidad sobrecogedora. En ella confluían dos familias inglesas, brumas de otros mundos, sentimientos de países fríos de ultramar, evocaciones de tierras lejanas de druidas, presentimientos y leyendas; tierras en las que también nacieron escritores como Jhon Keats, Percy Shelley o Lord Byron y de donde quizás nuestra autora heredó una suave melancolía, unida a una profunda introspección psicológica.

De hecho, su bisabuelo –nacido en el siglo XIX– había sido Henry Richard, un inglés procedente de la isla de Guernsey, situada en medio del canal de la Mancha, que había tenido sucesivamente soberanía inglesa y francesa. Educado en su juventud en Londres, se estableció posteriormente en Chile, llegando a ser un gran educacionista, introduciendo novedosos métodos de enseñanza, que fueron alabados por sus contemporáneos. Además Henry Richard alcanzó gran notoriedad como profesor de inglés y francés. Richard fue un educacionista, natural de Inglaterra, que se radicó en Chile como educador en 1819.

Fue uno de los primeros profesores del Instituto Nacional. En 1847 fue profesor del colegio Minvielle en Santiago. Era un hombre de una exactitud extraordinaria en todos sus actos. Falleció en Santiago después de medio siglo de consagración a la enseñanza de la juventud. Lo recuerdan con elogios los educacionistas don José Bernardo Suárez y don José Antonio Pérez, como el hombre más original y admirable en su rectitud de conducta y en la disciplina de sus costumbres correctas y ejemplares (Figueroa P. , 1900).

Otro antepasado suyo fue John James Barnard, miembro de una ilustre familia de comerciantes procedentes de Boston, Lincolnshire, que en su juventud se educó en 1805 en el Normanstone School del que se conservan sus anotaciones en la obra de Adam Smith, *The Wealth of Nations* que leía en dicho establecimiento. Emigrado a Chile antes de 1810, fue líder de la comunidad inglesa en Valparaíso y desarrolló en el país importantes actividades comerciales. Colaboró con O'higgins y San Martín en pos de la independencia de Chile, aportando inteligencia y recursos, luchando por la libertad de comercio. Fue hermano de Robert Barnard, fundador de una importante familia en EEUU, que mantenía relaciones epistolares con Thomas Jefferson, presidente de aquel país[1].

---

[1] De estos antepasados suyos, debió Lucía conservar muchos referentes y no es extraño que heredase muchas de sus inquietudes. Tanto la Historical Society of Washington, como la George Washington University, conservan una gran documentación acerca de la familia Barnard (Robert, Wiliam, Samuel, John James, Theodosia, Mary, Crosbie, etc), no sólo de sus asentamientos primigenios en Inglaterra, de su pedigree, sino también de sus muchas actividades en EEUU. Todo hace pensar que John James, hijo menor de esta importante saga de banqueros-comerciantes, recibió un destino menos atractivo como fue el alejado de Chile y sus hermanos mayores, establecieron importantes redes comerciales y bases operativas en EEUU. Esta familia en EEUU está detrás de la fundación de la empresa IBM.

Lucía Richard, quiso ser recordada con la sonrisa de Mona Lisa y encontró un símil a su personalidad en el retrato de la Esfinge. Así, con la aparente simpleza de esas dos fugaces percepciones, aparece ante nosotros como una mujer enigmática, que fue capaz de construir un mundo propio de belleza y verdad, en un tiempo y en un lugar, donde la mujer no encontraba espacio donde poder expresarse. Recibió una educación tradicional, religiosa, en el colegio de las Monjas del Sagrado Corazón de Santiago, en donde fue compañera de Juana Fernández, luego canonizada por el Papa, con el nombre de Santa Teresita de los Andes.

Nada hacía presagiar entonces, la profundidad de su pensamiento, ni la diversidad de sus muchos intereses, que andando el tiempo la convertirían en una gran escritora. Apenas algunos epigramas familiares se esbozan en esta época. A la edad de once años pierde a su padre por el que sentía verdadera veneración, lo que le deja una honda mella en su espíritu sensible. Poco después comienza a escribir sus primeros poemas como "Avenida de los pinos", donde puede adivinarse su primer amor por la naturaleza, un mundo de abstracciones que ya por entonces era capaz de reflejar una inmanencia casi mística por todo lo creado.

Lucía Richard
de unos veinte años

En su escrito en prosa *El camino del cangurú* nos describe sus primeras experiencias en la hermosa quinta de Ñuñoa de su padre. Inmersa en aquel vergel se escabullía, dando rienda suelta a sus primeros pensamientos, experimentando por primera vez lo que sería en su vida posterior una perpetua e incansable evasión. Lucía sentía ya entonces una necesidad imperiosa de expresarse. Probó con la música, que amaba poderosamente, pero entonces no fue capaz de tocar bien, ni se sintió dotada de ingenio suficiente para la composición.

Luego ensayó con la pintura, pero lo hizo peor. Con quince años se interesó por la astronomía, intentó dibujar, ensayó con el teatro, siguió con la danza, pero nada consiguió concretar. Entonces se dedicó a escribir. ¡Dedicarse... pobre palabra sin sentido tratándose de una mujer! (Richard, 2004, págs. 27-35). Ya por entonces, con las limitaciones que el medio social le imponía a su sexo, Lucía había descubierto que le interesaban todas las manifestaciones del arte, de la cultura y del corazón humano. Los impedimentos eran grandes, pero no cejaría, Lucía sería una *savant* el resto de su vida.

Frente a estos primeros esbozos de una naciente vocación intelectual que ya se iba encauzando, se aprecia un primer intento de conquistar la esfera pública con su artículo titulado "A Gabriela Mistral" aparecido en la prensa el 16 de abril de 1922 (Richard, 1922). En él la joven autora, que ya se había casado en 1920 con el abogado Guillermo Piedrabuena Boríes, firma con nombre de casada y en un tono de humildad y ternura agradece a la universal poetisa por sus poemas *Cantos de cuna*, con cuyos hondos significados asegura arropar a su primer retoño.

Estas primeras aptitudes de articulista las podemos contemplar también en su "Carta a las mujeres de América", aparecida el 31 de diciembre 1926 en una publicación de Viña del Mar, donde vuelve a tratar el tema de la "Canción de cuna", esta vez inspiración del autor español Martínez Sierra (Richard, 2004, pág. 456).

A la edad temprana de veinticuatro años publica su primera obra, *Sursum corda*, que tiene notable éxito en los círculos santiaguinos, cautivando a sus lectores con la hermosa y delicada factura de sus versos. *"Sursum corda"* es un término latino que significa ¡arriba los corazones! y que se utilizaba en los servicios litúrgicos para incitar el fervor. También se define como una llamada a elevar la mente y el corazón hacia lo mejor: la inteligencia hacia su uso racional y el ánimo hacia el valor y la esperanza (Richard, 1925).

El libro acompañado de sencillas pero sugerentes ilustraciones de Jorge Delano, dibujante y caricaturista político, contiene poesías como *Oración*, donde la autora manifiesta todo un código ético, un decálogo de comportamientos, del hombre que anhela alcanzar grandes metas en la vida, estrofas en las que se ve representada la grandeza idolatrada hacia su propio padre, en una obra que dirige a su hijo primogénito recién nacido. Se glorifica a un hombre superior, pero no como un opresor de débiles, sino adornado de un dechado de virtudes que le hace postrarse ante las miserias de este mundo. Es todo un legado moral que años más tarde impresionó hondamente al poeta brasileño Jesú de Miranda, que la tradujo a su idioma[2].

En este primer poemario, que recibió generosas críticas, hay tantas poesías sublimes que es difícil decantarse por ninguna de ellas. Sus temas son sencillos e inspirados en la naturaleza. Las cumbres, los ríos, los atardeceres son las cosmogonías que la envuelven. En "La montaña" nos transmite la experiencia casi mística de la ascensión, en la que se ve una clara metáfora a la evolución de la propia vida y sus estadios: nacimiento, expansión y decadencia.

En temas como "El alma del paisaje", "El rosal silvestre", "El árbol viejo", "Melancolía", alza un canto lírico, lleno de sentimiento colorista, no sin visos de tristeza, donde la naturaleza inunda el santuario de sus sueños, viéndose en ellos evocaciones de la belleza onírica de Rubén Darío. En "Vida de pesca-dores" no es el paisaje costumbrista lo que interesa, sino la emoción que se contrapone a un sentimiento trágico de la vida, es el hombre subvertido por la fatalidad, que se ve arrastrado por imprevisibilidad del destino.

En "Perdóname oh Señor" irradia un profundo panteísmo, que entronizado en el altar de sus visiones, pugnará el resto de su vida con sus convicciones religiosas. Por lo tanto, de esta primera etapa destacan sus motivos plagados de lejanía y añoranza, reminiscencia y misterio, soledad y melancolía, sereni-dad y placidez, conceptos todos ellos preñados de premoniciones, que conmueven a quien los lee.

Pero si ello no fuera bastante la obra se acompaña de un artículo en prosa titulado "El arte", donde la autora se consagra no sólo como una poetisa que retrata el mundo que la circunda, sino como una consagrada intelectual, que merced a sus múltiples lecturas comenzaba ya a adquirir un grado de cultura, una comprensión del espíritu humano, de la historia, que bien se la podría calificar de visionaria.

---

[2] Recientemente se ha encontrado un primer cuaderno de poesía de Lucía fechado el 3 de enero de 1921, en el que se anticipan muchas poesías que luego fueron incluidas en *Sursum Corda*, incluyendo también otras inéditas como: *A mi madre, Quién nunca encontrará a una mujer fuerte, Excélsior, Contemplación, Canto de primavera, Llegan las golondrinas, Cantan en los maizales los pajarillos, El amor en el alma, Paisajes. Avenida de los pinos* no formaba parte de este cuaderno y se desconoce su fecha exacta, aunque se cree que fue escrito en la Quinta de Ñuñoa. Algunos de estos primeros poemas fueron escritos entre los 12 y 15 años de edad.

En 1925, Mariano Latorre supo captar el sosiego que emanaba de la obra de una escritora novel que por primera vez nos mostraba la intensidad de su fragancia:

"La señora Richard de Piedrabuena es una poetisa en cuya lira no se han enredado las serpentinas del modernismo. Aún más; no parecen preocuparle mucho las corrientes actuales, ni le atormenta el deseo de originalidad. Tiene un alma plácida sin contemplaciones y un estilo igualmente plácido y sin complicaciones... Hay algo en ella de la idílica tranquilidad de la poesía bucólica..." (Richard, 2004, pág. 131).

De este mismo autor se publica luego en la *Revista Atenea:*

"La señora Lucía Richard de Piedrabuena, apunta Mariano Latorre refiriéndose a *Sursum corda*, se contenta con cultivar, como los poetas de la Escuela del Buen Gusto en la época gongorista, su cuidado jardincito clásico" (La Torre, 1926)[3].

En el diario *La Estrella*, el 20 de julio de 1928, un columnista embriagado de belleza colma de parabienes a la joven autora:

"Sinceridad brillante de agua pura e inspiración, vaso de cordiales esencias, forman la dualidad estética de esta distinguida dama que ha volcado uno y otro atributo en el verso terso de este tomo de poesías... Ningún concepto torpe, ninguna sensación torcida... ungida de gracia plena... colocan a la autora de *Sursum corda* en el plano de nuestra admiración" (Richard, 2004, págs. 351-353).

Virgilio Figueroa, en su *Diccionario biográfico* recoge las exultantes palabras que Omer Emeth dedicara a la joven artista:

---

[3] Mariano Latorre (1886-1955), fue Presidente del PEN Club de Chile, novelista y pedagogo. En 1931 enseñaba literatura española, chilena y americana en el Instituto Pedagógico, institución de la cual fue director en 1945. Obtuvo el Premio Nacional de Literatura en 1944.

Virgilio Figueroa:

Omer Emeth, tan egoísta cuando no se trataba de ponderar la hegemonía mental francesa, decía al imponerse de *Sursum corda,* una colección poética dada a la luz en 1925 por la señora Lucía Richard, que por primera vez en 20 años había tropezado con un poeta que confesaba ser feliz. Y para comprobarlo transcribía algunas estrofas, embebidas en miel de dulzura y en elixir de felicidad.

Omer Emeth:

Pocos discípulos de Apolo son los que entonan salmos de dicha y ofrendan en el altar de la conformidad. Casi todos recorren los valles lacrimosos y destilan el zumo de sus penas, ficticias e imaginadas las más veces. En *Sursum corda* la señora Richard se desentiende de la vociglería patética y entona cánticos felices. En "Penumbra", ella, al revés de lo que hace la legión de porta tristezas, no busca quejumbres ni el penar de los días grises. *En "*Perdóname, oh Señor", reconoce que es feliz y pide perdón (Figueroa V. , 1974).

Observe el lector que Omer Emeth (1860-1935), no fue un crítico más, sino uno de los talentos educacionales más acrecentados que jamás ha tenido Chile, el cual ha sido comparado por sus muchos saberes humanísticos a ese otro portento que fue Andrés Bello y calificado por muchos como el padre de la crítica literaria en Chile, siendo sus innumerables artículos rigurosamente catalogados en beneficio de las generaciones venideras. Emilio Vaisse –que así se llamaba– nació el 31 de diciembre de 1860 en Castres-sur-L'Agout de Tarn, pequeña población del Languedoc en el Sur de Francia.

Ingresó de joven en los seminarios de Castres y Albi y luego en el de los Padres Lazaristas de París. Allí se ordenó sacerdote en 1884. En dichos centros aprendió el griego, dominó el latín y penetró en los arcanos de la filosofía y la teología. Sus muchos estudios le capacitaron entre 1884 y 1886 para desempeñarse con gran lucimiento en la cátedra de Filosofía en el seminario de

Chalons sur Mer. Posteriormente fue enviado por sus superiores de la comunidad de Lazaristas como misionero a Chile.

En Chile comenzó con el estudio de la lengua castellana que llegó a hablar y escribir con la maestría de los mejores escritores nacionales. Metódicamente se fue empapando de la cultura nacional hasta llegar a saber tanto de ella como los mayores eruditos del país. Estuvo durante algún tiempo en Chillan predicando en misiones. En 1888 viajó a Perú, donde se ocupó como profesor de Teología en el seminario de Trujillo. Regresado a Chile colaboró con la parroquia de Valparaíso, donde fue teniente-cura y en San Pedro de Atacama, lugar en el que profundizó en los clásicos, se interesó por la literatura moderna y penetró en el secreto de las lenguas muertas.

Empezó a redactar un diccionario latino-hebraico, para facilitar el aprendizaje de la lengua bíblica. Posteriormente, volcó sus esfuerzos en la vulgarización del Evangelio. En marzo de 1893 pasó a servir en la parroquia de Calama. A su regreso a Valparaíso fue por segunda vez teniente-cura. En Pirque fue capellán. Luego volvió a Santiago para hacerse cargo de la capellanía de los Hermanos de las Escuelas Cristianas en Providencia. Además fue capellán en el Hospital de San Vicente Paul, donde lo recuerdan como un conversador vibrante, rico en expresiones breves y llenas de contenido, que revelaban la potencia intelectual de un discurso privilegiado.

Los primeros pasos de su carrera intelectual tiene lugar con motivo de la invitación del Dr. Carlos Fernández Peña, para concurrir a un acto en el Ateneo de Santiago, donde en sesión presidida por Carlos Silva Vildósola, don Emilio dio una conferencia sobre la Biblia y la ciencia. A partir del año 1906 empezó a ejercer la crítica literaria en *El Mercurio*, donde adoptó el seudónimo de *Omer Emeth*, que significa en la lengua hebraica: "yo soy el que dice la verdad". Desde sus columnas comenzó a difundir la palabra de Dios y durante los años 1907-1908 tuvo a su cargo un comentario dominical llamado "Semana Religiosa o Día Religioso".

Asimismo, tuvo una sección llamada "El averiguador universal", que apareció por primera vez el 2 de agosto de 1922, así como otra en la *Revista Zig-Zag*, bajo el título de "Preguntas y respuestas", que empezó a publicarse en enero de 1909. Pero sin duda una de sus iniciativas más interesantes fue la creación junto a don Carlos Silva Vildósola de la sección titulada "Crónica bibliográfica semanal", donde ejerció la crítica periodística continuada y responsable durante treinta años consecutivos (1906-1935).

Junto a esta iniciativa surgieron otras como la creación del *Suplemento literario y científico* y la fundación de la Biblioteca. Allí en *El Mercurio*, dejó un recuerdo imborrable del trabajador ejemplar, metódico, correcto, para quien ninguna actividad de la inteligencia le era desconocida y que poseía además el don periodístico. Posteriormente, merced a sus muchas aptitudes fue llamado para formar parte de la Biblioteca Nacional, por el director de la misma don Carlos Silva Cruz, ingresando en la noble institución el 6 de marzo de 1912.

Allí se desempeñó como jefe de la Sección Informaciones, desarrollando una gran labor en materia de ordenación y clasificación de materias. De su ingenio nació la creación de la *Revista de bibliografía chilena y extranjera* (1913) y la *Bibliografía general de Chile* (1915), alcanzando a publicar el primer tomo de esta de esta segunda obra, que comprendía un diccionario de autores y obras, un diccionario de libros, una bibliografía del periodismo y el diarismo chileno, una topo bibliografía, así como una bibliografía sistemática.

Junto a lo anterior ejerció un brillante actividad docente, primero en 1910 como profesor de Lógica en el Liceo de niñas nº 4 de Santiago y más tarde ocupó la cátedra de Latín en el Instituto Nacional durante diez años (1911-1921), por lo que se le confirió un "Premio de Constancia" por el Gobierno. También tuvo el encargo de dirigir los estudios religiosos en la Escuela Normal nº 3. Entre 1923 y 1926 colaboró con la Universidad Católica dictando cursos y dando conferencias.

Fue uno de los profesores más prestigiosos de la Facultad de Humanidades y de la Academia de Bellas Letras y su cátedra de Literatura Contemporánea tuvo gran aplauso y reconocimiento. Colaboró también con la revista *El Peneca* (1911-1921) y fundó en 1929 la revista *Le Courrier du Pacifique*. Se jubiló en 1928 con sueldo íntegro por especial concesión en reconocimiento a sus muchos años de servicios. En 1930 el Supremo Gobierno le otorgó la condecoración de la Orden al Mérito y el Ministro de Francia, M. des Longchamps lo instituyó, por orden cablegráfica de su gobierno, Caballero de la Legión de Honor (Yutronic Cruz, Año CXIII, tercer trimestre de 1955)[4].

Conocido el perfil del coloso cabe preguntarse por qué un espíritu tan analítico y riguroso, además de francófilo acérrimo, brindó su apoyo a una escritora novel. Aunque esto no es una verdad histórica sino una especulación, cabe conjeturar que hubo sólidas razones para ello. Don Emilio, hombre de religión y de virtudes, había nacido en 1860 y fue coetáneo de don Enrique Richard Fontecilla, padre de nuestra Lucía. Don Enrique, hombre eminente y figura pública, fue un creyente fervoroso, que durante toda su vida se preocupó por afligidos y menesterosos, perteneciendo a muchas instituciones religiosas.

Entre ellas ejerció el cargo de presidente de la Conferencia de San Vicente Paul, además de liderar la cátedra de Derecho Civil en la Universidad Católica. Don Emilio, como hemos visto más arriba, fue capellán del Hospital de San Vicente Paul, así como colaboró activamente con la Universidad Católica presidiendo varias cátedras, por lo que es más que probable que tuviera buen conocimiento de don Enrique. Además está el hecho de que ejerciera la docencia en el Instituto Nacional, donde pudo conocer a Lucía Richard.

Cuando el 28 de diciembre de 1925 se encuentra ante el poemario de *Sursum corda*, este espíritu religioso dotado de una robusta formación clásica, debió sentirse perfectamente identificado con un poemario no sólo agradable, sino que además tenía efluvios de misticismo y clasicismo entre sus páginas.

El recuerdo hacia el padre por entonces ya desaparecido pudo también ejercer su influencia a la hora de torcer el ánimo de don Emilio. Fuere como fuere, un crítico tan ácido para otros autores supo ese día elogiar y reconocer el talento de nuestra joven autora, lo que es digno de encomio, además de formar parte de nuestra historia literaria. Un hecho minúsculo quizás, pero

---

[4] El artículo original de Omer Ometh sobre *Sursum Corda* poemario de Lucía Richard posee la ficha catalográfica nº 1878 de los artículos publicados por el autor. Se publicó en "Movimiento Literario" que era una crónica bibliográfica semanal de *El Mercurio* que aparecía los lunes en las primeras páginas del diario, donde *Omer Emeth* comentaba un libro nuevo. Éste en concreto apareció el 28 de diciembre de 1925, en la pág. 3. De este primer poemario también se recogieron noticias en el Álbum del Instituto Nacional, pág. 115, 28 de diciembre de 1925.

que pertenece a la vida de un hombre demasiado grande. Sin más preámbulos he aquí las generosas palabras de don Emilio:

MOVIMIENTO LITERARIO POR OMER EMETH

SURSUM CORDA. Poesías de Lucía Richard de Piedrabuena. Ilustraciones de J. Delano. Santiago. Impr. Universo. 1925.

Al abrir este libro, adviértese desde la primera estrofa que se entra en un jardín de delicias donde sopla una brisa fresca y todo habla de salud, vigor, esperanza y alegría de vivir. Aun cuando los versos fuesen malos (y me apresuro a decir que no lo son), la autora de *Sursum corda* merecería mis más sinceros parabienes y toda mi gratitud por esa brisa y esa alegría...

No sé si, en esto, mis lectores comparten mi modo de sentir, pero lo confieso: yo estoy harto de leer versos pesimistas que parecen escritos en una prisión, en un hospital, en una tierra que, ni por broma, es copia feliz del Edén y donde la vida se ha vuelto purgatorio o infierno.

Repúgname aquello tanto por la falta de arte cuanto por la escasez de sinceridad. Algunos de esos lacrimosos poetas y poetisas cuyas jeremiadas destilan tanta tristeza, son en realidad gentes alegres que sacan buen provecho de su juventud. "Lo demás es literatura", como decía cierto poeta francés.

La señora Lucía Richard de Piedrabuena confiesa su felicidad y la canta:

> *¡Arriba corazones!*
> *¡La vida es alegría!*
> *¿Quién a llorar se atreve*
> *cuando sonríe el sol?*
> *Mirad, que ha salido*
> *y está radiante el día*
> *sin vientos y sin lluvias,*
> *sin nubes ni arrebol.*

No pensemos empero que la autora de esta estrofa sea incapaz de percibir la melancolía de ciertos paisajes y de ciertas horas:

Yo adoro los paisajes imprecisos
que a la luz de la tarde se bosquejan
cuando todo es misterio y penumbra
en el ambiente triste.

Yo busco las tranquilas soledades
donde se escuchan vagas melodías,
y las calladas voces de las cosas
evocan los recuerdos.

Y los bosques tranquilos y sombríos
donde murmura inquieta alguna fuente
y a través del encaje de las frondas
diviso las estrellas.

Pero esos ratos de melancolía son brevísimos: la alegría de vivir vence hasta extremos de engendrar escrúpulos.
Y así la poetisa, sintiéndose demasiado feliz, pide a Dios perdón:

Perdóname, Señor, si amo la tierra
y pongo mis amores en las cosas,
Tú sembraste de flores mi camino,
de flores olorosas.

Yo he sentido perfume en el sendero
y visto tras el monte luz del día
espero que amanezca y busco flores...
¡Señor, tú las envías!

Perdóname, Señor, si a veces miro
la tierra con cariño y con ternura,
aquí, tú la creaste y bien lo sabes
¡También hay cosas puras!

Por primera vez en veinte años tropiezo con un poeta que confiesa ser feliz. Es este uno de esos días que el poeta romano marcaba con piedra blanca... ¡Alabado sea Dios! (Omer, 1925).

Otro magnífico testimonio de esta primera obra de Lucía Richard lo encontramos en un libro publicado en 1928, titulado *Actividades femeninas en Chile,* cuya autoría corresponde a doña Sara Guerín de Elgueta, donde se expresa lo siguiente:

> "Sencillamente, sin padrinos de lujo, vio la luz pública, no hace muchos años, un pequeño tomo de poesías de la Sra. Lucía Richard de Piedrabuena, titulado *Sursum corda*.
>
> Sus temas son tiernos, absolutamente poéticos, por decirlo así, pues no versifica la autora sino motivos delicados y espirituales. Su manera de sentir e interpretar la Naturaleza, como en "Quietud campestre", la expresión sencilla y dulce de su amor maternal, de su piedad cristiana, que acredita su "Oración al Nazareno", predisponen desde el primer momento en su favor.
>
> Es inspirada, correcta, su frase bien moldeada brota con facilidad. Sin gastar esfuerzo alguno para ganar lugar en las filas de las mujeres que escriben, ha logrado la Sra. Richard de Piedrabuena colocarse a la altura de nuestras mejores poetisas. Puede el lector juzgar de nuestro aserto al leer algunas estrofas siquiera de esa bellísima oración que no resistimos el deseo de transcribir..." (a continuación se transcriben los pasajes más representativos de "Oración") (1928).

Desde la publicación de su primer libro hasta el año 1937 ya se había casado con el abogado Guillermo Piedrabuena Boríes y habían nacido sus ocho hijos. En una situación así cualquier escritora habría abandonado su carrera literaria. En esa época las mujeres no iban a la universidad. Tampoco podía esperarse de una mujer ningún protagonismo social, ni mucho menos albergar ideas propias o tener espíritu crítico. La única función de la mujer era consagrarse al matrimonio y cumplir con los fines de la procreación.

Sabemos además que Lucía padecía el encorsetamiento de su medio social, que la mandaban callar cuando su voz daba muestras de un incipiente talento, que fue víctima de una suegra demasiado dominante, que le dosificaba su acceso al piano, su gran evasión. Orillada por temperamentos menos tímidos que el suyo, se volcó en sus versos, donde encontró su gran universo. Así pues, Lucía no se arredró frente a las dificultades y perseveró en el propósito de transmitir su mensaje. Buscando nuevos horizontes intelectuales en 1933 parte en un viaje hacia Europa confundida en una legación diplomática.

El grupo chileno hace escala en Barcelona, luego en Madrid, continúa hacia París y luego siguen por ciudades como Milán, Venecia, Roma, Florencia... Nuestra autora está entusiasmada, hace de *chroniqueur* escribiendo sobre los acontecimientos según los va viviendo, informando asiduamente a sus compatriotas en Chile, que esperan ansiosos las novedades que son publicadas periódicamente en el diario *La Unión de Valparaíso*. Fruto de todas estas vivencias nacerá en 1934 una obra titulada *Recuerdos de viaje*, la cual transmite toda la pasión de una mujer que se ha liberado de la mojigatería de su recinto santiaguino para abrirse a un mundo infinito de posibilidades.

Visita La Sagrada Familia, El Escorial, el Museo de Prado, Toledo, Notre Dame y muchos enclaves italianos. El grupo en teoría va de peregrinación, pero Lucía Richard capta mucho más. Es cierto que se ve sobrepasada por la grandeza de Roma, donde el grupo es recibido por el Papa Pío XI. En la plaza de San Pedro, siente *–urbi et orbe–* las vibraciones telúricas de hallarse en el centro de la Cristiandad. La trascendencia del ecumenismo, la grandeza de la Iglesia universal la conmueven. También se siente encogida ante la grandiosidad de otras manifestaciones cristianas, como la Capilla Sixtina y el arte miguelangelesco.

Pero todo ello no es óbice para que nuestra artista contemple con embelesamiento la cultura greco-latina, o dicho de otro modo, pagana, que aflora en todo ese maravilloso mundo renacentista, que como sabemos fue una vuelta a la antigüedad clásica. Ya no se trata sólo de vírgenes, santos, o catedrales, misticismo en suma, sino que su pupila se abre a la mitología, a la historia, al arte, a la escultura, a la pintura y toda clase de obras arquitectónicas. Son estampas que le dejan una huella imperecedera en su espíritu y a las que volverá de forma recurrente en su obra posterior.

En otro orden de cosas se podría establecer una comparación entre Lucía Richard y Madame de Staël, célebre escritora del siglo XVIII, hija de Jaques Necker, poderoso ministro de Luis XVI, la cual tuvo que huir a Suiza por realista en los momentos álgidos de la Revolución Francesa. Salvando las distancias, Lucía Richard fue hija de un prohombre de Chile, Enrique Richard Fontecilla, abogado de altura, decano de la Pontificia Universidad Católica, líder del Partido Conservador, elegido varias veces diputado, miembro del Consejo de Estado, una eminencia respetada y admirada en el foro santiaguino.

En ese contexto, es obligado decir que Lucía tiene un extracto burgués, un refinamiento intelectual, una dulzura de imágenes, que como Madame de Staël, se refleja en su hermosa obra. Vera Zouroff en su obra *El Cenáculo de Poesía a sus poetas* hace alusión;

> "...a su exquisita feminidad, su reciedumbre de mujer fuerte, dulcificada por la palidez de su semblante, sus buenos modales, su nacimiento en hogar aristocrático, su educación conforme a su linaje, de la que emanan unos versos que son como gemas ricamente talladas..." (Zenteno de León E. , 1947).

Al contrario que Pablo Neruda o Gabriela Mistral, nuestra dama no es una escritora populista. Tampoco le interesan en una primera etapa las disquisiciones sociales, políticas, o tendenciosas. No quiere entrar en cuestiones de luchas de clases. Sólo al final de su obra y fundamentalmente en sus estudios filosóficos puede vislumbrarse su preocupación por la mujer, la juventud, la igualdad de las razas, el horror ante la guerra, etc, donde puede verse el influjo de las corrientes de pensamiento y tendencias políticas, que andando el tiempo conformarían el gobierno de Allende.

Pero sobre todo Lucía Richard quiere hacerse entender. En su artículo titulado "Neruda y los Poetas Chilenos" aparecido en *La Hora* el 2 de julio de 1950, Lucía se rebela contra este Atila de la cultura, al que define como,

> "Prometeo de los tiempos modernos que luchó contra los dioses consagrados y destruyó las estatuas venerables de la métrica, la gramática y el diccionario y en su lugar puso los productos de su fantasía" (Richard, 2004, pág. 495).

Este furor iconoclasta le produce un paroxismo moral, que la anonada. Neruda es un hijo del surrealismo, del cubismo, del desorden, del caos y ella una imagen quizás difusa pero clarividente del neoclasicismo. En su obra no hay nada oscuro, ni rebuscado, ni alambicado. Sus construcciones son pulcras, refinadas, bien amoldadas y sobre todo comprensibles. Parece que Chopin, al que tantas veces tocara al piano, liderara el tempo y la armonía melancólica de sus composiciones poéticas. Su paleta, su cromatismo de emociones, tras su aparente simpleza, prohíjan en su interior, mensajes llenos de simbolismo.

Pero estas evocaciones, ya sean visionarias, vanguardistas o metafóricas, nunca perturban el ánimo hasta el punto de romper el equilibrio de su visión enamorada de la vida. Nuestra escritora desfallece ante el desbarajuste literario de Neruda, que rompe con su perspectiva armónica del universo. Neruda fue un genio o quizás un "tonto de capirote" (como el mismo se definió) y eso sólo Dios y la mujer lo saben.

Esta intuición de mujer elevada convirtió a Lucía Richard en una intelectual, que si bien no se atrevió a romper con los moldes de su educación, si albergó muchas ideas progresistas. También es muy conocido su panteísmo, su concupiscencia o veneración de la belleza terrenal, su gran admiración por el Renacimiento, que la debió conducir a más de una crisis de conciencia.

Sus hijos aluden al hecho de que Lucía Richard no soportaba comentarios despectivos hacia otras personas en su presencia, a que era una persona cándida, bondadosa, que irradiaba condescendencia, que nunca hablaba de sus logros, sino que se preocupaba por las carencias de otros, que era incapaz de condenar o prejuzgar, que respetaba las creencias religiosas de los demás, en definitiva, que poseía un marcado carácter conciliador. Esa bondad melancólica, fisonomía de mujer sensible, es la que transmite a sus versos. Estrofas transparentes, hermosas, con el ritmo alado de un Pegaso que flota en su mundo imaginario, sinceras, abundan por doquier en su obra literaria. Su numen es exquisito y delicado, como una leve mariposa.

Su hija Carmen describe así el carácter de su madre:

"La mamá Lucía era la intelectual de la familia, muy profunda, con muy buenos sentimientos, gran sensibilidad y grandes condiciones como poetisa y literata. Era nuestra admiración y despertaba en nosotros deseos de superarnos. Además, muy prudente, nunca hablaba mal de nadie y todos simpatizaban con ella. No era sociable y le costaba seguir los pasos del papá que le gustaba jugar a las cartas, ir al Club, asistir a fiestas..." (Piedrabuena Richard, 1995)

Comienza su andadura literaria en la chacra de su padre en Ñuñoa y continúa en la de su marido en Conchalí, un edén lleno de verdor, que para ella bien podría compararse al jardín de Monet en Giverny, donde la artista encuentra todos los *leit motiv* que invaden sus pensamientos. Avenidas de árboles, numerosas parras donde maduran copiosas vides, higueras y otros frutales, flores y más flores la envuelven. Allí ve pasar las estaciones, contempla la lluvia, los primeros brotes de la primavera, el caer de las ocres hojas en otoño.

En todas esas manifestaciones percibe parangones con los anhelos, evoluciones y sufrimientos del alma humana. Esos son los elementos que conforman su cosmovisión, aderezada con una personalidad especialmente sensible a esas realidades. Gracias al testimonio de su hija Carmen –del cual yo también albergo algunos recuerdos– podemos reconstruir como era ese lugar idílico que era Conchalí, hoy convertido en la municipalidad de Huechuraba:

> "La chacra era preciosa, con parques, jardines muy bien cuidados, árboles enormes y variados, un gran parrón con uva rosada, blanca y negra que daba tanta uva que no alcanzábamos a comerla; un palto enorme con paltas muy grandes y muy ricas; toda clase de árboles frutales: duraznos, manzanos, guindos, higueras, almendros, perales, nísperos, ciruelos, nogales, castaños...".

> "Dos glorietas con parras, una al final del parrón y otra cerca de la casa, al lado del parque. Una alameda de enormes tilos donde la mamá se sentaba en la hamaca a escribir".

También nos obsequia Carmen con facetas de la personalidad de Lucía Richard:

> "En aquellos años, y ya un poco más grandes, nos encantaba ir con la mamá, en las noches de luna, a caminar por el parrón, un poco con susto por la oscuridad de la noche, pero entusiasmadas por la aventura; llevábamos guitarra y cantábamos. La mamá nos contaba cuentos, nos hablaba de su familia, de las estrellas y del universo, despertando nuestra imaginación" (Piedrabuena Richard, 1995).

Lucía Richard ha leído, ha viajado por Europa, ha tenido hijos, ha madurado. En 1938 aparece una nueva obra que lleva el modesto título de *Poesías*, que es una recopilación de sus poesías de la última década. El libro recibe elogiosas críticas de los principales periódicos de la capital: *"Es joven y de ella mucho esperamos, ¡adelante!"*, escribe Santiago Cruz Guzmán. Hasta el prolífico historiador Domingo Amunategui Solar la felicita: *"No me extraña que sea usted la autora porque conocí a su padre y supe apreciar su talento. Quien lo hereda no lo hurta"* (Richard, 2004, pág. 358).

En "Silencio quieto" nuestra autora nos lleva pausadamente a un clímax mental, a un intimismo que estremece. Son confidencias desnudas que se susurran a un cercano oído, se deslizan recuerdos de un pasado que nunca volverá, se añora la infancia, se construye una remembranza de un tiempo quizás mejor, cuya evocación nubla el entendimiento. En "El romance del hilo de oro" nos transmite todo su optimismo, de la andarina que va a la caza de aventuras por la estela de luz que el sol deja al atardecer en el mar. Capta ese momento de crepúsculo, en que surcando un mar de fábula, su alma de niña vive mil aventuras con su imaginación.

En "Noche de luna" nuestra sibila se adentra en el misterio del primer amor y lo inescrutable que subyace en el corazón femenino:

> "Todas tuvimos el querer de un hombre / y aunque pasen los años y la vida, / en el fondo del alma está escondida / una tumba y en ella está su nombre" (Richard, 2004, pág. 82).

En "Adiós" nos hace partícipes de su angustia ante la idea de la muerte, de ser olvidada, planteándose si al menos podría triunfar el corazón. Aquí la muerte es el final definitivo al que a través de sentencias lapidarias se enfrenta inerme y asustada. En "Expansión" se siente ninguneada por una muchedumbre a la que sólo le interesa el oro y la ambición, lo que le provoca un sentimiento de soledad, que la reduce a una asceta incomprendida. En "Por los rastrojos" se turba ante la gente que no es capaz de ver la belleza de las cosas, ante las que pasa con ignorante indiferencia.

En "Jazmines" nos envuelve en un mundo de sensaciones, de colores, de perfumes, de ilusión. En "Medalla" construye una antinomia interesante, entre triunfadores y vencidos, que son el anverso y reverso, de una misma humanidad que va sufriendo. Así continúa en decenas de poemas en los que condensa toda su afrenta y curiosidad ante la vida, sin que podamos olvidarnos de "El convento", obra encantadora, que con una ligereza de ensueño, nos desintegra en pureza, abandono, placidez, silencio, en evaporación del alma. El convento, es un recinto puro, donde no penetran las ruindades ni retorsiones de este mundo.

Más allá de los títulos con los que nuestra pitonisa rotula sus versos, emana de su sentir toda una construcción original, una nueva escala de valores, que pareciera un innovador sistema filosófico. Bajo un escenario mucho más apolíneo que dionisíaco, le preocupa desenmascarar al hombre de sus mentiras y miserias. Las palabras mejores que no se dijeron, los sentimientos fingidos, la incapacidad de resignarse ante la idea de la muerte que le aterra, la necesidad de trascender, de dejar algo de valía que sobreviva al paso del tiempo, que la muerte no la sorprenda cual cazador al pájaro confiado... son ideas que la obnubilan, abatimientos que a veces alcanzan tintes esotéricos.

En "Poema del agua", "Sinfonía primaveral", "Amanecer", entre otras, contemplamos a un espíritu dichoso, extasiado, exultante ante todas las manifestaciones de la vida, escenas que se abren paso bajo la premura de los acontecimientos que se agolpan. Mantiene una verdadera fijación por las pozas, no sólo por ser espejo de los cielos, sino también alegoría de vida, receptáculo de toda subjetividad humana. Cielos, reflejos, brotes, fecundidad de los campos, gotas de agua, arroyos, todo sirve a la acuarela policromada de sus sueños.

CAPÍTULO II

EL CENÁCULO DE POESÍA DEL CONSERVATORIO DE DECLAMACIÓN

Su fundación, integrantes y actividades

Después de la publicación de este segundo poemario nuestra autora comienza a realizar cada vez mayores incursiones en los ambientes culturales de la capital. Es una época en la que después de haber tenido numerosos hijos, retoma sus actividades intelectuales con ardor. Siente la necesidad imperiosa de expresarse y encuentra el cauce a su palabra y a su arte, ingresando en torno a 1942 en el Cenáculo de Poesía, donde entabló amistad con Vera Zouroff, presidenta de aquel noble recinto de cultivadores de Apolo, así como de otros muchos compañeros y compañeras, miembros y colaboradores de la fraternal institución.

Pero para poder hablar del Cenáculo de Poesía resulta obligado mencionar antes al Conservatorio de Declamación, del que trae su precedente y el fundamento de su más cimentada inspiración. Corría el año 1937 y Vera Zouroff, que ya había tenido varios éxitos en el extranjero, pretendió crear en Chile este Conservatorio. Decimos "pretendió" ya que la noble iniciativa no estuvo ajena de inmensos obstáculos y su culminación representa el esfuerzo espiritual de una mujer, que con escasos medios materiales, pero con una dedicación y voluntad inquebrantables, concentró todas las energías de su alma y sus grandes facultades morales a la realización de un sueño largamente acariciado.

En un primer momento intentó lograr el apoyo de la Facultad de Bellas Artes, pero ante la falta de comprensión de las esferas artísticas oficiales, se dirigió y encontró respuesta a sus anhelos en el Conservatorio Católico de Música y Declamación, creado y sostenido por el sacerdote artista, el presbítero señor Pedro Valencia Curbis, quien supo entender la ambición desinteresada que emanaba de aquella recitadora, que se presentaba ante él portando un álbum de recortes impresos como testimonio de su intensa labor.

Durante tres años Vera Zouroff regentó en dicho Conservatorio un curso de declamación, al que acudieron animados una treintena de señoritas y algunos caballeros seducidos por motivaciones muy diversas, pero pronto fueron muchos los que se desalentaron ante la dificultad que implicaba el aprendizaje de este arte, abandonando sus estudios al poco de comenzarlos, dejando a la maestra desconsolada al no ver fructificar sus esfuerzos en pos de la educación de sus alumnas. A pesar de ello, un día llegó la posibilidad de presentar ante el público a cuatro de sus recitadoras que habían alcanzado la preparación suficiente para presentarse ante la crítica.

Gracias a la gentileza del Sr. Benito del Villar pudieron disponer en el Teatro Real de un escenario sobrio y elegante y además, en condiciones absolutamente gratuitas. Allí se presentaron las debutantes Teresa de Bustamante, Olga Nasthas, Cristina Figueroa y Estela Sepúlveda. Tras la actuación tanto Lautaro García del *Diario Ilustrado*, como Daniel de la Vega de *El Mercurio*, les hicieron justicia en sendas críticas periodísticas, con comentarios agradecidos en los que resaltaron su buena preparación técnica, su perfilada dicción y acento castellano, su buen oído, el agradable timbre de voz, el perfecto conocimiento de la respiración, así como el buen gusto al escoger las piezas líricas.

Tras estas primeras fumarolas de entusiasmo aquellas alumnas desaparecieron, cual astros fulgurantes que cruzaron con intensidad el horizonte escénico chileno, pero que, flores de un día, no fueron capaces de convertir el arte de la recitación en su medio de vida y pronto emigraron hacia otras profesiones. Afligida al contemplar el éxodo de sus alumnas, la maestra se recogió en su casa, desistiendo de continuar con un curso que le irrogaba infinitas molestias y del que no obtenía ningún provecho.

No obstante los lógicos contratiempos de una incipiente empresa que entrañaba numerosas dificultades, la fe ciega que la fundadora ponía en su misión fue dando sus resultados y poco a poco las cosas empezaron a cambiar. A su casa se dirigieron un pequeño grupo de unas seis u ocho señoritas, que habían comenzado sus estudios en el Conservatorio Católico y otras que solicitaron sus enseñanzas. Allí se recogieron, estudiaron, pasaron las tardes charlando amistosamente en torno a su maestra, imbuidas en un ambiente de espiritualidad y arte.

De este grupo surgió una joven y hermosa recitadora, Inés Moreno, que la Sra. Zouroff presentó con éxito en una velada brillante ante el Teatro Municipal. De apenas veinte años, llena de gracia y temperamento, captó inmediatamente la simpatía del público, que embargados de emoción respondieron con calurosos aplausos a aquella voz preciosa, que como cuerda de plata vibraba esplendorosa en la magnífica acústica de nuestro primer coliseo y cuya maestría fue comparada con la inigualable recitadora argentina Bertha Singermann.

A principios del año 38, avalada por estos primeros éxitos, Vera Zouroff fue solicitada por la Universidad de Chile, para realizar un curso de recitación colectivo, en el que se volcó con todo su entusiasmo y al que se inscribieron más de cien alumnos. Su buen hacer tuvo pronto recompensa, ya que al final del curso y antes de marcharse por una temporada a Argentina, la maestra pudo presentar al Teatro Municipal un nuevo grupo de diez recitadoras de ambos sexos, jóvenes y niñas que recibieron una franca acogida del público. Fue así como el prestigio de estos recitales fue conocido por el público, que acudió generoso al teatro para alentar con su aplauso los primeros balbuceos de un arte divino, que hasta entonces había sido caricaturizado por aficionados de escasa preparación.

De este grupo universitario surgió una joven de apenas 18 años, María Maluenda, figura muñequil, dotada de una voz rica en sonoridades, que alcanzó fama continental llevando los versos chilenos a países como Ecuador o Colombia, donde los diarios locales dedicaron páginas enteras a su talento.

Inteligente y modesta, sus muchos triunfos no lograron envanecerla. Empieza aquí una segunda etapa en las actividades artísticas de la maestra. A su regreso de Buenos Aires, en marzo de 1939, sufre un aparatoso accidente automovilístico que la invalida durante varios meses. Convaleciente, es incapaz de dar clases.

Una niña ecuatoriana de condiciones excepcionales, Anunziata Caputti, becada por el gobierno de su país para estudiar bajo su dirección, tiene que volver a su patria con apenas unas pocas lecciones. En agosto de 1939, Vera Zouroff consigue retomar las clases de recitación en la Universidad de Chile, en la que esperaban impacientes un nutrido grupo de alumnos, y a los que el Sr. Manuel Ávila, secretario general del Departamento de Extensión Cultural, les dijo que debían de estar muy satisfechos, ya que la maestra aun encontrándose delicada volvía a dirigir su cátedra en la Universidad en buen provecho de la juventud, cursos que además eran enteramente gratuitos.

Fue entonces cuando Vera Zouroff proyectó crear un Conservatorio de Declamación y Arte Dramático, que al año siguiente de 1940 tuvo una intensa labor, finalizando la temporada con dos estupendos recitales en la Sala Cervantes, a los que sucedieron otros muchos en los años siguientes, así como diversas actividades y reuniones en su casa.

También este año de 1940 fue testigo del comienzo de un Curso de recitación en la Universidad Católica, bajo la dependencia de la Facultad de Filosofía y Letras, al que se inscribieron un crecido número de alumnos y que culminó con un recital de poesía mística-profana, realizado en el Salón de Honor de la Universidad, en que declamaron catorce alumnas que fueron muy aplaudidas. A principios del año 41 las alumnas ofrecieron un nuevo recital de poesía española al recién llegado embajador de España, marqués de Luca de Tena y Sra., acto en el que estuvieron presentes tanto Vera Zouroff, como el rector de la Universidad de Chile, monseñor Carlos Casanueva (Zenteno de León E. , 1942a, págs. 30-40).

Por tanto, una vez que el Conservatorio de Declamación logró afianzarse, reuniendo un buen número de seguidores, consiguiendo atraer el interés de la crítica a través de la divulgación de sus actividades y arraigándose con determinación en las dos más afamadas universidades de la capital, se concibió la creación de un Cenáculo de Poesía, producto o hijo del anterior, y al que Lucía Richard estaría vinculada muchos años. La finalidad de este Cenáculo era no sólo la recitación poética –objetivo primordial del Conservatorio– sino el estudio fervoroso y consciente de la poesía y de los poetas, a lo que se añade la promoción de los mayores valores espirituales de América a través del intercambio cultural interamericano.

El Cenáculo de Poesía nació una tarde de invierno y tuvo su consagración oficial en un acto realizado en la Biblioteca Nacional el 28 de julio de 1940, siendo apadrinado por el prestigioso poeta Sr. Antonio Orrego Barros, que además era médico, catedrático, periodista y parlamentario, perteneciente a una ilustre familia de intelectuales. Para la señalada ocasión leyó un magnífico trabajo sobre la poesía y algunas recitadoras del Conservatorio, recitaron poemas de Gabriela Mistral, Amado Nervo, Delmira Agustini y Santos Chocano (Zenteno de León E. , 1941a).

Los comienzos del Cenáculo fueron tímidos, como toda institución naciente, pero desde un principio sus promotores exhibieron una gran convicción en aquello que estaban construyendo. Ni la apatía periodística, ni la falta de recursos materiales, ni la carencia de locales adecuados, ni tampoco la incomprensión de los empresarios teatrales lograron desanimarles. Tras su consagración aquella tarde de 1940 el Cenáculo de Poesía comenzó sus actividades por iniciativa de don Francisco Barra Vásquez, su más entusiasta mantenedor. Ese año formaban parte de su estructura directiva la Sra. Esmeralda Zenteno de León (Vera Zouroff), directora general; Sra. María Cristina Menares de Góngora (secretaria); Sra. Berta Ernst de Rochefort (tesorera).

También había veinticuatro adherentes que contribuían económicamente a sostener la institución: el capellán Bernardino Abarzúa, Pedro Gálvez Gálvez, Washington Espejo, Patricia Morgan, Francisco Figueroa, Samuel Lillo, Inés Araya de Salas, Carlos Núñez, Sara Prats Gutiérrez, Marta Grez, Mahomed Mathat, Victoria Barrios, Rosalía v. de Ruiz, Juan de la C. Vial, Jorge Gustavo Silva, Juan Rochefort, Berta Porter, Enrique Astorga, Hilda C. de Guzmán, Oscar Jara Azocar, Alfredo Sanhueza Oliva, Ofelia G. de Cortez Manroy, Laura de Carrasco y el Sr. Hermelo Arabena Williams. Esta cifra de participantes se disparará como veremos en 1944. En este momento Lucía aún no pertenecía a la estructura directiva pero si participaba activamente en sus proyectos (Zenteno de León E. , 1942a).

El Cenáculo tenía su sede en la calle Central nº 15, siendo su nombre cambiado dos años más tarde por el de Phillips, conservando el mismo número 15. El año anterior había sido de una intensa actividad. Recitales y conferencias se habían sucedido, las cuales tuvieron una franca y cordial acogida por la Dirección Superior del Teatro Nacional, que les había brindado su elegante salón de actos. Los miembros del Cenáculo habían intensificado el intercambio de libros y correspondencia con otros países. Pero sobre todo estaban orgullosos de haber sido capaces de granjearse la simpatía de un público en el que surgía el gusto por la poesía debidamente recitada.

Además la publicación agradecía a la empresa Italo-chilena y en especial al Sr. Manuel Troni, presidente de la empresa cinematográfica del mismo nombre, y a la administración de la Sala Cervantes, por la comprensión que habían tenido al acoger sus recitales poéticos. Los inicios no fueron fáciles. El Cenáculo tuvo que luchar para que las empresas teatrales les hicieran un hueco en sus salones, ya que éstas desconfiaban de las audiciones poéticas ofrecidas por personas de escasa preparación y se negaban rotundamente a proporcionarles sus teatros.

Pero, ya sea por persuasión femenina o por la inmensa voluntad de la Sra. Zouroff y su grupo, el caso es que éstas se impusieron, logrando convencer a estos empresarios de que sus recitadoras representaban las voces de la inspiración poética de América, que en definitiva poseían una calidad artística inigualable y que a la postre éstas mantenían siempre encendida la llama del arte en su Cenáculo, donde jóvenes, bellas e inteligentes sacerdotisas cuidaban del fuego sagrado. Es así como pudieron enorgullecerse de que la empresa Troni, dueña de una gran cantidad de teatros en la ciudad de Santiago, les facilitara la preciosa Sala Cervantes, la cual había sido construida especialmente para conciertos (Zenteno de León E. , 1942a).

Respecto a la personalidad de Vera Zouroff y el espíritu que emanaba de ese recinto de pureza tenemos un primer testimonio de un primer boletín del Cenáculo que se publicó precisamente en 1940. En su portada, se puede contemplar a una joven y bella Vera, que con unos preciosos y grandes ojos azules mira hacia el cielo buscando respuestas a sus muchos interrogantes. Es un rostro que irradia compromiso con su arte, sensibilidad y melancolía, pero también fortaleza.

Tras visionar una imagen que conmueve por su sello de entrega y generosidad, podemos leer: "Sra. Esmeralda Zenteno de León (Vera Zouroff), fundadora del Cenáculo de Poesía, profesora de recitación en la Universidad Católica de Chile, ex-profesora en la Universidad del Estado, recitadora exclusiva de Columbia Phonograph Co. New York". A continuación, en sus páginas interiores a modo de introducción Vera nos transmite las ideas que inspiraron esa gran congregación de espíritus selectos que fue el Cenáculo de Poesía:

"Hablar de poesía y de un Cenáculo para oficiarla como un rito religioso, parece locura en esta época de materialismo, de odios, de luchas ideológicas y perturbaciones humanas: una sonrisa irónica y compasiva aflora al labio escéptico. No obstante, ello es una realidad; un Cenáculo donde la poesía sea un culto y el verso una oración y al que puede llegar el pensamiento de los poetas de América como al templo donde el espíritu del arte suspende su llama sobre frentes juveniles animadas por noble anhelo de excelsitud artística.

Tengo sed, dijo el Dios-Hombre expirando en la cruz de la incomprensión humana que atribuyó su queja al sufrimiento físico. En el alma hay sed infinita y es vinagre y hiel lo que le ofrece el mundo materialista. Sea este Cenáculo de Poesía, la fuente milagrosa donde el espíritu sediento de belleza pueda comulgar con el arte en su más excelsa manifestación: el verso.

Apenas insinuado el propósito de formar este Cenáculo, ha llegado la cooperación de poetas y de instituciones culturales de toda América. Pronto sus versos serán interpretados fervorosamente en recitales que la onda sonora ha de llevar por todo el continente americano. El año próximo pasado fueron, Rosario Sansores, la inspirada poetisa mexicana y Daniel de la Vega, el bardo chileno de la lira de oro, quienes animaron nuestras veladas de arte. Para este año tenemos un vasto programa en el que nos ocuparemos de las poetisas y de los poetas que nos han honrado con el obsequio de sus versos".

VERA ZOUROFF

En la página siguiente se publica la transmisión radio-telefónica en la *Hora Azul* Radio Siam. En ella habló el director de la radio, Sr. Juan de Rosas, el cual dijo:

"Hoy conforme habíamos prometido, presentamos ante nuestros micrófonos a otra personalidad lírica, la escritora de gran renombre internacional que es otro de los orgullos nuestros: Esmeralda Zenteno de León, y en el campo de las letras: Vera Zouroff.

Como dije hace algunos días al hablar de otro gran poeta, tienen siempre estos bohemios de la inspiración una fuente inagotable de maravillas en colores, de sutiles espejismos, de ensueños, de cofres de muchas edades que encierran en su fondo collares recamados de gracia y emoción, cuya chispería es la fuente cristalina donde beben los que sueñan con una vida mejor.

Vera Zouroff tiene en títulos honoríficos, gracias a su talento, lo que hace falta a muchos diplomáticos. La prensa, las personalidades de todos los países americanos han tributado elogiosos conceptos a esta embajadora de las letras y a ellos se han agregado muchos países europeos. Y así Vera Zouroff va dejando a su paso una estela de recuerdos imborrables. Los versos de todos los poetas han surgido como un cantar de flautas, modulados en los arpegios de su voz cristalina. En cada puerto y en cada pueblo ha prendido la rosa blanca de su arte, como gotas de rocío en tarde otoñal. Y así dice Vera Zouroff en su reflexión en un gesto de consuelo íntimo: 'Desgarraron las tinieblas de mi soledad dejando un reguero de luz consoladora'.

En la misma página, Vera define con gran elocuencia lo que en su sentir es la poesía:

'¿Qué es poesía? ¿Qué es el poeta? ¿Por qué poseen ese don divino de crear belleza, armonía, sentimiento, haciendo de las palabras notas musicales para rimar los pensamientos?' Sin duda que el poeta es un ser diferente al resto de la humanidad; un intermedio entre Dios y el hombre; más cerca de Dios, puesto que ha recibido del Supremo Hacedor la chispa divina de la inspiración, como origen espiritual.

El poeta vive entre el ajetreo diario de la vulgaridad humana, como un viajero que para llegar a su destino tuviera que atravesar una senda polvosa; va como ajeno a cuanto lo rodea, con la vista fija en el ideal. Deja tras de sí un reguero de luz, sus versos, cuajos de emoción, señalan con estrellas la ruta hacia lo infinito.

'¿Quién es ese que va por la vida, tropezando con los demás caminantes como si no los viera y que más bien parece un iluminado que un mísero mortal?' Se pregunta la multitud que corre presurosa tras de un interés en que resume el precio de la jornada única a cuyo final llega un día sin haber bebido de la fuente milagrosa, vertiente donde se abreva esa sed de altura que abrasa el corazón.

¿Quién es ese? Es un poeta; un signado por Dios con el óleo santo de los elegidos, y como tal va solo y huérfano de toda comprensión. Pero lleva un sol dentro de sí; sol que se reparte en haces de oro, la poesía. Todo cuanto le rodea, todo cuanto llega a él y lo toca, se convierte inmediatamente, por virtud de su contacto, en inmensa, en incomparable belleza.

Penetrar en la vida de los poetas, en sus intimidades, en las amarguras de sus días grises, en la luminosidad de las horas cuando vibra como un laúd vivo pulsado por la emoción de una belleza, de un amor, de una esperanza, es como internarse en una selva paradisíaca, donde la naturaleza entera se animara en un himno triunfal. Para llegar hasta el santuario íntimo del poeta; a la fuente milagrosa de su inspiración, debe acercarse con los pies desnudos y la frente ungida de ceniza, como a un templo cerrado donde se oficiara un rito inefable de amor y de armonía.

La primera expresión intelectual del hombre, fue la poesía, el verso; áspero tal vez, rudo como todo lo que es primitivo, pero ya en las primeras articulaciones del pensamiento hecho lenguaje, el hombre antiguo buscaba el ritmo para dar forma verbal a su idea. El Corán, La Sagrada Biblia, están escritos en versículos que buscan ya la forma de una belleza armónica en las palabras.

Y desde entonces hasta nuestros días, la poesía ha surcado los mares inclementes del materialismo, de la indiferencia, de la incomprensión, y hasta del desprecio de las gentes, de la mayoría, de los que forman el número en el conglomerado humano, de los que sólo escuchan lo que llega a sus oídos físicos, y sólo ven lo que miran con los ojos azules o negros que llevan en el rostro, pero espíritus cerrados completamente a la armonía; a ese paisaje infinito que escuchan y ven los que van como dijo Carrere: '...deslumbrados por un milagroso jirón de ideal'.

El poder acercarse a ellos, oír sus melodías, repetir sus versos, es un don del cielo que nunca se habrá de agradecer bastante. Cuando el sentido estético del verso se nos entrega, somos poseedores de una ciencia que nos doctora con un sacerdocio de excepcional excelencia, permitiéndonos oficiar en el templo del arte, del divino arte de la poesía. Se ha dado en decir –y parece mentira que el arte de recitar pudiera tener detractores– que la expresión poética, el decir versos, es un arte de segunda categoría.

Error, error o malicia. Y si no, vamos a ver: examinemos a donde van encaminadas las demás manifestaciones artísticas. La pintura copia los esplendores de la naturaleza, el color del paisaje, la luz de un cielo, la braveza de un mar, la belleza de un rostro, pero siempre copiando a la naturaleza, los árboles, los pájaros, los animales, lo que hay de material en cuanto miramos.

El buril, busca en la piedra la forma humana y la encuentra en el mármol; siempre es la copia de algo material. La música trata de hallar y dar sonido armónico en los instrumentos, a la voz de la naturaleza, los ruidos, de los elementos, el viento, el grito, el oleaje, etc, siempre es imitación de algo. Pero la poesía, el verso, la recitación, es la voz humana, es la palabra, único distingo que Dios puso en el hombre como el sello de su divinidad, y que da forma a lo inmaterial a la creación de la mente, a la vibración del sentimiento.

Una demostración de la superioridad de este arte sobre los demás, es esta: de músicos, de cantantes, de pintores, de artistas de todo género, está lleno el mundo; de buenos, malos y regulares; pero recitadores, hay muy pocos, porque este arte, no admite malo ni regular, hay que ser magnífico".

VERA ZOUROFF (Zenteno de León E. , 1940a)

Observe el lector que este boletín inaugural es importante porque nos da la fecha exacta de su creación. Hay en estas palabras de Vera una convicción rayana en el fervor, la cual se nutre de un apasionamiento desbordante y desbordado de emociones. Es importante porque nos da una primera visión del ideario de estos adoradores del inmaterialismo, forjadores de ensueños de belleza, cultivadores de una verdad desnuda, incansables prospectores de todo lo que es genuino.

Por otra parte, resulta fundado señalar que el padre de Lucía –don Enrique Richard Fontecilla– había sido decano de Derecho Civil de la Universidad Católica y es presumible que bajo el crédito de esos precedentes y grupos de influencia, se encontraran las dos artistas en la Cátedra de Declamación de dicha universidad, o en la del Estado, en la que años más tarde nuestra poetisa daría varias conferencias.

Tras el boletín introductorio, de carácter definitorio e intencional, en el año 41 publican uno nuevo que recoge todas las actividades del Cenáculo del año anterior y las de ese año. Así anuncia la llegada a Chile del poeta argentino, Servio Quirós Mouzo, el cual fue recibido y retratado en la sede del Cenáculo de Poesía con todos sus miembros y del que se dice que *"no es poeta todo el que versifica y en cambio, lo son a veces algunos que no escriben versos"*. Así se elogia su hermoso libro *Palabras de la tierra*, donde cada poema en prosa es un himno triunfal de la Naturaleza. Asimismo, se señala que había venido a Chile a traer la "Exposición del Poema Ilustrado" que había tenido franco éxito.

Tampoco pasa inadvertido el paso por Chile del insigne artista español Manuel de Góngora, que reunía dos grandes cualidades: la de poeta inspirado y la de recitador de técnica impecable. Acompañado de su esposa, la frágil y exquisitamente femenina Leonor, dio una serie de recitales en el Teatro Real, que reunió a lo más culto y refinado de la sociedad santiaguina. Su voz, su apostura, su gesto, sus ademanes sobrios y exactos, le granjearon el aplauso sincero, unánime y sonoro del público.

Asimismo, se realza la figura de Patricia Morgan, miembro del Cenáculo, que por entonces tenía publicados dos libros, y que acababa de realizar dos viajes, uno a Buenos Aires y otro a Río de Janeiro, portadora de una misión que le encomendara el Departamento de Extensión Cultural. La Academia de las Letras de Río la recibió en sesión solemne, siendo invitada por su presidente a recitar algunos de sus versos. También dio un recital en una institución de prensa llamada ABI, siendo escuchada y aclamada por una numerosa concurrencia e invitada como miembro de honor a una comida en el Pen Club. Como no podía ser menos, Gabriela Mistral, que era en aquel momento Cónsul de Petrópolis, recibió a Patricia Morgan con finas atenciones, no sólo como diplomática, sino especialmente como amiga.

En otra ocasión la Srta. Lina Muda Sandoval, alumna del Conservatorio de Declamación, dio una excelente conferencia sobre la poesía de Guatemala ante una numerosa concurrencia, entre la que se encontraba el cónsul de Guatemala en Chile, Sr. Gaspar Mora. Por dicho motivo, él dirigió el 10 de septiembre de 1940 una agradecida carta a la directora del Conservatorio, Sra. Esmeralda Zenteno de León, en la que le obsequiaba con los recortes del *Liberal Progresista*, que recogía elogiosos comentarios a su labor de extensión cultural.

En parecida sintonía, un periodista llamado *Orozimbo*, en el Diario *Últimas Noticias*, más que informar transmitía lleno de emoción acerca de una jornada de poesía del Cenáculo, en el Salón de Actos de la Dirección del Teatro Nacional. Así nos hablaba de una sala compacta, apretada, reverente, que vibraba ante la cadencia alada de los versos que allí se declamaban. Cumplidos que se extendían a la figura de Vera Zouroff, a la que calificaba de gran mujer, portadora del tirso del entusiasmo, la cual laborando de forma silenciosa sabía convencer con su voz de seda, a lo que se unía sus excelentes cualidades como organizadora y programadora.

Otro momento culminante de ese año de 1940 fue la recepción que hizo el Cenáculo de Poesía a *Carmen de Lys*, pseudónimo de Manuela Penna, condesa d'Hibouville, invitada en calidad de miembro de honor de la institución, a la que acudía a presentar su nuevo libro *De la vida a la vida*, en cuya oportunidad el poeta chileno Oscar Jara Azocar la obsequió con un poema de su cosecha: "Ofrenda de su voz".

A Carmen de Lys se la retrató como una cultísima dama de la diplomacia. Mujer fina, exquisita, noble de alma y pura de corazón, sus versos reflejaban una inspiración cristalina. Afincada en Uruguay y Francia había sacado provecho de sus múltiples viajes y ambientes en los que había vivido, que habían perfilado su personalidad acendrada, de la que emergían unos versos llenos de dulcedumbre, amor y compenetración con la Naturaleza.

A Washington Espejo se le esboza como *"un poeta amigo y muy admirado nuestro"*. En su libro *Canto perdido*, había convertido la vida en un luminoso poema, cantando la dicha íntima del hogar, en el que reposa cálido y eterno, el afecto hondo y verdadero, producto de una mente limpia, un alma sana, un corazón generoso. A Dora Puelma, no obstante de ser pintora, se la señala como poeta del pincel, que no pinta para complacer, sino que hace hablar al paisaje, que se nos entrega en desnuda autenticidad.

De gira por Río de Janeiro supo honrar a Chile, exhibiendo su penetrante y comprensiva inteligencia, su pulcritud en el sentir y en el pensar. Samuel Lillo es contemplado entonces como el mayor portalira de Chile. Laureado muchas veces, miembro de la Real Academia, sus muchos méritos no habían conseguido doblegar la humildad de su mirada. Clásico, impecable en la versificación, su ardorosa inspiración hacía tronar a las montañas araucanas.

Bajo la pluma de Javier Vergara Huneeus, el tema central de la poetisa colombiana Maruja Jaramillo era el amor en su más genuina representación, que en su sentir adquiría una ternura y una suavidad puramente femeninas. El amor era para ella la única ciencia útil. Ese mismo amor soplaba en la obra *Viento en las jarcias* del mismo Javier Vergara, poeta sensual y delicado, afanoso en los detalles y de versificación armoniosa, su creación se representaba como *"un pequeño joyel de preciosas gemas"*. María Letelier, la que otrora fuera reina de los Juegos Florales, había conseguido concentrar en su libro *Nostalgias* la esencia del perfume exquisito de su alma.

A Teresa de Bustamante, en su obra *Bajo el templo del sol*, se le reconocía su inspiración y originalidad, pero se le reprobaba su modernismo. A Amanda Amunategui en su obra *Espejos del éxtasis* se le reconocía también su sensibilidad y emotividad, pero se le condenaba su estilo ultra-modernista. Otros libros que se anunciaban en la publicación eran *Lejanías*, de Torcuato Luca de Tena, joven poeta español, así como, *Huella de los días* de Roberto Sánchez Bolaños, cuyos versos se musicalizaban en los labios al recitarlos (Zenteno de León E. , 1941a).

El siguiente boletín aparecido en 1942 también contenía un rosario de noticias de estos grupos. Así se celebraba los logros de la delicada y culta recitadora española Myrtía de Osuna, que había pasado por Chile dando un excelente recital poético en el Teatro Real y posteriormente estuvo de gira por Lima, donde tuvo una magnífica acogida, siendo invitada por la Universidad de San Marcos para dar un ciclo de conferencias-recitales. Los periódicos de la capital dieron amplia cobertura a estos eventos y en Chile, los miembros del

Cenáculo señalaron que esta fina poetisa era capaz de recitar en castellano, catalán (su idioma nativo), francés e italiano.

Además se vanagloriaban que Myrtía era su delegada y corresponsal ante poetas de otros países. Lamentablemente, el destino se truncó para esta admirable recitadora, que murió trágicamente dos años después en Buenos Aires. Por este año de 1942, estas jóvenes estaban llenas de proyectos. Pretendían editar una antología general de poesía chilena, así como intensificar el intercambio de libros poéticos con diversas universidades y centros culturales, tanto en las repúblicas americanas como en España. Además convocaban a los poetas y artistas del pincel y el lápiz para crear en Chile lo que llamaban "el poema ilustrado" (Zenteno de León E. , 1942a, pág. 4).

También celebraban el gran éxito de María Cristina Menares en el Perú. Al igual que Myrtía, en Lima tuvo una brillante actuación y todos los diarios de la capital recogieron fervorosos elogios, exaltando su talento, su gracia, su simpatía y muy especialmente hicieron acopio de la belleza de sus versos que allí había recitado, patrocinada por el Instituto de Cultura Peruano-Chileno y que le valieron multitud de aplausos, flores y felicitaciones. Como Secretaria del Cenáculo de Poesía y alumna del Conservatorio de Declamación había sido un magnífico heraldo de estas dos instituciones que la tenían por una entusiasta colaboradora. La publicación, además, hacía gala del afable talante de estas mujeres:

> "Mientras en los círculos de la alta diplomacia los embajadores se desvelan imaginando suspicacias, las mujeres, cuando son inteligentes y gráciles, representan la embajada de la simpatía, de los afectos, y si no firman tratados de política internacional, acercan los corazones y crean el lazo invisible pero fuerte de los afectos y de la comprensión espiritual entre los pueblos" (Zenteno de León E. , 1942a, pág. 5).

Otro apartado culminante del boletín es el que hacía referencia a las conferencias y recitales que los miembros del Cenáculo habían ofrecido ese año en Chile. La temporada de 1942 fue inaugurada en el Cenáculo de Poesía por el escritor Gustavo Loyola Acuña, astrólogo y meteorólogo, Secretario General de la Sociedad Científica de Chile, el cual era además literato y un romántico poeta. Autor de numerosos libros, en aquel momento acudía al Cenáculo para dar una charla sobre la mujer, que era un anticipo de su libro *Evolución de la mujer*, a punto de publicarse. Allí desarrolló su tema con erudición y galanura en la palabra, siendo escuchado con atención, recibiendo entusiastas aplausos del auditorio.

Lucía no se quedó atrás en estas actividades. Tanto es así que el 28 de mayo de 1942 se encontraba pronunciando una conferencia sobre la muerte de Stefan Zweig en el Cenáculo de Poesía. En lo que se refiere a esta conferencia tenemos un testimonio muy interesante publicado igual que el anterior en el Boletín del Cenáculo de ese año, que rememora lo calurosa que fue la velada:

Stefan Sweig

"Sobre la personalidad de este maravilloso escritor judío, versó una brillante conferencia que diera en el Cenáculo de Poesía, la escritora y poetisa, Sra. Lucía Richard de Piedrabuena.

La conferenciante es una figura destacada en la intelectualidad femenina de Chile y trató el tema con extrema soltura y amenidad. El malogrado escritor suicida revivió y se presentó con todas las sobresalientes líneas de su silueta intelectual en la evocación de la culta dama.

La selecta concurrencia que llenaba el auditorio, escuchó en fervoroso recogimiento la palabra ilustrada de Lucía Richard de Piedrabuena, quién fue muy aplaudida y felicitada, viéndose obligada por las exigencias de sus admiradores a recitar algunas de sus poesías originales" (Zenteno de León E. , 1942a, pág. 6).

En otra ocasión recitó en el Cenáculo el ya mencionado poeta español don Torcuato Luca de Tena, hijo del Excmo. Embajador de España, don Juan Ignacio Luca de Tena, asombrando a todos en una velada brillante, donde supo conquistar a su público con sus bellos poemas, algunos inéditos y otros pertenecientes a su libro *Albor*. Joven de apenas veinte años, poseía ya entonces la inspiración de un portalira maduro, atesorando unos versos armoniosos con temas profundos. Entre estos, destacaba el poema de "Isis" con que finalizó el recital. La concurrencia que llenaba totalmente el auditorio, lo aclamó calurosamente en una velada verdaderamente entrañable.

De rancio abolengo, talentoso, inspirado y con una bella y varonil figura, el poeta habría estado destinado a ser un gran recitador; pero la vida y su situación social le llevaron por otros derroteros. En 1942 estudiaba la carrera del foro en la Universidad Católica donde era un aventajado alumno (Zenteno de León E. , 1942a, pág. 7)[5].

Otra conferencia que tuvo lugar ese año de 1942 portó el rotulo de "La estética en la creación artística". Ante una numerosa concurrencia entre la que destacaban personalidades pertenecientes a las artes plásticas, se desarrolló

---

[5] Resulta ineludible reseñar que don Torcuato Luca de Tena y Brunet perteneció a una importantísima familia española. Su abuelo Torcuato Luca de Tena y Álvarez Ossorio, abogado, hijo de una acomodada familia industrial de Sevilla vinculada al espíritu liberal de la ciudad, destacó como gran periodista y vino a revolucionar la prensa española con la creación de la revista *Blanco y Negro*, el importantísimo periódico *ABC*, así como la *editorial Prensa Española S.A.*, de la que surgieron multitud de publicaciones. Forjador de una dinastía de periodistas, destacó en la diplomacia, en la opinión y hasta en el mundo parlamentario. Por todo ello le fue concedido por Alfonso XIII el título de marqués de Luca de Tena para él y sus descendientes. Hijo del anterior fue Juan Ignacio Luca de Tena, II marqués del mismo título, abogado, escritor y periodista. Diputado a Cortes por Sevilla, fue director durante muchos años del periódico *ABC*, y estuvo muy vinculado en sus ideas a la Monarquía. Entre 1941-43 fue embajador de España en Chile, y de Grecia en 1962. Fue elegido procurador a Cortes, académico de la Lengua en 1944, recibiendo por su labor numerosas distinciones. Dos de sus hijos fueron continuadores de las tradiciones familiares: Torcuato y Guillermo. Torcuato, nacido en 1923, fue III marqués de Luca de Tena. Dramaturgo, diplomático, miembro de la Real Academia Española entre 1946 y 1974, pasó en su juventud algunos años en Chile donde su padre era embajador, cursando tres años de Derecho. A su vuelta a España se licenció e inició su andadura en el periodismo. Fundó la edición aérea del diario *ABC*, siendo su director durante algún tiempo. Fue corresponsal del diario en Londres, Washington, Oriente Medio y México. Como sus mayores fue procurador a Cortes y demostró gran fidelidad a don Juan de Borbón. Miembro del Número de la Academia Española en 1973, escribió numerosas obras de poesía y literatura por las que recibió honrosas distinciones. Su hermano Guillermo, nacido en 1927, fue abogado y periodista, políglota, director de *ABC*, consejero editorial; luego presidente del Consejo de Administración y de la Comisión Ejecutiva de la empresa *Prensa Española*, así como director del semanario *Blanco y Negro*. Perteneció al Consejo privado del conde de Barcelona, al Patronato de los Reales Alcázares de Sevilla, a la Fundación Príncipe de Asturias y senador real de las Cortes Constituyentes. En 2003 fue nombrado por el rey Juan Carlos I, marqués del Valle de Tena con grandeza de España, por su singular dedicación al mundo de la comunicación. Durante su vida recibió numerosos premios y distinciones. Resulta interesante destacar que el hijo mayor de Lucía, Enrique Piedrabuena Richard, abogado por la Pontificia Universidad Católica de Chile, habiendo emigrado a España en el año 73, siempre se vanagloriaba de haber sido en Chile compañero de universidad de Torcuato, con el que compartía muchas afinidades.

en el Cenáculo de Poesía la sugerente disertación, a cargo del distinguido intelectual y artista, profesor de Estética del Palacio de Bellas Artes de Viña del Mar, Sr. Carlos Yáñez Bravo. La conferencia, dividida en varios puntos de sumo atractivo, interesó profundamente al auditorio y no habiendo sido suficiente el tiempo para el desarrollo de todos ellos, a pedido de la concurrencia, el profesor quedó emplazado para continuarlos en una segunda charla.

Otra interesante plática versó sobre la egregia poetisa uruguaya Delmira Agustini, destello luminoso de la poesía de América, construida con amenidad e imaginación por Edelmira Muñoz, recitadora destacada del Cenáculo de Poesía. Ante una concurrencia numerosa y distinguida la conferenciante se explayó con gran naturalidad, encontrando inmediatamente la sensibilidad del público, que la escuchó en un silencio comprensivo y atento, premiando sus recitaciones con entusiastas y sinceros aplausos.

Toda la cautivadora y breve existencia de la desgraciada portalira uruguaya, fue evocada por la señorita Edelmira Muñoz con sentimiento, finura y verdad. Aun cuando tenía en la mano los pliegos, se dirigía a su auditorio hablándole con el corazón, con una voz bien timbrada y una dicción clara. Su emotividad y la sobriedad de su actitud, elegantemente vestida con un sencillo traje largo color rubí, le conquistaron inmediatamente la voluntad de todos cuanto la oyeron y aplaudieron en esta ocasión (Zenteno de León E. , 1942a, pág. 8).

Cabe destacar que todas estas recitadoras eran compañeras de Lucía en el Cenáculo y habían sido alumnas del Conservatorio de Declamación. Es evidente que Lucía –que conocía a muchas de ellas del Conservatorio– acudió a todas estas conferencias y actividades del Cenáculo, al que ya se estaba integrando.

Además el boletín daba noticias y elogiosos comentarios a los libros que había recibido el Cenáculo en el primer semestre de 1942. Entre ellos, *Alba de oro*, de María de la Cruz; *Poesía* de Rafael Maya; *La Violeta y su vértigo* de Olga Acevedo; *Plenilunio* de Elena Osuna de Mutis; *Rumor del mundo* de Julio Barrenechea; *Vertiente* de Teresa Vidal; *Mansión desvanecida* de Daniel de la Vega; *Transparencia* de Carmen Lys (Condesa de H'yvouville, esposa del Ministro de Francia en Chile); *Raíz eterna* de María Cristina Menares; *Órbita de ensueños* de Gemma de Tharsis, entre muchos otros. A todos ellos dedicó el Cenáculo generosas palabras.

Respecto a la poetisa Marta Goycolea de Boizard, más conocida como *Gema de Tharsis*, acaparó toda la portada del boletín del Cenáculo de Poesía del año 1943. Joven, hermosa y distinguida, se potencia su figura como una dama de alta personalidad social, que había irrumpido en el ambiente artístico chileno con un libro de versos originales, robustos en creación, ricos en léxico, sonoros en vibraciones de armonía. Anteriormente había llegado al Cenáculo otra obra firmada en su cubierta: *La carta que Carlota no escribió a Werther* y que en realidad era un complemento de la novela real que Goethe creyó finalizar con la desaparición del protagonista. Sólo una mujer de exquisita sensibilidad podía realizar el prodigio de agregar, sin que ello fuera una profanación, un capítulo más a la obra inmortal del gran escritor alemán.

Desde una perspectiva sentimental y trascendente, la poetisa María Cristina Menares, construye una alabanza clamorosa a la gran mecenas del arte que fue Vera Zouroff. Bajo su sentir, Vera era una persona que no necesitaba presentación ni dentro ni fuera de Chile. Su palabra era cordialísima, su pluma certera, su corazón estaba siempre a flor de piel para todo aquello que significara arte, emoción y sensibilidad. Todas estas cualidades eran credenciales vivas, que situaban a nuestra protagonista entre los que nacieron para un destino definitivo.

A su sombra había crecido el Cenáculo de Poesía, y bajo su mirada ganaba altura el único Conservatorio de Declamación que existía en Santiago. Por lo tanto, podía estar satisfecha de la plenitud alcanzada en su tarea y todo aquel que no se mantuviera impasible frente a una noche madura de estrellas, un pétalo, una nota que rasga el aire, todo aquel que en definitiva palpitara ante una emoción pura, comprendería el significado de la noble obra de espíritu que Vera Zouroff había realizado en Chile.

A su vez, Vera Zouroff escribe un sutilísimo artículo titulado "La personalidad literaria de Lucía Richard de Piedrabuena", que además ya este año de 1943, disfrutaba del estatus de secretaria del Cenáculo de Poesía, lo que denota la rápida incursión y ascensión que tuvo en la institución, como uno de sus más reconocidos miembros. Su retina capta en primer lugar la fachada, el ente corpóreo, de una dama de elevada posición social, elegante y exquisita, de grandes dotes de inteligencia y de cultura, hija de ilustre casa, formada en escuela de virtudes ancestrales, heredera de cualidades de alma y de corazón, la cual había completado su educación recorriendo los monumentos y rincones de la vieja Europa.

Pero tras la reserva de una señora talentosa, que silenciaba sus méritos, evitando mostrarse a su público, emergía una mujer delicadísima, refinada y sentimental, plagada de emociones, poseedora de un rico temperamento de artista. Había en ella algo de transparente, de cristalina, que sabía escribir con elegancia, con absoluto dominio del idioma, con una corrección clásica del lenguaje. Sentimiento y pensamiento se conjugaban en su estro, produciendo un estilo brillante, sobrio y diáfano, de versificación admirable. Para Vera, Lucía poseía una fuerte personalidad intelectual, que no podía ocultarse tras el velo de una superflua vida social. *"Los valores del espíritu o de la muerte —nos dice— cuando son legítimos rehúyen pregonarse, buscan la penumbra, pero brillan siempre, como el diamante con sus resplandecientes facetas"*.

El gran protagonismo o aceptación que Lucía Richard había adquirido entre estos grupos, se demuestra en un acto que tuvo lugar en el Salón de Honor de la Universidad de Chile, el 15 de abril de 1943, en el que en su calidad de secretaria del Cenáculo de Poesía ofreció un homenaje al insigne poeta Samuel Lillo. En una amplia sala abarrotada de gente fue recibido con aplausos delirantes. El escritor Tomás Gatica Martínez, en un magnífico trabajo, se adentró en su obra, destacando la personalidad del cantor de Arauco en sus más sobresalientes perfiles. Las recitadoras Fide Alessandrini, Olga de Falconi, Guacolda Ponce, Edelmira Múñoz y Alma Montiel recitaron para la ocasión poemas del vate homenajeado.

Vera Zouroff, directora general del Cenáculo, agradeció la presencia del público y resaltó algunos rasgos espirituales del poeta, a quien conocía de una larga y estrecha amistad. Confundido en una clamorosa ovación, tuvo en un primer momento dificultades para levantarse y agradecer al público tan sincero reconocimiento. Cuando pudo hacerlo amenizó la velada con una charla interesante, en la que no faltaron giros humorísticos, edulcorados con la ternura de los mejores recuerdos de tiempos pasados. Lillo, por su alta intelectualidad, su vasta cultura, por su labor poética y literaria, era considerado sin disputa como la primera figura de entonces en el parnaso chileno (Zenteno de León E. , 1943a, págs. 1-5).

El viejo titán de las letras chilenas, en su obra *Espejo del Pasado* de 1947, no se olvidó de estas mujeres que le habían homenajeado con tanta lealtad y adhesión. Así nos relataba en su obra como por aquel entonces concurrían en Santiago varios apóstoles de la recitación, donde se estaba produciendo un verdadero renacimiento del arte de la palabra, en las esferas más cultas de la sociedad. Vera Zouroff cuyo nombre verdadero era Esmeralda Zenteno de León, era una poeta de altura, que luego se dedicó al periodismo, viajó por Estados Unidos y hasta colaboró en revistas en Nueva York y en películas de Hollywood.

Estos grupos de poetas interesados en la recitación se congregaban en lugares como el Ateneo de San Bernardo, lugares donde acudían poetas como Manuel Magallanes, Enrique Nercasseau, Washington Espejo, donde Vera hablaba sobre poesía romántica española, en especial Espronceda, envolviendo a sus asistentes en una cálida comunión artística, los cuales correspondían con unánimes aplausos. Vera también organizó compañías dramáticas en las que se representaban bellas piezas del teatro moderno. Además, a su tertulia concurrían varios de los más conocidos poetas, génesis de la primera cátedra de declamación.

Lillo nos relata la asombrosa actividad de la señora Zouroff, que con gran sacrificio personal y devoción desinteresada, había dedicado gran esfuerzo en desempeñar la cátedra de recitación en la Universidad de Chile, y había escrito un tratado del arte de recitar, así como fundado un Conservatorio de Declamación con un Cenáculo de Poesía, del que salieron figuras como Inés Moreno, María Maluenda o la maravillosa Pochita Núñez. A este Centro de Declamación y su Cenáculo de Poesía, acudieron poco después personas como Lucía Richard, Washington Espejo, Oscar Azocar, Guillermo KoenenKampf, David Perry o el mismo Samuel Lillo, Premio Nacional de Literatura en 1947 (Lillo, 1947, págs. 289-298).

Ese año de 1943 fue de una gran vitalidad para el Cenáculo. El poeta chileno Oscar Jara Azocar, muy querido e integrado en la institución, conocía muy bien a sus miembros y estaba muy involucrado en sus actividades. Jara Azocar no era sólo poeta, sino un artista completo abierto a cualquier manifestación del arte y de la belleza. En aquel momento regresaba de Montevideo donde había desarrollado una importante labor de intercambio de libros, así como propagó de forma encomiable la inmensa entidad del Cenáculo de Poesía en todos aquellos foros culturales en los que habló. La prestigiosa pluma de *Ronald* recogió todo este entusiasmo, plasmándolo en un artículo titulado "Un reflejo de la inquietud intelectual del Continente".

En él describió a Jara Azocar como un hombre joven, de sonrisa breve y suavemente melancólica, cordial en el apretón de manos, cercano en la charla. Este hombre de forma desprendida se había dedicado intensamente al intercambio cultural, al negocio de la inteligencia, al comercio del espíritu. Con ese propósito había recorrido países como Perú, Bolivia, Brasil y ahora llegaba a Uruguay y a su capital, Montevideo. Allí habló con fervor de su tema favorito: el Cenáculo de Poesía, al que pertenecía, una organización cultural que merecía mencionarse por su especialísimo carácter, a lo que se añadía su importante misión americanista.

En su entender el Cenáculo era una institución de cultura artística, cuyo principal objetivo era la exaltación del arte poético. Albergaba en su seno un buen número de figuras representativas de la lírica chilena y uno de sus postulados más dignos era el intercambio de pensamiento con los poetas del continente, cuyas composiciones integraban siempre los programas de sus recitales. A través de conferencias, transmisiones radiales, reuniones, recitales en auditorios particulares y teatros, en los que se presentaba una forma nueva "el poema escenificado", habían conseguido la proeza de reunir en torno suyo a un público entusiasta, que seguía fiel y regularmente su labor.

Para la realización de estas actividades se había formado un excelente conjunto de hombres y hermosas recitadoras, auspiciando la creación de un Conservatorio de Declamación, cuya dirección corría a cargo de una mujer impetuosa y visionaria, Vera Zouroff, dotada de una personalidad extraordinaria, como sabemos fundadora y directora también del Cenáculo. Estos recitales habían sido perfeccionados a extremos notables, mediante la selección de una adecuada escenografía, y unas recitadoras cuidadosamente escogidas para que armonizaran voz, temperamento, sensibilidad y plástica.

Como ejemplos significativos de su vocación americanista destacaban el intercambio de libros con toda suerte de universidades y centros culturales, la edición de una antología de poetas chilenos, la convocatoria a los poetas y artistas del pincel y el lápiz para crear en Chile lo que llamaban el "Poema Ilustrado", e incluso acudir a congresos o viajar al extranjero, como es el caso de Patricia Morgan, que acudió a la ONU representando los derechos de la mujer chilena.

El "Poema Ilustrado" pretendía reunir en una misma inspiración de arte diferentes aspectos de la expresión artística. Es decir, unir a los poetas con los artistas plásticos en la exposición de un poema que fusionara colores y sonidos, ritmos y movimientos, o dicho de otro modo, el paisaje con la inspiración del poeta. La antología comentada de poetas chilenos, era una especie de almanaque o enciclopedia, en la que se ambicionaba dar a conocer en el exterior la poesía chilena en todos sus ricos matices, procurando un equilibrio – nada fácil– entre clasicistas y modernistas.

El objetivo era compendiar proporcionadamente cantidad y calidad, pero como se expresa en el boletín del Cenáculo del año 43, no todos tenían en el panorama poético del país el sitio que merecían. Mientras algunos se abrían paso hacia la popularidad por medios sinuosos que desdecían el verdadero mérito, otros guardaban su talento en una especie de arcano, por pudor de ver mezclado en el batidero literario ese tesoro sagrado, que preferían preservar oculto al ruido mundanal (Zenteno de León E. , 1943a, págs. 12-30).

Como decía la propia Lucía Richard en la introducción de su poemario *Humo azul*, algunos escribían poemas que les daban fama y luego sin proponérselo, caían en una espiral tediosa, en la que debían seguir escribiendo para prolongar la fama. Seguía llegando la luz, pero la estrella ya se había extinguido. En su opinión, la primera condición del poeta era la admiración ingenua, ya que si nos habituábamos al paisaje dejábamos de sorprendernos ante sus maravillas. Cuando cogíamos la pluma debíamos hacerlo como si escribiéramos por primera vez. La verdadera poesía, como la verdadera música, no comenzaba en el papel, sino en el corazón. Lo demás, bueno pues era ingenio, intelecto, elucubración cerebral, fuegos de artificio (Richard, 2004, pág. 177).

Recitales y actuaciones

No cabe duda de que en aquel momento Lucía Richard no sólo había aprendido a escribir, sino que estaba perfeccionando su habilidad para declamar en público. Prueba de ello es una serie de siete recitales poéticos que tuvieron lugar en la Sala Cervantes desde 1940 hasta 1944, aunque Lucía no participará en estas actividades hasta dos años después del debut del Cenáculo ante la sociedad santiaguina. Aquí nos referimos siempre a recitales "publicados", ya que hubo otros muchos, ya sea en diversas universidades, en casas particulares, o en el Teatro Municipal, que no se divulgaron.

Así por ejemplo, se tiene constancia de un recital que tuvo lugar en la Sala Cervantes el martes 27 de julio de 1943 a las 18.30 de la tarde y del que no trascendieron noticias. No resulta baladí resaltar que estos recitales surgieron como un oasis de comprensión en plena II Guerra Mundial, o que fueron, por decirlo así, "un arma de construcción masiva", o un bálsamo en una época de irracionalidad. El primero de ellos tuvo lugar el 29 de noviembre de 1940, el cual se anunció bajo el reclamo de "Gran Festival Poético en la Sala Cervantes".

En él se estrenaba Vera Zouroff a través de cinco de sus alumnas: Olga Falconi, Virginia Contardo, Marta Valenzuela, Lila Wolnitzky y Fide Alessandrini. El programa constó de una introducción (*El lenguaje de las flores*) y dos partes, en las que las recitadoras pusieron su voz emocionada y todo su ardor escénico, al servicio de un público expectante. Allí, bajo las más vibrantes y sinceras modulaciones, las recitadoras volcaron sus sentimientos con las poesías de los más renombrados autores españoles y americanos.

Así, por ejemplo, en la primera parte, Marta Valenzuela puso su cálida voz a la obra "Frivolidad" de la chilena María Letelier; Virginia Contardo despojó su alma con la poesía titulada "A un poeta moro" de la argentina Eloísa Ferrerías; Lila Wolnitzky se entregó por completo a la composición titulada "Espirituales" de la brasileña Gilka Machado; Fide Alessandrini, audaz y sublime, se ocupó de "El enojo" de la uruguaya Raquel Sáenz y Olga Falconi dilató su talento a través de las estrofas de "Me tuviste" de la chilena Gabriela Mistral.

En la segunda parte, brotó nuevamente la ilusión, ahora agigantada, de unas recitadoras que desplegaron su más pulida inspiración y feminidad en obras como "Las fuentes de Granada" del español Francisco de Villaespesa; "La tristeza del Inca" del peruano J.S. Chocano; "Canción de la muerte" del español José de Espronceda; "Salmo a la vida" del panameño Enrique Greenzier y "Las campanas" del estadounidense Edgar Alan Poe, entre otras.

Los diarios *El Mercurio*, *El Imparcial*, *El Diario Ilustrado*, recogieron elogiosos comentarios de la actuación de estas jóvenes artistas, vestales de casta pureza, que supieron interpretar como cisnes de alas batientes, los sueños de célebres poetas. Samuel Lillo, muy próximo a estos grupos, y cargado de tintes premonitorios, ya había plasmado en *La Nación* todo su entusiasmo ante unas debutantes que iban a expresar sus mejores cualidades de temperamento:

"Virginia Contardo, Fide Alessandrini, Marta Valenzuela y Lila Wolnitzky, a quienes hemos aplaudido en varias audiciones privadas, responderán dignamente esta tarde a las enseñanzas de su maestra y escribirán una página consagratoria de sus nombres en los jóvenes anales de nuestra recitación nacional".

Maruja Jaramillo, escritora colombiana, refiriéndose a "Las Campanas" escribió en el *El Mercurio*:

"Viendo a estas cuatro recitadoras, vestidas de blanco, casi inmateriales (así las vio mi espíritu) sentí una tan grande admiración por todo ese ambiente de sublimidad, que en esos momentos mi alma se unió a la de los poetas cuyos poemas se iban desgranando, cual gotas de rocío en nuestros corazones, para desear a las gentiles recitadoras esa feliz acogida que debe tener la más bella de las misiones como es el arte de la recitación".

Un periodista de *El Mercurio* describió la actuación con embriagadoras palabras:

"Fue una velada brillante que se desarrolló ante una concurrencia numerosa. Las cuatro jóvenes recitadoras fueron estruendosamente aplaudidas, pues interpretaron cada poema con admirable vigor y colorido. Mereció una ovación la forma como interpretaron "Las campanas" de Poe (Zenteno de León E. , 1940b)".

Antes de que acabara el año de 1940 tuvo lugar otro recital. Nuevamente cuatro discípulas del Conservatorio de Declamación que dirigía Vera Zouroff actuaron en la Sala Cervantes. Estas fueron Lila Wolnitzky, Marta Valenzuela, Fide Alessandrini y Virginia Contardo. El programa tuvo una introducción, primera parte y segunda parte. En él nuestras artistas pusieron su voz embargada de emoción al servicio de las obras de los mejores autores españoles y americanos. Entre ellas declamaron "Las campanas" de Edgar Allan Poe. La campana de plata (el trineo) fue recitado por Marta; la de oro (la boda) por Lila; la de bronce (incendio) por Virginia y finalmente, la de hierro (funeral) por Fide. La traducción fue realizada por el poeta argentino Carlos Obligado.

La colombiana Maruja Jaramillo escribió un hermoso artículo respecto a una obra de la primera parte, el "Nocturno" de su compatriota, José Asunción Silva, declamado por la recitadora Marta Valenzuela. En su parecer, nunca antes las estrofas armoniosas y doloridas de este "Nocturno" habían sido recitadas con tanta emotividad, pureza y perfección como en esa tarde tan enigmática como sideral, lo que provocó un silencio cómplice, mezcla de admiración e inquietud, que inundó toda la sala en una íntima reacción a esa especie de desiderátum lanzado a las conciencias de las personas que allí buscaban su refugio espiritual. Maruja Jaramillo, enamorada de la temática del amor, pronto supo reconocer el erotismo peculiar que subyacía en la obra de Asunción.

Cuando contemplamos los rostros de estas mujeres en la portada del ejemplar que se conserva en la Universidad de Texas, cuesta pensar que el evento tuvo lugar hace setenta años. Sus miradas puras, penetrantes, desnudan nuestras almas. Más allá de la muerte, volatilizadas en lo intangible, sus semblantes parecen desafiar el espacio- tiempo, yendo a la conquista de la inmortalidad, por la simple majestad de unas facciones, que son mucho más que emanaciones de un cuerpo mortal, revelándose ante nosotros como incorruptibles personalidades vivas, que nos ciegan con la intensidad de unas miradas llenas de franqueza, generosidad y sentimiento.

Si alguien comprendió el espíritu de estas mujeres comprometidas con su arte fue la propia Vera Zouroff que supo definir con gran elevación las propiedades de ese sentimiento:

"El poeta es un intermedio entre Dios y el hombre; va por la vida como ajeno a cuanto le rodea, con la vista fija en el ideal; deja tras de sí un reguero de luz: sus versos, cuajos de emoción, señalan con siembra de estrellas la ruta hacia lo infinito.

¿Quién es ese? se pregunta la multitud que corre presurosa tras de un interés material en que resume el precio de la jornada. ¿Quién es ese que camina como iluminado? Es un poeta; un signado por Dios con el óleo divino de los elegidos del ideal; lleva dentro de sí un sol que se reparte en haces de oro: la poesía. Todo cuanto lo rodea, cuanto llega a él y lo toca, se convierte inmediatamente, por virtud de su contacto, en inmensa, en incomparable belleza.

Por acercarse a ellos, oír sus melodías, repetir sus versos, es un don del cielo que nunca habrá de agradecer bastante. Cuando el sentido estético del verso se nos entrega, somos poseedores de una ciencia que nos doctora con un sacerdocio de excepcional excelencia, capacitándonos para oficiar en el templo del arte, del divino arte de la poesía.

Para llegar hasta el santuario íntimo del poeta, a la fuente milagrosa de donde fluye su inspiración, debe acercarse con los pies desnudos y la frente ungida de ceniza, como a un cenáculo donde se oficiaría un rito inefable de belleza, de amor y de armonía. Es como internarse en una selva paradisíaca donde la Naturaleza entera se animara en una sinfonía triunfal" (Zenteno de León E. , 1940b).

El tercero de estos recitales tuvo lugar también en la Sala Cervantes, el 30 de octubre de 1941. En él participaron otras cinco recitadoras, discípulas de Vera Zouroff (Josefina Silván, Teresa Márquez, Edelmira Muñoz, Elba Mathat, Nélida Rigoletti), que declamaron bellas poesías de autores principalmente americanos, así como la profunda poeta Cristina Menares, que recitó sus propias poesías.

El programa tuvo tres partes. La primera estuvo a cargo de las cinco recitadoras que pusieron su tierna voz a poemas como "El parque de María Luisa" del español Cavestany; "Poder igual bondad" del francés Victor Hugo; "Pleamar de primavera" de la brasileña Gilka Machado; "Silbando" del argentino Miguel Camino; "Los caídos en el desierto" del chileno Oscar Castro; "Llamarada" de la boliviana Virginia Estenssoro, entre otras muchas excelentes creaciones.

La audición fue muy completa ya que comprendía declamaciones de autores chilenos, peruanos, argentinos, brasileños, bolivianos, españoles y además uno francés, Víctor Hugo, cuya obra era traducida al español, así como otra en gallego "Son de muñeira" recitado en su lengua original. Esta misma diversidad se apreció en la tercera parte, donde las cinco recitadoras pusieron su cálida voz a "Danza negra", así como revelaron lo mejor de su arte en la escenificación del poema simbólico "El traje de plumas" del japonés Ha. Goromo que fue traducido al español.

Esta tercera parte fue muy correspondida y aplaudida por el público, y en el caso de "Danza negra", obra original de Palos Matos, recibió un especial seguimiento por parte de un cronista del diario *La Nación*. De Josefina Silván destacó su ductilidad y comprensión y la facilidad con la que pasaba de lo dramático a lo frívolo, sin perder el control de su voz, ni de los ademanes. A Teresa Márquez la retrató como una recitadora de gran temperamento, con un dominio absoluto de sí misma, hermosa voz y elegancia en los ademanes. Edelmira Muñoz poseía una voz áurica, flexible y profunda. Elba Mathat tenía una gran capacidad para transmitir emotividad a su auditorio y Nélida Rigoletti una facilidad primorosa para pasar de lo dramático a lo folclórico.

El "Vestido de plumas", bellísimo poema versificado en rima sáfica del japonés Ha Goromo, fue adaptado con esmero para ser escenificado en todo su esplendor aquel glorioso jueves en la Sala Cervantes. Con él nos llegaba un poema simbólico, lleno de gracia y sentimentalidad, que aunaba toda la fruición de la cultura oriental, impregnada de toda suerte de supersticiones, refinamientos y tradiciones. Especial tratamiento recibió del cronista José Reyes Martín del diario *El Imparcial* en el que escribió su glamuroso artículo "La impresión de lo perfecto".

En él destacó que el oído más acucioso no hubiera podido captar la más leve falta en la dicción o en los tonos de voz de las recitadoras, ni el más severo crítico habría podido encontrar algo que reprochar en los ademanes, en la presentación de cada una de estas señoritas, que con maravillosa compenetración del poema iban recitando los que tenían señalados, dando a cada cual el sentido preciso.

Marta Valenzuela, contratada en exclusiva por Radio Pacífico, representó "El Hada" personificando admirablemente la fragilidad etérea; Julio Muller, dotado de una voz fecunda y varonil encarnó al "príncipe japonés"; Lucía Porter, ataviada al modo oriental, destacó por su capacidad interpretativa, su bella voz y su sentido de la expresión. Todo este prodigio escénico, en definitiva, era posible gracias a la poderosa fuerza espiritual que animaba a Vera Zouroff y su obra de cultura. Su principal lección era despertar el sentido de lo bello en los espíritus juveniles que solicitaban su enseñanza, insuflándoles sentimientos de bondad, compañerismo, alejando de ellos toda idea de rivalidad, vanidad y orgullo (Zenteno de León E. , 1941b).

Pero la verdadera atracción de la gala estuvo a cargo de la reconocida poetisa chilena Cristina Menares, como sabemos perteneciente al Cenáculo de Poesía y compañera de Lucía Richard. En la publicación posterior que se hizo después del gran festival poético, podemos contemplar cómo fue anunciada con gran esplendor acaparando toda la portada. De mirada profunda como el mismo espacio infinito, tenía unas cejas espaciosas, que dejaban entrever unas facciones vigorosas de gran matrona, y tras ellas, aparecía el semblante de una mujer madura, reconcentrada en un mundo de sombras, con el pelo recogido como una diosa griega y un precioso vestido blanco del que colgaba una enorme falda hasta los pies.

En íntimo recogimiento, ante una audiencia aturdida ante el inmenso trance sentimental que se desplegaba ante ellos, Cristina destiló toda la pureza de sus emociones más recónditas, recitando lo más selecto y evocador de sus obras. Entre ellas "La estrella en el agua", "Palabras a la niña que ha muerto enamorada", "Nocturno del caballo blanco", "Poema de lo que no vuelve" y finalmente, "Canción de cuna".

Muy elocuentes y sinceros comentarios afloraron en los principales rotativos de la capital y el extranjero. Carlos René Correa, renombrado crítico literario y autor de numerosas obras de literatura escribió:

"Lo que en su primer libro era sólo promesa, en *La estrella en el agua* es realidad que deleita y que a la vez anuncia un futuro de madurez poética. María Cristina Menares ha encontrado la desnuda belleza que camina derecho hacia la obra totalmente conseguida. Ya tiene su ruta que no habrá de perder".

Manuel Arellano Marín, destacado autor dramático chileno, profesor universitario y diplomático, tuvo también palabras inspiradas para la penetrante poetisa:

"Creemos que María Cristina Menares está dotada maravillosamente para la poesía. Sus poemas tienen una capacidad artística extraordinaria: hay originalidad, frescura, pasión, cualidades que podrían ser la síntesis de esta joven escritora. Antes que nada, sorprende en ella la novedad y el vigor de las imágenes. Todos sus poemas están impregnados de una emotividad y una fuerza que a veces alcanzan el límite de una tragedia en sordina".

En el diario *El Comercio* de Lima, se vertieron palabras llenas de galanura:

"María Cristina Menares es uno de los nuevos y auténticos valores de la poesía chilena. Vitalista plena en su vida y en su obra, su sensibilidad no aduerme en la quietud anhelosa siempre de matices nuevos. Personalidad predominantemente fuerte la suya, dentro y fuera del ambiente literario, nos hace señalarla como uno de los más propios valores de la lírica americana del futuro. María Cristina Menares no llega a la literatura, sino que la literatura llega a ella" (Zenteno de León E. , 1941a).

El cuarto de estos festivales poéticos en la Sala Cervantes tuvo lugar el 10 de diciembre de 1942. La innovación de este recital es que ya no se habla de discípulas del Conservatorio de Declamación, sino de recitadoras del recién creado Cenáculo de Poesía, lo que significa que ahora la audición había ganado en estatus y gravedad, estando a cargo de recitadoras profesionales.

En su portada se anunciaba a una portentosa Silvia Rochefort, envuelta en un aire de confianza y seguridad en sí misma, con la mano izquierda posada delicadamente en su cintura y la derecha suavemente extendida a lo largo de un ampuloso vestido, de la que pendía un ramillete de flores. Junto a ella aparecía con toda su frescura juvenil Alma Montiel, con una preciosa diadema entrelazada en el pelo, al tiempo que leía animada "La fiesta del amor".

Como en otras ocasiones el programa tuvo tres partes en las que las recitadoras declamaron poesías de autores como Hermelo Arabena Williams, Pablo Neruda, María Letelier, Caupolicán Montaldo, Carmen Lys, Washington Espejo, Amanda Amunategui, Servio Quiroz Mouzo, Torcuato Luca de Tena, Guerra Junqueiro y otros muchos. El principal atractivo de la actuación tuvo lugar en la tercera parte con la fantasía escenificada en verso titulada "La fiesta del amor", que fue escrita especialmente por el chileno Oscar Jara Azócar para ser representada por las recitadoras del Cenáculo de Poesía.

El reparto se distribuyó de la siguiente forma: Amor, a cargo de Josefina Silván; Juventud, Diana Romerick; Adulación, Edelmira Muñoz; Engaño, Hilda Ernst; Traición, Marta Grez; Celos, Fide Alessandrini; Dolor, Teresa Marquez; Verdad, Dora Padilla; Gracia, M. Cristina Silva; Envidia, Teresa Hammamé; Indiferencia, Ema Asenjo; Frivolidad, Silvia Rochefort; Vanidad, Nélida Rigoletti; Serenidad, Marta Llanos y Capricho, en la voz de Alma Montiel. Y así resumido concluyó este recital, adornado de todas las pasiones humanas, escenificadas por las que por entonces eran las principales representantes del Cenáculo de Poesía (Zenteno de León E. , 1941b).

En las publicaciones del Cenáculo la por entonces niña Alma Montiel (que luego sería bailadora y actriz de renombre internacional) fue retratada con especial agudeza. Personalidad emergente, su talento y sentimiento artístico la predisponía hacia cualquier manifestación del arte. Demasiado tierna, su semblante un tanto serio y melancólico pronto alarmó a sus familiares. La danza fue su primera forma de expresión, pero su vocación encontró mejor acomodo en el Conservatorio de Declamación. De ahí pasó a la interpretación teniendo en una película chilena llamada *El árbol viejo* su primera oportunidad frente a la cámara.

"La fiesta del Amor" fue comentada con especial gracia por Henry de Bronteaux, del diario *El Imparcial* en un donoso artículo titulado "El arte de Vera Zouroff". En sus párrafos enfatizó el papel de Vera que estaba creando escuela dramática en Chile. Con esta nueva fantasía teatral llegaba al proscenio chileno una obra rica en contrastes, en el que el gran protagonista "el Amor" se veía confrontado con "la Envidia", "la Razón", etc. En su apreciación, si Moliére hubiera estado allí aquella tarde de viernes, lo habría celebrado batiendo las palmas y Bernardo Shaw habría sonreído satisfecho (Zenteno de León E. , 1943a, pág. 18).

En torno a este año de 1942 Lucía Richard se incorporó al Cenáculo de Poesía y es en este momento en el que sus poesías comienzan a hacer aparición en los recitales, cuando no son recitadas por ella misma. El quinto de estos recitales tuvo lugar el lunes 24 de agosto de 1942, a las seis de la tarde, en la Sala Cervantes, perteneciente al teatro del mismo nombre. El gran reclamo del programa era la participación de la destacada poeta Fide Alessandrini que acudía a su primer recital como solista.

El programa tuvo dos partes. En la primera, Fide, espléndida y elegante, supo emocionar a su audiencia declamando hermosos versos de poetas chilenos y una uruguaya. Vibrante, recitó el poema "Frío" de Washington Espejo; "Orgullo de artista" de R. Sánchez Bolaños; "Tres etapas dolorosas" de Carmen Lys (la única uruguaya); La lágrima del beso" de Alejandra Victoria; "Mar y luna" de María de la Cruz; "Campanario de humanidad" de Samuel Lillo; "Siempre asciende" de Lucía Richard de Piedrabuena; "Añoranza" de Javier Vergara Huneeus; "Din-dan-don" de Elena Osuna de Mutis.

Así pues, allí en medio de un nutrido auditorio ansioso de emociones, Fide recitó el poema de Lucía "Siempre asciende" perteneciente a su poemario de 1938, *Poesías*:

> "¡Levanta corazón que estás herido,
> tu ánimo levanta,
> ahoga tu gemido,
> destrózate por dentro, pero canta!
>
> Asciende, siempre asciende,
> espolea tu bestia fatigada;
> llega donde se extiende
> en toda su amplitud, nuestra mirada.

Los hartos de la vida
acaso envidiarían tu quebranto
si vieran la dulzura conseguida
muchas veces, en pos de un triste llanto.

¡Separación, incertidumbre, muerte
espera, eterna espera
es el metal con que se forja el fuerte,
bendito es el que va tras la quimera! (Richard, 2004, pág. 92)".

Tras cinco minutos de espera, Fide declamó varios poemas de autores bolivianos. A continuación hubo un intermedio de diez minutos, comenzando después la segunda parte en la que la gran recitadora puso su voz apasionada a versos de Patricia Morgan *(Canción de cuna)*; María Cristina Menares *(De espaldas a la tierra)*; Olga Acevedo *(Cilicio)* y Torcuato Luca de Tena *(Creación y evolución del mundo)*, entre otros. Tras otros cinco minutos de espera recitó "La carcajada del diablo" del poeta colombiano Álvarez Henao, con lo que terminó el recital.

Los diarios *La Nación, El imparcial, Últimas Noticias, El Mercurio, El Diario Ilustrado, El Mercurio de Valparaíso, La Opinión* y la revista *Variedades* hicieron amplio y elogioso eco del evento. Así por ejemplo, *El Diario Ilustrado* publicó lo siguiente:

"...Fide Alessandrini supo hacer una creación en cada uno de los poemas sentimentales y apasionados de la primera parte del programa, como en su magnífica presentación de doña Paula Jeraquemada, según el poema de Daniel de la Vega, en que tuvo la sobriedad aristocrática de la gran dama junto con la pasión de la gran patriota; bastaría su actuación en este poema sólo para darle el nombre de una gran recitadora".

A su vez el diario *El Imparcial* publicó:

"Fide Alessandrini de temperamento fuertemente dramático y ricamente expresivo; sus facultades encuadraron muy bien en "La carcajada del diablo" de Álvarez Henao: dúctil, abarca desde la nota pasional a la ternura en "Canción de cuna" de Patricia Morgan; festiva y rayante en el paroxismo en "El embrujo de la cueca" de Carlos Cassasus, lo que le valió un aplauso prolongado que se hizo extenso al autor" (Zenteno de León E. , 1942b).

La estupenda actuación de Fide Alessandrini ocupó también la portada del *Boletín del Cenáculo de Poesía* del año 1942, donde sus promotores se desbordaron en elogios para con la magnífica recitadora:

"Con un éxito rotundo acaba de estrenarse esta recitadora que ha hecho su debut en la Sala Cervantes. La concurrencia que llenaba esta sala de conciertos, estaba desmintiendo con su calidad, aquello de que 'Nadie es profeta en su tierra'. Fide se ha presentado sola ante un público exigente, acostumbrado a distinguir y apreciar el arte; su triunfo, pues, tiene por esto un doble significado.

Joven, hermosa, inteligente, dueña de un brioso temperamento que ella domina y controla mediante su técnica adquirida en años de paciente y concienzudo estudio. Está dotada además de una voz cálida, rica en tonalidades vibrantes y emotivas que saben dar todas las notas de la emoción. Sabe tener canciones de cuna y rugidos de fiera; y en su garganta canta una alondra y tañen campanas. Es toda ella un conjunto de facultades artísticas reunidas en una criatura hecha toda de brío y sensibilidad.

Su presentación en el Teatro Cervantes ha sido la consagración de un valor artístico chileno. Fide, está designada por sus condiciones a una brillante carrera en el difícil arte de la recitación. Para el Conservatorio de Declamación, donde ha hecho todos sus estudios, destacándose por su entusiasmo y constancia, es un motivo de orgullo su actuación en la Sala Cervantes donde entre aplausos y canastillas de flores se ha consagrado como una gran recitadora. La crítica no le ha escatimado sus elogios" (Zenteno de León E. , 1942a, pág. 2).

Otro importante recital poético, sexto de nuestra serie, tuvo lugar en la misma Sala Cervantes, el 30 de septiembre de 1943, cuya ejecución corrió a cargo Vera Zouroff y su grupo de alumnos, para cuya ocasión se grabó un disco de la Columbia Records. El programa tenía el atractivo de ofrecer la recitación de "La serenata de Schubert" de Gutiérrez Nájera, con la gentil cooperación del gran cantante barítono, Sr. Francisco Fuentes Pumarino, acompañado al piano por su esposa, Sra. Elena Cienfuegos de Fuentes Pumarino.

El programa tuvo tres partes. En la primera las alumnas del Conservatorio de Declamación, recitaron poesías de diversos autores como Amanda Amunategui, Washington Espejo, Caupolicán Montaldo, Arturo Lamarca Bello, Beatriz Egea, José Asunción Silva, Amado Nervo y el mismo Samuel Lillo que declamó su poesía "La caza del puma". En la segunda parte se recitó la aludida "La serenata de Shubert" a cargo también de las alumnas. En la tercera parte, fueron los mismos autores los que ejecutaron sus poesías, como fue el caso de Lucía Richard, por entonces ya egresada del Conservatorio y artista consagrada.

El español E. Carrera declamó "Oración a la bohemia", la chilena Cristina Menares, "Pequeña elegía"; el boliviano Ricardo Jaimes Freyre, "Las dos riberas"; la chilena Lucía Richard puso su cálida voz a "Invocación"; el también chileno Pedro Antonio González recitó "Tripentálicas"; el argentino C. Obligado recitó el poema traducido de "El cuervo" de Edgar Allan Poe; el panameño Enrique Geenzier, recitó "Salmo a la vida"; el mexicano Amado Nervo resplandeció con su poema "La llave"; el español Eduardo Marquino puso su acento dramático con "Romance de guerra", acabando el acto con la declamación de la poesía "Alma primitiva" del peruano Chocano, que estuvo a cargo de la Sra. Vera Zouroff.

En lo que se refiere a Lucía Richard, no podemos resistir la tentación de oír una vez más a la autora de "Invocación", perteneciente a su poemario *Sursum corda*, como si estuviéramos en ese mismo salón en el año 43:

> "Dulce armonía que del mundo brotas,
> canto del ave a quien la selva esconde,
> ruido del trueno que en la cumbre bramas,
> ¡dame tus voces!
>
> Canto a los dioses que mis lares guardan,
> quemo en sus aras perfumado incienso,
> suba su aroma como blanca nube,
> sube ligero.
>
> Canto a los seres que mi vida alegran,
> canto lo bello que la tierra esconde,
> aves y brisas que los aires cruzan,
> luces y flores.

Bardo doliente de las almas tristes,
voy del futuro descorriendo el velo,
cubro miserias con cendal rosado,
copia del cielo.

Dulce poema de la vida formo:
rimo la dicha con mortal tristeza,
y hasta las horas con su marcha danme
ritmo y cadencia.

¡Musa divina que mi canto inspiras,
dulce armonía que del mundo brotas,
canto del ave que la selva escucha,
dame tus notas!" (Richard, 2004, pág. 53).

El recital fue un total éxito, siendo comentado por reporteros de toda América, que enviados especialmente para la ocasión describieron con entusiasmo una velada que les causó gran impacto. Así lo hicieron *La Prensa de Nueva York*; *Il Corrieri d'Italia*, de Nueva York; el *Diario Nacional de Bogotá*, Colombia; *The Hollywood Time*; *El Telégrafo de Guayaquil*; el *Diario de la Marina*, de la Habana; el *Diario Colombia* de Barranquilla; *El Comercio* de Lima; *Mundo al Día*, de Bogotá; *Cine Mundial* de Nueva York y *El Heraldo de México*, de Hollywood. Así por ejemplo, el *Diario nacional de Bogotá* publicó:

"Vera Zouroff se presentó como una artista consumada que sabe interpretar el alma de nuestros poetas".

La *Prensa de Nueva York*, dijo;

"Fue un número especial "La serenata de Schubert" del gran poeta mexicano, Gutiérrez Nájera, recitada por la conocida recitadora chilena, Sra. Vera Zouroff, cuya fama continental en el arte de la recitación no necesita pregonarse".

El diario *Mundo al Día*, de Bogotá, plasmó lo siguiente:

"Vera Zouroff, admiradora sincera de nuestros poetas, se demostró como una artista completa de este arte al que ha dedicado profundos estudios, llegando a la perfección, como tuvimos oportunidad de comprobarlo la noche del 20 de julio..."

El *Cine Mundial*, de Nueva York difundió las siguientes líneas:

"Artista exclusiva de la Columbia Phonograph Co. Vera Zouroff se ha especializado en las recitaciones con acompañamiento musical, así esta vez pudimos escucharla acompañada al piano por el maestro Nilo Menéndez y por el mago del violín, Xavier Cugat".

Parece además que el programa tuvo una propina según recogió el cronista colombiano Carlos Melguizo, en la revista *Hispania* de Nueva York:

<u>La Araña de Julio Flórez y su intérprete, Vera Zouroff</u>

"Julio Flórez ha sido sin duda alguna, el poeta más popular de las Américas y esto se debe a que buscó casi siempre su inspiración en los dolores humanos. Julio Flórez supo cómo el que más que en esta vida hay muchas lágrimas y gimió las tristezas de cada uno, en estrofas que tienen toda la pesadumbre de los sollozos. Rara, muy rara vez se rebeló contra las veleidades del destino; pero cuando lo hizo vibró los acentos de mar rugiente o de ciclón demoledor. Entre sus producciones de protesta airada descuella 'La araña'.

Muchas veces la escuchamos de labios del poeta inmortal y al oírla, sentíamos la impresión de una campana inmensa tañendo dentro de las lobregueces del espíritu. Muerto el cantor, pensábamos que nunca más habríamos de experimentar aquella sensación, mezcla de anhelo y de protesta y conjunción de clamores y de gritos.

Pero de entre las manos crispadas de Vera Zouroff, de la alborotada melena de sus cabellos, del fondo de sus ojos, de las modulaciones de su voz, de su alma misma y de su propio corazón, hemos visto de nuevo, surgir al monstruo de 'las patas peludas y la cabeza negra' que atormentara los sueños de gloria del bardo colombiano. Vera Zouroff, no conoció personalmente al autor inolvidable de 'La araña', pero tiene el arte de interpretarlo con maestría sorprendente hasta tal punto que, oyéndola recitar, hemos vuelto a sentir la impresión de una campana inmensa tañendo dentro de las lobregueces del espíritu" (Zenteno de León E. , 1943b).

Por lo tanto Lucía Richard estuvo presente y participó en todos estos entrañables eventos, lo que ofrece una buena perspectiva de las actividades en las que se estaba desenvolviendo. Aún las fuentes recogen otro recital, séptimo de nuestra serie, lamentablemente sin mención de fecha y que probablemente tuvo lugar al año siguiente de 1944.

Lo importante de este recital del Cenáculo de Poesía presentado por Vera Zouroff, es que la gran mecenas del arte estaba inmersa en una gran evolución en la difusión de su mensaje. Si en los primeros recitales, simplemente se declamaron poesías, sin estar sus autores presentes, en el séptimo no sólo declaman muchas de sus poesías los propios autores, sino que además se da el acompañamiento musical y se graba todo en un disco. El programa de este recital era mucho más avanzado que los anteriores, ya que incorporaba diversas artes escénicas, es decir, obras de teatro.

El programa tuvo tres partes. En la primera, se representaba "El caudillo de Almaid" (cuadros de la vida de D. Pedro el Cruel). Poema en 5 romances y 13 fragmentos, del español Bermúdez de Castro (1817-1883), obra que fue puesta en escena por diversas declamadoras del Cenáculo entre las que destacan Silvia Rochefort, Edelmira Muñoz, Diana Remmenick, entre muchas otras.

En la segunda parte, se recitaron varias poesías. Entre ellas "Mi pena y alegría" de Washington Espejo (chileno); "Columpios" de Julio Barrenechea (chileno), recitadas estas tres por Srta. Alma Montiel; "Romance medioeval" de Luis Llaneza (español); "Art nouveau" de F. Pimentel (Venezolano); "Materialismo y metralla" de Hermelo Arabena Williams (chileno) y "Soneto" de Lucía Richard, declamadas estas cuatro últimas por la Srta. Silvia Rochefort. Por lo tanto, ante una audiencia emocionada se declamó este precioso "Soneto" de Lucía:

> Junto a la orilla extática y dormida,
> el frágil barco pensativo espera,
> ansioso de partir, cual si estuviera
> por los confines su alma dividida.
>
> Capitán invisible su partida
> ordenará una tarde placentera

y por la ruta azul de la quimera
el frágil barco marchará a la vida.

Alma, como ese barco permanece
alígera de amarra que entorpece,
siempre pronta a partir con rumbo incierto.

No preguntes al cielo si anochece,
si la tormenta el piélago ensombrece:
para el que fiel espera, hay siempre un puerto (Zenteno de León
E. , 1943b, pág. 5).

La segunda parte del programa continuaba con la poesía "Risa femenina" de Luis Hurtado López (chileno), recitada por Ernesto Urra; "Bajo el cielo de África" de Eloísa Ferrerías a cargo de Marta Grez y "Los cuatro coroneles de la reina" de A. Nervo. En la tercera parte del programa se declamaron "Casino de Viña del Mar" de Oscar Jara Azócar; "Noche de amaranto" de Teresa Vidal; "La mujer fuerte" de Gabriela Mistral; "La voz del avión" de Jorge Gustavo Silva, (todos ellos chilenos); "El pájaro azul" de Estrella Genta (uruguaya); declamadas las cinco por la Srta. Edelmira Muñoz. Continuó el acto la recitación de "El numen de América" *de* Edgardo U.Genta (uruguayo) recitado por Josefina Silván; "La gringuita" de Víctor D. Silva (chileno) a cargo de Julio Müller y tras cinco minutos de espera tuvo lugar la representación de la fantasía escénica "La fiesta del amor" del chileno Oscar Jara Azocar, a cargo de las diversas recitadoras del Cenáculo como Josefina Silván, Edelmira Muñoz, Diana Remmenick, Fide Alessandrini, entre muchas otras (Zenteno de León E. , ca 1944).

Por otra parte, los boletines del Cenáculo de Poesía del Conservatorio de Declamación ofrecen mucha información sobre estos grupos. A mis manos a llegado también el Boletín nº 5 del año 1944. Este señala en primer lugar que el Cenáculo tenía su sede en la Calle Phillips nº 15 de Santiago. Asimismo, resulta interesante constatar que la publicación tenía un directorio formado por 11 personas y 72 adherentes que contribuían económicamente al buen desenvolvimiento de la publicación.

El directorio lo formaban por este orden: Vera Zouroff, <u>Lucía Richard de Piedrabuena,</u> Berta Ernst, Juan de Rochefort, Francisco Barra, Marta Goycolea de Boizard, Edelmira Muñoz, Oscar Jara Azocar, Washington Espejo, Jorge Gustavo Silva y Carlos Yáñez Bravo. Entre los adherentes –ya que no podríamos citarlos a todos– se encontraban la poetisa Patricia Morgan, Caupolicán Montaldo, el académico, poeta y escritor Samuel Lillo, Sara Prats Gutiérrez, el académico René Arabena Williams, el famoso historiador y genealogista Juan Luis Espejo, la poetisa Amanda de Amunategui, el profesor de la Universidad de Chile Gabriel Amunategui Solar de ilustre familia de pedagogos, la poetisa María Cristina Menares, la mítica escritora y feminista Inés Echeverría de Larraín, la primera diputado femenina María de la Cruz, el famoso poeta peruano Carlos Alberto Fonseca y un largo etcétera.

En la portada podemos ver una magnífica foto de Edelmira Muñoz, recitadora chilena que se había presentado 5 de octubre de ese año en el Teatro Club de Señoras. En las páginas subsiguientes la publicación hace un espléndido homenaje a Edelmira que para nosotros desde luego es interesante ya que fue compañera de Lucía Richard:

"Esta recitadora que se presentó al público y a la crítica en el Teatro Club de Señoras, dio a su auditorio esa impresión tan escasa en un artista y especialmente en una debutante, de poseer una técnica perfecta. Por sobre sus naturales condiciones destacan su voz de oro como si en su garganta trinaran cien canarios y su aspecto acogedor lleno de gracia y simpatía. Pequeña y frágil como una figulina, Edelmira Muñoz, demostró en este su primer recital, tener plena conciencia de su responsabilidad ante un arte tan difícil.

De clara inteligencia y fervoroso amor al estudio, Edelmira Muñoz cursa en la Universidad, filosofía, psicología, literatura e idiomas, abriendo a su joven mentalidad amplias ventanas por donde recibe la luz de una cultura que iluminará ante sus pasos una ancha senda ascendente. Edelmira no es una recitadora anhelosa de aplausos. Una gloria barata no la seduce. Ella aspira al triunfo del arte por el arte y a esa perfección –tan difícil de alcanzar– que eleva al artista por sobre las conveniencias materiales hasta la cumbre donde la emoción se logra por el maridaje de la técnica con el sentido estético, en la interpretación poética" (Zenteno de León E. , 1944, pág. 1).

También la publicación enumera las diversas conferencias y recitales que habían tenido lugar ese año, lo que da una buena muestra de la amplitud de sus muchas actividades:

"El hermoso palacio de la Alhambra, antigua y señorial residencia de aquel magnate que fuera don Claudio Vicuña y hoy, propiedad de la Sociedad Nacional de Bellas Artes, da este año hospedaje a las actividades del Cenáculo de Poesía:

Interesantes conferencias y animados recitales poéticos se han sucedido quincenalmente bajo este techo hospitalario a todas las manifestaciones del espíritu. Aun en las más crudas tardes invernales, la concurrencia ha sido numerosa y atenta para escuchar la palabra del conferenciante o la música del verso. Hanse realizado las siguientes conferencias:

"Aspectos argentinos en la poesía", por la Sra. Vera Zouroff. "Poetas de Colombia", por el cónsul general de Colombia en Valparaíso, Sr. Juan Peñaloza Rueda. "Los amantes del mar", por la Sra. Lucía Richard de Piedrabuena. "Aspectos de Venezuela", por el Excmo. Sr. José Abel Montilla, embajador de Venezuela. Recital poético dedicado a la obra del poeta peruano Carlos Alberto Fonseca. "Patria y poesía", por el poeta y sacerdote, capellán de la Escuela Militar, Sr. Bernardino Abarzúa. Recital poético en homenaje a España el Día de la Raza.

"Culturas americanas" por ex Embajador de Chile en Guatemala, Sr. Gaspar Mora Miranda; estudio profundo sobre las diferencias espirituales de nuestro continente, debido a la variación de las tendencias raciales y finalmente: "Juana de Ibarbourou íntima", por el poeta Sr. Oscar Jara Azócar, ilustrada recitación de veinte poemas de la portalira uruguaya, por las recitadoras del Cenáculo y del Conservatorio de Declamación. Con esta última velada, que tuvo los caracteres de una apoteosis para la poetisa y el poeta, se clausuró el ciclo, quedando para el año próximo, "Visiones de Italia", por el poeta Caupolicán Montaldo" (Zenteno de León E. , 1944, pág. 2).

El boletín no sólo elogiaba la figura de los grandes sino también la de aquellos incipientes espíritus que se adentraban en el mundo de la recitación como es el caso de Leonor Groebe, publicándose una de sus poesías. Hay que decir que esto del Conservatorio de Declamación era un asunto muy serio, las alumnas llevaban un uniforme con su escudo correspondiente, lo que denota el grado de organización alcanzado por el grupo. Ese mismo año Vera zouroff recibe una distinción de Uruguay, que muy bien se puede hacer extensible a todo el Cenáculo, del que Lucía R. era Secretaria:

"Nuestra directora General, acaba de recibir un Diploma que le otorga el título de Miembro de Honor de la institución 'Grupo de América'. El Diploma dice lo siguiente:

'Esta entidad confiere a la Directora del Cenáculo de Poesía, doña Vera Zouroff, el título de Miembro de Honor por sus valores intelectuales y su eficaz acción a favor de la unidad espiritual y la paz de América. Dado en Montevideo al 18 de Julio de 1944. Edgardo Ubaldo Genta, Presidente. Paz, Q. Secretario'.

Junto a esta distinción se acompañaba una carta:

Montevideo, Julio 18 de 1944.
Sra. Directora del Cenáculo de Poesía. Chile.
Sra. Vera Zouroff, eminente escritora y noble amiga:

Es para mí un honor y un placer poner en sus manos el diploma que acompaño, otorgado a la institución de la que es usted su figura más representativa, como testimonio de gratitud y aplauso por la contribución del Cenáculo de Poesía a la obra sagrada de la unidad y la cultura de nuestra América, realizada en el campo de la belleza. Muy feliz de interpretar así los sentimientos del 'Grupo de América' en el Uruguay, saluda en su estimadísima persona al coro sublime de intérpretes del verso, que la secundan en tan magna empresa de arte y poesía. Devotamente el presidente del 'Grupo de América', en el Uruguay, Coronel Edgardo Ubaldo Genta" (Zenteno de León E. , 1944, pág. 6).

El boletín además construye semblanzas del poeta español padre Manuel Villaseca, invocador de lo divino; del poeta peruano Carlos Alberto Fonseca, de actividad febril y poderoso estro; de la chilena Raquel Jara azocar, que aparecía con un romance de Gabriela Mistral y la "Casita blanca"; de la también poetisa chilena María Cristina Menares, miembro del Cenáculo como todos los anteriores y que por entonces acababa ser honrada por el Gobierno de Cuba con el cargo diplomático de adicto cultural a la Embajada de ese país en Chile.

De Fide Alessandrini, recitadora de gran prestigio en el Teatro del Club de Señoras, así como en las Universidades de Concepción y Santa María; Eusebia Cosme, que triunfaba en ese momento en Nueva York, siendo contratada por la Columbia Broadcasting system; Guillermo Gana Edwards, un verdadero fanático de todas las manifestaciones del arte; Pablo Neruda, donde se elogian sus *Veinte poemas de amor*; Patricia Morgan, que ese año y como producto de sus múltiples viajes triunfaba en Argentina; Virgilia Contardo, que conquistaba a su público con recitaciones en la Sala Cervantes.

Miguel Luis Rocuant recién recibido en el seno de la Real Academia Española; Edgardo Ubaldo Genta, uruguayo, recién laureado en la exposición y concurso del libro americano, organizada por la Biblioteca Sarmiento de Córdoba, recibiendo el primer premio, Diploma de Honor y Medalla de Oro, por sus epopeyas, *La Platania y la Amazonia*; Augusto Iglesias, miembro de la Academia de la Historia de Caracas; Ernesto Urra, joven que se abría paso en el Conservatorio de Declamación, como también lo hacía Gabriela Torrealba Cereceda.

También el Cenáculo realizaba una gran labor como divulgadores de cultura a través de sus transmisiones radiales a través de *Radio del Pacífico*. Ejemplo de esto en el programa *Poemas famosos* que tenía lugar a las 15.30 horas. En la misma emisora se difundía otro programa *Evocación de los poetas idos* a cargo de la señora Lucía Richard de Piedrabuena. Así se expresa en la publicación:

"Dando cada vez mayor interés a nuestras audiciones radiales dedicamos un espacio a la evocación de algún poeta chileno ya fallecido. Esta parte del programa estuvo a cargo de la <u>Sra. Lucía Richard de Piedrabuena</u>, quien con verdadera emoción trajo al micrófono esas siluetas románticas que un día nos dieron lo mejor del alma en sus poemas y que después se fueron tristemente, pobremente algunos, exhalando el último suspiro en un lecho de hospital, después de pasar por la vida torturados por las espinas de esa corona que, desde las sienes del Cristo, baja a las de aquellos que un día también crucificaron sus alma en la cruz de la incomprensión humana" (Zenteno de León E. , 1944, pág. 8).

También el Cenáculo tenía otra retransmisión en la misma emisora llamada *Habla un poeta*, espacio en el que se daba voz a un poeta, haciéndole hablar a través de sus propios versos. Es más que probable que Lucía Richard acudiera el 28 de julio de 1944, a una conmemoración de los cuatro años de existencia del Cenáculo, acto que tuvo lugar en el Salón de Honor de la Universidad de Chile. Allí se leyó una exposición de los actos realizados, se mencionó a los adherentes, y se ofició una misa por el padre Manuel Villaseca en recuerdo de los miembros ya fallecidos, tras lo que se ofrecieron estupendas recitaciones a cargo de Fide Alessandrini, Virginia Contardo, Josefina Silván, Edelmira Muñoz, Nelida Rigoletti, Alma Montiel, Pedro Reszka y Ernesto Urra, siendo todos muy aplaudidos (Zenteno de León E. , 1944, pág. 9).

Cerrando el número, el boletín anunciaba los múltiples libros que habían recibido ese año, que se elevaban a la cantidad de 17 y que provenían de países como Uruguay, Méjico, Chile, Perú y Ecuador (Zenteno de León E. , 1944, pág. 14).

Pero la nota más esclarecedora de las actividades de estos grupos nos la ofrece la propia Vera que en 1947 dio a las prensas un libro titulado *El Cenáculo de Poesía a sus Poetas, 19 poetas del Cenáculo de Poesía* (Zenteno de León E. , 1947). En sus páginas encontramos semblanzas sobrecogedoras de todos aquellos desinteresados artistas, comprometidos en el arte de dignificar la palabra. Nuestra Lucía compartía allí estrado con Bernardino Abarzúa, sacerdote, poeta, abogado y militar, orador de extraordinaria elocuencia cuyos sermones hacían estallar el aplauso bajo las bóvedas del templo, los cuales están recopilados en su mayor parte en su libro *De la tierra a la raza*.

Además contaba en el año 1947 con la obra *Poemas del rosario*. Fue un Capellán de las Fuerzas Armadas de Chile, desempeñando sus funciones en la Escuela Militar, donde era adorado por muchos jóvenes cadetes, con los que había creado una familia espiritual; Amanda de Amunategui, escritora y poetisa de hondo sentido filosófico, dama exquisita, lectora infatigable, cultivaba su inteligencia nutriéndola con serios estudios científicos, literarios y esotéricos. Ya por entonces había publicado una ingente cantidad de libros de prosas y poesías: *Umbral gigante, Velero de tréboles, Espejos del éxtasis, Mirador de cristal.* Además daba conferencias, escribía artículos en la prensa y creaba instituciones destinadas a cultivar el espíritu y fortalecer la mente.

Clara María Brieba, mujer de gran fibra sentimental, poetisa, autora de *Cardo azul*, libro encomiado por la crítica; María de la Cruz, mujer sensible a todas las bellezas del arte, autora de libros de poesía como *Transparencias de un alma, Alba de oro* y además fue promotora de una revista llamada *Luz y Sombra*; Washington Espejo, de corazón bondadoso, fue capaz de expresar las cosas más humildes de la vida. Fue autor de los siguientes libros de poesía: *Del largo camino, Canto perdido, Canto al romance castellano, Nada nuevo, Poemas de hombre, Sonetos.* Sus poemas recorrieron en su día el continente americano y además llegaron hasta España, siendo distinguido por varias academias e instituciones intelectuales de Chile.

Carlos Alberto Fonseca, el mayor representante por entonces de la poesía peruana, creador y mantenedor de la revista *Palabra Americana*, desde la cual lanzó un mensaje espiritual de unión entre las repúblicas hispanas, estableciendo una corriente de intercambio de pensamiento. Fue además autor de varios poemarios; Gabriela Hunneus, mujer de una intensa vida interior, volcada a todas las manifestaciones del arte, procedente de una familia de ambiente refinado de intelectuales y artistas, autora de *Voces del tiempo.*

Oscar Jara Azocar, que supo expresar la belleza del paisaje viñamarino, dedicando muchas estrofas a los niños. Fue comisionado por el Ministerio de Educación para viajar al extranjero y perfeccionar el teatro infantil, relacionándose con las más altas intelectualidades de los países que visitó. Reservado, asceta, casi huraño, se confinaba en su estudio sepultado en libros. Fue autor de *Canciones de juventud, Vaso de sangre, El jardín de las estampas, El teatro y la poesía de la escuela, Viña del Mar, El libro de los niños*, etc.

Raquel Jara Azocar, hermana del anterior, mujer despojada de cualquier sentimiento de vanidad, publicó *Poesías para declamar y Fábulas celestes*; Carlos E. Keymer, poeta místico sensual, que daba forma voluptuosa al pensamiento y espiritualizaba lo erótico; Samuel A. Lillo, abogado, maestro de juventudes, ex rector de la Universidad de Chile. Portalira de magnífico estro, sus estrofas sonoras y vibrantes, como orquestaciones wagnerianas tenían la tonalidad potente de Chocano, el lirismo de Darío, y la ternura sencilla de Nervo, los tres poetas de se enorgullecía América. Recibió las más altas distinciones, entre las que destaca el Premio otorgado por la Real Academia Española a *Canto filial*, el mejor canto que cantara a España en lengua española. Lillo era en aquel momento la más alta figura en el panorama poético y literario de Chile.

María Cristina Menares, poetisa vibrante, de gran riqueza imaginativa. En aquel momento había publicado *Pumas del nidal lejano, La estrella en el agua, Raíz eterna*, además el P.E.N. Club publicó varios de sus poemas; Patricia Morgan, mujer de negocios que alternaba el ajetreo bursátil con el cultivo de la poesía y tenía publicados *Fata morgana, Inquietud de silencio y Viaje de luz*, libros que fueron recibidos favorablemente por la crítica, siendo algunos traducidos a otros idiomas y recitados en el extranjero; Eduardo Olmedo López, ecuatoriano, clasificado como poeta moderno, cuyos versos conservan no obstante los moldes clásicos. Estudioso, reservado y sentimental, sus poemas se publicaron frecuentemente en toda suerte de instituciones intelectuales.

Miguel Luis Rocuant, hijo de Valparaíso, periodista y diplomático, dirigió la revista *Artes y Letras*, fue secretario de importantes instituciones literarias. Orfebre de la forma, cada uno de sus libros es una perfecta obra de arte: *Brumas, Poemas, Cenizas de horizontes, Impresiones de la vida militar, Los líricos y los épicos, Tierras y cromos, Las blancuras sagradas, El crepúsculo de las catedrales"* (novela), *"En la barca de Ulises"* (impresiones de Grecia), *"Con los ojos de los muertos"* (novela), *Paisajes del Evangelio,* son los títulos de sus bellas obras.

En aquel momento era miembro de la Academia Chilena de la Lengua, correspondiente de la Española y de otras extranjeras. Recibió numerosas condecoraciones, entre las que descuella la de Oficial de la Legión de Honor; Jorge Gustavo Silva, poeta de fina sensibilidad, erudito profundo, de recia y acendrada cultura, jurisconsulto de profesión; Gema de Tharsis, nacida en Chile y educada en España, la cual se dio a la lectura de las obras clásicas. Su primer libro fue el ensayo *La carta que Carlota no escribió a Werther*, una joya literaria impregnada de ternura y feminidad. Su segundo libro fue un poemario titulado *Órbita de ensueños*, publicando después la novela *Guanabara.* Finalmente, el padre Manuel Villaseca, el cual se ordenó como sacerdote en

España, dedicándose con fervor a las letras y a la pintura (Zenteno de León E. , 1947)[6].

En 1947 Vera Zouroff envió un ejemplar de su obra firmado de su puño y letra al Instituto de Cultura Hispánica, para que allí quedara registrado para la inmortalidad, la labor inmensa y comprometida de todos sus miembros. Ni en sus mejores sueños pudo imaginar Vera, que sería el nieto de Lucía Richard (quien subscribe estas líneas) el que se fuera a topar con su libro. En él podemos contemplar la fotografía de cada uno de sus componentes, meditabundos, mirando con una recia apostura hacia la eternidad, acompañados de una agradecida reseña biográfica, así como algunos de sus poemas.

En el libro puede decirse que la reseña dedicada a Lucía Richard es una de las más hermosas y no es de extrañar por lo mismo, la mutua admiración que debió de haber entre ambas artistas y como a la postre Lucía fue la Secretaria de dicho Cenáculo (Zenteno de León E. , 1942a). Vera Zouroff, mujer de grandes dotes y miras intelectuales, profesó una gran amistad a Lucía Richard. Otra cosa no puede desprenderse tras la lectura de la hermosa reseña que le hizo en su obra, *El Cenáculo de Poesía a sus poetas*:

"He dicho en otra ocasión que en Lucía Richard hay algo transparente, como esas imágenes dentro de las cuales se enciende una luz.

---

[6] De este libro apareció una breve reseña en 1948 en el volumen 22 de *Books Abroad*, editado por Roy Temple House, Ernst Erich Noth, University of Oklahoma. Allí un crítico que respondía a las siglas de W.K.J. escribió lo siguiente: 19 poetas del cenáculo de poesía. Santiago de Chile. Nascimento. 1947. 85 pages. *"Under de sponsorship of Vera Zouroff, 19 Chileans have published three pages apiece of their writings, preceded by one page introducing them and their work and containing a pasted-in picture of each writer. Some of them, like Samuel Lillo and Rocuant, are already well known. Others have not yet made a reputation but the present volume gives them a wider reading public"*.
Original y hasta exótico fue el perfil del poco conocido Carlos E. Keymer. Según Nómez Naín, en su *Antología crítica de la poesía chilena*, Tomo I, 1996, Keymer fue abogado de profesión lo que no le impidió desarrollar una pasión oculta por la poesía, versificando sonetos de sutil tono intimista. Dominador de varias lenguas se sintió atraído por los ritos y mitologías indostánicas. Meditó sobre Buda y las religiones orientales. Le fascinaba *El libro de los muertos* y las costumbres funerarias de Egipto, cuyos motivos dejaron huella en su obra. Se prodigó en innovadores sonetos modernistas que evocaban a culturas exóticas y lejanas; todo un misterioso mundo arcaico de donde extrajo elementos intertextuales imbuidos de ciertas nociones escriturales cabalísticas. Publicó *Sentimientos* (1898), *Fenix* (1922), *Emblemas de luz* (1945) y su obra completa, *Ánfora lírica* (1949) (Nómez, 1996-2000).

¡Transparente!

Su exquisita feminidad, su distinción de gran dama, su reciedumbre de mujer fuerte como la descrita por el Evangelio, pero velada por esa suavidad pálida y dulce de su rostro un tanto nacarado, son el cristal a través de cuyos tallados se tornasola en múltiples cambiantes luminosos la llama interna, que oscila a las ráfagas de su inquietud artística, provocando en ella ese amor al estudio en perpetua peregrinación por los senderos del arte. Nacida en hogar aristocrático, educada conforme a su linaje, perfiló sus gustos literarios en la vieja cultura europea, adquiriendo la impecable corrección clásica de su estilo elegante y puro, y cierto eclecticismo sereno para mirar las cosas de la vida desde la altura de sus pensamientos.

Viajes y lecturas han enriquecido su mente reflejándose en sus escritos. Ha publicado varios poemarios y prosas y tiene en reserva un rico bagaje de conferencias y charlas radiales, junto con un libro de ensayo, listo para las prensas. Sus versos, sus estrofas, son gemas ricamente talladas y en ellas asoma el espíritu de la mujer cristiana, la madre, la dama y la artista desbordante de inspiración y ternura (Zenteno de León E. , 1947)".

Durante años estuvo Vera enviando memoria de todas sus actividades y publicaciones al Instituto de Cultura Hispánica. En 1945 Vera publicó *El arte de la declamación, enseñanza y práctica de este arte*, en cuyo frontispicio podemos leer: *"Para el Instituto de Cultura Hispánica de Madrid, con amor de raza"*. En el prólogo de esta obra nos cuenta Vera como en el año 1938 fue llamada por la Universidad de Chile para crear allí una cátedra de recitación, que luego se llamó Conservatorio de Declamación, que tuvo gran éxito y que al iniciar sus clases tuvo entre sus alumnados a personas de gran celebridad en el foro, en el magisterio, en las profesiones y hasta en el sacerdocio.

También nos relata lo mal que en Chile se hablaba por entonces el español, que califica de jerga indo-española. Según el testimonio de Samuel Lillo que hemos visto más arriba, no cabe duda de que Lucía Richard acudió a este Conservatorio o Centro de Declamación a aprender a recitar y en consecuencia tuvo que haber leído minuciosamente el libro de Vera, que era fundamental para iniciarse en el arte de la declamación.

En este libro se enseña a como respirar, (aspiración, respiración por la nariz, expansión de los pulmones) y según Vera:

"Es muy importante que el alumno sepa que durante los ejercicios respiratorios, sólo debe ocupar su mente con pensamientos puros, de bondad y amor, aceptando sólo ideas de salud, de felicidad, de bien, de belleza, jamás por ningún motivo ha de permitir durante este ejercicio, ideas deprimentes, de enfermedades, de odios, de rencores, de envidias" (Zenteno de León E. , 1945, pág. 23).

También el libro ilustra a como tener un dominio de la voz, de la dicción, de la ortografía castellana, de la importancia de las consonantes, del cuidado de la puntuación, de la entonación y terminación de las frases, de la expresión emotiva, del gesto, (los ojos, las cejas, la boca). Trascendental importancia concedía Vera a la expresión de las manos: *"las manos hablan, las manos lo expresan todo: alegría, dolor, maldad, bondad, cólera, terror, angustia, humildad, amor, odio…"* (Zenteno de León E. , 1945, pág. 92).

También explica cómo se ejercitan los dedos, muñecas, codos y hombros, así como cuál es la exactitud y la medida del ademán y cuál es la concordancia entre el ademán y la palabra. Asimismo nos informa acerca de la figura, de la interpretación, con aspectos tan interesantes como la adaptación al espíritu del poema.

En el último capítulo tiene un epígrafe titulado "Cultura general" que explica muy bien la naturaleza de un verdadero artista.

"El poeta es distinto, es un intermedio entre Dios y los demás hombres. Habita en otro plano, al que no llegan las vulgaridades; son seres incomprendidos".

Tomando las palabras de Emilio Carrere define así a los poetas:

"Los que por la vida pasan deslumbrados porque llevan siempre los ojos cegados por un milagroso jirón de ideal".

Así pues, para comprender a un poeta según Vera hay que,

"Colocarse en su mismo plano emocional y entrar en el santuario de su intimidad con los pies descalzos y la frente libre de prejuicios" (Zenteno de León E. , 1945, pág. 174).

Respecto al clasicismo Vera tenía el convencimiento de la necesidad de ajustarse en el ejercicio poético a las márgenes establecidas por los maestros de la escuela clásica:

"Dígase lo que se quiera del modernismo y sus libertades versificadoras y adóptenlo aquellos que no son capaces de ceñirse a las reglas del clasicismo. El tiempo justiciero arrollará todas esas manifestaciones y formulismos que ahora preponderan en brazos de la mediocridad por que atraviesa la humanidad, reflejada en el jazz, en la pintura cubista y en el verso estrambótico, pero la obra magna que se yergue sobre el clasicismo, perdurará con la majestad de las pirámides egipcias con la consistencia de lo que es sólido, firme, sereno, inmortal".

A lo cual añade:

"El verso clásico, bien dicho, es lo más bello que pueda ofrecer al oído el arte de la palabra. Es una música hablada. Cualquier desafinación en los tonos, la más leve alteración en la medida, rompe inmediatamente la armonía de esa música, introduce perturbaciones en la cadencia de la estrofa, se pierde sonoridad y la persona misma que recita se descontrola y es fácil que se olvide y tergiverse las palabras" (Zenteno de León E. , 1945, págs. 177-178).

Por lo tanto Vera Zouroff y muchos de su generación están totalmente en contra de la tendencia que llaman "Modernismo", y que considera que es escribir lo que les parece, en renglones, sin medida, llamando al producto de esto "versos". A todos ellos los llamará Vera pseudopoetas.

Otras cuestiones que preocupan a la autora del *Arte de la declamación* es la ética espiritual del artista, en la que pone en primer plano la virtud de la humildad:

"…mientras más grandeza hay en una persona, mayor es la humildad que le caracteriza, así debe ser también un artista. Cuando un artista hace su arte para su vanidad, quiere decir que es un pobre artista. El artista deja de ser él para ser el poema. Vanidad y arte, están reñidos y quien es esclavo de aquélla, no puede ser sacerdote de éste".

Luego continúa con la sinceridad:

"El artista ha de ser profundamente sincero al expresar su arte y no le robe fidelidad por obtener un efímero aplauso de un público vulgar. No por agradar a la vulgaridad de ciertos auditorios, se prostituya la excelsitud de lo que es noble, puro y verdadero".

Más adelante refuerza sus argumentos definiendo la honradez moral:

"…es la que hace que el artista no engañe ni se ensañe a sí mismo y reconozca la superioridad de otros artistas de su mismo género, sin que esto le cause envidia ni amargura. Un sentimiento de confraternidad, casi de parentesco espiritual, debe unir a los que cultivan un mismo arte".

Respecto al aplauso concluye:

"Hay varios tipos de aplauso, el espontáneo, el de cortesía, el convencional, el de claqué, el entusiasta, siendo éste último el que traduce el sentir de cientos de corazones palpitantes. El artista inteligente, sincero y honrado, sabe, siente, cuando el aplauso corresponde a lo que ha dado, cuando es verdadero, espontáneo o simplemente de cumplimiento" (Zenteno de León E. , 1945, págs. 171-191).

Estas son algunas de las ideas que religiosamente profesaba Vera respecto al arte de la declamación. Para nosotros son importantes, porque Lucía estuvo en sus aulas en el Centro de Declamación, después progresó en el Cenáculo del que fue su Secretaria. Lucía, absorbió todos esos principios integrándolos en su propia personalidad, ya que eran aspectos de la vida en los que ella fervientemente creía, como muy bien expresan sus versos. En síntesis todas esas ideas definen a Lucía Richard.

CAPÍTULO III

EL INFLUJO
DE DESTACADOS
ACADÉMICOS

Miguel Rocuant: el eterno viajero

ucho podría decirse de todas estas delicadas almas mencionadas por Vera Zouroff en su bello libro *El Cenáculo de poesía a sus poetas: 19 Poetas del Cenáculo de Poesía*, para relatar con mayor gloria la verdadera dimensión humana de sus personalidades y trayectorias. No queriendo desvirtuar el sentido de este escrito, me detendré sólo en cuatro figuras imprescindibles: Miguel Luis Rocuant, Jorge Gustavo Silva, Samuel A. Lillo y Enrique Nercasseau y Morán, verdaderos colosos de las letras de entonces, los cuales representan el barómetro que mide la auténtica talla intelectual de Lucía Richard.

Miguel Luis Rocuant Sir nace en la porteña ciudad de Valparaíso el 11 de mayo de 1877. Cursa estudios de humanidades en el Instituto Nacional. Ingresa en 1898 en la Guardia Nacional en el arma de caba-lleros. De Valparaíso se traslada a Santiago donde comienza su carrera en las letras. En su juventud dirigió la revista *Artes y Letras*. En 1903 colaboró con la revista *Pluma y Lápiz*. Su simpatía personal y su talento le abrieron las puertas a la creación poética, a la arena periodística, al funcionarismo y la diplomacia.

Ingresa en la administración pública gracias a un concurso de le-tras que organizó el presidente de la república don Pedro Montt. En 1910 es designado secretario del Consejo de Bellas Artes que presidió don Gonzalo Bulnes. En 1914 es nombrado jefe de Sección de la Biblioteca Nacional de Chile, coincidiendo todos sus colaboradores en su espíritu de trabajo, su natural modestia y su constancia. En 1918 dirige nuevamente la revista *Artes y Letras*.

Merced a su finura de trato, a sus grandes dotes de obsequiosidad y cortesía comienza una brillante carrera diplomática. Ese mismo año de 1918 es comisionado por el Gobierno de Chile a Brasil con la misión de acercar a ambas naciones. Con dicha finalidad es designado secretario de la legación y encargado de negocios de Río de Janeiro, así como subsecretario de relaciones exteriores. En 1921 es enviado a Europa representando los intereses de Chile. En 1922 vuelve a América siendo nombrado delegado de Chile al Congreso de Expansión Económica de Río de Janeiro.

En 1923 ocupa el cargo de consejero de la Embajada de Río y en-cargado de negocios, así como delegado de Chile al Congreso de Previsión Social celebrado en la capital de Brasil. En Brasil llevó una vida diplomática e intelectual muy intensa. En todas partes se desempeñó bien, cantó himnos, dio conferencias y agrandó su figura. En la metrópoli fluminense se atrajo corrientes de cordialidad con su libro *San Sebastián del Río de Janeiro*. Los diarios brasileros decían en 1921 que esa publicación, así como sus *Ritmos anunciadores*, harían más que decenios de formulismos diplomáticos y rimeros de documentos protocolares.

Se le publicaron sus *Semblanzas*. En 1924, la Academia Brasileña de Letras le nombró Miembro extranjero correspondiente. También entra a formar parte de la Sociedad de Hombres de Letras de Brasil, así como de la Asociación de las Academias de Letras de Brasil. Ade-más, fue presidente del Instituto Chileno-Cubano de Cultura. En 1925, Aurelio Martínez Mutis lo describió como *"alto en porte, prin-cipesco en sus maneras, elegante en el vestido, abundoso en la conversación..."*. Crecido en popularidad y ya maduro de alma alcanza en 1926 la Subsecretaría de Relaciones Exteriores.

En Río empieza a experimentar los zarpazos de la envidia, así como la nostalgia de su intimidad poética. Allí fue entrevistado el 14 de octubre de ese año, siendo sus palabras recogidas en la obra *Anotaciones unipersonales*. El periodista allí anota: *"Es siempre el mismo: afable, sincero y modestísimo, a pesar de su rangoso puesto"*. A continuación el entrevistador le habló de su misión en el Brasil, de sus muchos juicios lisonjeros que había recibido, concluyendo:

- Es la justicia que llega.

– Yo no tengo biografía, suspiró.

- Pero yo tengo los datos para hacerla. Su actuación en la prensa, en la poesía, en el Brasil y en esta Subsecretaría.

– "Nada vale eso. En lugar de estar en este cargo, preferiría trabajar sólo, recluido en mi hogar. Tengo dos obras inéditas. No me preocupo en publicarlas. La gloria no me atrae y no quiero que me atrape en sus redes. Aquí estoy en un ambiente de suspicacias, de recelos e incertidumbres. Una frase puede tener consecuencias desastrosas. Hay que vivir en el silencio, y esto es matador para los que hemos vivido en los grandes espacios del pensamiento".

- ¿Está Ud. hastiado de vivir en estas alturas?

– "Completamente y mi mayor anhelo es volver a emplear mi tiempo en lo que me sirva para vivir vida propia y dar libre vuelo a mi fantasía y a mis gustos".

Al fin alguien escuchó su desazón y en febrero de 1927 era enviado a México a ocupar el cargo de ministro plenipotenciario. En marzo de 1928 fue enviado en misión de cordialidad a Bolivia. En concreto en calidad de ministro con la finalidad de terminar el tratado de 1904, entregando al gobierno de Bolivia el tramo de ferrocarril de Arica a la Paz, que corría por el territorio boliviano. Sin embargo, el clima y las alturas fueron perjudiciales para su salud por lo que permutó su plenipotencia con el ministro de Cuba D. Manuel Bianchi.

En 1928 formó parte de la Embajada, con el carácter de ministro plenipotenciario, enviada a la transmisión del mando presidencial en Argentina, con ocasión de la ascensión al poder del Excmo. Sr. Hipólito Irigoyen. Finalizando ese año, el 28 de noviembre, fue despedido con un banquete en el Club de la

Unión por el presidente de la Comisión de Relaciones de la Cámara de Diputados, D. Tito V. Lisoni, ante su partida como ministro a Cuba, Santo Domingo, Panamá y Venezuela.

El 10 de junio de 1930 se jubiló, retirándose del servicio diplomático, trasladándose junto a su esposa Lucía Chatelet a París a proseguir con sus muchas actividades literarias. Realizó un viaje por Grecia que le inspiró un hermoso libro. Vuelto a Chile fue elegido en 1943 miembro de la Academia Chilena de la Lengua, correspondiente de la Española, llegando a ser secretario perpetuo y su tesorero. Representó al Gobierno y a la Universidad de Chile en diversos congresos internacionales, siendo además delegado chileno en el Institut de Cooperation Intellectuelle de París, presidido por Eduardo Herriot.

Perteneció a la Sociedad de Escritores de Chile. Fue presidente del Pen Club de Chile. Miembro del Ateneo de Santiago, así como del Club de la Unión. Recibió numerosas condecoraciones de gobiernos extranjeros. Entre ellas Oficial de la Legión de Honor (Francia), Gran Oficial Juan Manuel de Céspedes (Cuba), Cóndor de los Andes (Bolivia).

Escribió obras notables: *Impresiones de la vida militar* (1899); *Brumas*, poesía (1900); *Poemas* (1905); *Cenizas de Horizontes*, poesía (1920); *Las blancuras sagradas* (1921); *Los líricos y los épicos* (1921); *San Sebastián del Río de Janeiro* (1921); *Tierras y cromos* (1921); *En la barca de Ulises* (1933); *El crepúsculo de las catedrales*, novela (1934); *Con los ojos de los muertos*, novela; *Paisajes del Evangelio*. Además están sus libros póstumos: *El muro de Bergson, Estética del lenguaje* y sus *Memorias*.

En líneas escritas para su primer libro de versos, publicado en 1898, decía Marcial Cabrera Guerra:

> "Hay en la esencia de este libro de poeta el culto místico a la belleza pagana, toda la voluptuosa adoración a las líneas y las formas, exhalada a través de un religioso sensualismo, que da su original y extraño carácter a esa poesía en que a cada paso la emoción sensual se purifica, se idealiza en la castidad de un virginal ensueño (Rocuant, 1902)".

Alejandro Sux, en su obra *La juventud intelectual de la América hispana*, nos relata como un día en Montevideo hablando con algunos intelectuales jóvenes de Uruguay sobre la literatura de Chile y sus más sobresalientes culti-vadores, le mencionaron a don Miguel Luis Rocuant como uno de los que forformaban la vanguardia de la valiente falange de poetas que en el Nuevo Mundo daban brillo a las letras castellanas. Más adelante, tras grata entrevista con el autor, pensó en incluirlo en su *Álbum artístico hispanoamericano*, por lo que se volcó en el estudio de su obra, llegando al convencimiento de que era muy merecida la fama que tenía en Chile y en el extranjero como poeta de fecunda y brillante inspiración (1911).

Manuel Ugarte, en su libro *Las nuevas tendencias literarias* califica a Rocuant como *"uno de los mejores escritores de Chile"*. También se ha dicho de él que era un admirable paisajista, que con su pluma conseguía lo que ningún pintor con sus colores, pues no sólo describía sino que hacía compenetrar con la naturaleza de sus inimitables perspectivas a todos los que sabían leer sus brillantes rimas (1908).

Minchero Vilasaro en su *Diccionario universal de escritores* sintetizó la figura de Rocuant como poeta, crítico y ensayista; escritor imaginativo, idealista, enamorado de la belleza, sensual, autor de una obra serena, elegante y rica (1957).

Don Miguel Luis Rocuant murió en Valparaíso el 2 de febrero de 1948 (Donoso & Wilson, E., 1910).

Piense el lector que cuando el Sr. Rocuant entra en la década de los cuarenta en el Cenáculo de Poesía se encuentra en el pináculo de su carrera. Por lo tanto, queda claro que esto del Cenáculo no era un centro de ocio, ni un club de aficionados, sino una institución que aunaba en sus filas a los primeros talentos nacionales. Una academia poética nutrida de académicos, que desarrollaban una labor abnegada, seria y responsable, en total compromiso con su arte. Entre ellos —sin las grandes oportunidades de promoción gubernativa que suele otorgar la varonía— se desenvolvió en plena paridad de talento Lucía Richard.

El Cenáculo de Poesía es perfectamente comparable a la madrileña Academia del Buen Gusto, academia poética que nació en 1749, liderada por la condesa de Lemos y marquesa de Sarria, a la que acudían las figuras más señeras de la intelectualidad española del siglo XVIII. Se cree que esta academia surgió a imitación de las tertulias parisinas que giraron en torno al palacio de Rambouillet, sesiones poéticas que curiosamente fueron como el Cenáculo santiaguino lideradas por una mujer.

Jorge Gustavo Silva: el abogado que prefirió ser poeta

tra figura que me es del todo imposible pasar por alto es la de Jorge Gustavo Silva, el cual fue abogado, profesor, periodista, escritor y poeta. Era este compañero de Lucía descendiente de una ilustre familia de literatos. Tanto él como sus hermanos Hugo y Víctor Domingo formaron una trilogía que se impuso en la poesía, en las representaciones dramáticas, en las tesis sociológicas, en los libros, en el derecho y hasta en las plataformas de opinión.

Don Jorge Gustavo Silva fue el mayor de los tres hermanos. Nació en 1881. Cursó humanidades en los liceos de la Serena y de Valparaíso y Leyes en el Liceo porteño y en la Universidad del Estado, hasta graduarse de licenciado en Leyes antes de 1921 y después de abogado en 1929. Trabajó en el periodismo desde muy temprana edad, lo mismo que en la Administración. Fue escribiente de la Dirección de la Armada y traductor y secretario de la Fiscalía General de la Marina, profesor de la Escuela Naval en las asignaturas de Castellano, Instrucción Cívica y Derecho Internacional Marítimo. Más tarde, en 1925, tuvo la jefatura de la Sección Internacional, Biblioteca y Publicaciones de la Dirección General de Trabajo.

Paralelamente trabajó en la prensa, como jefe de la *Sección de Informaciones Extranjeras* y comentarista de las noticias cablegráficas de *El Mercurio de Valparaíso*, y redactor y director de *Sucesos*. Redactor de la *Revista de Marina* y fue director y redactor de *La Mañana* de Santiago; fundador y redactor de *La Nación*, desde su fundación, colaborador de *El Sur de Concepción* y autor de varios opúsculos, cuentos, novelas, poesías y libros.

Sus temas periodísticos fueron los sociológicos, políticos y jurídicos, como se demuestra en la mayoría de sus producciones: *¿Existe en Chile la cuestión social?, El liberalismo político, Los beligerantes y los neutrales en la guerra* *marítima, El espionaje, La independencia económica, Guía del fiscal, El munici-pio y la economía nacional, Periodismo y periodistas, Deberes cívicos de los chilenos*, etc. A esta retahíla de producciones hay que agregar algunas novelas y cuentos, como *El doctor Leroy* y *El marino*, así como una recopilación de poesías con que sorprendió al público en 1925.

En el concurso literario de 1923 fue premiado su emocionante cuento "Un marino", el cual fue dedicado a un distinguido oficial, capitán de fragata Arturo E. Whiteside, quien ofrendó su vida a bordo de "El Pinto" a principios de siglo. Fue publicado en un folleto el año siguiente por cuenta de la Dirección de la Armada y precedido de un prólogo suscrito por el capitán de navío D. Olegario Reyes del Río, quien refiriéndose al autor, decía que era *"uno de los valores más firmes y sólidos de nuestro mundo intelectual, como hombre de prensa, como hombre de letras y como hombre de estudio".*

A este pasaje de tonalidades enciclopédicas hay que agregar un nuevo libro publicado en 1929 con el título *Los trabajadores del periodismo en Chile,* varias conferencias sobre derecho, la sección de consultas jurídico-populares que mantiene en *La Nación* y su examen de profesor extraordinario de economía social y legislación obrera rendido en agosto de 1930 ante una comisión uni-versitaria. Omer Emeth, sacerdote francés, considerado el más culto y certero crítico literario de Chile lo incluyó en su obra *La vida literaria de Chile.*

Más allá de la racionalidad del derecho o la formalidad de la pedagogía nuestro hombre abrazó una verdadera pasión por la poesía y la cultura. Vivió con deleitación la actividad intelectual de Valparaíso y participó en sus Juegos Florales. En los primeros, celebrados con ocasión del centenario patrio el 22 de septiembre de 1910, destacaron sus poemas "El ósculo primero" y "Tren en la noche". En el tercero de estos certámenes celebrados en el Teatro Victoria el 21 de mayo de 1913, Jorge Gustavo actuó de mantenedor (Figueroa V. , 1930, pág. 827).

Más adelante causó sensación con su poema "La voz del avión", henchido de bellezas líricas y de metáforas grandilocuentes. Este poema impresionó a la misma Gabriela Mistral. El 20 de julio de 1947 desde Llolleo, Chile, Jorge Gus-tavo escribía a la Sra. Mistral para departir sobre cuestiones literarias. Gracias a esa carta se sabe que don Jorge le había enviado este poema en 1923. En una carta anterior cuyo contenido se recoge en la presente de 1947, Gabriela expresó lo siguiente:

> "La poesía de Ud. es la primera que me coge el espíritu: está llena de movimiento, de vigor y de belleza" (Silva, 1947).

Resulta interesante señalar que como vemos aquí muchos de los compañeros de Lucía en el Cenáculo mantuvieron comunicación epistolar con Gabriela Mistral. Para concluir esta breve reseña biográfica quedémonos con las palabras de Vera Zouroff:

> "Jorge Gustavo Silva, es un erudito profundo, de recia y acendrada cultura. Jurisconsulto de profesión, el Código Civil no lo ha acartonado en sus áridas páginas. La lucha diaria cuerpo a cuerpo con las exigencias acosadoras de la vida, no ha logrado anular al poeta, como hace con tantos valores espirituales que naufragan en el olvido. Pero es que, por sobre todas cosas, Silva es poeta y la rutina no ha podido entorpecer sus alas que se tienden en raudo vuelo hacia las benditas regiones del sentimiento, en ansia de aire puro para refrescar la frente. En su cuerpo alto y musculoso, hay un niño que mira al cielo como para llenar sus pupilas de luz y en su corazón una alondra que canta a un eterno amanecer" (Zenteno de León E. , 1947).

Samuel A. Lillo: el dulce cantor de Arauco

oetáneo de todas esas excelsas almas y nobles aconteceres, fue como hemos referido don Samuel Lillo. Nació en Lota en 1870, tierra del carbón de piedra y de los millones arrancados al subsuelo, cuna del martirio y de la lucha libertaria. Después de estudiar humanidades en las aulas liceanas de Lebu y Concepción, siguió estudios de leyes en la Universidad del Estado y de profesor en el Instituto Pedagógico. Se tituló abogado en 1896 y de profesor de Castellano en 1904. Prefirió su cátedra de maestro a su toga de jurista.

Empezó a hacer clases desde 1894, pero sirvió en la secretaría universitaria desde 1891, y se mantuvo al servicio de este plantel educacional, donde alcanzó a ser vicerrector durante 37 años (1891-1928). Sirvió las asignaturas de Castellano y Literatura en el Instituto Nacional y la Escuela Militar; la cátedra del Código de Minas de la Universidad, la de Literatura Chilena en el Instituto Pedagógico y en su cargo de prorector de la universidad fue el alma y el motor de la poderosa corporación.

En mayo de 1925 inauguró en la universidad un curso de literatura. En su discurso hizo la enumeración de los autores más conocidos que en los diversos géneros literarios habían hecho obra nacional. En junio del mismo año dio una conferencia sobre el aprendizaje y el estudio del castellano. Para ilustrar y robustecer sus lecciones literarias publicó en 1918 su *Literatura chilena*, obra polémica que tuvo sus apologistas y detractores, pero que fue aprobada por la Facultad de Humanidades y adoptada por la Universidad para la enseñanza secundaria, la cual tuvo muchas ediciones. Después de notables servicios que se prolongaron durante 40 años obtuvo su jubilación en 1928 (Figueroa V. , 1930, pág. 48)[7].

Además don Samuel Lillo fue miembro académico de la Facultad de Filosofía y Educación de la Universidad de Chile, y asimismo de la Academia Chilena de la Lengua Correspondiente de la Española, y ante todo un espíritu altruista,

---

[7] Una anécdota simpática de este personaje entrañable es que siempre escribió su nombre como Samuel A. Lillo, para evitar que se mofaran de él llamándolo "Samuelillo".

poeta romántico, cantor de Arauco y de sus gentes, que supo retratar con fino pincel las bellezas naturales de su tierra. Sus *Cantos filiales* hicieron que la Real Academia Española le otorgara en 1927 el Premio de la Poesía Hispanoamericana en el concurso de la Fiesta de la Raza, que es el mayor trofeo que puede ostentar un lírico de la raza.

Carlos René Correa en su obra *Poetas chilenos* que data de 1944 se refiere a él como *"el patriarca de la actual poesía chilena"* (René Correa, 1944, pág. 52). Fue creador del Ateneo de Santiago, desde donde guío a toda una generación de estudiantes, neófitos de las letras e incursores del pensamiento hondo. Este hombre desprendido, ya en la serenidad que otorgan los años, en su obra *La Literatura chilena* se acordó del Conservatorio al que evocó con las siguientes palabras:

"Bajo la dirección de la distinguida escritora, Esmeralda Zenteno de León, más conocida en los círculos intelectuales por su seudónimo Vera Zouroff, funciona un Conservatorio de Declamación, que mantiene en sus aulas un centro literario llamado Cenáculo de Poesía en el que se dan frecuentes conferencias, sobre los más altos valores poéticos de Chile y de América. Estas conferencias son artísticamente animadas con recitaciones de poemas de los poetas tratados, a cargo de alumnas del referido Conservatorio. En 1947, la directora Vera Zouroff, publicó una selecta antología de 19 poetas del centro cuyas vidas y obras trata con conocimiento y buen gusto" (Lillo, 1952, pág. 290).

Enrique Nercasseau y Morán:
el filólogo e hispanista afanado
en la pureza del idioma

ando un giro a nuestra narración y sin pretender exhaustividad cronológica, resulta imperativo hablar de Hermelo Arabena Williams, miembro correspondiente de la Real Academia de Ciencias, Bellas Letras y Nobles Artes de Córdoba en España, también académico de la chilena, el cual en sus *Ensayos de exégesis literaria* nos habla con ardor de la tertulia de don Ricardo Dávila. Ésta según nuestro autor tenía lugar en la calle Mac Iver nº 120, cuarto piso, los jueves a las cuatro de la tarde, estando presidida por don Ricardo Dávila Silva y su esposa, la pintora Emma Formas de Dávila.

Hasta la desaparición de don Ricardo en 1961 en esta casa hubo una intensa actividad intelectual, a la que acudían con delectación escritores, artistas, políticos y diplomáticos. Así por ejemplo acudía Miguel Luis Rocuant, autor de *En la barca de Ulises*, o el embajador de México, José de Jesús Núñez y Domínguez, de grata memoria en los círculos intelectuales; también el presbítero Alejandro Vicuña Pérez, espíritu independiente y maestro en el arte de escribir biografías.

También acudían el sociólogo Valentín Brandau; el novelista uruguayo Carlos Reyles, autor de *El Terruño*; el ensayista peruano Francisco García Calderón; el novelista Paul bourget, autor también de *Essais de psychologie contemporaine*; la condesa poetisa Mathieu de Noailles, única en cantar el amor; poetas como Victor Domingo Silva espléndido en la charla; políticos como Héctor Rodríguez de la Sotta y Enrique Cruchaga; el filántropo texano Jack Dancinger, admirador de O'Higgins y su obra americanista y tantos otros...

Es bien conocido como el anfitrión de esas agradables veladas, don Ricardo Dávila, era un clásico hasta la médula, que le gustaba la reflexión profunda sobre toda clase de tópicos, así como el cultivo de la metafísica, la sociología y el ensayo. Además era un gran amante de la poesía, sintiendo gran admiración por Leopardi, que conocía en su lengua vernácula. Como no podía ser de otra manera don Ricardo era además un gran apóstol de las ideas liberales, en las que veía la clave exaltadora de la personalidad, así como el motor de todo progreso.

En estos cálidos encuentros de amantes de lo bello, entre charlas e intercambios filosóficos, a don Ricardo le gustaba interpretar al piano el adagio de *la Patética* de Beethoven o *la Romanza* de Antón Rubinstein. Allí entre retruécanos y anfibologías, entre suspiros y declamaciones, confundidos en una nube de pensamientos sutiles, se ofrecían a los contertulios deliciosos aperitivos, al tiempo que se invitaba a tomar un vermut. Junto a este grupo, acudían también la poetisa Gabriela Huneeus; la pintora Dora Puelma, Misiá Enriqueta Figueroa Larraín, Olimpia Fernández Concha de Rocuant, Marta Nieto de Brandau y nuestra muy querida Lucía Richard de Piedrabuena, discípula predilecta de don Enrique Nercasseau y Morán en el Instituto Pedagógico (Arabena Williams, 1986).

Observe el lector que esta aseveración es de enorme trascendencia como en seguida comprobará. Don Enrique Nercasseau y Morán (1854-1925), fue un filólogo e hispanista chileno, el primero, que solicitó ante el Consejo de Instrucción Pública la creación de un curso superior de Literatura castellana en Facultad de Humanidades de la Universidad de Chile, que comprendiera el estudio general de retórica, así como la estética. Fue uno de los fundadores del Antiguo Ateneo, promotor de un Centro Hispano-Americano, hispanófilo, que luchó por el acercamiento entre Chile y España y fue fundador del Instituto Pedagógico, junto a Domingo Amunategui Solar y un conjunto de eminentes profesores alemanes.

A nadie escapa que Nercasseau, era un purista del idioma, extremadamente escrupuloso con la gramática, con un pensamiento próximo al de Menéndez Pelayo, como no podía ser de otra manera en la España isabelina, amante de Bello, cultivador a ultranza de la obra de Cervantes, evocador de Núñez de Arce y además Individuo de Número de la Academia Chilena de la Lengua, correspondiente de la Española.

Era éste por tanto un hombre puntilloso, muy riguroso con la adjetivación, obsesionado con el estilo, la ortografía y todos los aspectos del idioma. Además era un enemigo acérrimo de la enfermedad literaria del "modernismo", que consideraba como una verdadera gripe. Por lo tanto, esta aseveración hecha por otro académico, el Sr. Arabena, respecto a que Lucía Richard era la alumna predilecta del Sr. Nercasseau es de enorme importancia, ya que una figura así no concedería fácilmente tal estatus, a ninguno de sus alumnos.

Piénsese que Lucía Richard debió cursar algún grado de humanidades en el Instituto Pedagógico, donde se encontró con el eximio profesor, y donde debió tener al alcance de sus manos obras como el *Tratado Elemental de Gramática Castellana, según las doctrinas de don Andrés Bello* u otra obra parecida, recomendada por el sabio profesor, además de acceso a la rica biblioteca del centro que albergaba no menos de dieciocho ediciones escogidas del Quijote (Arabena Williams, 1950).

Otras fuentes nos informan que don Enrique Nercasseau y Morán, fue hijo de Enrique y María Mercedes y que nació en Santiago el 9 de diciembre de 1855. Recibió su primera instrucción en los Sagrados Corazones, ingresando después en la Universidad de Chile donde se graduó en 1872 como Licenciado en Filosofía y Letras.

Su actividad principal fue la de docente, con la que adquirió un considerable crédito a lo largo de su vida. Fue examinador de Gramática y Latín en la Universidad desde 1881. Ejerció como profesor de Español en los conventos de San Francisco y de la Merced, en la Escuela Radford, en la de Adrián Araya, así como en la de la Señora Filomena Rojas de Rebolledo.

En 1889 fue designado profesor de Español en el Instituto Pedagógico y diez años más tarde ocupaba igual cargo en el Instituto Técnico de Comercio. Otras facetas interesantes del sabio chileno es que en 1905 fue un asiduo conferenciante en la Universidad de Chile, así como profesor general de Literatura Española, además de desempeñarse en la no menos apasionante materia de profesor de Mitología en la Escuela de Bellas Artes.

Todas estas prolíficas actividades le fueron reconocidas, siendo elegido para la Real Academia Española, la Asociación de Escritores y Artistas de Madrid, así como la Academia Chilena de la Lengua. Escribió obras notables: *Nociones de ortografía castellana; Tratado de métrica; Antología castellana arcaica e historia de la literatura española,* que fue una traducción del francés (Parker, 1967).

Así pues, Lucía Richard estaba en contacto con estos grupos como es el caso de Miguel Luis Rocuant, diplomático y poeta, miembro de la Academia Chilena de la Lengua, correspondiente de la Real Española, con el que compartía finuras y bellezas en el Cenáculo de Poesía, o el ya mencionado Ricardo Dávila, humanista de altura, catedrático de Literatura griega y latina en el Instituto Pedagógico de la Universidad de Chile y también académico, o el ya citado Samuel Lillo, asimismo académico y compañero de Lucía en el Cenáculo. Eran grupos de influencia que se movían en torno al Pedagógico, el Ateneo y cultivaban el glorioso Núñez de Arce, en los primeros años de la década de los cuarenta, cuando se perseguía la pureza y excelsitud en la declamación.

Por lo tanto, esta fue una generación precedente a los llamados "poetas modernos", con los cuales no eran muy bien avenidos. Por ello, no resulta nada extraño que Lucía Richard se inclinara por la claridad, sencillez y pulcritud del idioma, a la vez que fue como sus mayores, una convencida hispanista. Perteneció al Instituto Chileno de Cultura Hispánica y en su pensamiento hay multitud reflexiones y referentes sobre cuestiones hispánicas que se encuentran diseminadas en toda su obra. Pero si se quiere ser específico hay que remitirse a las palabras de la propia Lucía Richard que un artículo titulado "Comprensión de Hispanoamérica" escribió lo siguiente:

> "De España recibimos por herencia el admirable respeto por la dignidad humana, el culto a la libertad, el sentido vital que baja generosamente hasta las entrañas mismas del pueblo y nutre su cultura. De España heredamos una lengua que ha dado y sigue dando frutos generosos en sus poetas y escritores. España nos hizo depositarios de su religión de amor que hizo en otro tiempo grande a Europa y a que ahora vuelve a tener el valor de una panacea, antes los desbordes de las ideologías que buscan sus adeptos por medio del terror y de la violencia" (Richard, 2004, pág. 459).

Dentro de las iniciativas y manifestaciones hispanistas que se aprecian en la obra de Lucía Richard podemos citar: la bien construida conferencia dada por la autora en 1945 con motivo de la conmemoración de los 300 años de la muerte de Quevedo; El ensayo biográfico titulado *Doña Marina Ortiz de Gae-*

te, mujer del conquistador Pedro de Valdivia[8] antes de 1947; el artículo titula-do "Las mujeres del Quijote" escrito en la *Revista de la Sociedad de Escritores de Chile* en 1946[9]; otro artículo titulado "El Museo del Prado suma de la histo-ria de España" escrito en torno a 1950; el artículo titulado "Ensueño de Toledo", aparecido en *El Mercurio* el 24 de abril de 1955; "Una visita al Esco-rial" también aparecido en *El Mercurio* el 16 de octubre de 1955; "Érase una vez un joven Ercilla" escrito en *El Mercurio* el 19 de febrero de 1956; una poe-sía de su poemario *Humo azul* titulada, "Una visión en Toledo" escrita antes de 1962; la obra de teatro *Al toque de ánimas* antes de 1962; la obra de teatro *Al filo de la alborada*, antes de 1969[10].

Ahora bien, no obstante todos estos logros de la Sra. Richard, hay una cosa que me intriga. Diversos autores han volcado en varias obras de literatura la idea de que muchas mujeres de la generación a la que pertenecía Lucía Ri-chard, estaban limitadas por los modelos de la época, que eran autodidactas, diletantes, aficionadas, lo que a la postre las han conducido a portar el estigma de figuras menores.

A mi modo de ver estas ideas pecan de subjetividad. Téngase en cuenta que los más aplaudidos estetas, inciden en la idea de que el arte no progresa, ni mejora, sino simplemente evoluciona, muta, cambia, sin que pueda hablar-se de un periodo mejor o peor. Verbigracia, léase el prefacio de *The Picture of Dorian Gray* de Oscar Wild, donde el autor en toda una página exhibe máximas que definen el arte para luego concluir que *"all art is quite useless"* (Wilde, 1996).

Por otra parte, Hugo Montes, miembro de la Academia Chilena de la Len-gua, en el prólogo a las *Obras completas de Lucía Richard* (Richard, 2004), nos explica este fenómeno haciendo alusión a que en aquella época habían pocas

---

[8] Este artículo recién encontrado y que no figura en las Obras completas se escribió en la Revis-ta de la Sociedad de Escritores de Chile, en 1946.

[9] Este Ensayo biográfico, dice la autora haberlo escrito con motivo de la conmemoración del cuarto centenario de Santiago (1941), *"...motivo por el que se produjo entre nosotros un verda-dero movimiento hacia lo español, que no ha decrecido al alejarse esa efeméride gloriosa"* (Richard, 2004, pág. 268).

[10] En las dos últimas obras de teatro se recogen aspectos importantes del pasado colonial, en un tiempo en que Chile era aún España.

mujeres que iban a la universidad y la mayor parte de las alumnas de colegios particulares no rendían exámenes válidos. Los primeros clubs de lectura de mujeres no aparecieron hasta 1915, para continuar con las dificultades de publicación, la carga de las obligaciones domésticas, subrayando el hecho de que Gabriela Mistral y Marta Brunet, permanecieron solteras y no cursaron estudios secundarios sistemáticos, ni asistieron a la universidad... para finalmente sentenciar: *¡Cuánta intelectualidad perdida, cuantas posibilidades artísticas cercenadas desde un comienzo!* (Richard, 2004, págs. 7-8).

Asimismo, resulta revelador el hecho de que la Sra. Richard creciera a hombros de gigantes, tutelada por académicos como Nercasseau, Rocuant, Dávila, Samuel Lillo y si su poesía fue limitada entonces también lo fue la de todos estos colosos. Obsérvese que Miguel Rocuant no cursó estudios superiores, lo que no le impidió ser considerado como uno de los mejores escritores de Chile. A los treinta y tres años de edad Lucía realizó un magnífico viaje por Italia, una especie de *"Grand Tour"* en los albores del siglo xx, perpetua fuente de inspiración y sabiduría, que la marcará profundamente en su vida posterior. Por lo tanto, a pesar de las limitaciones que la época imponía a la expansión intelectual de las mujeres, se puede decir que nuestra poeta tuvo una formación excelente.

La palabra "pasión" no es "apasionante" tan sólo porque se estampe en un papel. En la diferencia entre "escribir" y "sentir lo que se escribe" radica el talento y la Sra. Richard, qué duda cabe, lo tiene... En cuanto a que si es una figura menor, la obra de Bach quedó sepultada durante 200 años, la de Vivaldi ignorada y olvidada durante 300. John Keats, poeta romántico inglés, murió a los 25 años y dejó a la posteridad una obra literaria exigua y sin embargo, universalmente reconocida por su calidad. Entonces, ¿Cuál es la definición de figura menor? ¿Tiene ésta algo que ver con la extensión de una obra?

Fernando Diez Aljaro, miembro de la Sociedad Chilena de Historia y Geografía, en un artículo que escribió en *El Heraldo*, sobre el sacerdote Bernardino Abarzúa Troncoso —compañero de Lucía en el Cenáculo— inserta una cita del propio profesor y académico de la Lengua Hugo Montes que en un ensayo titulado *El mundo está bien hecho* dejó escrito lo siguiente:

"El poeta auténtico posee una sabiduría que no se basa en conocimientos intelectuales ni experimentales, sino en una visión directa e intuitiva de la realidad. Su tarea es mostrar esa realidad desde un ángulo insustituible" (Díez Aljaro, 1997).

En una audición radial dedicada a María Luisa Bombal, grande entre las letras chilenas, Lucía Richard se contestaba a sí misma lo que en su opinión era la poesía:

"¿Qué es la poesía? ¿Es acaso la ordenación de las palabras en líneas, es siquiera música que llamamos ritmo o la rima que limita necesariamente el pensamiento? No; la poesía es la apreciación, la captación de las voces calladas de las cosas; es la transfiguración de los detalles, la valorización de las bellezas mínimas y cotidianas, la sublimación de lo pequeño y delicado de la vida, es un sexto sentido que nos amarra al universo devolviéndonos el poder del hombre primitivo; es el lenguaje, pero es más que el lenguaje; es el ritmo, pero no sólo el ritmo sensible a los oídos, es la sabiduría en el más amplio sentido del vocablo, pero una sabiduría emocionada" (Richard, 2004, pág. 578).

Pero aún más incisivo es otro juicio de Lucía Richard, que en un artículo dedicado a su compañera Inés Echevarría de Larraín, dejó constatado lo que sigue:

"Hoy para constituirse en pontífice de las letras, no basta con saber gramática castellana, métrica e historia literaria, sino también filosofía, sociología, biología. En una palabra, conocer al hombre integral" (Richard, 2004, pág. 453).

¿No es este hermoso juicio en sí mismo anti-académico? En alguna parte de su obra, Lucía alabo a Descartes, lo que implica una visión racionalista del mundo, una negación de toda herencia consagrada por la tradición, una duda perpetua ante todo lo que existe. *¡Sapere Aude!* exclamó Kant, lo que significa, ¡atrévete a saber! ¡Ten el valor de usar tu propia razón! En *Algunas reflexiones de Lucía Richard* la autora revela esa perpetua dubitación que se ha convertido en ella en una filosofía de vida:

"Llevo en mí el pecado de no haber sabido entregarme por entero a nada. Porque todo me atraía con vértigos pasionales y no será mío el premio reservado a los leales a su ideal...". Para luego decir: "Y aquí estoy con las manos vacías, habiendo probado todos los frutos y no habiendo echado raíces ninguno en mí. Doliente por todos los caminos del mundo y del pensamiento, sorprendida de todo, absorta ante todo, palpitante por todo, paradoja hecha carne, contradicción viviente. Indecisa siempre, mi sendero nunca tiene la rectitud de los caminos rectos, porque siempre me quedo pensativa en un punto crucial. Y porque amo todos los senderos, tanto el que lleva a la fresca hondonada como a la cumbre borrascosa, es por eso que permanezco hierática, como una esfinge, sin atreverme nunca a avanzar" (Richard, 2004, págs. 33-34).

¡Bravo!

En cuanto al estilo poético de Lucía Richard, éste está imbuido de un marcado lirismo, aunque lirismo puede haber en todos los estilos poéticos. Según Hugo Montes, miembro de la Academia Chilena de la Lengua, varios poetas de esa época contribuyen a modelar su poesía: Pezoa Véliz, Carlos Préndez Saldías, Pedro Prado, los comienzos de Neruda, la Gabriela Mistral de *Desolación*, la finura que no la fuerza de Rubén Darío (Richard, 2004, pág. 11). Y es muy posible que fuera así.

Sin embargo, al menos Gabriela Mistral tuvo un estilo poético aciago, luctuoso, triste hasta la desesperación, mientras que Lucía en términos generales cultivó una poesía optimista, luminosa, alegre. Además, también está el caso de Rubén Darío, que fue el principal representante del "Modernismo" en la lengua española, como dejó sobradas muestras en su célebre poemario *Azul*, un estilo que nuestra autora desdeñada, ya que en cuestiones de literatura fue educada en la tradición neoclásica, lo que no obsta para que al margen de cuestiones de técnica poética fuera capaz de captar la gran belleza que hay en la obra de Rubén Darío.

También debemos tener en cuenta que en esa época hubo un fuerte influjo de una corriente filosófica que se llamó "naturalismo". A esta corriente estuvieron adheridas, por ejemplo, Inés Echeverría Bello de Larraín (Iris) y Mariana Cox Stuven (Shade), precedentes inmediatos de nuestra biografiada y también sus coetáneas Marta Brunet y Maite Allamand. Lo que se infiere de su obra es que el entorno natural en el que vive Lucía invade sus pensamientos y ahí estaría su primer modelo, captado por su prodigioso instinto innato.

Por tanto, es muy posible que estuviera influida por el idealismo místico y panteísta de su amiga Inés Echevarría de Larraín, la cual encontraba en la naturaleza un encanto poético muy próximo al gran poeta belga Mauricio Maeterlink. De hecho, Lucía Richard dedicó uno de sus programas radiales a este autor, por el que demostró una gran admiración. Lucía había leído *Vida de las flores*, así como *Vida de las abejas*, obras en las que halló fuentes de inspiración. Elogió asimismo, otras obras del belga como *Pájaro azul*, *Inteligencia de las flores*, *Pelleas y Melisande*, tema que luego inspiró a Debussy, estilo que le situaba dentro de los poetas simbolistas.

Asimismo, Lucía dejó muestras palpables en su obra *Recuerdos de viaje*, de sentir gran admiración por San Francisco de Asís, uno de los grandes naturalistas de la historia. El 25 de marzo de 1934 estuvo en Asís, pequeño pueblo de Italia, donde pudo conocer de primera mano toda la dimensión humana del santo, rodeada de una naturaleza exuberante, que mostraba la más cálida de sus sonrisas ante una primorosa primavera que ya se anunciaba.

El Poverello, como era llamado, fue un hombre humilde, de vida austera y simple, que amaba la quietud y la paz. Desapegado de todas las ofrendas de la vida, vivió como monje asceta, que sentía veneración por los animales y que consideraba al sol y a la luna sus hermanos, predicaba y bendecía a los pájaros, amansaba a lobos y vivía en comunión mística con todas las criaturas y lo creado.

Igualmente tuvo palabras para Tagore al que retrató como uno de los grandes poetas de la India. Calificado como "gurú del amor", Tagore fue un gran sabio y reformador bengalí, que modernizó el arte y las letras de su país, desplegando una gran impregnación naturalista en su obra. Concebía el amor como un sentimiento de la verdad, como una manifestación de la alegría presente en el origen de toda creación.

En un artículo publicado en *El Mercurio* el domingo, 7 de junio de 1964, Lucía alude a Tagore como místico y poeta, panteísta de imaginación fecunda, producto de la naturaleza agradecida de su tierra. Hombre tierno y delicado, supo cantar el amor, al niño, a las cosas nimias y cotidianas de la vida. Nunca en sus escritos aflora la violencia, ni imágenes distorsionadas, ni infancias atormentadas. Sus notas definitorias son la sencillez de la vida, la claridad de su visión espiritual, la pureza de su corazón, la armonía con el universo y la conciencia de la personalidad infinita de toda creación (Richard, Tagore, Gandhi y Nehru, los gigantes de la India, 1964).

Todos estos supuestos influjos –reales o imaginados– no invalidan una marcada impronta personal en sus escritos, una manera *sui generis* de entender la poesía.

A juzgar por lo que dicen sus hijos, Lucía fue una lectora infatigable, que además sabía hablar y leer inglés y francés, especialmente éste último que hablaba como una persona corriente y leía sin dificultad. El francés, el ancestral idioma de la cultura, la lengua de las bellas sonoridades, había impregnado su alma sensible. No es extraño que años más tarde se prendara del cuadro de Lucien Petri *Poesíe des eaux dormantes* al que le dedicará una bonita poesía en su poemario *Humo azul*.

Respecto a este dejarse llevar por las emociones, por los sentimientos, por el lirismo, Lucía lo expresa con una claridad meridiana en sus *Reflexiones*, donde evidencia este *décalage* entre "lo que se dice" y "cómo se dice":

"No pude abismarme en el pensamiento hondo porque me seducía la gracia del verbo fascinante y esta lucha entre mi cavilar filosófico y la atracción de la palabra que traiciona, ha desgastado mis energías. Mi pensamiento se alzaba como la gigantesca ola amenazante y moría entre una espuma blanquecina. Era la verdad tremante que se deslía en belleza. Y luché inútilmente contra la tentación del verbo. Hubiera querido ser una anacoreta contemplando el cielo y sonriendo ante la gracia de una flor… Amé demasiado la verdad para diluirme en la fantasía; amé demasiado la belleza y la fantasía para abismarme en la verdad" (Richard, 2004, pág. 33).

CAPÍTULO IV

EL ENIGMA: CUENTOS

Una cuentista original

 bserve el lector que desde su primera publicación *Sursum corda* en 1925 hasta la segunda *Poesías* en 1938 pasaron trece años. En esos años Lucía tuvo ocho hijos. No obstante la enorme carga familiar que tenía (aunque tuviera ayuda de empleadas), nuestra joven después de tener a su último hijo en el año 37, retoma a los 38 años su actividad literaria, lo que es digno de elogio. Alumbrar hijos es un hermoso milagro, pero ¿Quién metabolizará mis sueños? Con una rémora así ni al más prolífico de los poetas le habría quedado tiempo para cultivar la lira de Apolo. Pero la vocación de nuestra artista era capaz de mover montañas...

Por esos años, Lucía Richard comienza a ser cada vez más conocida. Su nombre resuena en Brasil, en Argentina e incluso en Ecuador. Prueba de lo anterior lo tenemos en la obra del ecuatoriano Alejandro Andrade Coello, *Perifonemas* publicado en 1939, el cual en un capítulo titulado "Bosquejo a las letras chilenas" que fue radiodifundido en la solemne entrega de la bandera chilena a la sociedad bolivariana del Ecuador, se hizo alusión *"a los versos sanos y sin amaneramiento de Lucía Richard"*.

Allí se la menciona entre lo más granado de la pléyade intelectual de entonces, haciendo alusión a la poetisa Aida Moreno Lagos y la también poeta Olga Acevedo; la novelista Marta Brunet; la escritora Elvira Santa Cruz; el ensayista Blanco Subercaseaux de Valdés; a la catequística labor de Teresa Os-Ossandón Guzmán; las impresiones de viaje y entrevistas de Letizia Repetto Baeza de Beltrán; los fervores de Rebeca de Fuenzalida; los finos reparos y precisión de ideas de Iris (Inés Echevarría de Larraín), entre otros... (Andrade Coello, 1939, pág. 319).

Desde Belo-Horizonte, Brasil, el 25 de agosto de 1942, le escribe Jesú de Miranda, poeta y escritor, autor de *Mulher do Próximo* y de *Antología dos poetas de Minas Gerais*, transmitiéndole el mucho impacto que le había causado *"seu lindo poema Oración"*, del que había tenido noticia en el nº 427 de la *Revista Margarita*, a la vez que le pedía su aprobación para publicarlo también en el *Jornal das Moscas,* revista en la que él colaboraba (Richard, 2004, pág. 361).

Nuestra artista se abre cada vez más a la sociedad, asiste con frecuencia a toda clase de conciertos, óperas y representaciones teatrales en el Teatro Municipal, ¡incluso a los ensayos! Además dirigía audiciones radiales. Por tanto, comenzó a interesarse vivamente por la cultura nacional. Asimismo, existe constancia de que su voz resonaba en todo el continente.

Según un artículo publicado en el diario *La Opinión* aparecido el 25 de diciembre de 1946, Lucía Richard había acudido a una mesa redonda que se tituló *Una pregunta a seis escritores* donde compartió impresiones con los dramaturgos Lucía Condal, Oreste Plath, Pepita Turina, Oscar Jara Azocar, Jacobo Danke, todos ellos eximios precursores de las letras chilenas. Allí se reconoció sin tapujos respecto a Lucía Richard que *"sus versos han sido difundidos por declamadoras de este continente, lo que también le ha dado una respetabilidad poética"* (La Opinión, 1946).

Este año de 1946-1947 fue de gran intensidad en la vida de la artista. A principios de 1947 nuestra biografiada publicó una colección de diez cuentos bajo el título de *El enigma* (Richard, 1947). La obra nuevamente es comentada por muchos críticos y no sólo en la capital santiaguina, sino también en Buenos Aires y hasta en Montevideo. La contradicción y diversidad de opiniones pareciera mostrar el gran desconcierto de los críticos que no saben cómo posicionarse frente a estos cuentos.

Un comentarista de *La Hora*, el 2 de septiembre de ese año escribe con cierta ligereza interpretativa:

> "Diez relatos simpáticos, escritos con gran fluidez de lenguaje, en forma tal que se leen con agrado, pero sin que provoquen la menor preocupación espiritual… y a lo mejor en esa condición reside su éxito".

Vera Zouroff en *La Opinión*, el 9 de septiembre de ese año, hace referencia al estilo elegante de la autora, a su lectura liviana, haciendo hincapié en el interrogante al que conducen sus narraciones, un tanto perturbadoras, que se asemejan a los finales de Pirandelo. Misael Correa Pastene, del *Diario Ilustrado*, el 14 de septiembre, nos ofrece una visión más optimista:

> "Éstos son trozos de vida que Lucía Richard ha bosquejado con amor, con sencillez emocionada, con pleno sentido de la realidad y simpatía humana".

Un comentarista del periódico *El Imparcial* el 21 de septiembre, alude no sólo a la belleza lírica de sus escritos, sino que también incide en el tono trágico de unos cuentos que le recuerdan al mismo Charles Dickens (Richard, 2004, págs. 365-367).

Resulta interesante señalar, que la propia Lucía Richard, acudió a un encuentro literario en la Casa del Té, el 21 de septiembre, donde ante los periodistas del diario *El imparcial* ella misma recitó algunos de sus cuentos, velada que fue radiodifundida. Resulta obligado traer a colación que estos cuentos ya se dieron a conocer el 25 de diciembre de 1946 en el diario *La Opinión* en *"Una pregunta a seis escritores"*, ya mencionado. Allí el comentarista dijo:

> "Numerosos cuentos han visto la luz en importantes revistas de América. La Revista Atenea órgano oficial de La Universidad de Concepción, ha regis-

trado gran parte de la producción en género del cuento de esta escritora"
(La Opinión, 1946).

Por lo tanto, ya desde el año 1945 el público tuvo conocimiento de estos cuentos gracias a la amplia divulgación que recibieron en la *Revista Atenea*[11][12].

En adición a lo anterior, tenemos el testimonio de Emilio González López, miembro del Hunter College:

> "Estos interesantes cuentos de Lucía Richard tienen como nota común que les une, el ser todos ellos pequeños incidentes que revelan de pronto, como si fueran un fogonazo disparado a quemarropa, el carácter de un individuo o le causa a éste la muerte de sus ilusiones. La escritora busca un detalle, un accidente al parecer trivial, pero que está cargado de graves consecuencias para la persona que lo sufre. El título del primer cuento, *Enigma*, (que es la historia de un pobre viudo empeñado en registrar el escritorio donde su mujer guardaba sus cosas personales y que descubre en esta búsqueda la infidelidad de su esposa), podía servir de título a otros cuentos más, pues en cada uno de ellos, en estos cuentos breves, Lucía Richard nos descubre uno de los pequeños-grandes misterios del enigma de la vida"
> (Gónzalez López, 1950).

También Marta Elba Miranda, autora de numerosas críticas y libros de literatura, se interesó por los cuentos de *El Enigma*:

> El Enigma, cuentos por Lucía Richard, Editorial Tegualda. Con un conjunto de diez cuentos, reunidos bajo el nombre de *El Enigma*, título del primero de la serie, Lucía Richard ha entregado a la luz pública su primera obra en prosa. Son estos cuentos, hechos o escenas que pintan la vida sencilla y anó-

---

[11] *Atenea*, Universidad de Concepción, tomo 80, n° 239, pág.113, año 1945, donde se publicó *El rescate* cuento perteneciente a *El enigma*. Los cuentos también fueron anunciados en otras revistas como *Antártica*, la *Revista SECH*, *Revista Hispánica Moderna* (Richard, 1945).

[12] También la obra se comentó en *Britanica Book of the Year*. Franklin Henry Hooper, Walter Yust. *Enciclopaedia Britanica*. 1948. Pág. 62. Allí un crítico plasmó lo siguiente: *Two collections of short stories*, El Enigma *by Lucía Richard, and* Melodías de antaño, *by Victoria Orjikh, further proved that chilean fiction needed a quick change before it reached exhaustion.* En consecuencia, la ficción chilena necesitaba un rápido cambio antes de llegar al agotamiento y ese cambio se había conseguido con estas dos obras (Hooper & Yust, 1948).

nima de seres que viven, actúan y sufren perdidos en los medios corrientes del vivir cotidiano. La autora maneja bien el diálogo, lo que da interés y movimiento al desarrollo de los argumentos. No se extiende en vanos análisis o en fastidiosas disquisiciones ni siquiera detalla sus personajes, le basta apuntar un gesto, destacar un aspecto para señalar la intención, y la fuerza psicológica del asunto.

"Cuando Bernardo se case le darís el catre de bronce", dice la carta que la madre alarga al sacerdote para que éste comprenda porqué se resiste al matrimonio de su hijo con la mujer que ama. Esta frase resume la intensidad del conflicto, surgido de la lucha que sostiene la protagonista, entre el deber de dar cumplimiento a la voluntad del esposo entregando al hijo el día de su boda el catre de bronce y el dolor que le significa deshacerse del preciado objeto que fuera también el objeto nupcial de ella.

Este cuento, tal vez el mejor logrado del volumen, muestra la capacidad creadora de Lucía Richard y su valiosa cualidad observadora sutil y captadora sagaz de esas pequeñas tragedias que afligen a almas sencillas. Pedrín, el pequeño que se gana la vida en la puerta del cementerio "agüita pa las flores" en cambio de algunas monedas, es otro hallazgo en esta clase. Estos intrascendentes personajes que sufren y se debaten en medio de simples conflictos como sus espíritus, suelen también resolverlos en forma análoga:

¿Qué te parece que hiciéramos la torta que le gusta tanto? Dice Cristina, la solterona a su hermana viuda, madre de un pequeño que está por regresar del colegio, al término de una agria disputa entre ellos. El amor al niño es la servidumbre, el yugo –como la autora lo llama– que las hace vivir juntas, soportar sus temperamentos disímiles, que desembocan, a veces, en querellas cargadas de palabras hirientes, de reproches amargos, como este en que la hermana solterona da cima invitando a la madre a prepararle al niño "la torta que tanto le gusta". Lucía Richard entra a formar parte de la numerosa familia chilena de cuentistas con una seria y valiosa credencial. Su libro de relatos está bien (Elba Miranda, 1946).

Estos cuentos publicados por Lucía con la editorial Tegualda, bajo el título de *El Enigma* (Richard, 1947), fueron años más tarde publicados por su hijo Guillermo en las *Obras completas* (Richard, 2004), así como uno de ellos, "El Rescate", fue íntegramente publicado en la *Revista Atenea* (Richard, 1945). Aunque algunas reseñas se hicieron en algunas revistas literarias de la época, merecen todos ellos un comentario más intenso que es el que propongo en estas líneas.

-El cuento es por definición una narración o novela corta, que tiene una similitud también con la poesía y que siendo un tipo de miniatura exactamente dibujada, expresa un tipo especial de emoción, una emoción condensada que Lucía supo muy bien recrear. Quisiera reseñar mi asombro ante unos cuentos que denotan el interés de la autora por el amor como tema principal, así como la exposición del sufrimiento y el sentimiento del pueblo en algunos pasajes. Asimismo, la autora luce su habilidad sabiendo encontrar un equilibrio entre el contenido y la forma, demostrando una tentativa original en los diálogos y en la lexicografía, sin olvidar la semántica de los significados.

Aunque el corazón siempre lidera sus escritos, sorprende comprobar como en estos cuentos no renuncia al patetismo y sus finales no siempre son felices. En cada uno de ellos se nos presenta un conflicto, pero la solución como la vida misma no siempre es perfecta. Sirva este comentario a modo de breviario, como una mirada de pájaro sobre sus cuentos, permitiéndonos en unas breves líneas captar cuál fue la verdadera intención y sentimiento de la autora en cada uno de ellos.

EL ENIGMA

"El Enigma" trata del terror y la impotencia que siente Javier ante la recién acaecida muerte de su mujer. Con nostalgia recuerda los tiempos mejores, las imágenes en movimiento, los perfumes y las flores de primavera. Casi sin darse cuenta empieza a aflorar en él un embarazoso deseo sexual, ante el recuerdo de su mujer sensual y llena de vida, que ahora, por una crueldad del destino, yacía inexpresiva sobre su cama.

Pronto Javier se obsesiona con la idea de llegar a lo más profundo del corazón de su mujer, aquel secreto femenino tan celosamente guardado, que sólo podía intentar comprender tras la observación de los pequeños enseres y pertenencias que quedaban en su alcoba. Entonces, un día se encuentra con un pasaje literario, posiblemente un fragmento de una carta de amor enviada por un hombre desconocido a su mujer. Ante su hallazgo Javier siente una cósmica desesperación, al darse cuenta que quizás toda su vida fue una mentira, que nunca conoció realmente a su mujer, que pudo serle infiel, y lo peor, que no le amó.

A la imposibilidad de cambiar el pasado o de comunicarse con su mujer difunta para resolver este enigma, sólo le queda el recuerdo de la banalidad de su existencia, los días perdidos de su vida en quimeras absurdas, en caminos de gloria marchita. Tal vez Javier buscaba el propio secreto de la autora, que entre líneas literarias pudiera anhelar también ese amor comprendido, esa vida plena y feliz.

ANQUILOSIS

Don Octavio Mendiburu tiene que dar un discurso al ingresar en la Academia de las Letras. Pero como el propio título anticipa "sufre una disminución o imposibilidad de movimiento", en este caso, del habla. El personaje se ve confrontado entre los convencionalismos de cuando se trata la literatura como un objeto fosilizado y la vida misma, palpitante como la respiración.

Un aburrido discurso, tópicos trillados, contertulios anémicos de pasión, palabras pisoteadas bajo el peso de la rutina. Cuando don Octavio va a pronunciar su discurso formal se encuentra entre sus papeles con un escrito de juventud, una novela inacabada, que encarna un amor temprano, su único amor...

Y entonces se acuerda de la traición de su vida, de cómo renunció a ese amor por los encorsetamientos sociales, por el dinero, por la falta de posición... Ahora que todo lo tiene todo le deviene absurdo y quisiera retornar a esa juventud dorada, pero todo ya ha cambiado... Frente a ese amor marchito ya sólo le queda la cruda realidad: los ambientes embalsamados, las miradas disecadas, pasar por la vida inadvertido con las manos vacías: "sin haber perdido ni haber logrado nada".

Lucía Richard denota en este cuento su gran amor por la literatura y por la hispanidad, demostrando una gran cultura y una fineza y erudición en el lenguaje. Vuelve a tratar el tema del amor y en el pequeño formato del cuento asistimos a la presencia de una trama.

EL RESCATE

Por motivos económicos, la madre de Anselmo tiene que vender la casa familiar. El joven presencia la mudanza grosera de todos los objetos de su antigua casa y los recuerda llenos de vida cuando vivían allí. Entonces se aviva en él una intensa nostalgia y comienza a recrear la infancia misma al pasar por las distintas estancias: las lámparas deslumbrantes donde iban a morir los mosquitos, los correteos y cabriolas con los hermanos y hermanas, el sofá del salón que imaginaban que era un barco, el sótano aterrador lleno de aventuras y de supuestas puertas secretas… el entretecho lleno de peligro y misterio, la habitación de sus padres símbolo de adoración y respeto, aquella otra en la que murieron sus abuelos… olores característicos que identificaban distintos lugares de la casa y sobre todo el jardín florido y paradisiaco.

El joven Anselmo abandona la casa apesadumbrado y se jura a sí mismo que algún día la rescatará. Así estudia, se esfuerza, se licencia, junta el dinero suficiente para recuperarla y un día…vuelve a la casa con la intención de comprarla. Entonces un cuidador le enseña burdo e indiferente la casa inhabitada. Anselmo lucha por recuperar la ilusión de otros tiempos, la infancia perdida, anulando así el maldito paso del tiempo.

Sin embargo, se encuentra perplejo, confundido. Todo el entorno, las calles habían cambiado. Las proporciones de la casa no eran las mismas. El cuidador desapegado y sin comprender nada le enseña una a una las distintas estancias de la casa. El salón se le revela ahora a Anselmo más pequeño de cómo lo recordaba, las paredes estaban con grietas y afeadas, los olores intensos habían desaparecido, el jardín era un desierto.

Entonces, Anselmo comprende que era ya imposible recuperar todos los recuerdos de su infancia, cuando sus padres y hermanos vivían allí, corría la ilusión y las risas y cada objeto vivificaba una dimensión alegre de su pensamiento. Nostalgia y decepción, duro presente y muerte de las ilusiones del pasado, que se esfuman como las imágenes del paisaje, que se desdibujan al mirar por la ventana de un tren en movimiento, el tren de la propia vida.

Este cuento, quizás escogido por la propia autora, fue publicado en la *Revista Atenea* y nos muestra una prosa iluminada y sincera, simple en su estructura, vibrante en su contenido. La infancia y los tiempos mejores, la mejor etapa de la vida, de todas las vidas...

LUZ DEL ALBA

Anselmo Leclerc es un hombre que ha perdido toda la ilusión en la vida. La mujer de la que estaba enamorado le ha abandonado y ahora su recuerdo le parece repugnante. En su desesperación sale ya oscurecido en una fría noche de invierno a recorrer la ciudad. Atraviesa errabundo calles, plazas y cantinas con una finalidad oculta y siniestra... Terriblemente sólo se abre paso entre la turba, sumido en un terror cósmico que lo consume.

Llega a un río y ve pasar una a una las imágenes de su vida. Continúa atormentándose con el sinsentido de su amarga existencia y se prepara para lanzarse a las aguas. Piensa en todas las consecuencias asquerosas de su acto, en cómo acabara enfangado en el lodo y comido por los animales. Luego sería encontrado y se celebraría la farsa de su funeral. De pronto, aparecen unos vigilantes que adivinan su intención. Anselmo se marcha y sigue recorriendo angustiado las calles tortuosas y oscuras de la gran ciudad.

A medida que va llegando la luz del alba y en un último acto de lucidez camina hacia la casa de la infancia. Sube por una tapia y se acuerda de su madre y hermanos y de los mejores momentos de su vida. Luego va a una iglesia y siente la presencia de su madre. Una luz poderosa entra por las vidrieras iluminando la cruz que hay en el centro del altar. Anselmo cree tener una visión y recupera la fe. La luz le ha salvado de las garras de la muerte, y aún mucho más, le ha librado de la apatía, del ofuscamiento y la desazón. El recuerdo tierno de la infancia y de la figura maternal fue como un escudo contra todas las vilezas de este mundo.

EL CATRE DE BRONCE

En este cuento Lucía introduce el diálogo y desciende a los sentimientos del pueblo, utilizando su propia jerga y sus giros idiomáticos. Bernardo es un joven esforzado y trabajador que ha tenido una relación extramatrimonial con Juana, del que ha nacido un hijo. Bernardo está dichoso y realiza toda clase de planes para casarse con Juana, y poder vivir juntos en familia tras el bautizo.

Sin embargo, Zoila, la madre, que se encuentra enferma se niega tercamente a dar su consentimiento, aludiendo a que el joven es menor de edad. Baldíos fueron todos los ruegos para intentar convencer a la vieja. "Cuando muera me conformo con que me entierres en una caja de pino y entonces podrás disfrutar de todos los bienes de la casa", le dice.

En su desesperación Bernardo recurre a un cura para que intente convencer a su madre. Ante la tenaz insistencia del hombre pío la madre cede y entonces surge en la conversación el reluciente catre de bronce y la madre le da al sacerdote una carta para que la lea. En la carta, Segundo, marinero, antes de embarcar y luego sufrir un terrible naufragio, le decía a Zoila que si él muriese, cuando llegase el momento del casamiento de su hijo Bernardo le entregaría el "catre de bronce". El cuento deja entrever que ese catre de bronce le traía a la madre el recuerdo de sus mejores años de juventud, de su amor junto a su esposo, de sus gozosos momentos junto a él.

La anciana se negaba a dar su consentimiento, pero no porque no deseara el bien de su hijo, sino porque en conciencia, tendría que entregarle "el catre de bronce", que para ella significaba mucho más que un sitio donde reposar, sino todo el sentido de su vida, la evocación del recuerdo enamorado de los mejores años junto a su esposo. Se trata de los típicos celos de la suegra hacia la nuera, ante la idea de que ésta, como en una especie de complejo de Edipo invertido, pudiera vivir en toda su intensidad aquello que el destino a ella le privó.

AGÜITA PA LAS FLORES

Con un resabio del pícaro del *Lazarillo de Tormes* o el niño desgraciado de *Oliver Twist* de Dickens, Lucía desciende hasta los sentimientos del pueblo, introduciendo el diálogo, haciendo hablar a los personajes con el lenguaje de su propia condición social.

El personaje central "Pedrín" trabaja en el cementerio, junto a otros muchos niños, ganándose unos pesos, adecentando las tumbas y ofreciendo "agüita pa las flores" a sus clientes. Su tío era Lázaro el sepulturero, que como su padre había aprendido la profesión. Su madre era lavandera y su hermana tosía y tosía, estando permanentemente enferma.

Lucía trata la miseria de los pobres, de las madres abandonadas a su suerte, que se ganan la vida con las tareas más humildes. La hija hubiera querido ser una señorita, pero se consumía en la enfermedad. Un día se burlan de Pedrín llamándolo "hijo de sepulturero". Una mujer le pregunta que por qué no va a la escuela y aprende un oficio.

Pedrín se da cuenta del círculo vicioso en el que se encuentra, de que en su casa necesitan las monedas que él trae cada día para poder sobrevivir. Intenta ahorrar, se hace ilusiones con aprender un oficio y a leer, ser alguien en la vida. Pasan los años y Pedrín sigue ofreciendo su "aguita pa las flores", haciéndose mayor sin darse cuenta.

Un día se le acerca la misma señora que venía desde hace años a dejar un respeto al ser querido. Entonces un tropel de arrapiezos se le acerca ofreciendo sus servicios y la señora les da unas monedas a los más chicos. Pedrín que no es reconocido por la señora se da cuenta de que ha crecido y su miseria no ha cambiado. Es la desgracia de los pobres, que como sus mayores fueron analfabetos y serviles y como ellos malgastaron los mejores años de su juventud en labores desdichadas, que día a día les fueron enterrando en vida y sucesivamente en las vidas de sus descendientes.

LABERINTO

En este cuento Lucía explora el desengaño amoroso, adentrándose en todos los recovecos del corazón femenino. En un drama intenso, Irene se encuentra atrapada en un laberinto psicológico del que no sabía cómo salir. Explora todas las posibilidades, piensa en el suicidio, luego se acuerda de que su madre depende de ella y de su casa que tanto le ha costado pagar.

Todo había empezado unos años antes. Irene un día había conocido a Gerardo que llegaba a la capital sin nada más que una maleta cargada de ilusiones. Juntos estudiaron, juntos exploraron el misterio del amor. Con él se había hecho mujer. Había dedicado su vida entera a cuidarlo, a idolatrarlo y se apoyaba en su varonil criterio antes de tomar ninguna decisión.

Juntos también habían comenzado a trabajar. Habían ahorrado, compartido confidencias. Ella lo había modelado, le había ayudado en todos esos momentos de penuria hasta convertirlo en lo que ahora era. Gerardo había mejorado económicamente y con la intención de subir socialmente, un día decide dejar a Irene para casarse con Elisa, mucho más joven, de tan sólo veinte años de edad.

Irene está desesperada y no sabe qué podría hacer para llamar su atención, ni cómo recordarle ese gran amor que compartieron juntos. ¿Y si hablara con Elisa y se lo contara todo? Pero entonces Gerardo la odiaría para siempre. No, de ninguna manera. Eso era inviable. Entonces, decide hablar con su jefe, Sandoval, que le debía un favor y se lo cuenta todo. Sandoval la recibe zalamero, pero ante la debilidad afectiva de la joven, lejos de resolver su problema se ofrece como nuevo pretendiente. Elisa huye espantada, desazonada, desesperada...

Ya no podía soportar más ver continuamente el retrato de Elisa en el escritorio de Gerardo y tras empaquetar sus cosas, decide sin más abandonar su trabajo, y con ello, el amor de su vida, los recuerdos más importantes de su existencia. Empieza un nuevo sendero, un sendero oscuro de desolación en el que todo lo ha perdido.

El mal erótico femenino, como dicen, es el amor. Y al contrario que el hombre que muchas veces parece insensible a esta dependencia de la mujer, la mujer sin el hombre que ha elegido en muchas ocasiones pierde la esperanza y marchita.

Este cuento guarda un paralelismo con "Luz del alba". En ambos se relata la desesperación de una persona que está al borde del suicidio. Sin embargo, si en "Luz del alba" tan sólo se expresa el sentimiento, se exploran los contornos de la angustia, en "Laberinto" no sólo se describe ese sentimiento sino que además se relatan claramente los motivos del infortunio. Curiosamente si en aquel cuento el protagonista llega a un final sino feliz al menos de esperanza, ahora en "Laberinto" el final es patético y acaba con la destrucción de la protagonista y de su historia.

LA ROMERÍA

Si bien en este cuento hay una ausencia de trama como tal, es interesante por su costumbrismo, por el retrato de una escena cotidiana del Chile de principios de siglo: las vicisitudes sentimentales de tres mujeres que viven juntas en un ambiente de prejuicios y encorsetamientos.

Se trata de una familia que cuando vivía el caballero de la casa era opulenta y bien abastecida, pero tras su muerte la familia había venido a menos y con ella habían huido las oportunidades y las relaciones sociales. Tras la ausencia del padre era doña Gertrudis, su mujer, la que gobernaba la casa ejerciendo su voluntad de forma autoritaria. Con ella vivían sus dos hijas, Carmelita, de cuarenta años, siempre enferma y con la amenaza de un ataque inminente. Su otra hija, Mercedes, sólo tiene treinta y es la menor de la familia.

Junto a ellas vive Aurelia, la empleada, testigo de las eternas disputas de las tres mujeres, que realiza cotidianamente las labores que le corresponden, a la par que se convierte en la conciencia latente de sus discordias. La madre es una mujer pacata, austera, que cumple con sus deberes religiosos e impone a sus hijas el modelo de vida honesto que ha quedado para ella.

Carmelita, la mayor, hubiera querido casarse y llegó a tener un novio, Antonio, pero la madre se opuso al enlace, ya que éste era jugador, y cuánto detestaba el padre ausente a los jugadores. El personaje central es Mercedes, la hija pequeña, que en su naciente juventud, intenta abrirse al mundo, intenta encontrar un novio, un porvenir, un cauce para su voz y su sensualidad.

Pero todas sus tentativas siempre acaban sucumbiendo en la mirada furibunda de la madre que la reprime, o las palabras mordaces de la hermana mayor que la envidia y la lacera ahogándola con sus ofensas. La madre critica a Marta, la prima de Mercedes, por sus licencias y sus novios y Mercedes haciendo un esfuerzo por imponer su criterio, arguye que por lo menos ésta había tenido un novio y que ella no sabía lo que era eso.

En ese ambiente puritano, todo giraba en torno a la romería, que era la única oportunidad de lucimiento, de poder salir al mundo y mostrarse. Mercedes insiste en que contactaran con Rebeca, ya que tenía un coche en el que se podían trasladar al santuario. Pero Gertrudis, con su ceño siempre severo, se niega rotundamente, ya que sabía que algún varón, ya fuera Rubén o Luis, hermanos de Rebeca, lo conducirían y no se fiaba de las intenciones de esos advenedizos.

Entonces Mercedes en una última tentativa confecciona ella misma un vestido de seda rosa, y se prepara para el gran acontecimiento, sale con un escote tímidamente sugerente y con una falda un poco más corta de lo que el recato disponía. Pero Carmelita, ya vieja y amargada y sumida en la enfermedad –que a veces exagera para aumentar su culpabilidad– aprovecha la oportunidad para humillarla, a lo que se suma la madre con terribles reprimendas y mandas para que cambie de vestido.

Al fin las tres mujeres y la empleada parten a la romería. Durante la caminata, que la madre lidera enérgica, pasa a su lado el coche de los jóvenes, al que doña Gertrudis mira con gesto adusto. Mercedes en cambio se ruboriza al tiempo que regala a los jóvenes una tímida sonrisa, a la que éstos responden con un saludo amigable. Y así pasaba la vida de estas mujeres con el espíritu de su siglo, un siglo de convencionalismos y constricciones, de miedo al qué dirán, de obligaciones religiosas que había que cumplir y de represión de cualquier descaro.

Mercedes ahogada en su juventud, seguía atrapada en la rueda de este molino de prejuicios, recluida en esta sociedad de una moralidad rancia y vergonzante, que anteponía la decencia y la virtud ante todo, sin poder liberarse de la sujeción de sus mayores, sin poder ser mujer, sin poder desarrollar su personalidad ni abrirse al mundo.

Lucía que sufrió ella misma alguna de estas privaciones, relata con maestría en este escrito un gran cuadro de una escena que debió ser muy habitual por entonces, describiendo los problemas de las mujeres para su desarrollo personal y social. Por otra parte, el desarrollo del diálogo está muy logrado y en la narración se atiende mucho más a los detalles y se entra en mucha mayor profundidad en la descripción de las imágenes de aquello que se va contando.

EL YUGO

En "El yugo" se narra la disputa de dos hermanas, Carmen y Cristina, que un día se cuestionan porqué siguen viviendo juntas. La conversación tiene lugar dentro de la escena cotidiana, realizando tareas rutinarias como desayunar, leer el periódico o perder peso. Carmen a través del ejercicio intenta rejuvenecer, estar más lozana. Cristina la hostiga con sarcasmos. De repente saltan las chispas, comienzan los reproches de una hacia la otra y afloran viejos rencores.

Cristina alude que en el amor ella siempre fue adorada, mientras que Carmen había sido demasiado egoísta para querer a nadie. ¡Ah el amor, el amor, que sabrás tú de eso…! Replica Carmen. Entonces estalla el drama sentimental. Cristina reprocha a su hermana que ella era la más bonita, la de los ojos azules, la de los rizos de oro, aquella a quién sus padres prodigaban todos sus elogios. En cambio Cristina era la que permanecía en la sombra, la que no le quedaban bien los vestidos, la que languidecía como una caricatura de su hermana.

Cristina vuelve a la carga diciendo que cuando ella flirteaba con algunos chicos siempre Carmen se interponía, arruinando todos sus proyectos amorosos. El amor de su vida había sido Hernán, pero Carmen también se lo había robado, casándose con él. Entonces, había llegado la ruptura de su matrimonio, y Cristina en silencio había presenciado todos los egoísmos de su hermana.

Según Cristina, antes de la muerte de Hernán, éste le había encargado a ella que cuidase del hijo que había tenido con Carmen. Carmen furibunda le responde que porqué Hernán le iba a confiar tal cosa. ¿Es que acaso había algo entre los dos cuñados?

El tiempo ha pasado y ahora todo había cambiado. Carmen que había basado su vida en su belleza, le llegaba la edad de la decadencia, se encontraba ajada y vencida. Cristina en cambio había construido su vida con cosas edificantes, había viajado, había tenido sus placeres, se había labrado un porvenir.

Cada una ponía en la balanza aquello que tenía para superar a la otra y entonces Carmen le dice: ¡Sí pero yo tengo un hijo! Por un momento todo se derrumba, Cristina se hunde psicológicamente... Pero como mujeres que son pronto se abrazan, surgen sentimientos de ternura, se perdonan, lloran... Como mujeres aparcan sus diferencias y colaboran, porque tienen un "yugo" común, ese niño al que las dos quieren y tienen que cuidar. Al fin y al cabo el niño llevaba su sangre y era del hombre que ambas habían amado.

EL BOSQUE

En este cuento de Lucía, uno de los más logrados, se adentra en el realismo o materialismo de las mujeres frente al idealismo de los hombres. Asimismo, demuestra un gran amor hacia el bosque y el entorno natural que describe con gran maestría. Sin abusar, también recurre al uso equilibrado de los diálogos, que ayuda a enfatizar ciertos pasajes del drama que se va desarrollando, porque aquí sí que hay un drama, un desarrollo conflictual o confrontacional.

Antonio, que vive en un entorno agropecuario, se ha casado con Teresa, más joven y más artificiosa que él. Teme perderla y se esfuerza en ser menos rudo, complacerla y adaptarse a su nueva situación marital. Entonces ella se le acerca melosa, con palabras blandas, diciéndole que por qué no planta, a lo que Antonio responde que no tiene dinero. Con arrumacos y arrumacos, ruegos y sensualidad femenina le va proponiendo que venda el bosque y con su producto pague sus deudas y plante de nuevo.

Antonio se niega en redondo. Aquel bosque significaba todo para él. Había comprado esa propiedad precisamente por ese maravilloso bosque. Entonces Teresa poco a poco le va envolviendo en su tela de araña. Arguye que el bosque produce una sombra sobre la casa que la deprime y aumenta el frío en el invierno. Que si lo talara dispondría de más espacio para plantar, etc, etc... Antonio responde ofuscado que de ninguna manera talará el bosque, porque si no, no volvería a ver el árbol viejo... y todo lo que ese paraje significaba para él.

Entonces, Antonio sale de la casa para despejar la mente y se dispone a cruzar una vez más el bosque. ¡Qué maravilla esa frondosidad impenetrable, esa galería viviente y parlante de la naturaleza! Antonio recrea en su mente romántica cada una de las tonalidades, los perfumes de las distintas variedades de árboles, los olores a yodo y sal que provienen de la tierra. Sube la colina y desde allí contempla un paisaje maravilloso, el mar, los arreboles de fuego y oro sobre el horizonte, a la vez que el sol de la tarde ilumina como pedrería los corpúsculos del suelo arenoso.

El paisaje va mutando, van llegando las brumas y la oscuridad y Antonio se dispone a retornar a su casa. Al fin llega, cruza el umbral con la sensación de que un presagio se le hubiera adelantado. Una notificación de embargo ha llegado. Tras los ruegos del principio, ahora Teresa le prodiga palabras duras, hirientes. Antonio teme perder a Teresa. Finalmente, cede a la idea de talar el bosque.

Llega el día horrible, como si fuera el día de una ejecución. Antonio se encierra en su cuarto, mientras Teresa entusiasmada dirige las operaciones. Llegan los operarios, las máquinas, las carretas. Rig-rag oye obsesivamente Antonio todo el día. El sonido del rig-rag se le inserta en la mente como una pesadilla interminable, hasta que finalmente llega el silencio ensordecedor.

Antonio siente una fuerte opresión en el pecho, pero hace un esfuerzo para salir de su habitación y contemplar el nuevo escenario. Entonces presencia un paraje horrendo de muñones, un paisaje helado, marciano, como los dejados tras la erupción de un volcán. Luego contempla los despojos groseros de los trabajadores: las latas tiradas, las ramas aplastadas en el suelo, los cenizas de fuegos improvisados, desperdicios de todo tipo...

Hace un nuevo esfuerzo por reunirse con Teresa pero cae desplomado al suelo sinsentido. Teresa en su pragmatismo de mujer había conseguido su propósito, aniquilando con ello el idealismo del noble Antonio. El idealismo de Antonio es lo que lo mantenía vivo e ilusionado, algo que Teresa no supo comprender. Antonio, queriendo salvar a Teresa y no perderla, renunció a sus ideales y con ello perdió su propia vida.

Como inciso final, resulta revelador comprobar como Lucía, dotada de una agudeza psicológica notable, en este pasaje critica a su propio sexo, haciéndonos ver que las mujeres por su condición de madre y de mujer pueden ser tiernas, generosas y altruistas; pero por esa misma condición pueden mostrarnos también otras facetas no tan bondadosas (Richard, 2004).

CAPÍTULO V

UN TEMPERAMENTO MUSICAL

Algunas de sus ideas estéticas en relación con la música. Su colaboración con René Amengual

tra de las facetas interesantes de Lucía Richard es su gran amor por la música. Sempiterna melómana, su afición por las bellas melodías se remite a sus primeros años de la infancia. En una de sus audiciones radiales dedicó un programa a Claudio Arrau, pianista chileno de renombre internacional. Así cuenta Lucía que cuando ella tenía seis o siete años de edad Claudio acudía a su casa. Era por entonces, un Claudio muy distinto al maduro pianista que llegó a ser. Corría el Gobierno de Pedro Montt y el estudiante iba a casa de don Enrique Richard Fontecilla, en aquel momento consejero de Estado, con la esperanza de obtener alguna beca con la que viajar a Europa. Claudio tocaba con tal habilidad que Lucía se quedaba asombrada escuchándole durante horas. La misma Lucía dejó escrito:

"¡Cómo me impresionó entonces! Su figura principesca, generalmente vestido de blanco, con su cabello rubio ensortijado, su aire de importante y el prestigio de su genio, nos producían al principio a nosotros los niños, un poco de retraimiento".

Para luego añadir:

> "Generalmente cuando tocaba lo hacía con mucha despreocupación, mirando los cuadros que había en el salón, los que parecían llamarle más la atención que la música que tocaba como ejecutante. Y eran cosas difíciles para su mano tan pequeña y sus años, obras que generalmente requieren un cuarto año de piano, como la *Fantasía número uno de Mozart*" (Richard, 2004, pág. 554).

Observe el lector que ya en casa de Lucía existía un piano, cuando ella todavía no podía tocarlo, por lo que alguno de sus padres o de sus hermanos tocaba el piano y Lucía desde muy pequeña creció rodeada de notas, sentimientos y emociones que luego más tarde tradujo en bellas palabras a poesía. Hay una anécdota muy difundida en la familia y es que Lucía tenía desde muy chica un talento especial, que su padre supo reconocer, distinguiéndola de los demás hermanos, llamándola "mi secretaria".

Siendo ya una adolescente cuenta Lucía en su escrito *El camino del cangurú* como estando un día en la quinta de su padre en Ñuñoa tuvo una experiencia mística con la música. Oigamos sus palabras:

> "Un día que divagaba perezosamente como tantos otros, sentí de pronto elevarse prodigiosamente desde el otro lado de la muralla colindante el sonido armonioso de un violín. Esas notas puras y solitarias en medio de la paz de ese jardín, me estremecieron. Se tocaba a Bach del otro lado de la verja, no desde el ambiente sofocado de un salón sino entre el sonriente abandono de un rincón todo en plena naturaleza. Se tocaba con amor y yo al oírlo me estremecía y el goce que me produjo esa música noble y pura no lo he vuelto a sentir, ni en los más refinados conciertos ni en los más cultos salones".

> "Ah, quién no ha oído tocar a Bach en medio del silencio profundo de la naturaleza no sabe cómo es la voz de Dios, ni cómo cantaban los bosques, ni cómo se opera la trasmutación maravillosa que hace que el perfume y el color y la flor y el ave sean sonidos y notas y armonías. En ese momento toda la naturaleza era un concierto, porque cantaban las flores con sus aromas y las mariposas con sus colores y el follaje con su rítmico balanceo y las blancas estatuas invisibles con sus bocas figuradas y plácidamente sonrientes" (Richard, 2004, pág. 29).

Aunque por modestia dijo alguna vez Lucía que en su adolescencia los misterios de la composición le eran ajenos, o que no tocaba como una virtuosa, sus hijos insisten en que tocaba maravillosamente el piano y hay evidencias de que ejecutaba con gran destreza piezas de Chopin, Mozart, Bach, Beethoven, Schubert, entre otros. Esta gran pasión por la música le hizo establecer contactos con musicólogos profesionales, como René Amengual Astaburuaga (1911-1954), pianista y compositor, profesor del Conservatorio Nacional, el cual tenía un estilo impresionista y estaba muy influido en su carrera por Domingo Santa Cruz.

René había ingresado en el Conservatorio en 1923, siendo luego educado por los maestros Alberto Skipin, y Rosita Renard (en piano) y Pedro Humberto Allende (en composición). Fue profesor ayudante del curso de ópera (1935), del de piano (1937) y profesor de análisis de la composición musical (1940), recibiendo este último año el nombramiento de profesor de música del Liceo Experimental Manuel de Salas. Entre sus producciones cuenta con una canción titulada *Me gustas cuando callas* con texto de Pablo Neruda.

René Amengual fue más tarde en 1940 co-fundador de la Escuela Moderna de Música, director del Conservatorio Nacional de Música en 1946, compositor del himno de la Universidad de Chile, co-autor de clásicos de la enseñanza pianista chilena como *Mi amigo el piano*, *Selección de clásicos* y *Mi amigo el clavecín* (Besoaín Armijo, 1997).

Con René Amengual tuvo Lucía Richard una colaboración muy estrecha creando partituras para Navidad, que fueron catalogadas entre 1932 y 1938, en las que el pianista puso la música y Lucía los textos. En concreto, éstas fueron: *Nochebuena*, música para una sola voz; *Pascua en la Alameda*, para coro a cuatro voces y piano; *Camino a Belén*, para dos voces; *Cohetes, Petardos*, para una voz[13].

---

[13] *Nochebuena,* partitura en la Biblioteca Nacional de Chile, BNCH, fotocopia aparecida de Revista de Educación Musical año 1, nº 6, septiembre de 1946, pág.6. *Pascua en la Alameda,* partitura BNCH. *Camino a Belén*, para dos voces iguales, partitura BNCH, impreso en AME, R. 1, pág.8. *Cohetes, Petardos*, partitura BNCH, Santiago Instituto de Extensión Musical de la Universidad de Chile. Pese a las catalogaciones de la BNCH, todo induce a pensar que esta colaboración con René Amengual tuvo lugar en 1946, año en que Lucía tuvo un gran floreci-

Es importante señalar que algunas de estas canciones han aparecido en textos escolares.

Así por ejemplo en *Cohetes, Petardos* podemos leer:

"Cohetes, petardos y luces se ven,
la pascua ha llegado aquí y en Belén,
los niños pequeños despiertos estén
La misa del gallo vengamos a ver,
allí el nacimiento que lindo se ve ,
la Madre y el Niño y el buen San José".

Gran ternura se aprecia también en *Camino a Belén*:

"Danzando, cantando, camino a Belén,
allí estará el niño, María y José,
Cantando llegaremos a ver los tiernos
pastores, la mula y el buey,
ramito de albahaca, jazmín y clavel,
espigas de trigo y bollitos de miel".

Por lo tanto, nuestra artista sintió una gran inclinación hacia la música, se preocupó del panorama musical, estrechó lazos con el Conservatorio y cultivo la amistad de la destacada figura de René Amengual. En su programa radial emitido en 1950 titulado *Centenario del Conservatorio Nacional de Música*, Lucía se empleó a fondo en conmemorar el centenario de la noble institución, dejando al margen todas las críticas de los escépticos, enfatizando lo más positivo y encomiable de una labor que alcanzaba ya logros generacionales.

Para ello se desplazó a la Calle Compañía, sede del Conservatorio, con el objeto de entrevistar a René Amengual, acerca de la orientación que tenía sobre sus actividades y los proyectos que albergaba para el futuro. René –el cual en palabras de Lucía era uno de los más destacados compositores chilenos– le explicó los ejes principales de los proyectos inmediatos que entonces tenía el Conservatorio, entre los que se encontraban la formación de ejecutantes, compositores, profesores y aficionados.

---

miento intelectual y social.

Lucía nos habla con gran pasión de estos planes que contribuirían a elevar el puesto de la avanzada cultura chilena. Los egresados que hubieran sobresalido por sus condiciones excepcionales serían los solistas que se integrarían en la orquesta sinfónica. Los profesores colmarían las necesidades de la enseñanza pública y privada, mejorando así el nivel de la enseñanza musical.

Los aficionados, bien orientados, contribuirían a mantener los programas de los conciertos. La composición ocuparía un papel fundamental en la dirección de la centenaria institución, aumentando las clases de composición, instituyendo premios especiales para los mejores alumnos, dando un gran impulso a los nuevos talentos para que pudieran ser escuchados, en directa conexión con el Instituto de Extensión Musical, que era una rama del Conservatorio.

Lucía Richard tuvo una íntima amiga, llamada Lucía Correa, soltera, que le daba asiduamente clases de piano. Esta mujer parece que estuvo vinculada al Conservatorio y al Teatro Municipal, ya que hay constancia de que dirigió conciertos benéficos para éste y que estuvo al frente de un coro. En la década de los cincuenta Lucía acompañó a su amiga por Europa, siendo secretaria del coro que dirigía ésta, estando por tanto de gira por varias ciudades.

Si bien ciertas dosis de aislamiento o ascetismo son siempre necesarias para desarrollar la creatividad de un artista, existen pruebas manifiestas que evidencian que Lucía no fue solamente una escritora recluida en su estudio, que imaginaba el mundo a través de sus poesías y escritos. De hecho, ella estuvo plenamente integrada en la generación intelectual de los años cuarenta (más exactamente desde finales de los 40 hasta principios de los 50), participando en sus principales acciones e iniciativas, siguiendo muy de cerca la evolución de la cultura chilena y la de sus principales representantes.

Podríamos, por ejemplo, subrayar el periódico seguimiento que Lucía hacía del panorama artístico del país, tanto en el campo de la música, como es el caso del *Concierto del coro Trap*, o en el de las artes escénicas, como dejó constancia en su programa radial titulado *Temporada teatral*. En este último analizó la obra *Montserrat*, la comedia *Álvarez Quintero*, nos habló del *Pigmalión* de Bernard Shaw, del ballet con *El príncipe mendigo*; nos anunció conciertos, obras de Mozart, o nos adelantó la visita al Teatro Municipal de

Marisa Regules, joven concertista argentina que por entonces cultivaba resonantes éxitos en Londres, Nueva York y Buenos Aires.

En otra parte de su obra, nos informaba del *Humorismo musical de Erik Satie* (Richard, 2004, pág. 597), ilustrándonos acerca de la llegada a Chile de la versión completa de la obra cuyo título original era *Sport et divertissement de Erik Satie* y que había sido ejecutada en el Teatro Municipal por Claudio Arrau. Asimismo, en su programa radial *Ventana de Wally Ossa* (Richard, 2004, pág. 593), nos hablaba de la obra de Andrei y sus *Cuadros expresionistas de la vida del hombre*, obra que había tenido oportunidad de contemplar en el Teatro Municipal.

Esta gran afición que tenía Lucía por la música y el teatro, la trasladó a su propio hogar, escribiendo pequeñas obritas para sus nietos u otras obras de mayor gravedad. Cada año al llegar la Navidad era una ocasión perfecta, en la que Lucía aprovechaba la oportunidad para crear una pequeña función de teatro doméstica. Así nos lo relata su hija Carmen:

> "Desde esa época celebrábamos la Navidad. La mamá organizaba todo, desde escribir la comedia, escoger a los personajes, los trajes, el escenario, y nos acompañaba en el piano tocando un preludio de Chopin, mientras cantábamos Gloria a Dios en las alturas y paz a los hombres de buena voluntad.
>
> A cada niño –hermano o primo– le asignaba un papel, representando a la Virgen, San José, el Niño Jesús, los Ángeles, los Reyes Magos, los Pastores. En realidad lograba celebrar la Nochebuena en familia, como debe ser, y se le daba poca importancia a los regalos" (Piedrabuena Richard, 1995).

Otra de las manifestaciones de su gran pasión musical la vemos en su programa radial *Guía de arte*, en el cual durante años hizo un seguimiento de los más renombrados compositores, tanto nacionales como extranjeros. Sirva de ejemplo, su interés por la trayectoria de Claudio Arrau, Rosita Renard, el centenario de Chopin el 17 de octubre de 1949, Haendel, Beethoven y Goethe, la pequeña crónica de Magdalena Bach, Eduardo Grieg, Ricardo Wagner, Erik Satie, Aracangelo Corelli, Federico Smetana y otros tópicos musicales: el ritmo, escritos de músicos célebres, o el origen del vals.

Durante toda su vida, Lucía Richard buscó la pureza en todas las manifestaciones artísticas, anheló un estado de gracia intelectual, se esforzó en hallar la piedra filosofal del arte, sus secretos más recónditos, sintetizados en una unión armónica-geométrica del mundo, en comunión mística con un universo perfecto. Mucho de esto podemos rastrear en sus concepciones musicales, con algunas excepciones dignas de mención.

En su programa radial dedicado a Ricardo Wagner, Lucía se atrevió con un personaje enormemente complejo, contradictorio, que ella misma define como dionisíaco. Comienza su alocución deslumbrándonos con todo lo revolucionario que había en Wagner, su vanguardismo, su capacidad para transformar la música alemana, con su fusión de la tradición sinfónica clásico-romántica con elementos modernistas o la unión de la música absoluta y el drama musical.

No cabe duda de que nuevos horizontes estéticos aparecieron en la representación wagneriana, al unir diversas artes escénicas, teatro, música y palabra. Se trata de una música fluyente, sin recitativos, que se eleva paulatinamente en busca de algo superlativo, cuyas melodías sugieren colores, estados graduales del alma, que traduce a través de gradaciones anímicas todo lo que es inmenso y ambicioso en el hombre espiritual y natural. Es una música que se la ha definido como ardiente y despótica, la cual surge de las más profundas tinieblas, arrancada de un sueño excitante y funesto, que transcurre como las vertiginosas imágenes del opio.

También se la ha comparado a un grito supremo del alma al llegar al paroxismo; música, que Baudelaire llegó a decir que tenía el poder de expresar la totalidad de la naturaleza y la fusión de las artes. Según muchos críticos esta música –tan especial como revolucionaria– tenía su precedente en el "Decadentismo", según el cual el lenguaje musical estaba en condiciones de representar significados e imágenes, al igual que las demás artes, y que además era entendida como el reflejo de la totalidad y la unidad del mundo.

Comúnmente se ha achacado a Minna, primera mujer de Wagner, el defecto de haber amado al hombre pero no haber sido capaz de comprender al artista. En Lucía Richard se da en cierto modo una relación inversa, cual es, el que nuestra autora haya venerado al artista pero se haya distanciado del hombre. En la música de Wagner se da una fusión de filosofía, sociología y política, he ahí el peligro según el ángulo desde el que se lo contemple.

Así Lucía señala que en su tiempo esta innovación del drama musical tuvo sus violentos detractores por los partidarios de la música pura (entre ellos Chaikovsky y hasta el mismo Stravinsky), para luego ser endiosado hasta la exageración y erigírsele su templo propio, al que acudían a rendirle culto sus muchos adoradores, para luego ser atacado por la crítica que veían en su arte y en sus mitos el símbolo de un autoritarismo germano amenazador.

Parte de estas reticencias ya las había expresado Lucía en un artículo aparecido en *La Hora*, la cual refiriéndose a Neruda, escribió lo siguiente:

> La influencia de Neruda en nuestras letras ha tenido algo de agobiante, sólo comparable a la influencia de Wagner en el ocaso del siglo XIX (Richard, 2004, pág. 495).

Por lo tanto, Lucía denuncia que tras varios movimientos que hubieron en el siglo XIX, tales como el impresionismo, la novela rusa, el romanticismo musical, ahora había llegado Wagner con la insolencia de querer reformarlo todo, de desquiciarlo todo, introduciendo un nuevo impulso en el arte y en la sociedad. Y en esta situación es inevitable que Lucía se viera abocada a indicar el confusionismo de ideas que subyacía en Wagner.

Hombre del pasado y del futuro dice Lucía Richard. Del pasado, pues se inspiraba tanto en mitos y leyendas germanas como en los caballeros de la Edad Media para crear su drama musical; sucedáneo de valores, en los que igual rendía culto al catolicismo, como en *Parsifal*; que ensalzaba el protestantismo dogmático como en los *Maestros cantores*, o se sumergía en un pasado remoto, pagano y bárbaro. También era un hombre del porvenir, ya que a través de conceptos y procedimientos desconocidos tenía el ímpetu de cambiar y reformarlo todo.

Por lo tanto, olvidando el dramaturgo y sus truculentos asuntos mitológicos —y esto es destacable ya que en la concepción de Lucía es algo de lo que hay que deshacerse— según nuestra autora quedaba el músico genial, el gran instrumentista y orquestador que había logrado una síntesis de todas las artes.

¿No eran acaso el cine, el ballet y el mismo teatro una fusión de todas las artes? (Richard, 2004, pág. 596).

Aunque Lucía no fue lo suficientemente explícita en sus líneas dedicadas a Wagner, sus escritos, sin embargo, desprenden cierta displicencia hacia un hombre con el que no pudo sentirse alineada y ello por muchas razones. En primer lugar porque fue un hombre bohemio, juerguista, mujeriego, un tanto descortés o rudo en sus maneras, charlatán que no soportaba interrupciones, refractario hacia la lengua francesa que no quiso aprender. Además en su primera juventud sintió admiración por el anarquista ruso Mijail Bakunin (1814-1876), lo que le llevó durante su vida posterior a prodigarse en ensayos tendenciosos, propagando en alguno de sus escritos la idea del derrumbamiento del orden social, así como el final de la propiedad privada.

Además está el asunto de su antisemitismo, que tiene como contrapartida el tan controvertido nacionalismo germano. Frente a luz que emana del ideario de Lucía se contrapone la oscuridad que proyecta el pensamiento Wagneriano. La claridad inunda la obra de Lucía, y las tinieblas la de Wagner. Se ha denunciado en Wagner sus ideas y opiniones inaceptables alimentadas desde su juventud por un cúmulo de lecturas no sistemáticas. Ocupa el centro de ellas el influjo que ejerció en su obra Arthur Schopenhauer (1788-1860), filósofo del pesimismo, del que el músico alemán importó gran parte del sentido dramático de su obra.

Si en las poesías de Lucía la vida brota con fuerza, el mensaje de Wagner es un aullido de almas doloridas y torturadas, que vagan errabundas, perdidas en la tenebrosidad de sus intemperancias. Por si fuera poco está la aproximación de Nietzsche a Wagner, aquel que dijo aquello de ¡Dios ha muerto!, idea que Lucía no podía conciliar. A pesar de todo lo que Lucía omitió, alabó o atacó, para muchos la inmersión mitológica de Wagner es lo más sublime de su producción operística, donde se perciben efluvios de la tragedia griega.

La lucha del bien y el mal, se ve evocada a través del personaje de Siegfried, símbolo de la vida y de la pureza, el héroe que se alza victorioso en su lucha contra el dragón. El anillo del Nibelungo fue la obra máxima en la producción wagneriana, a la que dedicó veinticinco años de su vida, donde se conjuga en toda su profundidad el tema de la libertad esencial del hombre, el cual está impregnado de muchas ideas de la imaginería nórdica. Resulta embriagador contemplar los mundos fabulosos construidos por Wagner, de donde emergen personajes como el dios Wotan, o la trascendencia de ciertas escenas como el ocaso de los dioses, representaciones de una intensidad abrumadora, que aún no han sido superadas.

Precedente inmediato de Wagner fue Ludwig van Beethoven, el genio de Bönn y uno de los mayores innovadores de la teoría musical. Si bien Beethoven en su juventud recogió los hilos de la tradición setencista –el llamado clasicismo vienés encarnado en las figuras de Haydn y Mozart– al final de su evolución compositiva, liberó la estructura formal de la sinfonía, de la música de cámara e incluso de la sonata, creando un nuevo lenguaje musical revolucionario para la época, que produjo partituras magistrales, a veces, al límite de las capacidades de ejecución de la orquesta.

Beethoven fue muy desdeñoso con la ópera italiana y todo su aire festivo, manifestando una gran estima hacia la persona severa y austera de Cherubini y sus óperas neoclásicas, que bajo los auspicios de la época napoleónica, volvieron a poner de moda el gesto trágico y solemne, en definitiva la gravedad de la tragedia griega. En su encuentro con Rossini, se burló del italiano desde una posición de superioridad, censurando a éste el hecho de atenerse exclusivamente al género cómico, y por el contrario apartarse del trágico y dramático.

También desaprobó que Mozart hubiera escrito óperas en italiano, no obstante reconocer su elevada calidad, viendo en ello el cinismo con que el *ancien régime* se había burlado de los ideales de la Revolución Francesa, algo que chocaba abiertamente con sus convicciones alimentadas en el rigor y moralidad ilustrados subyacentes en la filosofía de Immanuel Kant. Resulta curioso el hecho de que Lucía Richard apenas dedicara algunas frases a Mozart, que quizás percibió demasiado mecánico y sin embargo, se sintió absorbida por el genio de Beethoven, mucho más sentimental, mucho más emotivo, mucho más trascendente...

Por tanto, Beethoven se sentía mucho más próximo a un teatro nacional, en el que se representaran obras en la lengua nacional: el alemán. Junto a este nacionalismo, le dio un nuevo aire a los conciertos, en especial los de piano y orquesta, transformando la relación entre los distintos instrumentos y sus ejecutantes, potenciando la orquesta en su conjunto, que nunca había sido tan poderosa, ni a un mismo tiempo, tan dúctil.

Así pues, Beethoven fue un gran precursor de la renovación del lenguaje musical, llevando al límite sus posibilidades de expresión, desarrollando a través de nuevas vías estilísticas, un lenguaje original e innovador, que influyó poderosamente en músicos como Schubert, Schumann, Liszt, Berlioz y desde luego Wagner. Resulta curioso que a pesar de algunas reticencias que Lucía había expresado hacia Wagner, sin embargo, considera que Beethoven era uno de los grandes genios de la historia universal y así lo señaló en su ensayo titulado *El arte*, perteneciente a su obra *Sursum corda*:

> "Si la inteligencia humana no hubiera producido más que los tres genios sublimes, Dante, Beethoven y Miguel Ángel, aún nos faltaría tiempo para estudiar la historia del arte" (Richard, 2004, pág. 73).

Cuando se admira hasta ese punto a un artista, sólo se puede pensar una cosa y es que el admirador congenia con la obra del artista y posiblemente siente también una gran adherencia hacia la esencia integral de la persona admirada. No cabe duda de que Beethoven fue un libertario, un transgresor, burgués de origen holandés, de ahí que añadiera el "van" a su apellido, el cual en su juventud se empapó de todas las ideas enciclopedistas que divulgó la Revolución Francesa, ideas progresistas que trasladó de manera intensa a su música.

Estas ideas se basaban en el llamado *Sturm und Drang* (tempestad e ímpetu), movimiento de amplio contenido, no sólo estético, sino que también implicaba una transformación radical de orden filosófico, político y social, entre cuyos antecedentes teóricos inmediatos se podía reconocer el pensamiento filosófico de Leibniz y Spinoza, las críticas de Rousseau, así como el empirismo inglés.

Los Stürmer pretendían superar con su acción los límites del conformismo, de la tradición, de la norma. El cuerpo de este grupo lo constituía una burguesía emergente, que aspiraba a su emancipación, propugnando una ruptura con el pasado y una lucha constante contra toda forma de opresión. Además Beethoven sentía gran fascinación por el filósofo Immanuel Kant, en el que confluían la tradición racionalista (Leibniz y Wolff), el conocimiento científico del mundo y el cultivo de las ciencias naturales (como en la teoría de Newton), el empirismo inglés (Hume) o las ideas de Rousseau.

Otros aspectos importantes de este conjunto de doctrinas eran la anti metafísica y la teoría racional del conocimiento, la teoría moral de Kant proyectada como una especie de panteísmo. Beethoven tenía una fe inquebrantable en lo absoluto y en un concepto de divinidad inmanente, pero llegaba a estas posiciones a través de una concepción similar al deísmo, una gran construcción natural, en el que se percibía a dios como el gran arquitecto del universo.

Por primera vez Beethoven lucha por la dignidad del artista, por su libertad, por su emancipación frente al sometimiento de los nobles. Asimismo, siguiendo las consignas de la Ilustración alemana (*Aufklärung*) respecto al papel del artista, actuará como un intermediario entre lo trascendente y la humanidad y promoverá la elevación espiritual del hombre. El artista, como un profeta o un guía, descubrirá su propia interioridad a través del progreso y la libertad, en un mundo en el que la verdadera aristocracia era la del pensamiento.

Beethoven fue un prerromántico, a caballo entre la Ilustración y su poderosa razón que lo explica todo y el Romanticismo, como movimiento del sentimiento, de la nostalgia, de devoción hacia la naturaleza. Desde otra vertiente, también basculó entre los intereses e ideales de la burguesía y los de la aristocracia. Esta es una época compleja que se nutre del despotismo ilustrado, una zona de sombras, en la que se producen grandes avances sociales, pero a la vez los aristócratas siguen reteniendo muchos de sus antiguos privilegios.

No cabe duda de que el músico de Bonn se había empapado de las ideas y aspiraciones enciclopedistas, y además, había concebido a Napoleón como el máximo héroe de esas reivindicaciones, al propagar sus tropas, al son de la Marsellesa y portando la bandera tricolor, aquellos ideales de la Revolución Francesa de libertad, igualdad, fraternidad. Sin embargo, esta primera admiración se vio totalmente empañada cuando Napoleón decidió entronizarse emperador, hecho que motivó que Beethoven borrara del frontispicio de su sinfonía tercera *"La Heroica"* la dedicatoria hacia el nuevo autoproclamado autócrata.

Muchos han visto aquí las contradicciones ideológicas de Beethoven, ya que si bien condenó a Napoleón, por otra parte consideraba perfectamente aceptables a emperadores como el austriaco o el ruso, y a soberanos como Luis XVIII, el Borbón que acababa de sentarse en el trono de Francia. Por lo tanto, si las ideas enciclopedistas constituyeron en el músico un referente inicial importante, no dudó posteriormente en coquetear con los máximos exponentes de la sociedad vienesa, cultivar el esnobismo, así como adherirse a los postulados de la Restauración.

Innumerables críticos han interpretado esa ruptura del frontispicio de la Sinfonía nº3, no sólo como un desencanto hacia Napoleón, sino también su voluntad de alinearse en el ambiente moderado y nacionalista auspiciado por el poder de los Habsburgo. Tanto es así que Beethoven compuso ciertas piezas para conmemorar los momentos cruciales y victoriosos de la lucha de Europa contra Napoleón. Entre ellos está la Cantata *La victoria de Wellington o La batalla de Vitoria,* o también *Der Glorreiche Augenblick* (el instante glorioso) para acoger a los participantes del Congreso de Viena, que rediseñaría una nueva Europa tras la caída de Napoleón.

En definitiva, si bien el compositor se afanó en renovar el lenguaje musical, incorporando a él muchas ideas progresistas, su progresismo fue de naturaleza espiritual, pero en ningún momento apoyó una política de reformas o de renovación. Es decir, en Beethoven se vislumbra un progresismo intelectual o de pensamiento, pero no un progresismo social o político.

Esta misma actitud acomodaticia se da en Lucía Richard. Lucía fue una mujer que abrazó la belleza, cultivó la verdad y fue progresista de pensamiento, pero nunca llegó al punto de romper con los moldes de su educación, ni quiso irritar a la sociedad burguesa a la que pertenecía con pensamientos demasiado audaces, aunque hay fuertes indicios de que sí los albergaba en lo más recóndito de su corazón. A este progresismo se lo ha denominado "progresismo estético".

Entre las ideas y las palabras hay un abismo, y entre éstas y los hechos un universo. Es difícil –no sólo para Lucía sino para cualquier intelectual que se precie serlo– encontrar la perfecta fórmula de la sinceridad intelectual. Intelectualidad y progresismo van unidos, sin que se pueda cultivar lo uno y presprescindir de lo otro. No es fácil conciliar ideas, palabras, acciones, actitudes, roles, educación, creencias religiosas, panteísmo, prejuicios, maniqueísmo moral, dobles estándares y hallar la perfecta ecuación de la sinceridad intelectual. En este caso, Beethoven, el músico hacia el que Lucía sentía tanta admiración, actúa como diapasón, como medidor, de la intensa pugna ideológica que en secreto lidiaba Lucía.

La 3ª,5ª,7ª,9ª fueron las mejores sinfonías de Bethoven, las sinfonías rupturistas, aquellas que suponían un tránsito hacia la modernidad. En aquellos momentos tanto Fredrich Schiller como Johann Wolfang von Goethe, ocupaban el vórtice de la cultura alemana. Beethoven se interesó vivamente por la obra de Schiller, en especial sus dramas histórico políticos, incorporando el *Himno a la alegría* a su novena sinfonía. También se interesó por el *Egmont* de Goethe.

En su audición radial titulada *"Beethoven y Goethe"*, Lucía se refirió expresamente a los encuentros que tuvieron los dos grandes hombres, en la ciudad Bohemia de Teplitz, en julio de 1812, calificándolos como *"los dos más grandes genios de Alemania y tal vez del mundo"* (Richard, 2004, pág. 590). A su vez es interesante contemplar como cohonesta este apasionamiento por estos dos colosos con el *Aufklärung* alemán, que considera una época de gran florecimiento intelectual, comparable a la Grecia de Pericles (y su advenimiento democrático), o el Renacimiento italiano (con su vuelta al paganismo neoclásico).

Por lo tanto, realizando una síntesis entre lo que dijo Lucía y lo que ha constatado la historia podemos recrear como fueron esos encuentros. En primer lugar decir que entre ambos hombres existía una mutua admiración por lo que gracias a la intervención de un intermediario –la escritora alemana Bettina von Brentano– el encuentro fue posible. Sin embargo, la magia y curiosidad que ambos albergaban hacia el genio recíproco se disipó rápidamente.

Goethe se asustó ante el carácter arisco, arrebatado y violento del músico, el cual rompía abiertamente con el ideal social forjado por el poeta. Aun así llegó a afirmar que nunca había visto a un artista tan reconcentrado, enérgico y más profundo. Pero estos elogios también fueron acompañados de numerosas reservas a su carácter irrefrenable. De otro lado, Beethoven reprochaba a Goethe, que se regodeara en demasía en la corte de Weimar, complaciéndose con el ambiente cortesano más de lo que sería lícito para un poeta.

Lo que aquí en realidad se estaba ventilando, era la colisión frente a dos visiones de la vida, una más burguesa y otra más aristócrata. Beethoven era un titán, embebido de ideales racionalistas, ocupado en plasmar en su música su mensaje de progreso de la humanidad. Tras el choque estamental el músico percibe que Goethe, está sobornándose a los ambientes áulicos y conservadores de Weimar, sofocando los ideales progresistas alimentados por la generación de finales del siglo XVIII y por tanto traicionando aquella misión de poeta-vate que la juventud alemana le había atribuido en años anteriores, olvidando todo por el brillo de los oropeles.

A pesar de estos reparos, Beethoven puso música al drama *Egmont* de Goethe y abrazó durante mucho tiempo la idea de componer para el *Fausto*. Sin embargo, esa aspiración no pudo cristalizarse, ya que los consejeros que rodeaban al poeta en Weimar no sentían ninguna simpatía por Beethoven, especialmente después de haberle conocido en Teplitz. Además Goethe no sólo condenaba los rudos modales de Beethoven, sino que incluso había llegado a temer los trastornos del genio.

Respecto al drama de *Egmont*, Lucía se refirió a él expresamente, describiendo las líneas generales de la trama, pronunciando unas apasionadas palabras, pero sin posicionarse de forma clara sobre la temática. Así pues Lucía dijo en su programa radial dedicado a Beethoven y Goethe lo siguiente:

"El republicano y libertario apasionado que se encontraba en el músico de Bonn, encontró un magnífico motivo en el drama de Goethe que exalta al héroe de la Guerra de los Treinta Años, cuyo final trágico y lleno de belleza, es la culminación de una vida ofrendada a la libertad. Como lo recuerda la historia, el conde Lamoral de Egmont, después de haber servido a Carlos V y al duque de Alba, encabezó la insurrección de los Países Bajos, siendo apresado y condenado a muerte por el mismo duque. La ejecución se llevó a cabo, a pesar de los numerosos empeños que se hicieron ante Felipe II y para que no faltara una nota emocional en este final heroico, una mujer amada por él, Juana Lavil, cayó muerta de impresión al presenciar las torturas y la muerte (Richard, 2004, pág. 591)".

En su espacio radial *Crónicas de arte*, Lucía dedicó tres programas al pueblo holandés, titulados sucesivamente: *Holanda contemporánea*, *Países Bajos* y *Bélgica*. En su programa nombrado *Holanda Contemporánea*, condenó rotundamente la ocupación alemana, señalando el mucho daño que había producido la usurpación de su bien ganada libertad, subrayando el heroísmo y la capacidad de reconstrucción de los holandeses, capaces de sobreponerse a la adversidad. Así lo expresó Lucía:

"El espíritu esforzado de los holandeses, su constancia y la tranquilidad política de que goza, harán encontrar los medios de vencer a los enemigos de hoy, así como supieron vencer a los tradicionales enemigos de ayer..." (Richard, Holanda contemporánea, ca 1950).

Esos "tradicionales enemigos de ayer" a los que se refiere Lucía no fueron otros que los españoles. Holanda era por aquel entonces uno de los mayores emporios comerciales y marítimos del mundo, un pueblo avanzado y próspero donde por primera vez se estaba experimentando la libertad, mucho antes incluso que en la Francia revolucionaria. En aquel reducto de sensatez se habían ido a refugiar las mentes más clarividentes de Europa, que hasta allí habían llegado por motivos de conciencia, huyendo de la intolerancia de las persecuciones por motivos confesionales. También llegaron hasta allí las familias judías más emprendedoras de España, también expulsadas por la política intransigente de una España hermética y bárbara.

Felipe II, no fue otra cosa que un monarca obtuso y fanático, que a pesar de las recomendaciones de sus consejeros más próximos, como su secretario personal Ruy Gomes, se empeñó en enviar a los Países Bajos a su general más narcisista, despiadado y soberbio, como lo fue el duque de Alba, para intentar imponer por las armas la religión de España. A Bruselas llegó el 22 de agosto de 1567, imponiendo el llamado Tribunal de la Sangre, llevando al patíbulo a miles de personas por motivos de conciencia, entre ellas el conde Egmont, cometiendo indescriptibles atrocidades con el pueblo holandés. Esta lucha duró generaciones y para sufragarla, además, se gastó todo el oro que con tanto esfuerzo se había extraído de las minas de América.

En sus respectivos programas radiales dedicados respectivamente a los Países Bajos y más concretamente a Bélgica, Lucía realizó un perfecto compendio de las cualidades más excelsas de sus principales ciudades, así como nos relató toda la gran riqueza artística que éstas poseían. Con gran acierto prodigó parabienes para sus catedrales, pinturas, retablos, el sueño panteísta de sus poetas... Elogió a Lovaina entre otras ciudades, a la que califica de *"expresión de la ciencia y el saber"*, quizá la definición más bella de todas las ciudades que describe (Richard, Bélgica, ca. 1950).

No hay que olvidar que en Lovaina se concentraban un buen número de intelectuales que practicaban el erasmismo, donde era patente la influencia del foco de erasmistas hispano-flamencos sobre las bases ideológicas de la Monarquía Española. Frente al humanismo hermético y religioso de Nebrija, en Lovaina se generaba un humanismo cosmopolita y paganizante que proyectaba su mirada sobre la Italia renacentista, haciendo resurgir el gusto por las tradiciones greco-latinas y cuestionando el farragoso escolasticismo medieval en el que se había sumido España.

En cuanto a los intelectuales, Lucía se refiere: "...a la figura gigantesca de Meaterlink", poeta panteísta por el que sentía gran admiración y al que llegó a dedicar un programa radial exclusivo; a la música de Cesar Frank, a los cuerpos jóvenes y nacarados de la pintura vitalista de Rubens, a la magnífica pintura de Van Dick, como destacado representante del barroco.

Sin embargo, si antes había resaltado el carácter heroico del pueblo holandés frente a una invasión injusta, ahora al describir la ocupación de la antigua Flandes por parte de las tropas del duque de Alba, se mostraba mucho más ecléctica, percibiendo cierta gloria en aquella gesta, poniendo su acento en la hidalguía del altivo *hommo hispanicus* de entonces y señalando el fervor religioso que les animaba.

Así se refiere:

> "... a la dominación de Felipe II, el duque de Alba y las sangrientas luchas por la libertad, esos tercios de Flandes que partieron gallardos y orgullosos y volvieron mordiendo el polvo de la derrota".

Continuando con lo siguiente:

> "El suelo se tiño de sangre, las ciudades fueron incendiadas; pero en lo alto de los campanarios como símbolos eternos e inmutables de la fe en Dios y el espíritu seguían tocando los carillones con armoniosas melodías" (Richard, Bélgica, ca. 1950).

Cerrando esta exposición respecto a lo que Lucía pensaba sobre Beethoven, hay aspectos de su carácter que relevan su mucha originalidad en la interpretación luminosa que hace de la personalidad del artista. Resulta paradójico que una personalidad tan delicada y sensible como la de Lucía, no se sintiera atropellada por el genio viril, intenso, volcánico, de Beethoven. Lucía no se detiene en la belleza melancólica y arrebatadora que hay en la sonata *Claro de Luna*, ni en el dramatismo que hay por ejemplo en la 5ª sinfonía, la cual evoca —según refiere el propio Beethoven— el destino que llama a la puerta.

Tampoco le asusta ni el ímpetu Beethoveniano, ni su carácter irritable, ni su sordera que le hizo ser asocial, y conllevó su progresivo ensimismamiento de su entorno. Tampoco recaba su atención la miseria de sus últimos días, su personalidad taciturna, su misantropía, o su profundo dolor y tormento.

La Lucía visionaria, salta por encima de todo esto, y ve sólo la grandeza del músico, el cual supo expresar como nadie la alegría, refiriéndose implícitamente a la 9ª sinfonía, culminación de toda una vida de búsqueda espiritual y musical, obra que aúna la aspiración más sublime que hay en el hombre. Tras una carrera de congojas e infortunios, la humanidad marcha triunfante en su afán de domeñar su destino, cantando su glorioso himno de la alegría. La novena es un lenguaje de amor universal, de liberación de las tensiones de la vida, con un claro mensaje de paz y fraternidad en el mundo.

Así lo describe Lucía:

"El primero que viene a mi mente en esta sobrecogedora tarea de penetrar en el santuario de los grandes es Beethoven, el genio entre los genios, el que como nadie supo cantar la alegría en sus notas arrebatadas y triunfales. Ningún artista ha sentido como él y expresado como él la alegría interior... vivió una existencia atormentada y supo, sin embargo, reservarse para sí esos dolores" (Richard, 2004, pág. 593).

En la obra de Lucía y en sus concepciones artísticas hay una propensión y búsqueda de la alegría. También en su obra podemos rastrear la melancolía, pero como una evocación nostálgica del sentimiento, como forma de rememoración del pasado ausente, como aflicción ante un mundo mutante, como son los cambios de las estaciones. Nunca esa melancolía llega ser angustia, nunca dolor, jamás drama, ni patetismo.

En su audición radial titulada *Temporada teatral*, Lucía se siente incómoda frente a todo este mundo desvencijado, lleno de tropelías que emerge de la obra *Montserrat*. Así explica que el asunto de la obra es dramático, con toques de existencialismo y resistencialismo, transcurriendo su acción en la Guerra de Independencia de Venezuela.

Con gran verbosidad nuestra autora describe el contenido de este drama. Es la afluencia imaginativa de quien rechaza aquello que expone:

"...podemos sacar por conclusión que los odios, represalias, los instintos cavernarios, no son patrimonio desgraciado de esta época y son tan eternos como el mundo estos conflictos entre el mal y el bien". "...circulando veladamente entre el tema mismo, las teorías del existencialismo, sobre si es lícito hacer morir a los inocentes y otras ideas desconcertantes". "El hombre abandonado a sus instintos, excitado con el peligro, muestra más crueldad que las mismas bestias. Emmanuel Robles en su personaje principal ha encarnado al hombre entregado a sus pasiones" (Richard, Temporada teatral, ca 1950).

Sin embargo, cuando describe la obra *Genio alegre* su prosa se ilumina, y sus ideas transmiten una visión del mundo plácida, casi pastoril, idílica, de ilusión y alegría, no interesándole en absoluto ni la política, ni la filosofía, ni el drama sanguinario, ni muchos menos la muerte, lo oscuro o funesto, lo atrabiliario, etc. Lucía extirpa de su ideario todo aquello que comprenda abyección, bajeza, deshumanidad. Oigamos sus propias palabras:

> "Con que agrado asistí a *Genio alegre*, esa simpática comedia de los Álvarez Quintero que puede decirse está al otro extremo de la escala de los sentimientos. Allí el personaje es la alegría de vivir, la paz del alma, la juventud ajena a preocupaciones intelectuales o sociales".

> "*Genio alegre* es como un intermezzo, un descanso entre tanto teatro recargado de complicaciones. El teatro moderno es teatro de angustia. Contagiados con la intranquilidad actual, no podría ser de otra manera. Pero cuánto agrada descansar un poquito de filosofías y de realidades y vagar en el plano meramente poético y sentimental" (Richard, Temporada teatral, ca 1950).

Aunque muchos de sus críticos han definido a Lucía Richard como clasicista, como así lo demuestran también muchos de sus juicios estéticos, siempre he sospechado que también subyace en Lucía una faceta de romántica. Esto es así porque uno de los principales pilares del Romanticismo es el amor por la naturaleza, así como también el culto al sentimiento y la evocación nostálgica de las civilizaciones antiguas, las ruinas, etc...

Pero sin quererlo entramos aquí en una contradicción. Esto es debido a que el Romanticismo pretende describir lo inefable, pero lo hace poniendo de relieve la supremacía del genio creador en búsqueda de su universo propio, el cual se sitúa por encima de la razón neoclásica. Ahora prima la creatividad, la originalidad, el énfasis del sentimiento, por encima de las reglas clásicas consagradas por la tradición.

Hay elementos del Romanticismo que encajan muy bien con el pensamiento richardiano, donde también cohabitan aspectos disonantes a su espíritu. En el Romanticismo abundan los escenarios naturales, los desiertos, las ruinas antiguas y misteriosas y todo ello lleva a una compenetración entre la naturaleza y los sentimientos humanos. Se ha afirmado que el Romanticismo fue el precedente del Naturalismo, que se aviene muy bien al ideario de Lucía. También es un mundo donde se exaltan las pasiones y su ardiente espíritu de aventura, donde podemos rastrear el espíritu trashumante e inquieto de Byron o Chateaubriand.

Sabemos por otra parte que Lucía defendió hasta la vehemencia las reglas clásicas, lo cual colisiona con una de las principales premisas del Romanticismo, que es la ruptura frente el clasicismo, rechazando la fe absoluta en la razón y apartándose de la objetividad del arte propugnado por las poéticas neoclásicas. Sin embargo, Lucía también defendió apasionadamente en muchas partes de su obra la necesidad de crear un mensaje propio, alejado de toda imitación.

En la estética romántica se sublima la potencia del genio, en su visión peculiar de interpretar el arte como acción y movimiento, libre de toda pretensión preceptista externa. El Romanticismo incluso se preocupó de volver los ojos hacia los mitos de la antigüedad, pero esa recuperación no surgía con un afán de mímesis, sino que pretendía reelaborar los tópicos antiguos para volcar en ellos sus propios conflictos y pasiones.

La exaltación del corazón, el lenguaje encendido, el amor por la naturaleza, la veneración del genio original (con matices y límites), son aspectos que se vislumbran en el pensamiento de Lucía. Lo que no es tan claro es que Lucía se alineara con todo lo que había de desgarrado, inquietante y tormentoso en el Romanticismo. Hablemos por ejemplo, de su marcado carácter nacionalista, de su lucha por los derechos civiles, de su acervo revolucionario, de su aspiración libertaria, de sus pasiones desordenadas, de su incitación libidinosa y libertina, de su impiedad, de su proclividad a la transmigración hacia lo trágico, yendo a la búsqueda de situaciones límites...

Es bien sabido que Chopin, el último de los románticos, fue el músico favorito de Lucía. Hay indicios y testimonios que sugieren que Lucía tocaba con asiduidad sus valses, nocturnos y algunos de sus preludios. La música de Chopin, surge del sentir más hondo. Es una música llena de sensibilidad, originalidad y poesía y por esto mismo, encanta a las mujeres y a los artistas. Su forma de tocar apagada, difusa, elegante y delicada, crea una atmósfera que lleva al oyente a perderse en una especie de trance sentimental, que le conduce de forma ineluctable a un interrogante vital.

Lucía Richard dedicó a Chopin dos audiciones radiales, una con motivo de su centenario, acaecido el 17 de octubre de 1949 y otro centrado en el análisis de sus 25 preludios, programas que denotan, que nuestra presentadora se esforzó notablemente en el estudio del personaje, realizando una espléndida visión de síntesis. Sobre su figura volcó apasionadas palabras, tan apasionadas como lo fue el propio músico polaco.

Chopin, nacido en 1810, desde muy temprana edad se revela como un auténtico niño prodigio. Refinado y de impecables modales, frecuentó desde muy joven los salones y palacios de la nobleza de Varsovia. En 1826 ingresó en el Conservatorio de Música de la ciudad, donde durante tres años estudió composición con el maestro Josef Elsner. Tan asombrado dejó al viejo profesor que al finalizar los años académicos, anotó respectivamente que el joven "era un alumno singularmente dotado"; "que tenía aptitudes notables"; "que era un genio de la música".

Resulta paradójico que Elsner estando tan apegado a la tradición clasicista alemana encarnada principalmente por Haydn, Mozart y Beethoven, ve en el joven un futuro prometedor, ya que aunque se aparta de los senderos habituales considera que su talento es realmente insólito. En 1828 Chopin viaja a Berlín donde asiste a numerosas funciones de ópera y posteriormente a Viena donde conoce a innumerables músicos, siendo aclamado por lo más granado de la sociedad de entonces.

La revista *Allgemeine Musikalische Zeitung* colma de elogios al músico describiéndolo con las siguientes palabras:

> "La exquisita delicadeza del tacto, su indescriptible dominio de la técnica y la perfección con que deja apagarse las notas para pasar a otras revelan una profunda sensibilidad: la nitidez de su interpretación y composiciones lleva el sello del genio y revela al virtuoso dotado por la naturaleza que, sin venir precedido de la fama, aparece en el horizonte como un fulgurante meteoro" (Nachrichten, 1829).

En 1831 estalla la revolución polaca y Chopin emigra a París. Vive altibajos de penuria económica con otros de bonanza material, pero con el transcurrir del tiempo deslumbra a todos con el virtuosismo y la profundidad melancólica de su música. Simpatiza con el canto italiano y estrecha amistad con Vicenzo Bellini, al que profesa gran admiración, músico que entonces estaba en boga en los salones parisinos, máximo exponente de la ópera italiana.

En la capital de la luz se suceden los contactos con artistas e intelectuales. Conoce al poeta Heinrich Heine, al pianista, pedagogo Friedrich Kalkbrenner; al crítico musical François-Joseph Fétis, que no obstante su fama de temido e irreductible adversario de la música de vanguardia colma de parabienes al joven polaco. En la *Revue Musicale*, Fétis alude al hecho de que Frédéric abandonado a sus propias impresiones y sin seguir ningún modelo, había sido capaz de llevar a cabo una completa renovación de la literatura pianística. En la visión del francés su forma de tocar era elegante, fácil, graciosa, brillante y nítida.

Schumann ya había publicado en tierra alemana un célebre artículo en el que insertaba la famosa frase: *"A quitarse el sombrero, señores: aquí tienen un genio"*. Más tarde aludió al hecho de que con Chopin *"el alma de la música había pasado por el mundo"*. Liszt también le brinda su apoyo y será uno de los primeros que comprenda la innovadora música del joven. Se encuentra con un exiliado polaco, el príncipe Antoni Radziwill, que le abre las puertas en los más encopetados salones de París. La alta sociedad parisina le invita a continuas recepciones y veladas, codeándose con príncipes, aristócratas y acaudalados burgueses.

Las damas le adoran y da muchas clases de piano a las hijas de la nobleza. En esta época Chopin lleva un estilo de vida dispendioso, acude a comer a los mejores restaurantes, se prodiga en gastos. Sus biógrafos refieren a su suma elegancia, sus ademanes aristocráticos, su refinamiento en el vestir, el lujo de su tren de vida, sus pulidos modales, inclinándose muchos ante él como si fuera un verdadero príncipe. Conoce a Héctor Berlioz, a Mendelssohn y multitud de artistas. Idas y venidas se suceden a varias ciudades europeas, cosechando éxitos y adhesiones por donde pasa.

Tres amores torturan su existencia: el platónico de Konstancja Gladkowska disipado en los entresijos del exilio; el apasionado de María Wodzinska, su inmenso amor, frustrado por la cobardía de la joven y la negativa de los padres, renuentes a un enlace de distinta paridad estamental, con un joven, además, enfermizo; y el absorbente de George Sand, que acabó en naufragio ante la disparidad de caracteres, así como el dominio masculinizante que ejercía la intelectual francesa sobre el delicado Frédéric.

Lucía alude al hecho de que Chopin no representa el triunfo de la fuerza ni de la astucia, sin embargo, tiene la virtud de hacernos soñar y de suspendernos en el tiempo. Sus notas melancólicas, unas veces enfermizas, otras arrebatadas, siempre son personalísimas y bellas y tienen el poder de despertar al poeta que duerme en el corazón de todo ser humano. En su alocución traza tres ejes en la vida del genio: el amor incomprendido, la patria destrozada y la enfermedad inexorable y sobre ellos se desborda en epítetos sentimentales, como quien añora al mejor de sus amigos, injustamente vapuleado por un cruel destino (Richard, 2004, pág. 569).

Chopin fue un hombre profundamente sentimental, que amaba a las mujeres y muchas en la sombra suspiraban por él. Lucía denuncia el comportamiento de María Wodzinski, el verdadero amor de Chopin, que actuó cobardemente alejándose de su vida, la cual cedió a la presión de sus parientes y las siempre intransigentes convenciones sociales. Resulta irónico pensar que si hoy en día se menciona su nombre es sólo merced a la inmensa entidad del hombre al que no supo amar. A Fréderic le tocó enfrentarse a la cruda realidad de que en su tiempo, la nobleza del espíritu jamás podría alzarse al nivel de la aristocracia de la sangre.

Lucía también se sulfura ante la actitud de George Sand para con el músico. Ambos hablan a un tiempo —dice— pero no se escuchan. En su visión, en la pareja reinaba la incomprensión, la escritora fue incapaz de penetrar en el santuario intelectual del polaco. George Sand aparece bajo su pluma —con mucho fundamento histórico— como una mujer banal, artificiosa, exhibicionista, que sólo vivía para la aclamación social, para el ornato, que en suma no comprendía el corazón de Chopin y que cuando llegó la hora de la verdad no supo de sacrificios ni renunciamientos y no dudó en abandonar al músico, cuando éste no pudo continuar con sus exigencias sociales, de deleitación en un mundo tan elegante, como snob y superficial.

Hay muchos puntos de encuentro entre Lucía y Frédéric. En primer lugar, su música hacía palpitar el corazón de nuestra autora, internándose en el aspecto más íntimo de su personalidad: sus sentimientos. *"Chopin sigue viviendo... sigue pasando en nosotros, los que amamos más el espíritu que materia, el ensueño que la realidad* –dice Lucía (Richard, 2004, pág. 569). Chopin era un personaje que pertenecía a la alta burguesía, lleno de gracia y nobleza, de refinamiento en sus modales, de rectitud moral.

Es un personaje que se integra perfectamente en el relato suntuoso de su poesía "La carroza", llena de pulimento y belleza aristocrática... *"Con pompa y bulla la ducal carroza, las empedradas calles atraviesa, y entre sedas y plumas la duquesa, con indolencia en su interior reposa"* (Richard, 1938, pág. 65). Es un personaje apolítico, que no sólo huyó de la revolución polaca en 1830, sino también de la parisina en 1848. Se ha dicho de él que fue un poeta de la música, por tanto, jamás se interesó por la política, ni por filosofías sociales, como sí lo hizo en sus novelas por ejemplo Georg Sand.

A Chopin le aterrorizaban las masas incontroladas, lo irracional, las luchas sangrientas y no dudó en apartarse de ellas y buscar un refugio tranquilo donde poder crear, como esa casa de campo de Nohant donde componía profusamente sus más bellas estrofas. Oasis en un desierto de incomprensión, monolito en el desierto en palabras de Lucía, como el sendero que se apartaba del camino, a donde iba a meditar nuestra autora según relata en el *Camino del Cangurú*, o su mismo jardín de Conchalí donde escribía sus preciosos versos.

A Lucía no le agradan las reuniones sociales superfluas, ni las conversaciones vacías de contenido plagadas de trivialidades. Al igual que Chopin tiene la enfermedad de la búsqueda de lo infinito y a ello consagra sus momentos más escogidos, en la privacidad de su mundo personalísimo, fuera del ruido mundanal, donde da riendas sueltas a su imaginación. De la misma manera, a Chopin no le gustaba exhibirse en público, se sentía incómodo en su faceta de concertista, le abrumaban las masas y según una vez confesó a Liszt, se sentía intimidado por la multitud, asfixiado por el ruido de su respiración compulsiva, paralizado por sus miradas curiosas, mudo delante de tantos rostros extraños.

A Frédéric le era mucho más grato tocar el piano rodeado de un pequeño grupo de amigos escogidos, en un cuarto en penumbra, en la última hora de la tarde, a esa hora en la que el ajetreo vital se reducía a un mínimo, momento en el que las notas suspendidas y evanescentes de sus nocturnos fluían etéreas del noble instrumento. Su pulsación era fina y leve, como la imperceptible línea divisoria que separa la vida de la muerte. Atrapado en sus entretelas su pequeño auditorio se dejaba embrujar, abandonándose al ensueño.

En otras ocasiones su música se impregna de un halo de ternura, como en sus *Berceuses* o "nanas" y aquí encontramos otro paralelismo con Lucía, que escribió varias poesías llenas de terneza dedicadas a sus hijos y nietos recién nacidos. Por otra parte, a Chopin le gustaba enfundar sus esbeltas manos con unos elegantes guantes blancos, hecho del que muchos han extraído una metáfora de vida. Los guantes actuarían como una pantalla aséptica con la que nuestro músico se protegía frente a un mundo viciado de materialismo, de egotismos e iniquidades.

Fréderic era un joven que poseía un semblante pálido, triste, unos ojos oscuros que transmitían dulzura y bondad, una sonrisa fina y dulce que jamás se tornaba amarga, una melancolía tan seductora como reclusiva, una voz apagada heraldo de una gran congoja interior, un cuerpo delicado que desprendía un aire distinguido. Su constitución era frágil y mórbida, reflejo de una tuberculosis que le consume. Tiene presentimientos de muerte, le obsesiona la idea de la desaparición prematura, teme no regresar a tiempo a su querida Polonia para ver una vez más a sus padres y hermanos, tormentos que se agudizan a medida que la enfermedad le va asediando.

En cierto sentido era un niño herido y Lucía en su programa radial dedicado a Liszt llega a agradecer al músico húngaro *"...la dedicación y cariño que profesó a Chopin"* (Richard, Crónicas de arte: Franz Liszt, ca 1950). Para paliar su afección pulmonar sus médicos le recomiendan que dirija a un clima más cálido. Persiguiendo esa finalidad, en 1838 Frédéric, Georg Sand y el hijo de ésta, Maurice, parten hacia la isla de Mallorca, donde viven primero en la villa de Son Vent y luego en la vieja Cartuja de Valldemosa.

Al principio el clima fue benigno, todos llevaban ropas veraniegas y por las noches se escuchaban canciones y música de guitarra. Pero en unos pocos días el tiempo empeoró y se tornó húmedo y ventoso. Entonces a Fréderic le acometió de nuevo una tos persistente, que suscitaba entre los isleños un pavor supersticioso. La escritora francesa rebosaba satisfacción ante aquella excéntrica aventura, sin embargo, Chopin, alojado en una celda monástica, tenía la sensación de estar en una tumba, donde se moría literalmente de frío y de terror.

Fue en este ambiente de presagios funestos, donde Chopin compone su partitura más intimista, sus preludios. Todos o casi todos crean una atmósfera singular, bosquejan una imagen del sentimiento y al punto se disipan como el vuelo de un pájaro al posarse. Su importancia es desigual, unos son sugerentes otros terribles, pero ninguno falto de carácter. Estos preludios representan la expresión más enigmática y ambiciosa de la creatividad de Chopin, que hizo muy pocas concesiones a la moda y a los cánones estéticos de la época.

En bien sabido que Chopin huyó de los modelos del clasicismo musical, especialmente el consagrado por la tradición germánica, cuyo basamento era lo simétrico y lo regular. La música de Chopin ya sea en su vertiente virtuosa o pausada, fluye libre y melódica, llena de fantasía y originalidad. Sus obras condensan una gran riqueza en las modulaciones, a la par que arrostran cierto desorden en la unión de las frases, que da más la sensación de escuchar una improvisación que una composición escrita.

Los oídos germánicos, acostumbrados a una tradición sinfónica a base de estructuras complejas, eran demasiado ásperos para asimilar la música de Chopin, demasiado ligera y carente de aquella profundidad de que se envanecía el sinfonismo postbeethoveniano. Los preludios revelan un estilo musical muy intenso y expresivo, no sólo en la elección y en el desarrollo de las armonías, sino también en el equilibrio entre armonía y melodía, así como en el uso del timbre pianístico, que ahora aparecen con perspectivas y colores insólitos.

A ellos, como veíamos, Lucía dedicó un extenso programa radial, importando numerosas críticas musicales de especialistas, así como intercalando sus propios juicios. Lo que se debate ahora aquí es la pugna entre los tradicionalistas o partidarios de la "música absoluta" o los progresistas o autores de la "música del futuro". En su primer programa titulado *Centenario de Chopin*, Lucía entra en este debate, con un talante innovador, que a la postre denota que no obstante sus férreas concepciones estéticas, hizo una notable excepción en el caso de Chopin, músico por el que sentía verdadera adoración, ideas que se sintetizan en las siguientes palabras:

"En medio de la catedral de la música de Bach y Beethoven, de la tempestad de Wagner, de las campanas jubilosas de Liszt, su obra fue un rayo gracioso y delicado que se filtraba por los ventanales" (Richard, 2004, pág. 569).

A renglón seguido se reafirma en estas ideas, demostrando nuevamente el gran apoyo que profesa a Chopin:

"Su música es inmortal y sobrevive a los caprichos de la moda, a los dictados de las nuevas técnicas, porque es una música que por ser salida directamente del corazón, penetra también en el corazón" (Richard, 2004, pág. 569).

Y este es el problema, el de "las técnicas" o la solución, según como se contemple esta disyuntiva. De las palabras de Lucía en su programa *Preludios de Chopin* parece deducirse, que al fin y al cabo toda la creatividad y la originalidad de Chopin tienen su basamento en los clásicos:

"Y es aquí en los preludios que son producidos en la época en que su amistad con George Sand lo podía arrastrar a un romanticismo decadente, en donde madura su imaginación más serena y donde se apoya más firmemente en Bach y en los clásicos" (Richard, Crónicas de arte: Preludios de Chopin, ca 1950).

Observe el lector, que quien les dirige estas líneas había afirmado más arriba que existían elementos en el Romanticismo que concordaban con su personalidad, pero otros eran totalmente disonantes a su espíritu. Así Lucía viene a decir que el peligro del contacto con George Sand –fantasiosa y depredadora de artistas de vanguardia– pudo haber arrastrado a Chopin hacia el "Romanticismo decadente". A mi modo de ver Lucía considera al Romanticismo decadente porque exacerba el yo creativo, más allá de la deseable objetividad del arte y sus incólumes reglas clásicas.

Es decir, Lucía brinda su apoyo a una "imaginación más serena" frente a otra desbocada o irracional. Nuevamente vemos aquí aparecer el inmovilismo en Lucía, o más exactamente el tradicionalismo, siendo partidaria de la música pura, lo que se ve nítidamente en el siguiente párrafo del mismo programa:

"La música de Bach y los bocetos de sus *Preludios*, fue lo único que llevó en su célebre viaje hacia la isla de Mallorca. Chopin no se cansaba de enseñar a sus alumnos que estudiaran al gran maestro pues lo consideraba como la subestructura de todas sus fantasías pianísticas" (Richard, Crónicas de arte: Preludios de Chopin, ca 1950).

Por lo tanto, bajo la visión de Lucía el éxito de Chopin había que buscarlo en la estructura preexistente del clasicismo musical y no necesariamente en la singularidad de su genio creador. No olvidemos que gran parte de su producción pianística evoca y extrae elementos del folclore de su patria, como se percibe claramente en sus mazurcas y polonesas. También es muy conocida la anécdota de que estando en París, el pedagogo musical Kalkbrenner se empeñó en darle clases de piano.

Chopin dudó mucho en este punto, e incluso consultó a sus familiares y al maestro Elsner respecto a ello, los que les desaconsejaron tomar tales clases, exhortándole que no se dejase enredar en las intrigas de Kalkbrenner. Mikolaj Chopin le escribió lo siguiente:

"A ti nunca te ha importado mucho la técnica, y tu espíritu, en cambio, trabaja mucho más que tus dedos. Otros pueden pasarse días enteros dándole al teclado; tú rara vez has estado más de una hora tocando composiciones ajenas".

Sólo por compostura y oportunidad Chopin se avino a tomar tales clases, lo que a la postre le abrió las puertas de los más prestigiosos círculos musicales de París. Lucía busca decididamente la paz, la serenidad, la dicha, la placidez de espíritu y rechaza la angustia, el dolor, el desorden o el caos. De esta fórmula inequívoca brotan sus concepciones estéticas, que no cabe duda tienen su encanto, aunque albergan la insuficiencia intrínseca de carecer de todo el apasionamiento de lo que prescinde.

Los sentimientos aciagos, fatídicos, luctuosos tienen también su dinamismo, a veces de brillante ejecución, explotable en las obras de literatura o cualquier manifestación del arte. Lucía, sin embargo, parece querer eliminar la bicefalia de los sentimientos humanos, escindidos entre el bien y el mal, lo apolíneo y dionisíaco, abogando a ultranza por un hombre pletórico de felicidad y carente de vilezas, miserias, tristezas y cacofonías. En su programa dedicado a Richard Strauss se volvió a acordar de Chopin, donde volcó las siguientes palabras:

> "Chopin también vivía la vida de los artistas, escritores, pintores, poetas que eran sus amigos predilectos, pero demasiado grande y completo en sí mismo, no utilizaba recursos ajenos a la música" (Richard, 2004, pág. 606).

Nuevamente evidencia Lucía que Chopin era un purista de la música, que no se valía de otros artificios (como las artes escénicas) para hacer llegar una música que manaba directamente del corazón y se dirigía al corazón. Haciendo un resumen de sus más representativos pensamientos respecto a los preludios, podemos hacer una taxonomía de sus juicios condenatorios por un lado, así como de aquellos apologéticos por otro, los cuales en conjunto engloban el paradigma de sus concepciones estéticas en el arte musical. Así por ejemplo respecto al *preludio 2º* Lucía dejó plasmado lo siguiente:

> "Ante el *segundo Preludio* nos encontramos con algo extraño y desconcertante con anticipaciones de un vanguardismo musical. Aunque Chopin nunca escribió música propiamente fea, este trozo violento e irritante para los nervios es desesperante, grotesco y aún discordante. Es una melodía asimétrica. En su zigzagueante y perezosa marcha sugiere la más honda depresión. Es de esos pensamientos que deben albergarse en el alma de los suicidas... La tonalidad es vaga... Aquí están diseñadas todas las morbosas y contrarias características de Chopin".

> "Estas notas rebelan un odio hacia la vida, una especie de hipnosis y atrofia sentimental, todas las características del que nada espera y solo se enfrenta

con el gran misterio de la muerte con su interrogante de la aniquilación o la supervivencia" (Richard, Crónicas de arte: Preludios de Chopin, ca 1950).

Respecto al *Preludio nº 22* leemos:

"Escrito en tono menor, destroza los nervios con sus atrevidas disonancias. La impetuosidad de este preludio, sus armonías atrevidas, sus frases cortadas dramáticamente... lo hacen digno compañero del nº 18" (Richard, Crónicas de arte: Preludios de Chopin, ca 1950).

De aquí podemos extraer el rechazo de Lucía a la música de vanguardia y su preferencia por el orden y equilibrio en la creación musical, con una clara veneración del método tradicional en la composición. Junto a lo anterior se haya implícita en sus palabras una exhortación a necesidad de la belleza del arte, elemento que le es inherente y sin el cual éste no puede existir, algo que vemos claramente en el siguiente juicio aprobatorio:

"Pero felizmente llegamos al *tercer Preludio*. Salimos de ese túnel de sombras y nos abandonamos en un mundo feliz y sonriente. Su ligereza no lo asemeja al *primer Preludio*. Aquí es liviandad del alma que flota como las nubes por un firmamento despejado. La mano izquierda tiene un papel de murmullo, semejante a una fina lluvia. Su forma es la de un estudio, aunque es más de salón, pero sin caer en artificialidades. Alegre y gracioso es un verdadero reflejo de la naturaleza de Chopin sensible y bondadosa" (Richard, Crónicas de arte: Preludios de Chopin, ca 1950).

Es en este mundo feliz y sonriente donde Lucía tumbada en su hamaca de fábula medita su sueño eterno de belleza, felicidad y poesía. Por otra parte Lucía es minimalista, no prodiga muchos pensamientos a grandes ideas universales o a conceptos filosóficos intrincados. Su retina se detiene en la grandeza de las pequeñas cosas hermosas de la vida. En otro párrafo del mismo programa, Lucía esboza una definición de Chopin y su arte, que es un vivo reflejo de su propia personalidad:

"Chopin tenía cierta reticencia a amar las cosas demasiado grandes: Miguel Ángel, Shakespeare y Beethoven. Su temperamento estaba hecho para cantar la belleza de lo pequeño y encontrar la poesía de la cosa mínima. El matiz, el reflejo, el detalle perfecto y revelador atrae a Chopin. Es un melancólico gustador del recuerdo, un vicioso que se complace en las torturas de sus saudades. Para él, el arte es un vino cuidadosamente decantado, un licor de donde se desprende el bouquet de los recuerdos.

Toda música empieza a tener efecto mágico desde el momento en que nos habla el lenguaje de nuestro pasado. Y Chopin constante desterrado, solo oye las voces más antiguas de su memoria. Es esa su única poesía. Su obra, en medio de la catedral de la música, de las naves majestuosas de Bach y Beethoven, de los coros de Cesar Frank, de las ceremonias suntuosas de Wagner y Liszt, aparece como una maravillosa e impalpable cristalería de Venecia, dotada de sonoridades deliciosas. Es el cáliz esencial del arte refinado, iluminado en la puesta del sol romántico, por un rayo verde de imprecisa y divina palidez" (Richard, Crónicas de arte: Preludios de Chopin, ca 1950).

Estos son hermosos y sinceros pensamientos que salen con toda naturalidad del corazón de Lucía. Quién podría no dejarse hipnotizar por ellos... En su programa *Origen del vals* Lucía se acordó nuevamente de Chopin, diciendo que fue el músico que más dignificó y embelleció el Vals. Bellas palabras tuvo también para Chopin en referencia a su obra titulada *"Vals del adiós"* sobre la que dejó escrito:

"dejó aprisionado en él al más grande amor de su vida. En esas notas dolorosamente repetidas, vertió su nostalgia, su dolor, su desgracia" (Richard, 2004, pág. 603).

El propio interés de Lucía en adentrarse en estos apasionados sentimientos, acompañado de la audición de esta música, hace intuir que en el terreno intelectual, Chopin fue quizás el mayor amor de su vida...

A lo largo de este escrito hemos podido comprobar como en Lucía Richard subyace una pugna. Ésta surge por un lado, de la necesidad de adecuarse a su educación y a las ideas imperantes en su entorno y de otro, de colmar una insaciable sed de conocimientos, así como descubrir multitud de enigmas. En su programa radial dedicado a Arcangelo Corelli, Lucía huye de ideas dogmáticas, de verdades absolutas, se muestra expansiva, revelándose como una intelectual integral.

Si antes habíamos visto que Lucía moderaba sus escritos con férreas concepciones estéticas, ahora se muestra como una verdadera *"polymath"*, término que emana del humanismo renacentista y que evoca a un hombre universal (*homo universalis*) que se afana en lograr una comprensión global del saber, ilimitado en su capacidad de desarrollo e incansable en su interés febril por abarcar nuevas verdades y áreas del conocimiento.

Empieza su exposición aludiendo al hecho de que el Renacimiento fue una época que tuvo grandes creaciones en el campo de la filosofía y la cultura, y que esas creaciones no copiaron simplemente la antigüedad clásica, sino que crearon un humanismo vigoroso en oposición o como complemento a la teología.

Aquí hay dos elementos interesantes. El primero reconocer que hubo una transformación de un saber preexistente. Por tanto ensalza la labor del genio creador frente a la verdad axiomática heredada por los antiguos. Por otra, es muy sugerente el hecho de que revele sin tapujos, que de esta transformación surgió un "humanismo vigoroso" en "oposición" o como "complemento" a la teología. Por lo tanto, parece deducirse de estas palabras que el mensaje revelado, aun apoyado por la autoridad y el crédito de la tradición, no está exento de exégesis e interpretación.

A continuación reconduce su escrito, que como sabemos fue una alocución, señalando que de todas las artes fue la música la que más cambios experimentó. Monteverdi, Frescobaldi, Bocherini, Vivaldi y Corelli —dice Lucía— fueron los maestros italianos que prepararon el camino a los Bach, Haendel, Haydn y Mozart, quienes llegaron posteriormente a la culminación de la composición musical. Entre todos ellos alude a Corelli como el "príncipe de la música", el cual tuvo el honor de ser enterrado junto a la tumba de Rafael Sanzio.

Con palabras sutiles, pero transparentes, Lucía añade que en una época en que la cultura era amplia y en la que no se concebían especialidades excluyentes, Corelli vivía según su propia expresión "observando el perpetuo milagro de la vida". Piense el lector que Lucía se dirige a su auditorio desde Radio Chilena, una emisora adherida a la Iglesia y más concretamente perteneciente al Arzobispado de Santiago. Nuestra intelectual desliza estas ideas con gran disimulo, bajo el concepto abstracto de "especialidades excluyentes", que realrealmente esconde un pensamiento o cuanto menos una técnica en oposición a los dictados de la jerarquía eclesiástica. Estas ideas se reafirman en el siguiente pasaje:

> "En cuanto a la música, Corelli entra en escena cuando el arte religioso cae en un prolongado letargo y el arte lírico e instrumental asoma su rostro de niño por las ventanas del tiempo".

Con la ingenuidad del rostro angelical de un niño, Lucía poco a poco va imponiendo su pensamiento. Nos habla de arte sí, pero entre líneas nos hace ver que el arte lírico, es decir, la poesía, el humanismo, el hombre y sus inquietudes, va emergiendo frente a una religiosidad en decadencia.

El siguiente párrafo es aún mucho más esclarecedor y como una ola tremante estalla en sus contenidos:

> "Fue como todo creador un revolucionario de los conocimientos adquiridos. Cuando sus innovaciones sorprenden y más aún escandalizan a los talentos oficiales de la época, él declara únicamente que no sabe cómo conformar a esos críticos, que no tienen otros conocimientos fuera de los primarios sobre la composición y la modulación".

Lucía se muestra aquí aperturista, nos habla de revolución, de innovaciones y de crítica. Los "talentos oficiales" no eran otros que aquellos que dependían de la autoridad eclesiástica y que observaban el modelo artístico impuesto desde las altas instancias de la prelatura, los cuales se veían sorprendidos e incluso más, escandalizados, frente a innovaciones de corte humanista, que anunciaban un arte tan nuevo como pagano, por lo que Corelli no sabía cómo "conformar", es decir, "ajustarse", a los dictados y a las presiones de esos críticos, que carecían de instrucción suficiente para comprenderlas. Nuevamente vemos aquí las reticencias de la Iglesia al avance de la cultura y de la ciencia, lo cual es expresado con gran sutiliza por nuestra autora. A continuación añade todavía más:

> "Pero el verdadero genio no retrocede ante las exclamaciones de los que ante todo, quieren conservar y se asustan de cualquier cambio. Corelli siguió adelante y compuso sus notables *Concerti Grossi, Sonata de Cámara* y *Sonata da chiesa*. Estas obras fueron estudiadas con detenimiento por Vivaldi y por Bach, advirtiéndose en algunas composiciones de este último, ese espíritu corelliano que invadió Europa y modificó los rumbos de la música".

> "...debemos rendir culto a los precursores, ya que ningún genio crea de pronto un sistema, un estilo y unos en otros van inspirando sus obras en otras anteriores. Bach en los maestros italianos, otros, en Bach y así sucesivamente como si la antorcha sagrada del genio fuera de mano en mano transmitiéndose a la humanidad".

> "El juicio humano es tan caprichoso, que hace pensar que las normas de la belleza cambian de siglo en siglo, de generación en generación. Los que son aclamados en una época no tienen tantos partidarios en la siguiente" (Richard, 2004, págs. 598-600).

Todos estos pensamientos de Lucía son muy importantes, ya que si antes había dado la sensación de cierta rigidez en sus concepciones estéticas, ahora nos dice que los cánones de belleza están en perpetuo cambio, que es un proceso normal en un entorno cíclico de la historia y por tanto nos ofrece un perfil tolerante de las transformaciones del arte, una visión progresista frente a las sacrosantas reglas clásicas. Incluso llega a desautorizar abiertamente a todos aquellos que abanderan el inmovilismo, y se oponen a toda forma de vanguardia, en este caso en la música.

Lo curioso de todo ello es el perfecto equilibrio que logra entre humanismo y religión, consiguiendo imponer su pensamiento sin incomodar a nadie. Da la sensación que bajo el aura de expresiones como "milagro de la vida", "rostro de un niño", "devoción fervorosa", "antorcha sagrada"... nuestra autora vaya definiendo los contornos de un triunfo humanista, arropado bajo un aire de espiritualidad católica. Podría decirse que el intento agustiniano de conciliar fe y razón impregna la obra de Lucía.

Ya en tiempos más contemporáneos al nuestro, Lucía también se preocupó de estudiar músicas más innovadoras. Es sabido que nuestra escritora había leído a Charles Baudelaire, y que al menos tenía algún conocimiento de sus famosas *Flores del mal*, obra que no podía suscitar su admiración por su carga de inmoralidad y satanismo, no obstante que citó algunos de sus pasajes en alguna de sus audiciones radiales. De igual manera sintió atracción hacia Debussy, posiblemente por la impregnación naturalista de su obra. Es bien conocido que la música de Debussy surgió como una expresión original que se oponía a los tradicionalistas, a los vanguardistas desprovistos de discernimiento, a las jerarquías académicas, a la jerarquía oficial y desde luego a los wagnerianos, encastillados en la defensa de la supuesta verdad de la música.

Lucía que siempre se opuso a las disonancias, parece que hizo una excepción con Debussy, no obstante ser uno de los mayores representantes del impresionismo musical, movimiento apoyado por el escritor francés Émile Zola, apasionado defensor del arte impresionista. Prueba de todo ello es que en uno de sus programas dio a la audición a una obra titulada *La catedral engloutie* (la catedral sumergida), obra de Debussy, el genio que hizo del silencio una forma de expresión musical. Silencio lleno de suspensión del alma, de arrobamiento, de transportación a múltiples estados espirituales, que no debieron dejar indiferente a nuestra autora que como sabemos adoraba esa inclasificable serenidad.

Charles Baudelaire es hoy en día considerado el padre de la lírica moderna y punto de partida de movimientos como el Parnasianismo, Decadentismo, Modernismo y Simbolismo. Sus obras *Flores del mal*, *Los pequeños poemas en prosa* y *Los Paraísos artificiales*, fueron tan renovadoras que incluso llegaron a ser prohibidas en su tiempo, por su oscuridad e inmoralidad. A su vez, el Simbolismo fue una reacción literaria contra el Naturalismo y el Realismo. Este condesaba una exaltación a la espiritualidad, la imaginación y los sueños.

Algunas variantes del Simbolismo, como el Hermetismo, permitían la versificación libre y desdeñaban la claridad y objetividad en el arte. La vertiente funesta del movimiento se evidencia en que los simbolistas se veían representados o identificados con las obras aterradoras de Edgar Allan Poe. Otros grandes precursores del Simbolismo fueron Paul Verlaine y Arthur Rimbaud.

Ambos estuvieron envueltos en una ardorosa relación amorosa y constituyeron con sus desvaríos el punto de arranque del movimiento Simbolista.

El más influyente fue Rimbaud, de apenas 17 años, apodado *"Le enfant terrible"*, literato superdotado, el cual se afanó en buscar la alquimia del verbo, tratando de convertirse en un vidente por medio del desarreglo de los sentidos. Su obra *Bateau ivre*, es quizás la más representativa de una creatividad "salvaje". Paul Verlaine, en su obra *Los poetas malditos*, mostró la verdadera esencia del movimiento. Ambos se abandonaron a una ola de excesos, que les condujo a una vida trágica, asocial y autodestructiva. En conexión con los anteriores estuvo el poeta Mallarmé, también máximo exponente el movimiento Simbolista.

Hay evidencias que sugieren que Lucía a partir de la década de los cincuenta estaba cambiando en sus concepciones estéticas. Su defensa con reservas de Pablo Neruda o Gabriela Mistral, o sus titubeos en su aproximación a Wagner inducen a esta idea. Su interés por el orientalismo, por culturas lejanas y desconocidas, también hace pensar que Lucía estaba buscando una nueva forma de expresión intelectual más allá de los cánones occidentales y posiblemente, de la espiritualidad convencional.

No cabe duda de que en la última etapa de su vida se radicalizó en su mensaje, planteándose a sí misma que era la verdad, como bien muestra en su ensayo inédito *La pregunta inquietante*. A pesar de estos virajes en Lucía, resulta en cierto sentido perturbador el enorme panegírico que construyó en torno a la figura del escritor belga Mauricio Maeterlinck.

La cultura es complicada, tanto, que es difícil buscar un sistema de valores unívoco en una persona y aún más en una intelectual. Lucía siempre se opuso –con matices– a la falta de objetividad en el arte, al drama, a los experimentos en el teatro, a la oscuridad y patetismo en los sentimientos humanos. Ahora sin embargo, en su programa dedicado a Maeterlinck, elogia al escritor belga, apodado "el poeta de la muerte" que unió a sus dotes de poeta la de filósofo, dramaturgo y científico.

Lucía nos ilustra que el escritor se incursionó tanto en los misterios del más allá, como en los detalles de la vida cotidiana. Su *Vida de las flores* y su *Vida de las abejas* –dice Lucía–, nos introducen en el universo admirable de los seres mínimos, mientras sus mensajes de ultratumba y su constante preocupación de la muerte, nos levantan hacia planos desconocidos. Asimismo, nos refiere Lucía que el poeta se afilió entre los simbolistas. Como dramaturgo tuvo ideas propias, siendo uno de los padres del teatro moderno, señalando el hálito de misterio que subyace en sus obras próximas a las de Ibsen (Richard, 2004, pág. 600).

Resulta enigmático que un autor tan vanguardista como Maeterlinck suscitara tanta admiración en Lucía, lo que nos lleva a pensar en lo complejo del pensamiento humano. Parece que Lucía sintió afinidad hacia el Naturalismo que había en la obra del poeta belga. Junto a las obras referidas, otras como el *Pájaro Azul* o *Pélleas y Mellisande* (en la que se basó Debussy para componer su opera homónima), hicieron aflorar en Lucía sus sentimientos más hermosos, no obstante su influjo simbolista.

Amigo de Debussy fue Erik Satie, compositor y pianista francés (1866-1925). Satie fue un músico excéntrico, que se opuso al romanticismo y al impresionismo musical que en esos momentos representaban la música de Debussy y Ravel. No obstante lo anterior, cultivo la disonancia, puso a algunas de sus obras títulos muy raros (*Tres piezas en forma de pera*) y cooperó con el movimiento cubista, como es el caso de la creación de su ballet Parade, en colaboración con Jean Cocteau y Pablo Picasso para el empresario ruso Diaghilev, líder de los ballets rusos.

En torno a 1950 y de la mano de Claudio Arrau, una obra de Erik Satie titulada *Sports et Divertissements* llegó a Chile para ser ejecutada en el Teatro Municipal. Hacia allí se dirigió entusiasmada Lucía –como tantas veces en su vida– a disfrutar de la experiencia y por qué no, a ejercer de crítico musical. La velada tuvo un sabor agridulce para Lucía, como muy bien expresó después en su programa radial *Humorismo musical de Erik Satie.*

Comienza nuestra autora refiriendo que el público había escuchado esas piezas satíricas con escaso agrado y que todo ello les había hecho meditar sobre el valor del humorismo aplicado al arte y la antigua querella entre los partidarios de la música pura, o sea la música por la música y los que aplican la descripción a la música. Lucía reconoce que este autor modernista tuvo ideas muy originales, pero que se opuso al impresionismo musical de Debussy y a la música pura.

Aburrida de tantas interrupciones nuestra artista intentó comprender esta música, para llegar a la conclusión de que la preocupación del autor de aplicar títulos o intenciones a las composiciones estorbaba el poder apreciarlas. Observe el lector que Chopin siempre se opuso a esa idea, mientras Schumann la practicó para explicar mejor sus obras. Por lo tanto, Lucía piensa que la descripción en música tiene sus limitaciones y cercena lo más grande que tiene la música que es "su poder de despertar sensaciones imprecisas, ajenas al intelecto" y que en definitiva, en su entender el humorismo aplicado a la música es un fracaso.

Nuevamente, Lucía se opone a la música de vanguardia, desordenada, desconcertante, modernista... De lo sublime a lo ridículo hay sólo un paso, nos dice. En su visión, el humorismo musical es incomprensible, sino va acompañado de ballets o de trozos de óperas bufas, que son —según nos explica— obras que combinan la palabra, el sonido, el color y el movimiento y que es una música que jamás se representa aislada. A continuación viene a decir que después de tantas ejecuciones magistrales y veladas inolvidables en el Teatro Municipal, ahora venía esta obra mediocre, que con un confusionismo cubista, nos hablaba del golf, el tenis, la pesca, la caza o el coral inapetente.

Nuestra autora encuentra mayor afinidad en una música comprensible, serena, trascendente, balsámica... y así lo expresa:

> "El privilegio que tiene el mundo de los sonidos y las armonías es la libertad en que deja nuestras sensaciones, concretándose solamente a insinuarlas, sugerir imágenes y aun en la canción o el coral, la palabra apenas entendida deja el alma en suspenso y despierta un mundo de sentimientos, de nuestros sentimientos que estaban en espera de que alguien les abriera la puerta liberadora".

Finalmente, cierra su pensamiento con las siguientes palabras:

"Felizmente todo ese falso ambiente se disipó pronto con la maravillosa composición de Ravel *Juegos de agua*, que vino a refrescar la sala y a limpiarla de las impurezas de un pretendido y fracasado humorismo musical.

Otros músicos habían cultivado el humorismo, pero éste era una sana alegría de vivir y no –parece querer decir– una deformación del intelecto" (Richard, 2004, págs. 597-598).

En cierto sentido, puede decirse que Lucía cometió aquí un error de concepto. Ravel fue un músico de vanguardia, que surgió en el ambiente de un superado impresionismo musical, donde reinaban las evanescentes disonancias debussyanas –de las que siempre negó estar influido aunque las apreciaba–, sabiendo mantener un equilibrio entre tradición y progreso, pero al mismo tiempo incorporando a su música las últimas conquistas del lenguaje musical.

El error consiste en que Ravel manifestó estar especialmente influido por Erik Satie y al igual que éste –y sin ánimo de generalizar– practicó el descriptivismo en la música. Así por ejemplo, *Jeux d'eau*, juegos de agua, es una pieza inspirada en el ruido del agua y en los sonidos musicales emitidos por los movimientos cambiantes del agua, las cascadas y arroyos. Este emparejamiento con el estilo de Satie fue el motivo principal que llevó a los responsables del Teatro Municipal a que se ejecutaran ambas obras en un mismo programa, ofreciendo una versión más renovadora y otra más ecléctica de una forma similar de concebir la música, por lo menos en cuanto al descriptivismo se refiere.

Por lo tanto, Ravel practicó la evocación de imágenes a través del sonido, ya sea, imitando los sonidos de la naturaleza o escenas de la vida natural; representando escenas de exóticos puertos de oriente, valiéndose del folclore español o traduciendo en música textos poéticos, entre ellos el de su poeta favorito Mallarmé, por el que sentía gran adhesión. Es decir, Ravel se afilió al Decadentismo, creyendo en la capacidad que tenía la música para reflejar la realidad con la misma fidelidad que las transfiguraciones propias de la poesía y de la pintura. Dan testimonio de ello sus múltiples obras: *Schéhérazade, Noctuelles, Oiseaux tristes, Une barque sur l'ocean, La Vallée des cloques, L'enfant des sortileges, Histoires naturelles* y muchas otras.

Todo ello lleva a pensar que no es tanto la música de vanguardia, la disonancia, ni siquiera el descriptivismo en música lo que incomoda a nuestra autora. Lo que le irrita es el surrealismo en la música, o lo que es lo mismo, obras que no tienen ni pies ni cabeza y no son más que una amalgama superpuesta de estrofas musicales sin un verdadero sentido humano. El alma de nuestra artista vibra al son de obras cargadas de emociones que sean capaces de llegar al corazón, que tengan esa "fuerza liberadora" que saquen a los sentimientos de su estado reclusivo.

Lucía nos habla de *"limpiar de impurezas a la música"*, de *"huir de un falso ambiente"*, de una búsqueda de lo genuino que podría estar en la música pura o en cualquier melodía de sano espíritu. En otras ocasiones nos transmite la idea del *"poder que tiene la música de despertar sensaciones imprecisas ajenas al intelecto"*, o nos dice que *"obras son amores y no buenas razones"*. Es decir; bajo su sentir las emociones y sentimientos no pueden evocarse a través de una maquinación racional, sino que éstas, hermanas de las sensaciones, surgen de forma espontánea y visceral de la integralidad del ser por el poder de la sugerencia.

Todo ello conduce a la conclusión de que si bien en alguna ocasión deslizó algún comentario adverso hacia el impresionismo pictórico, no albergaba el mismo parecer con respecto hacia el impresionismo musical, por lo que es de creer que músicos como Debussy, Ravel o desde luego Chopin a pesar de sus disonancias y transgresiones, pudieron ser de su agrado por el simple cariz embaucador de su música. Por lo tanto, no es tanto un criterio rigorista hacia las evoluciones de la música, lo que limita las concepciones estéticas de nuestra autora, sino el concebir a la belleza como el principio rector e ineluctable del arte.

Estoy seguro de que ante un mismo autor como lo fue el experimentalista Ravel, Lucía se habría extasiado ante una obra arrebatadora como *Une barque sur l'ocean,* llena de distendimiento, plagada de sedosos colores que se funden en un escenario natural, donde las emociones fluyen libres en un espacio infinito. Sin embargo, ella habría desesperado con el ritmo obsesionante del *Bolero*, obra que representa la culminación de los avances de la técnica musical, pero que quizás no transmite esa dulzura de imágenes que conquistan el espíritu de nuestra autora. Lucía siempre se opuso a la construcción cerebral, a la hipertrofia de los sentidos, a cualquier creación que no surgiera por y para el corazón.

Lucía intentó abarcar en sus programas radiales un pensamiento musical acorde con las sensibilidades de su alma. Tras construir una semblanza de Richard Strauss, se detiene en la figura de otros compositores nacionalistas, que se afanaron en recoger el folclore popular de su tierra, como es el caso de Gluck, Smetana y Grieg. Gluck escuchó la voz de la naturaleza en los frondosos montes de Bohemia. Smetana se inspiró en leyendas y costumbres antiguas, así como en la belleza de la naturaleza, en los altísimos montes frondosos, de los ríos y los bosques de su patria. Grieg sería bajo su contemplación la personalidad más relevante de todos estos compositores naturalistas.

Edvard Grieg, fue el primer músico nacional de Noruega, el cual supo evocar las sugestiones del mundo nórdico, elaborando un lenguaje espontáneo y fresco, original y precursor de los estilos más modernos. Lucía en su programa dedicado a Grieg rehúye de los datos históricos del personaje y enfatiza el elemento natural y sentimental del músico. Nada nos habla de su encuentro con Liszt, o de su etapa de estudio en el Conservatorio de Leipzig. Es como si se hubiera cansado de circunloquios y se lanzara a correr libre por los prados al encuentro de su espíritu.

El músico al principio de su carrera se había germanizado, dejándose influir por presencias extranjeras, pero pronto regresa a su patria, siente la poderosa fuerza de la tierra y brota en su interior su verdadera identidad. Lucía nos transmite la idea de que la música alemana, demasiado racional, cargada de estructuras y divisiones lógicas, no podía sustituir a aquella que emana de los dictados más auténticos del corazón. En lo más profundo de esos fiordos, en esas ensenadas azules, no se podía crear apoyándose sólo en la razón. Allí se sueña, se ven visiones...

Tras conocer a Ibsen éste le pide que ponga música a su obra *Peer Gynt*, tarea en la que emplea dos años de su vida. Lucía señala que en esa obra gigantesca despuntan por su belleza: El amanecer, La muerte de Ase, En el umbral del Rey de la Montaña y la Canción de Solveig, siendo muchos de sus bellos pasajes emitidos en su programa. Interesante, sin embargo, es la forma en que aborda el nudo central del drama de Peer Gynt, no con sus propias palabras, sino recogiendo las de José Enrique Rodó, escritor uruguayo, catedrático de literatura de la Universidad de Montevideo; célebre por su obra *Liberalismo y jacobismo* y por sus ensayos en defensa del americanismo y la crítica a la cultura norteamericana.

Peer Gynt es un travieso joven de aldea que anhela ser rico y poderoso, pero que también alberga afinidades artísticas. Toda la trama es en realidad una lucha de identidades, que llevará al joven hasta la misma Esfinge de Egipto buscándose a sí mismo. Por lo tanto, es un drama que enlaza con la tradición romántica de amores imposibles, viajes a lugares exóticos y ruinas desoladas, incardinándose todo ello con las leyendas nórdicas.

Tras acudir a una boda, Peer conoce a Solveig de la que se prenda locamente. Ante su carácter excéntrico, Solveig en un primer momento le rechaza y éste en un acto de desesperación secuestra a la novia de la boda, Ingrid, llevándosela a las montañas donde la abandona. Allí Peer seduce a la hija del Rey de las montañas y los trolls amenazan con comérselo si no se casa con ella. De la unión entre ambos nace un hijo monstruoso, y Peer ante la expectativa de formar parte de ese mundo grotesco, decide huir zafándose de seres fantásticos que le persiguen.

Tras la muerte de su madre, Ase, Peer viaja a África donde se convierte en tratante de esclavos y mercader. Tomado por profeta un jeque lo aloja en su séquito, pero él secuestra a la bella Ánitra, que finalmente escapa a sus garras dejándolo abandonado a su suerte en el desierto. Después Gynt vuelve con sus riquezas a su país, pero una terrible tormenta hace naufragar el barco frente a las costas y su regreso se demora aún más. Pasados veinte años es un hombre cansado que se encuentra con un personaje, llamado la Sombra, haciéndole ver que su destino está con la mujer enamorada que aún le espera, Solveig.

Finalmente, Peer consigue regresar a su hogar, donde en un acto de redención Solveig lo envuelve tiernamente en sus brazos mientras le canta una nana. En síntesis la historia de Peer Gynt representa la búsqueda del verdadero sentido de la vida. ¿Dónde se encuentra este verdadero sentido? ¿En el acopio de riquezas, en el amor, en los viajes exóticos, en la adquisición de poder? Nada parece colmarlo y tras un viaje que se prolonga por veinte años vuelve a su hogar, encontrando la redención a sus quimeras en los brazos de su amada Solveig.

Lucía retoma este indagar en el verdadero sentido de la vida valiéndose de las palabras de Rodó. En su regreso a casa ya envejecido Peer mantiene un diálogo con un dios natural, un dios nórdico que le envuelve. Camino de la montaña a la aldea se arremolinan a sus pies las hojas de los árboles. "Somos le dicen, las palabras que debiste pronunciar. Tu silencio tímido nos condena a morir en el surco". El viento sería la canción que no entonó. El rocío las lágrimas retenidas que no desbordaron sus ojos.

La hierba los pensamientos que nunca poblaron su mente. En definitiva, Lucía a través de Rodó se plantea dónde está la felicidad. Al final de la jornada, eufemismo que pretende significar el final de la vida, El Fundador Supremo —especie de dios de la naturaleza o Gea—nombre de la justicia que preside en el mundo la integridad del orden moral, al modo de la Némesis antigua, es decir, la diosa de la justicia retributiva, la venganza y la fortuna, le detiene para preguntarle dónde están los frutos de su alma.

Y ahí está la verdadera moraleja de la historia, ya que en la visión de Lucía (bajo el manto de las palabras de Rodó), una vida que no adquiere su sentido no merece ser vivida. De igual manera un alma que no es capaz de liberar su aroma, debe ser refundida en la inmensa hornaza de todas, y sobre su pasada encarnación debe asentarse el olvido de la eternidad de la nada. Este pasaje de una belleza sobrecogedora nos viene a decir, que la impronta de un alma que no supo expresarse debe ser borrada de la faz de la existencia, siendo relegada al viento helado del olvido.

Lo peor de este anonimato es que tras la muerte ya no hay una segunda oportunidad. Naturalmente, en saber dónde se encuentra ese "sentido de la vida" radica todo el problema. Lucía con este pasaje y retomando la idea del *"vanitas"* renacentista, nos quiere transmitir que ese sentido no puede encontrarse en la acumulación de riquezas de ningún tipo, ni en ostentaciones, ni en la detentación de un poder infausto, sino que sólo puede aprehenderse en el momento que el corazón libera su corola y la hace asequible al resto de la humanidad. Esa es la verdadera felicidad (Richard, 2004, págs. 594-595).

CAPÍTULO VI

SU CONTRIBUCIÓN AL FEMINISMO CHILENO: PROTAGONISTAS Y ACTIVIDADES

La Mesa Redonda Panamericana de Mujeres de Chile. Contactos con Gabriela Mistral

Al final de la década de los cuarenta Lucía Richard participó en multitud de iniciativas culturales, a la vez que se integra en varias instituciones que promueven esas iniciativas. Lucía Richard fue secretaria del Pen Club, secretaria del Cenáculo de Poesía, miembro de la Sociedad de Escritores de Chile, miembro del Directorio de la Casa de América, así como delegada de la Mesa Redonda Panamericana de las Mujeres de Chile y por entonces tenía además hace ya tiempo su propio programa radial *Guía de arte*.

A lo largo de los años dio multitud de conferencias: la ya mencionada "Muerte de Stefan Zweig" dada en el Cenáculo de Poesía (28 de mayo de 1942); "300 años de conmemoración de la muerte de Quevedo" (1945); "Sara Hubner", ofrecida en la Casa Central de la Universidad de Chile (1947); "Vitrales del Brasil", en la Casa de América (17 de noviembre de 1954); "Guillermo Valencia", escritor colombiano, dada en la Universidad Católica de Chile[14].

Si uno analiza aunque sea someramente los datos aludidos en los párrafos precedentes, puede darse cuenta sin dificultad de que Lucía Richard perteneció a una élite de intelectuales que englobaban lo que se ha denominado el feminismo chileno. Y este es un tema denso, ya que existió el feminismo obrero, el feminismo de clase media y el de clase alta. Lucía Richard perteneció a esta última categoría y dentro de ella hizo grandes aportaciones.

La reivindicación feminista en Chile, arranca ya desde finales del siglo XIX, con figuras como Martina Barros de Orrego, luchadora infatigable, la cual abogó por la igualdad de la mujer y ya en 1873, como Presidenta del Club de Señoras, osaba dar charlas sobre el voto femenino, cuando aún muy pocos ni tan siquiera se atrevían a insinuar semejante cosa. En lo que se refiere al tiempo coetáneo a Lucía Richard podemos dividir esta contienda en tres periodos.

El primero estaría situado entre 1900 a 1935, en el cual se recogen y canalizan las nacientes inquietudes femeninas en pro de una mayor participación, surgiendo las primeras asociaciones de mujeres, que aún no se podían considerar como políticas. El segundo, va desde 1935 a 1953, etapa en la que la mujer se organiza políticamente, el movimiento femenino llega a su cúspide, consigue el derecho al voto y se involucra en multitud de acciones sociales. El tercer periodo abarcaría desde 1953 hasta 1970, en el cual una vez conseguido el derecho al sufragio, la participación de la mujer se canaliza a través de los partidos, que poseían secciones femeninas (Santa Cruz, Pereira, & Zegers-Valeria Maino, I., 1978, págs. 227-229).

---

[14] En cuanto a "Enamorados del mar", los hijos de Lucía Richard, piensan que se trató de una conferencia dada su extensión, aunque no pueden aseverar dónde y cuándo tuvo lugar. Gracias a las informaciones plasmadas en el Boletín del Cenáculo de Poesía, se sabe que efectivamente fue una conferencia que se dio con el título de "Amantes del mar" (no Enamorados del mar) y que tuvo lugar en el Palacio de la Alhambra de Santiago en 1944 (Boletín del Cenáculo de Poesía, nº 5, 1944, pág.2), además tuvo un programa de radio titulado *Evocación de los poetas idos* (mismo Boletín, pág.8).

Fueron pioneras o precursoras de esta difícil lucha, mujeres pertenecientes a la clase alta, que eran las únicas en ese momento capaces de llevar a cabo esa urgente transformación de la sociedad chilena. Entre ellas, las muy conocidas: Inés Echeverría Larraín, Delia Matte de Izquierdo, presidenta del Club de Señoras, Sara del Campo viuda de Montt, Josefina Smith de Sanfuentes, Gabriela Mistral, Sara Hübner, Amanda Labarca Huberson, Elvira Santa Cruz Ossa, Ginés de Alcántara, etc. Todas ellas conformarían el precedente inmediato de Lucía Richard, generación anterior de la que nuestra homenajeada obtuvo muchos referentes, llegando a conocer a muchas de ellas. La excepción estaría en Amanda Labarca, que habiendo nacido en 1886, murió en 1974 y vivió por tanto más que Lucía.

Estas valientes mujeres, aparte de denunciar a la sociedad tradicional con sus escritos, también llevaron a cabo multitud de iniciativas en el campo de la acción social, ya sea a través de las sociedades benéficas, o de la caridad, en las que los niños fueron objeto de su atención preferente. Así por estos años nacieron instituciones como el Patronato Nacional de la Infancia (1901), la Asociación de Señoras contra la Tuberculosis (1901), Las Creches (1904), Sociedad de Beneficencia de Señoras (1906), Ollas Infantiles (1908), Sociedad de Ciegos Santa Lucía (1923), Liga de Damas Chilenas (1912), Asociación de Mujeres de Chile de la Cruz Roja (1914), Club de Señoras (1915), Centro Femenino de Estudios (1919), Consejo Nacional de Mujeres (1919), Círculo de Lectura de Señoras, etc (Santa Cruz, Pereira, & Zegers-Valeria Maino, I., 1978, pág. 232).

Especialmente importante para nosotros es el Club de Señoras fundado por Delia Matte de Izquierdo y al que Lucía Richard se refirió expresamente. En él se mezclaron objetivos de acción social y de lucha en pro de la emancipación de la mujer, así como persiguió fines culturales. Fue una de las primeras instituciones que no tuvo patrocinio de la Iglesia y fue quizás uno de los organismos más avanzados de la época. Encontró gran oposición tanto de parte de la Iglesia como del elemento masculino, quienes no toleraban el hecho de que las mujeres se unieran en un club por las tardes a conversar de cosas culturales y discutir sus propios derechos. Entre sus fines también estuvo el formar a la mujer de las clases más altas. Iris llegó a decir en 1915:

"Entonces sentimos el terror de que si la ignorancia de nuestra clase se mantenía dos generaciones más, nuestros nietos caerían al pueblo y viceversa. La cosa no daba espera. Los síntomas eran alarmantes...Y así sucedió que algunas señoras, que no tenían espíritu retrógrado, sintieron la necesidad de reunirse, de trabar relación con la nueva sociedad que se había formado, a despecho de las viejas tradiciones de familia" (Santa Cruz, Pereira, & Zegers-Valeria Maino, I., 1978, pág. 234).

Respecto a esta frase de Iris, causa risa el pensar que la mayor feminista de su tiempo —es de suponer que intelectual también— de un lado reivindica el derecho a la autoafirmación de la mujer, prerrogativa que se pretende alcanzar para elevar su nivel cultural y por otro se reclama esa supremacía intelectual para excluir al pueblo, o para distinguirse de él. La fusión de estamentos es algo imposible en Chile. La impermeabilidad entre estratos es insoslayable y eso lo vemos claramente aquí.

Es decir, se reclama una postura liberal para luego oprimir a los ignorantes y eso se considera no retrogrado, sino avanzado. Dicho de otro modo se propugna la emancipación de la mujer respecto a la sujeción del hombre, pero una vez conseguido ese poder se pretende subyugar al pueblo con él, lo cual es un *"reductio ad absurdum"*, una contradicción conceptual, propia de este feminismo naciente. Pero así es Hispanoamérica, una sociedad de castas, difícil de entender desde una óptica europea. Derechos sí, pero no para todos, viene a decir Iris.

Respecto a este Club y su Círculo de Lectura, Lucía Richard dejó escrito:

"Los principios de este Club fueron modestos. Las cuatro damas que se reunieron en Julio en 1915, doña Luisa Linch de Gormaz, Inés Echeverría (Iris), Manuela Herboso de Vicuña y la señora Matte, no imaginaron el revuelo y el escándalo que su propósito iba a producir en la pacata sociedad de entonces que vivía por entero a la sombra parroquial y en un círculo estrecho de prejuicios de familia. No tardaron en aparecer voces airadas, burlas, denuestos en todos los periódicos y círculos de la capital.

Se apeló al ridículo, a la diatriba y hubo quien condenó la idea porque se descuidaría el zurcido de los calcetines. Felizmente también salieron defensores y el Club se impuso con su magnífico programa de conferencias semanales, veladas de arte, conciertos, numerosas y escogidas clases, entre las cuales cabe mencionar las del maestro de piano Sr. Bindo Paoli" (Richard, 2004, pág. 449).

En 1935 se crea el MEMCH (Movimiento pro Emancipación de las Mujeres de Chile), que postulaba que en él cabían todas las tendencias ideológicas y religiosas y que sus integrantes debían estar dispuestos a luchar por la liberación social, económica y jurídica de la mujer. Un momento culminante fue en el año 1949, cuando la mujer consiguió el derecho al voto en las elecciones parlamentarias y presidenciales. Los fines del movimiento quedaron establecidos en el Congreso de Santiago de 1937:

1. La protección de la madre y la defensa de la niñez.
2. El mejoramiento del estándar de vida de la mujer que trabaja.
3. La obtención de los derechos de la mujer.
4. La elevación cultural de la mujer y la educación del niño.
5. La defensa del régimen democrático y de la paz.

Gracias a la acción comprometida y continuada de esta organización, se consiguieron grandes avances, logrando regulaciones jurídicas más justas, para todo aquello que pertenecía al ámbito femenino. Durante esta década, que coincide con el gran renacimiento intelectual de Lucía Richard, se crearon muchas organizaciones femeninas: Comité Pro Derechos de la Mujer (1941), Defensa Civil Femenina (1941), Comité Pro Derechos de la Mujer y Defensa de la Raza (1941), Acción Cívica Femenina (1942), Federación Chilena de Instituciones Femeninas (1944); Partido Femenino Chileno (1946). También en estos años tuvo lugar el Primer Congreso Nacional de Mujeres de Chile entre el 27 de octubre y el 1º de noviembre de 1944.

Especial consideración para nosotros tiene el Partido Femenino Chileno, cuya directiva estuvo formada por María de la Cruz (presidenta), Georgina Durand (vicepresidenta), Mimí Brieba de Aldunate (tesorera), Olga Aguiló (secretaria general). Observe el lector que tanto María de la Cruz, como Mimí Brieba de Aldunate, habían sido compañeras de Lucía Richard en el Cenáculo y junto a otras pertenecían a un grupo bien cohesionado que gravitaba en torno a Vera Zouroff. Este partido –cuya evolución debió Lucía seguir muy de cerca– recibió violentos ataques de muchos sectores.

Por ejemplo, ciertos grupos de católicos trataron de impedir que mujeres de esa religión se adhirieran al movimiento, argumentando que en la directiva había una divorciada. Otros cuestionaron la candidatura de María de la Cruz, que despertó una amplia polémica y una interrogante para los agoreros de la política. La candidata fue derrotada en las urnas, pero sin embargo, muchos juzgaron su derrota como un triunfo moral ante los pocos medios con los que se había realizado la campaña electoral (Santa Cruz, Pereira, & Zegers-Valeria Maino, I., 1978, págs. 238-242).

En cualquier caso, lo que más nos importa a nosotros es señalar que Lucía Richard, si bien se prevalió del empuje y las realizaciones de la generación precedente, más bien perteneció a la generación de los años cuarenta, a la que pertenecerán mujeres como Marta Vergara (1898), Magdalena Petit Marfán (1900-1968), Marta Brunet (1901-1967), María Flora Yáñez Bianchi (1898-1982), Marcela Paz (1902-1985), Chela Reyes (1904-1988), etc (Santa Cruz, Pereira, & Zegers-Valeria Maino, I., 1978, págs. 291-231).

Muchas de estas mujeres cuestionaran en sus escritos el papel otorgado a la mujer en la sociedad patriarcal. Por primera vez se denuncia sin reparo el sesgo moral de concebir a la mujer como un mero objeto. Se intenta desculpabilizar a la mujer de poseer un cuerpo sensual. Ahora la mujer podrá disfrutar del erotismo de su cuerpo, sin verse mortificada por la carga histórica que pesa sobre su sexualidad. Mujeres como Vera Zouroff en su obra *Liberación* criticarán a la institución matrimonial, que no consideraran una vía adecuada para la realización personal, afectiva y erótica de la mujer.

El matrimonio se concibe como un instrumento de control de la sexualidad y la capacidad reproductiva de la mujer, siendo por tanto objeto de abominación. Se contrapone el espacio reservado a la mujer soltera frente al del hombre soltero, siendo ésta relegada al menosprecio y la compasión, convirtiéndose con el tiempo en un sujeto sin identidad, que supone una carga familiar y que acaba reducida a la soledad. Frente a ello, el hombre soltero sería el campeón que disfruta libremente de su sexualidad.

El discurso es amplio y si bien Lucía Richard, no se implicó en esa clase de escritos que la hubieran conducido sin lugar a dudas al escarnio –difícilmente soportable en una mujer casada– sí que estuvo muy al corriente de las ideas que divulgaban sus compañeras en sus libros, como compartió con ellas muchas de sus acciones sociales. Lucía no quiso adentrarse en esas disquisiciones ideológicas arriesgadas para la época y prefirió volcarse en su amor por la historia, por la belleza, la arquitectura, la psicología, la música y todo lo que hay de trascendente y universal en el espíritu humano.

En su obra vemos, sin embargo, como se preocupó con sutileza de sus compañeras, aunque no siempre guardó las formas. Respecto a Inés de Echeverría, *"Iris"*, descendiente de Andrés Bello, una de las familias más aristocráticas de la época, fue una feminista acérrima, tachada por algunos de fanática, ególatra, anárquica y transgresora de los valores de su clase, una mujer independiente, que vilipendió con su pluma los cimientos de una sociedad que consideraba retrógrada, atacando con denuedo a la misma Iglesia y a todos aquellos que se oponían a la emancipación de la mujer, siendo objeto por ello de múltiples críticas y hasta amenazas de excomunión. Nada le importó, sino imponer su criterio y voluntad.

A esta mujer precursora –con la que alguna vez coincidió en el Teatro Municipal– le dedica un elogioso artículo, poniendo en sus labios las palabras que la altiva dama escribiera en su obra *Tierra virgen*:

> "La actual raza chilena es insensible, utilitaria y antiestética. No serán los caducos retoños de la colonia con sus apolillados blasones, ni los advenedizos enriquecidos de ayer los pobladores de este paraíso" (Richard, 2004, págs. 451-453).

A continuación, prosigue Lucía desplegando todos los matices de su bien construida apología, señalando sus virtudes, su piedad con tintes teosóficos, su panteísmo, su capacidad como novelista, conferenciante, polemista, desarmando una a una todas las ácidas críticas que en su tiempo se vertieron sobre ella.

En su artículo "Renovales de Maite Allamand" (1911), escritora de ascendencia francesa, que fue publicado en *El Mercurio*, Lucía esboza un cuadro agradable, lleno de distendimiento, cuyo escenario es el campo chileno, el costumbrismo criollo, adentrándose en todas las frondosidades de la fragosa naturaleza austral, sumida en un verdegueante empacho de imágenes maravillosas, al compás del ritmo lento de la rueda de una carreta campesina. Allí va nuestra autora difuminándose en una niebla que la envuelve, rescatando de la prosa de Maite todas esas estampas del mundo rural que le fascinan, y en dónde "de repente" surgen unos personajes, de los que no llegamos a saber nada.

Los biógrafos de Maité Allamand, ven todo esto por supuesto, pero también perciben en su narrativa, una reiterada denuncia de una mujer campesina abandonada en una sociedad marcadamente patriarcal en un contexto de costumbrismo local con resabios de colonialismo. Allí la mujer es sometida a múltiples formas de vejación. Sirvientas, lavanderas, campesinas, personajes humildes en suma, son víctimas de la marginación en un ambiente hostil, que lleva aparejado el sometimiento paternal/maridal, el acoso sexual de patrones y señoritos, la violencia y el mal trato dentro del matrimonio, las violaciones y otros abusos de maridos borrachos, pendencieros, celosos, etc (Rubio, 1994-1999, pág. 246).

Sin embargo, nada de esto llega a vislumbrar o interesar a Lucia Richard. Es allí donde le faltó la pimienta, el contrapunto, la dinamita. Ella es un remanso perpetuo de belleza, dónde sólo reina la armonía y la bondad, dónde su pluma se contornea, llena de gracia y liviandad, seduciéndonos con su sedosa hilaridad. Ya lo dijo en una ocasión Renoir: *"En la vida sólo me interesan mis cuadros y mis flores"*. En la vida ya hay demasiada tragedia, ¿Para qué crear más?

La propia Lucía confesó la tendencia que tenía a ver en las obras de los demás sólo poesía. En un comentario radial dedicado a María Luisa Bombal, expresó lo siguiente:

" Se ha hablado mucho de su fantasía creadora de su buceo por el inconsciente, más, para mí, su libro (*Mar, Cielo y Tierra*) fue antes que nada, una exquisita poesía. Quizás por aquello de que nosotros vemos en los demás sólo la parte que encuentra resonancia en nosotros; quizás porque siendo la poesía para mí lo que da la medida de la elevación de un espíritu, me siento tentada a encontrar poesía en todo lo que admiro; es el caso que la obra de María Luisa Bombal me impresionó hondamente por su sentido poético integral" (Richard, 2004, pág. 578).

Algo muy similar ocurre con *Tía Eulalia*, novela de Chela Reyes (1904-1988), obra que Lucía examina en un artículo que apareció en *El Mercurio*. Chela Reyes, fue poeta, cuentista, novelista, ensayista, dramaturga, conferenciante, asistente social y una de las fundadoras del Pen Club de Chile. Todo apunta a que Lucía y Chela llevaron vidas paralelas, coincidieron en muchos aspectos de su vida intelectual y desde luego en el Pen Club, al que también pertenecía nuestra biografiada.

En este artículo se muestra Lucía especialmente ingeniosa, inteligente, como que sabía que su contemporánea lo leería y que sus palabras podrían afectar a su relación. Por otra parte, esta reseña bibliográfica demuestra como Lucía leía los libros de sus compañeras y estaba bastante impregnada de sus ideas. Una autora recientemente ha interpretado *Tía Eulalia*, como una obra que se inserta dentro del conjunto de concepciones que conforman el feminismo chileno de esa época.

Para esta crítica, la novela es una obra que subvierte el orden patriarcal, cuya narración cuenta la historia de tres mujeres reducidas a la soledad, que vieron su vida frustrada por culpa de la sujeción a un orden dominante, donde se da una ruptura del orden hegemónico a través del análisis crítico del discurso patriarcal acerca del cuerpo de las mujeres, que si se dan limitaciones que pesan sobre el deseo erótico de las mujeres, que si es una historia de rebeldías, que si hay tortuosidad en la presión ejercida por ese orden dominante, que si las mujeres se encuentran sometidas a una doble represión, la del orden social vigente y las que ellas mismas se imponen al internalizar tal censura, etc... (Rubio, 1994-1999, págs. 170-178).

Al margen de que pueda haber mucha verdad en este discurso, o que se haya magnificado bajo la lente del feminismo actual, Lucía Richard no capta en absoluto nada de esto. Para ella, en la novela los géneros literarios se confunden, viendo en su discurrir, un gran poema, en suma, una gran obra de arte. Lucía no entra en la trama, en las vicisitudes de los personajes, en la evolución dramática del proyecto, ni en congojas, ni en patetismo, ni en desolación alguna. La obra bajo su retina en una excelsa realización estética, un mundo fabuloso de decorados, donde el lector se sumerge en otro plano de la realidad, perdido en elíseos de la imaginación.

Las pasiones humanas se dejan a un lado en la interpretación de Lucía, para realzar el ornato, el aspecto plástico de la obra. Los objetos de lujo, el hedonismo aterciopelado, la perfecta pulimenta de los adjetivos, la opulencia de un lenguaje lleno de musicalidad y enamoramiento, la voluptuosidad que nos embelesa en un constante fluir narrativo, todo ello engloba la quintaesencia de una obra que califica de "exquisita obra de arte". Aún le queda tiempo para detenerse en las cosas inmóviles, que tienen bajo su contemplación, una grandeza que supera nuestras pequeñas vidas llenas de tribulaciones.

En el quietismo de las cosas que permanecen inmutables, es donde percibe el amparo de una sabiduría eterna. Al final, cuando cierra el libro, lo hace con cierto dolor de recién nacido, que abandona su círculo mágico y se reincorpora a una realidad mucho menos paradisíaca (Richard, 2004, págs. 520-521). Por otra parte, sería un despropósito y hasta un ultraje histórico, concebir a Lucía Richard sólo como una autora superficial que tuvo una prosa iluminada y se dedicó meramente a pintar con sus palabras una realidad antiestética, plagada de desdichas.

Si la mujer tenía vedado su acceso a la universidad y esto la llevó a una posición de diletante, su fuerte vocación hizo que Lucía leyera durante años acerca de toda clase de tópicos, adquiriendo con su propio esfuerzo una sólida formación intelectual. Lucía fue un palimpsesto de realidades, del que surgió su vigorosa personalidad, acrecentada por una mente profunda, dotada de una gran capacidad de penetración psicológica. Nuestra dama, supo expresar con su lenguaje de dulzura y beldad, toda la grandeza y trascendencia que es capaz de alcanzar el espíritu humano.

En su conferencia sobre Sarah Hübner (1888-1930), dada en 1947 en la Casa Central de la Universidad de Chile, demuestra una especial perspicacia a la hora de adentrarse en la figura intelectual y humana de la escritora chilena.

Sarah emerge ante sus ojos como una mujer compleja, revestida de una personalidad inescrutable y multívoca. Todo comienza con una carrera de desaciertos y truculencias en la infancia. La pequeña Sarah, provista a la vez de un alma impresionable y altiva, se ve desde muy joven confrontada a un entorno hostil. Como única salida al hastío que la consume, vuelca virulenta sus sentimientos sobre el papel. Misticismo y sensualidad, quietud y movimiento, ética y estética, bondad y sadismo, aliento y sarcasmo, paternidad y egolatría, esa es en síntesis la polisemia que transmiten sus escritos.

Bajo su prisma, Sarah se mostraba a veces tímida y hasta tierna, para virar súbitamente hacía un lenguaje viperino, con frases mordaces, cargadas de sarcasmos, cuya agresividad no era más que la máscara de su tristeza. Su amor propio, le hacía sentirse superior, pedestal desde donde lanzaba sus locuciones inquietantes. El contraste estaría en su sinceridad, que desdecía su talante de mujer lacerante y la situaba en un plano de grandeza intelectual, al atreverse a decir las cosas tal cual las pensaba, en una época de fingimientos e hipocresías, lo que en definitiva otorgaba un grado de calidad y refinamiento a su obra.

Tras su aparente frivolidad, Sarah era una mujer dotada de una gran curiosidad, que tenía un espíritu profundo, que la llevó a interesarse por los adelantos de la ciencia, la biología, la medicina, los problemas del mundo, de la religión, de la vida y hasta incursionó en especulaciones filosóficas. Pero tras sus periodos de lucidez expansiva, nuevamente retornaba la mujer atormentada, orgullosa, extravagante en el vestir, displicente ante la gente, hacia la que guardaba cierta distancia, en un marco de originalidad y distinción, oculta bajo sus gestos y ademanes de gran señora. Narcisista intelectual, su sinceridad intransigente, su talante byroniano, la habría llevado a decir cosas reveladoras:

"Ninguna filosofía ha de darme la razón de ser de la vida. Sé que debo buscarla sólo dentro de mí, desenvolviéndome" (Richard, 2004).

Contradictoria, supo también Sarah mostrar una gran atracción hacia la belleza, así como expresarse con un lenguaje hermoso, nutrido de un verbo luminoso, con gran afluencia de epítetos grandilocuentes. Como epílogo, Lucía Richard establece un sagaz paralelismo entre el corazón físico, órgano debilitado de una mujer que se va consumiendo y el corazón sentimental, de la misma mujer que busca desesperadamente su auditorio, para acabar muriendo prematuramente de incomprensión, viéndose relegada por los demás al olvido.

Según Lucía, la intelectual habría sido intensamente subjetiva, por lo que en consecuencia, todo su periplo por el universo de las ideas, la psicología, la cultura, todo su ideario en suma, nacía y moría en su propio corazón. Cuando ésta empezaba a despertar al ambiente, los prejuicios de familia se habrían apoderado de ella con sus punzantes garras, para transformarla y reducirla a una de tantas mujeres anónimas que pasan por la vida. En la interpretación richardiana esta habría sido la clave de bóveda donde empezó su desmoronamiento físico e intelectual. Es ahí donde comenzó la lucha que quebrantó su salud, transformándola en un ser corrosivo e iracundo, que se desdobló en improperios, al tiempo que su corazón dejaba de latir (Richard, 2004, págs. 393-405).

Reconduciendo nuestro relato hacia la temática del feminismo y las acciones sociales, Lucía Richard ya desde muy temprana edad había mostrado interés por la reivindicación feminista. En su carta de 31 de diciembre de 1926, titulada *Carta a las mujeres de América*, dirigida a don Gregorio Martínez Sierra y publicada en Viña del Mar, nuestra joven asegura lo siguiente:

"En Chile no hay feminismo político, no hay feminismo en teoría, pero lo hay en la práctica si por feminismo se entiende el que la mujer tome en la vida el puesto que le corresponde, perfeccione sus aptitudes y adquiera esa confianza en sí misma que le hace ser alguien en el hogar y en la sociedad. Ya pasaron los benditos tiempos en que a luz escasa y escondida de una lámpara, nuestras jóvenes se ayudaban a vivir con los imposibles bordados y las mal pagadas costuras.

¡Ya el trabajo no deshonra! Las chilenas acuden presurosas a las universidades, llenan las escuelas de arte, se interesan por las faenas agrícolas, dan espléndido resultado en el comercio, son profesionales distinguidas, afrontan con entereza la vida y son ejemplo provechoso en el hogar y sostén muchas veces de su familia. Sin embargo, este feminismo sano y avanzado que bulle entre nosotras necesita imperiosamente un defensor. Nos falta tanto camino por recorrer y tenemos que luchar contra todos y contra todo" (Richard, 2004, pág. 457).

Ese defensor era Gregorio Martínez Sierra, cuya cualidad suprema a los ojos de Lucía era su marcado optimismo. Martínez Sierra (1881-1947) fue un prolijo escritor español que destacó como poeta, cuentista, novelista y autor dramático, campo éste último en el que cosechó notables triunfos escénicos. Fundó revistas literarias inspiradas como *Vida Moderna*, *Helios*, y *Renacimiento*. Junto Catalina Bárcena dirigió el Teatro Eslava de Madrid, desde donde dio a conocer a músicos de la talla de Falla, Turina, Conrado del Campo, Ángel Barrios, entre otros. Tradujo las obras de Rusiñol, así como numerosas extranjeras, como las de Barrie, Maeterlinck, Bernard Shaw, Molnar, Andreiev, Pirandello, Pagnol, Nocodemi...

Martínez Sierra fue un escritor de los llamados "espiritualistas" por sus asuntos y "estilistas" por el esmero y galanura de su lenguaje. Alma delicada y de fino espíritu artístico, todo lo que salía de su pluma era bruñido y depurado. Tenía una forma de ver la vida sin complicaciones, muy afín al sentir de Lucía, ajeno a toda intriga dramática. Era un hombre extremadamente sentimental, de un tono dulzón y delicado al que veces se le acusa de sensiblero, tildando su literatura de femenina. A veces el sentimiento se combina con cierta ironía, no violenta sino cordial y sana.

Don Gregorio fue un hombre exquisito y generoso, que poseía el don de lo pictórico y sus diálogos fluían con naturalidad. Tierno y emotivo, sus poesías tienden a una fervorosa intimidad y una melancolía deliciosa. Sus cuentos y novelas atraen por su prosa refinada y sus donosas descripciones, plagadas de escenas cálidas y luminosas. Fue un abanderador de la causa y los sentimientos de mujeres, junto a su mujer doña María de la O Lejárraga, una feminista apasionada.

Su obra de teatro cumbre fue *Canción de cuna*, que explora el instinto maternal de toda mujer y cuya acción transcurre en un convento. Estrenada en noviembre de 1911 en el Teatro Lara de Madrid, la obra alcanzó un éxito internacional, siendo traducida y representada en numerosos países. En mayo de 1926 Martínez Sierra se encontraba de gira con su aclamado teatro por

Chile y Argentina, donde cosechó numerosos triunfos y atrajo grandes simpatías.

En Santiago, las damas chilenas capitaneadas por la célebre feminista Delia Matte de Izquierdo, le recibieron con entusiasmo, al que correspondió con caballerosidad y galanura, dejando en la capital muestras imborrables de su gloria y provecho. La gira continuó por Valparaíso, y desde Viña del Mar, una joven Lucía le dedicó en diciembre de 1926 su "Carta a las mujeres de América", donde elogió las virtudes y la comprensión hacia la causa de las mujeres que siempre inspiró la vida de don Gregorio. Adverso por temperamento a las luchas políticas vivió sus últimos dieciséis años de vida fuera de España (Sainz de Robles, 1953)[15].

Aparte de esta breve experiencia de juventud, su verdadera vocación como feminista pública comenzó dos décadas más tarde. El 1 de junio de 1946, en su artículo titulado "Por gratitud o por interés" daba muestras de hallarse comprometida en las campañas del Pen Club en ayuda de la misérrima situación de los escritores franceses (Richard, 2004, pág. 455). Posteriormente, un año antes de la intrigante conferencia sobre Sarah Hübner, Lucía se encontraba en su mejor momento y su carrera como escritora e intelectual era ascendente. En aquel momento Lucía se encontraba plenamente implicada en muchas iniciativas feministas, que entonces estaban impulsando varias representantes del bello sexo, junto a algunos varones inspirados, en beneficio de la mujer, la juventud y sobre todo los niños.

En diciembre de 1946, el diario *La Opinión* convoca en sus dependencias a un grupo selecto de seis escritores a un coloquio, donde cada uno iba a reflexionar sobre el tema que más le preocupaba. Éstos fueron: Lucía Condal, Oreste Plath, Pepita Turina, Oscar Jara Azócar, Lucía Richard y Jacobo Danke. Uno a uno fueron entrevistados por el periodista de la redacción. Tocándole el

---

[15] Respecto a esta visita a Hispanoamérica también puede consultarse la Revista *Blanco y Negro* del 30 de mayo de 1926, pág. 95, así como el diario *ABC* del viernes 11 de febrero de 1927. Buena muestra de la calurosa acogida que tuvo Martínez Sierra en la capital santiaguina se puede rastrear en un libro con el que fue obsequiado, titulado *Primera serie de conferencias dadas en el Club de Señoras* tomo I, año 1925, el cual se encuentra en la Biblioteca Nacional de España y en cuya portada se puede leer: "Al insigne literato y dramaturgo don Gregorio Martínez Sierra, muy afectuosamente, Zamorano y Caperán".

turno a Lucía Richard, tuvo ésta bonitas palabras para los niños, concediendo una gran importancia a la educación de éstos:

"Libro apropiado para niños es aquel que su autor se sitúa en el plano infantil y toma como tema vidas de niños. Todos los libros clásicos de la literatura infantil tienen como héroe principal a un niño: *Corazón* de Amicis, *Alicia en el país de las maravillas*, *Oliver Twist*, *Tres años de vacaciones*, etc. Es enorme la influencia que tienen estas lecturas iniciales, como la primera ventana que se abre al mundo exterior. Antes de saber leer, el niño con sus pequeñas cosas constituye con ellas su universo propio.

Después de esa edad comienza a cruzar las fronteras de su vida íntima y vegetal y da los primeros pasos por el mundo exterior. Los héroes de sus libros son pues, los primeros compañeros en su vida. Por ese motivo hay que poner mucho cuidado en elegir estos compañeros. Creo que el libro que para ellos hace falta es la vida de niños célebres. Así se le sitúa, desde el principio en compañía de seres selectos que se convertirán en sus modelos y maestros.

En nuestro propio país, tenemos las vidas ejemplares de los que han forjado nuestra nacionalidad. Sería interesante hacer relatos de las infancias de O'Higgins, Pérez Rosales, Blanco, Arias, Plaza, Alfredo Lobos, Gabriela Mistral, etc. Podrían completarse estos relatos con historias noveladas de las figuras de América y en general de los benefactores de la humanidad. Creo que este libro es el que espera el niño chileno y no sólo el chileno, ya que al hablar de la infancia no se puede hablar de la nacionalidad. Esos primeros años de la vida no llevan marcados diferencias raciales ni sociales y todos los niños son como una inmensa selva por descubrir" (La Opinión, 1946).

Cosas parecidas expresó también en otra entrevista que posteriormente fue publicada el 5 de septiembre de 1949. Allí el entrevistador a alude a Lucía Richard de Piedrabuena como

"...poetisa y escritora, vastamente conocida, miembro del Pen Club de Chile, perteneciente a la Sociedad de Escritores de Chile, al Cenáculo de la Poesía y a la Mesa Redonda Panamericana de las Mujeres de Chile. Entre otras de sus actividades dirige la hora radial *Guía del arte*. Como feminista tampoco necesita mucha presentación ya que es una ardiente luchadora de la causa de las mujeres" (Richard, 2004, pág. 447).

En la entrevista, Lucía Richard responde con aserción a la andanada de preguntas del entrevistador. El tema central sujeto a debate es la igual capacidad intelectual de la mujer respecto del hombre. Con firmeza aboga por la igual capacidad y que en definitiva, si la mujer se veía postergada frente al hombre, era por una mera cuestión cultural, por lo que para lograr esa efectiva potencialidad, es por lo que debían luchar las mujeres.

Tampoco creía la escritora que una mayor cultura pudiera restarle femineidad a la mujer, o desviarla de sus funciones propias. Muy al contrario, la mujer era la primera educadora del niño y una mayor cultura transformaría a ese niño en un hombre de bien. Por tanto, esta mujer educadora vendría a vehicular el progreso de la patria. Aprovechando el derecho al voto femenino, la mujer más culta y con mayor discernimiento, sería capaz de actuar mejor en la formación de las leyes y en la administración de la ciudad.

En sintonía con lo anterior se polemiza acerca de si la mujer debería o no ser orientadora y maestra de instrucción primaria. Lucía, enfática, resuelve que la mujer tiene una comprensión de la infancia que le es inherente, por lo que debería ser ésta la que se ocupase de la instrucción pre-escolar y primaria, sin que ello signifique, que no pudiera dedicarse a otras tareas educativas, donde la mujer por su magnífico instinto podía igualmente desempeñarse con éxito. Finalmente, preguntada acerca de la creación del Ateneo Femenino, lo apoyó con firmeza, viendo en su consecución la resurrección del antiguo Club de Señoras, lo que consideraba una apremiante necesidad (Richard, 2004, pág. 448).

Por otra parte, como se ha dicho, Lucía Richard estaba muy implicada en varias actividades feministas, muchas de ellas derivaban de las iniciativas llevadas a cabo por la Mesa Redonda Panamericana de las Mujeres de Chile, asociación con la que colaboró estrechamente y por ello resulta interesante conocer cuál fue su comienzo y los motivos que la animaban. Fue una institución que surgió y se estableció en Santiago, cuya aspiración más genuina era promover la confraternidad y la paz entre los pueblos, estando en permanente contacto con otras muchas Mesas del continente. Fue fundada en Chile por Mimí Brieba de Aldunate, Geordina Durand, Elena Guiller, Inés Oliveira, Amalia Hamilton West, María Delia Prado, Gladys Gomien y Teresa Vásquez.

En su carta constitutiva se forjaban los siguientes ideales:

"Nuestra labor será de orden cultural ante todo, porque pensamos que sólo por la cultura el hombre podrá llegar a adquirir plena conciencia de sus deberes y responsabilidades. Y empezaremos, consecuentes con este principio, nuestro trabajo por nosotras mismas, para poder así convertirnos en voceros de un anhelo de perfección que permita a la humanidad vivir en paz. Por eso fundamos la Mesa Redonda Panamericana de las Mujeres de Chile.

Su misión será, en primer término, dar enaltecimiento espiritual a la mujer, superar las circunstancias que han impedido hasta ahora su plena colaboración con el hombre en la determinación de las formas políticas y sociales, reivindicar para ella el sitio que le corresponde en la historia, llevar su palabra de esposa y madre a los altos debates en que el hombre, sordo a veces al llamado de la piedad y el dolor humanos, cede al gesto de arrogancia o al impulso de locura y lanza al mundo a la hecatombe.

Nuestro propósito es la expresión de un anhelo local. La Mesa Redonda Panamericana está ya constituida en México y en Cuba y habrá de constituirse en todos los países de América para realizar a través del continente una labor coordinada. Así miles de mujeres enlazadas por un fervoroso espíritu de paz y de fraternidad interamericana, aportaremos nuestro entusiasmo, nuestra voluntad de madres y esposas, nuestros sentimientos más puros, en la lucha interminable contra las fuerzas reversivas de la barbarie o la destrucción. Con las manos enlazadas como símbolo de hermandad, de firmeza, de comprensión espiritual, de solidaridad, constituimos la Mesa Redonda Panamericana de las Mujeres de Chile" (Mariategui Oliva, 1953, pág. 174).

La idea de la Mesa Redonda como concepto nació de la leyenda artúrica, en lo que se refiere a una serie de caballeros que se sentaban en torno a una mesa para dialogar y debatir sus inquietudes. Pero esta mesa era muy especial, porque carecía de cabeceras y por eso representaba la máxima aspiración de igualdad entre aquellos que acudían a su seno, además de tener como basamento la realización y el respeto de ideas de bien social, morales y políticas, de validez permanente.

Por lo tanto la Mesa Redonda Panamericana de las Mujeres de Chile pretende ser continuadora de ese anhelo legendario de igualdad, cuya tradición de belleza fue capaz de forjar la mente humana, aspirando a que de ese ideal germinen muchas cosas buenas para la Patria y para la América, confiando en que, al crearse la Mesa Redonda en todos los países fuera el crisol de donde surgiera la conciencia depurada, que daría a la humanidad una era de paz (Mariategui Oliva, 1953, pág. 174).

Aparte del acta constitutiva, también resulta interesante saber cuáles eran las actividades de esta institución a la que también pertenecían muchas de sus colegas. En carta fechada en Santiago, el 14 de septiembre de 1949, dirigida por Mimi Brieba de Aldunate –presidenta de la Mesa y compañera de Lucía Richard en el Cenáculo– a Gabriela Mistral, da cuenta aquélla a ésta, de que la Mesa había tomado conocimiento del oficio nº433 del Ministerio de Relaciones Exteriores, por medio del cual se invitaba a la institución a colaborar en la celebración del 24 de octubre, día de las Naciones Unidas, designado también como "Día de la Paz".

Tras aceptar el encargo, la Mesa acordó organizar un acto solemne en el Estadio Nacional, con la participación de conjuntos corales infantiles, los cuerpos de danzas, etc, acto en el que se cantaría el *Himno de la Paz*, composición de Lucía Correa (amiga de Lucía R.), premiándose el mejor trabajo que presentaren los escolares sobre el tema "obra de las Naciones Unidas en relación con la paz mundial". Tras la exposición de sus planes, la Sra. Aldunate aprovechó la oportunidad para pedirle a la Sra. Mistral que contribuyera a dichos actos, con un mensaje de paz dirigido a los niños de Chile, el cual sería difundido en la ocasión (Brieba de Aldunate & Guiller, E., 1949).

Al año siguiente, la Mesa nuevamente promueve estos contactos. Esta vez sería doña Inés Oliveira de Núñez, presidenta nacional de la institución, que en carta dirigida a la célebre poetisa chilena Gabriela Mistral, agradece haber recibido de la universal escritora varios cheques en apoyo de la Mesa Redonda, los cuales habían sido recogidos por Mimi Brieba de Aldunate, ex presidenta nacional de la institución y compañera de Lucía en el Cenáculo de Poesía. En la carta, la presidenta general le hace a Gabriela Mistral una descripción muy completa del espíritu que animaba la polifacética institución:

"Mesa Redonda fue constituida el 7 de julio de 1947 bajo los postulados de paz mundial, estrechamiento de relaciones culturales entre los pueblos de América y superación de la condición social, jurídica y cultural de la mujer chilena. Para hacer un poco de verdad estos tres anhelos se gestó esta institución por un grupo de mujeres que portaban en su alma la esperanza de días mejores para la humanidad y que hoy trabajan fervorosamente por la causa.

Laborando sus ideales, Mesa Redonda trabajó activamente a favor de la conquista del voto político y hoy está empeñada en campañas de capacitación cívica para la mujer; ha colaborado intensamente con las Naciones Unidas, organizando en Chile la Asociación pro Naciones Unidas y mantiene relaciones con las diferentes instituciones femeninas o culturales de los países de América. Esta sucinta exposición de labores realizadas dará a Ud. una idea general sobre lo que somos y representamos.

Haciéndonos eco de su pensamiento sobre el voto femenino al margen de todos los partidos, deseamos expresarle que la institución tiene prescindencia absoluta de doctrinas políticas y religiosas, a pesar de lo cual la integran mujeres pertenecientes a los diferentes partidos o que profesan distintas creencias religiosas. Sin embargo, los miembros de la Mesa Directiva no pertenecen a ninguna colectividad política y estos temas no son tratados por la institución" (Oliveira de Núñez, 1950).

CAPÍTULO VII

VERA ZOUROFF: PERSONALIDAD Y TRAYECTORIA

Su periódico Mujeres de América. Participación junto a Lucía Richard en la creación de la Casa de América en Santiago y otros eventos

Junto a estos personajes y en el vórtice de muchas actividades e iniciativas feministas y de acción social estuvo siempre Vera Zouroff, amiga de toda la vida de Lucía Richard. Y ya es hora de decirlo: ¿Quién fue Esmeralda Zenteno de León más conocida como *Vera Zouroff*? Pues fue uno de los mayores talentos femeninos que existieron en su tiempo, cuyo genio floreció con desmesura más allá del segundo tercio del siglo XX.

Vera fue una convencida y fervorosa feminista, dotada de una capacidad de trabajo y de organización extraordinaria, la cual se interesó vivamente por las artes, la poesía, la religión y la escena teatral. Escribió muchos artículos, libros y se dedicó a la acción social en favor de la mujer. Entre ellos la novela *Martha*, así como *Liberación,* donde quedaron muy mal parados los hombres, colaborando también en el comentario sobre libros en el *Diario Las Últimas Noticias* de Santiago, iniciándose en la arena periodística.

En 1921 creó el Círculo Femenino, participó en el Ateneo de San Fernando, viajó a EEUU, México y otros países del norte y fue corresponsal de la revista *Zig-Zag*. Entre sus obras hay que mencionar además: *Chile* (1922), *Hollywood* (1932); *México fuera y dentro de sus fronteras* (1932) y *Hogar obrero* (1934). Funda la *Revista de América* en 1934. Escribe el ensayo *La guerra* en 1937, y *Apariciones en Lourdes* (1939). Por si fuera poco preparó a actores y actrices para el teatro, terreno en el que exhibió una verdadera vocación y conocimiento histriónico, acrecentado por su experiencia en Hollywood. Hastiada frente a una sociedad plagada de conflictos, luchas de clases, escribe *El otro camino* (1944).

Fue la mecenas y promotora de un cenáculo literario, del que como sabemos surgió una escuela de declamación, para lo que publicó *El arte de declamar* (1945), *El Cenáculo de Poesía a sus poetas* (1947) y *Evocaciones del Perú* (1949). Por si no fuera bastante escribe otra novela titulada *Beatriz Sandoval* (1954); un estudio sobre *El cuervo* de Edgar Allan Poe y otros cuentos y ensayos con el título de *Mostacillas* (Rubio, 1994-1999, págs. 79-91).

Esto es lo que nos cuentan sus biógrafos, pero Vera hizo mucho más. Se comunicó con instituciones culturales a lo largo del continente, fundó la Casa de América en Santiago, acudió a multitud de congresos americanistas, así como a eventos con toda clase de altas personalidades de la cultura y de la política, organizó como sabemos recitales poéticos, dio conferencias, fue objeto de homenajes, difundió su mensaje a través de programas de radio, participó en las actividades del Pen Club, la Mesa Redonda, hizo incursiones en el cine. Junto a Marta Brunet y María Luisa Bombal llevó a la práctica innovaciones en el teatro y otras muchas iniciativas que iremos conociendo a continuación.

A lo largo de muchos años Lucía Richard fue la estela de este ciclón que pasó por nuestro escenario cultural, así como otros muchos artistas de ambos sexos, que quedaron embrujados bajo el influjo de su desbordante personalidad. Otro testimonio muy evocador, lleno de clarividencia e intuitivo lirismo es el del peruano doctor Ricardo Mariategui Oliva, que en 1952 había sido invitado por Vera a Chile a acudir a una serie de actos culturales y dar algunas charlas.

Don Ricardo nos habla de una mujer de mucho genio, muy femenina, con gestos rayanos en la arrogancia, que había hecho incursiones en todos los caminos del saber y de la vida. No sólo como sabemos escribía libros, sino que además nos cuenta que pintaba cuadros, modelaba estatuas, interpretaba papeles teatrales, recitaba versos, engendraba hijos y luchaba ardorosamente por el despertar de las mujeres de su patria, además de volcar sus energías en la unión de las mujeres de todo el mundo.

Heredera de antigua prosapia, había nacido en 1880 en Antofagasta, siendo su nombre completo Zoila Esmeralda Marina Zenteno, hija de su primer gobernador don Nicanor Zenteno Urizar. En sus primeros años se educó en el Santiago College de la capital chilena, y desde su juventud, siempre conservada, colaboró en diarios y revistas, atesorando el récord de haber publicado su primer libro a la temprana edad de dieciséis años. En la visión del culto peruano Vera era una mujer altruista y filántropa, franca y decidida, de carácter firme y resuelta, de gran sentido organizador, de clara inteligencia y de fina sensibilidad.

Esmeralda Zenteno de León, más conocida como Vera Zouroff

En su ser vibraba una gran emoción social, siendo poseedora de una poderosa fuerza espiritual. Periodista combativa y convencida feminista, con plena conciencia de sus actos y segura de su misión, se enfrentó decidida y arrogante a su época, y lo más sorprendente es que tuvo esa convicción y esa perseverancia desde su primera juventud, lanzándose de manera decidida a la conquista de los derechos políticos de la mujer chilena.

Fue una enamorada del ideal de paz, soñó la unión de los pueblos a través de una mejor comprensión espiritual; extremadamente humana suavizó muchas congojas y con sus sabios consejos, salvó muchas vidas que estaban al borde del precipicio. Consciente y abnegada fue creadora de vida, entre ellas la suya propia, así como reanimó vidas creadas por otras. De ahí que se la haya llamado "maestra en la vida".

Amó entrañablemente al Perú. En su obra *Evocaciones del Perú* supo relatar con prosa sencilla y precisa su visita al país, describiendo con galanura sus ciudades, reliquias históricas, la cordialidad de sus pobladores, definiendo con amenidad a las muchas personas que la recibieron. En un lugar destacado de su salón, entre obras artísticas de mérito y sobre elegante consola tenía los seis tomos de las *Tradiciones Peruanas* de Ricardo Palma, el insigne tradicionista limeño.

Don Ricardo, conmovido ante la constatación palpable de la gran muestra de cariño que profesaba a su patria e inquiriéndole sobre ello, ella contestó: *¡Son mis hijos predilectos, joyas invalorables, como las que adornan los más suntuosos palacios!* Mariátegui cierra su exposición señalando el gran prestigio que tenía, la nobleza de su carácter, lo femenino de su sentimiento, su fuerte personalidad, su pleno dominio, representando uno de los valores más notables de su patria.

También sabemos por el destacado peruano que Vera estaba en 1952 escribiendo sus memorias y que para entonces tenía 72 años. Estas memorias nunca se publicaron lo que hace pensar que debió morir algunos años después, pero no antes de 1954, porque al menos ese año hay constancia de que para entonces era la presidenta de la Casa de América (Mariategui Oliva, 1953, pág. 63).

En septiembre de 1947 sale a circulación la primera edición *Mujeres de América*, periódico bimestral fundado por Vera Zouroff que aparecía con un evocador lema: *"Manos unidas, corazones fuertes"* y que se difundía por todo el continente. El ideario del periódico es de lo más extraño para un europeo y sólo puede entenderse desde el contexto histórico y geográfico de donde surge. El periódico, emanación de un feminismo de clase alta, propugna la libertad de las mujeres y elogia los logros de éstas.

Si la emancipación de la mujer es un objetivo prioritario, éste se coaliga con la exaltación de toda clase de manifestaciones católicas. Aquí no se habla, por ejemplo, de "aborto" o de "divorcio", reivindicaciones arquetípicas del feminismo actual e incluso del francés de la época, cuestiones que en el momento presente suscitan la oposición frontal de la Iglesia, no obstante que Vera había declarado en Nueva York que en Chile había medio millón de mujeres que pedían divorciarse.

Este es un feminismo refinado, que se considera progresista pero que está aliado con los mayores poderes fácticos de la época y en los que no tienen cabida los estratos menores. En sus filas militan militares, prelados, embajadores, diplomáticos e intelectuales. Lo que se persigue es la posibilidad de que las mujeres puedan estar representadas en diversas instituciones políticas y sociales, que tengan derecho al voto, que participen en la sociedad, que se incorporen al mundo laboral y que tengan acceso a la educación superior en iguales condiciones que el hombre. Pero no se inmiscuye en otras iniciativas que hubieran sido tildadas de subversivas.

Otro de los puntales ideológicos de la revista y de sus impulsores, es que propugna la unión continental, la vieja aspiración de Bolívar, como un medio de superar las revoluciones regionales, las dictaduras, la desestabilización política, la pobreza, algo que en la mentalidad de estos grupos sólo podía conseguirse bajo la unión democrática de todo el continente. Es decir, se está abogando por un claro centralismo frente a los regionalismos locales, lo que representa una nítida característica de una postura conservadora y un *volte face* frente a lo que en el momento actual se podría entender como liberal.

Para ello se despliega una falange de artistas e intelectuales por todo el continente, que son como células vivas de una inmensa constelación de iniciativas y proyectos, baluartes de la libertad, que se conciben como profundamente progresistas y que son oreadas bajo la enseña ondeante de la democracia. Otro objetivo prioritario de la revista será el divulgar las conquistas y realizaciones de estas mujeres y sus asociaciones e instituciones políticas, no sólo de Chile, sino también de otras partes del continente. Muchas de las mujeres que pertenecían al Cenáculo de Poesía se verán ahora elogiadas en la publicación, entre ellas como en seguida veremos, Lucía Richard de Piedrabuena, muy adherida a estos grupos y comprometida con sus ideales.

Gracias a la intensa comunicación de Vera Zouroff con el Instituto de Cultura Hispánica, poco después de la fundación de la revista fue enviada a España una remesa de sus ediciones. En España, de este periódico de publicación bimestral, se conservan desde el nº 5 que se imprimió en mayo-junio de 1948 en los talleres impresores de la Calle Phillips nº 15 de Santiago, hasta el nº 26 aparecido en noviembre-diciembre de 1951, ejemplares que ofrecen muchísima información de las actividades de estos grupos, de las cuales en beneficio del lector sólo extractaré lo más significativo.

Así por ejemplo podemos leer en el nº 5 mayo-junio 1948: *"Nuestra directora recibe distinción honorífica por su labor americanista"*, la cual le había sido otorgada por la institución haitiana Guardia de Honor del Libertador y Civismo, con el correspondiente "Diploma de Honor Panamericanista", por homenajear a Bolívar en los aniversarios de su nacimiento, por exaltar a los próceres del país natal en sus fechas máximas, por fomentar el civismo, la cultura y el intercambio americano. El diploma se acompañaba de una carta correspondiente en la que se ponía de relieve su esforzada labor en pos de la cultura, sus dotes de escritora, su espíritu de superación, su mensaje de fraternidad... (Zenteno de León, C. de Guzman, Deccarett Jaar, Jarga Gana de Lazo, & Mayer de Zulen, 1948).

"Mujeres en la diplomacia". Marta Brunet, cónsul de Chile en la Plata y luego adicto cultural a la Embajada de Chile en Buenos Aires, ahora es elevada al cargo de secretaria de la Embajada en la República Argentina... (Zenteno de León, C. de Guzman, Deccarett Jaar, Jarpa Gana de Lazo, & Mayer de Zulen, 1948). "Absurdo coloniaje en América" ¿América para los americanos?, donde se da amplia cobertura a la IX Conferencia Panamericana de Bogotá, que puso en el tapete innumerables reivindicaciones soberanistas sobre la Antártida, las Malvinas y otras islas, así como se denuncia la revolución acaecida entonces en Colombia, orquestada según la revista desde Moscú, lo que a la postre demostraba la urgente necesidad de un acuerdo contra el comunismo, ensalzando como los más altos valores de la cultura occidental a Dios, la patria y la familia (Jarpa Gana de Lazo, 1948).

En las páginas finales del número dedicada fundamentalmente al anuncio de libros podemos leer un hermoso homenaje a la pintora Dora Puelma, donde se la califica como;

> *"...el más acreditado pincel de Chile; escritora fina y de gran penetración psicológica; infatigable en su labor cultural y artística; iluminada del arte, que lleva dentro de sí un templo a la belleza y el talento"* (Zenteno de León, C. de Guzman, Decarett Jaar, Jarpa G. de Lazo, & Mayer de Zulen, 1948).

En el número 6 de julio-agosto de 1948, se publican párrafos extractados de la Carta Magna de la Juventud Católica en el Congreso de la Unión Internacional de Ligas Femeninas Católicas celebrado en Roma (Zenteno de León, y otros, Problemas sociales, 1948). En la siguiente página, podemos leer por ejemplo el título "Mujeres en la diplomacia", donde esta vez se elogia a Juliana Victoria Sánchez de Guevara, adicto cultural de la Embajada Argentina en Chile (Zenteno de León, C. de Guzman, Deccarett Jaar, Jarpa Gana de Lazo, & Mayer de Zulen, 1948).

En la penúltima página se publica un espléndido artículo dedicado a Bolívar. En él se reflexiona sobre la herencia dejada por el célebre prócer a la conciencia del continente, cuando manifestó su anhelo de unión en una "confederación de repúblicas americanas" como único medio de conservar incólume esa libertad conquistada. Sin embargo, este sueño se había desvanecido:

> "Rota la cadena colonial, las repúblicas hispanas han sobrellevado su libertad, algunas malamente, lo cual, debilitando el patriotismo, ha permitido a otras fuerzas, materialmente superiores, enganchar nuevos eslabones, formar otras cadenas engrillando las manos y entorpeciéndolas para la defensa de los intereses americanos".

Para luego añadir:

> "Las naciones hispanoamericanas han vivido más de un siglo dormidas sobre su confiada convicción de libertad, descuidaron el anhelo del hombre-cumbre, cuya visión del futuro le hizo exclamar en hora suprema, ¡He arado en mar!".

Por todo ello se hacía un llamado a todas las mujeres de América para que unieran sus voces en pos de este supremo ideal de confederación y fraternidad (Zenteno de León, y otros, Bolivar, 27 de julio de 1703, 1948).

Lucía Richard en su artículo titulado "Comprensión de Hispanoamérica" da sobradas muestras de apoyar totalmente esta idea. Tras traer a colación algunas comparaciones con el continente europeo subraya:

"Desde Bolívar acá, los más eminentes estadistas, los políticos que miran al futuro, han visto en esta unión la única fórmula que puede robustecer nuestra democracia y salvarla del caos de los individualismos nacionalistas".

A renglón seguido señala:

"Estos pueblos han comprendido que hay dos motivos poderosos para buscar esta unidad continental. Uno es la cultura común que los une y que es más fuerte que las diferencias regionales y el otro es el inminente peligro que a todos amenaza y que acabaría con todos ellos en una nueva invasión en que la barbarie y el progreso se darían la mano para la destrucción total".

Tras varios párrafos de gran elocuencia retórica Lucía sentencia:

"Por eso nosotros amamos la libertad, comprendemos la democracia, aborrecemos las diferencias raciales, tratamos de borrar la desigualdad social y nos enorgullecemos en levantar la figura de nuestros pensadores, de nuestros intelectuales, de nuestros artistas... Ha llegado la hora en que la labor de los maestros y estadistas de América comienza a dar sus frutos. Ya vamos comprendiendo la necesidad de esta solidaridad continental y de que sólo puede basarse en la unidad democrática del Continente... Entonces caerán abatidos los nacionalismos... veremos a Hispanoamérica mejorar de su locura totalitaria y entrar en la senda de la cordura, aproximándose a lo que fue el sueño de Miranda, de Bolívar, de Martí, de O'Higgins, de San Martín" (Richard, 2004, págs. 460-468).

En el nº 9 de enero-febrero de 1949, el periódico amanece con el siguiente titular: "El Congreso de Chile concede a las mujeres los derechos políticos". En él se pasa a revisión el discurso pronunciado en la Cámara por el diputado liberal Miguel Luis Amunátegui Johnson en sesión del martes 14 de diciembre, el cual reproducía otro discurso de un antepasado suyo, don Miguel Luis Amunátegui Aldunate dado el 6 de febrero de 1877, donde se daba amplio apoyo a la necesidad de estimular a la mujer a que hicieran estudios serios y sólidos; que tuvieran acceso a las profesiones científicas; que se facilitaran los medios para que se pudieran ganar la subsistencia por ellas mismas. Este artículo se reforzaba con una noticia de última hora:

> "El voto político. Cuando nuestro periódico entraba bajo la prensa, la Cámara de Diputados de nuestro país aprueba el proyecto sobre los derechos políticos de la mujer, gracias a la actitud noble y decidida del Hon. Diputado Sr. Miguel Luis de Amunátegui, a quien expresamos el profundo agradecimiento de nuestros corazones" (Amunátegui Johnson, 1949).

Todas estas mujeres eran además fervorosas partidarias de Arturo Alessandri, apodado, "El León", al cual comparaban con Portales, hombre dotado de una personalidad excepcional, forjador de los destinos de la República. Éste era un hombre patriótico, arropado por el calor del pueblo, hábil coordinador político y apaciguador de las exaltaciones partidistas. Las mujeres de Chile veían en él a un verdadero adalid de sus reivindicaciones feministas; contemplaban a un senador, que había reformado la Constitución, que defendía sus derechos civiles. Así lo expresaba Vera Zouroff:

> "Brillantes damas, hermosas, inteligentes, cultísimas, modestas madres de la clase media; humildes mujeres del pueblo, infelices bestias de carga del conventillo, eran una misma voz y un mismo entusiasmo para proclamar su simpatía por el 'caballero sin pavor y sin mancilla' en cuya sensibilidad encontraban comprensión nuestras aspiraciones ciudadanas y que siempre vio en las mujeres de Chile, una maravillosa reserva de valores efectivos que un día podrían levantar en sus manos un nuevo altar para exaltar a la patria..." (Zenteno de León E. , 1950).

Otro hermoso contenido lo ofrece el titular: "A las mujeres de América de la Mesa Redonda Panamericana de Chile", en el que en párrafos de gran belleza se denuncia el horror de las mujeres hacia la guerra y la barbarie, por lo que en consecuencia, las mujeres debían unir sus fuerzas en torno a sentimientos de validez permanentes, que emanaban de las cualidades de su propia maternidad, las cuales se levantarían invencibles sobre todos los credos políticos o religiosos para defender la integridad de los hogares, amenazados cada día más por el olvido a que los hombres habían relegado el amor y la comprensión.

Para dichos fines las mujeres se alzaban con el signo rojo de la cruz (La Cruz Roja) uniéndose para curar las heridas materiales, sin preguntarse si aquél a quien aliviaban era mahometano o judío, cristiano o budista, si era ruso o inglés, comunista o reaccionario... Es más, como Cruz Roja de los Espíritus sabían neutralizar el mal con la bondad, el odio con la ternura, la inflexibilidad y el egoísmo con la comprensión y la generosidad... Aún elevaban la intensidad del discurso al establecer que la vida no se podía entender sino estaba cimentada en la dignidad humana y por tanto, no podían admitir aquellos regímenes que otorgaban privilegios a unos pocos mientras negaban a los demás sus derechos fundamentales.

Una colectividad que aspiraba a la paz y la justicia sociales debía equiparar esos derechos sin distinción de sexos ni de castas. Para concluir transmitían la idea de que para ello se había constituido la Mesa Redonda en Chile, con el objeto de estimular el intercambio cultural entre los pueblos, aspirando a que la Mesa se propagara por todo el continente con la creación de nuevas sedes en otros países. A estas alturas no hace falta recordar que Lucía Richard estaba completamente comprometida y alineada con estos ideales (Zenteno de León, y otros, 1949).

En la página siguiente del número se publica entre otros un nuevo artículo sobre la "Unidad política continental" (Zenteno de León, y otros, 1949) en el que con mayor matización se recuperan las ideas vistas más arriba. Otro artículo que lleva el título de "La primera etapa de las mujeres de América", declara que los cuatros puntales del monstruo de la guerra eran: el imperialismo, el racismo, el clasismo, el partidarismo... (Mayer de Zulen, 1949).

Otros despiertan nuestra conciencia con rótulos como "Salvemos a los niños" donde se hace un extenso repaso a las acciones sociales en este campo, denunciando la miseria y el abandono, la desolación ante la visita de hogares menesterosos, la necesidad de medidas higiénicas para evitar la propagación de enfermedades, la importancia de llevar cariño, ropa, juguetes para insuflar confianza en este niño renovado, del que surgiría una nueva generación de niños buenos, sanos y responsables (García y García, 1949).

En los números siguientes, entre otros muchos titulares que sería extenso relatar, la revista hace un amplio eco de muchas mujeres que fueron compañeras de Lucía en el Cenáculo. Así en el nº 11 de mayo-junio de 1949 se construye una generosa semblanza de Patricia Morgan, así como por ejemplo se anuncian nuevos libros María Cristina Menares o de Marta Brunet.

En cuanto a Marta Herrera de Warnken, más conocida como *Patricia Morgan*, la revista potencia su figura, retratándola como una mujer luchadora que ayudó a su marido en el doloroso trance hacia la muerte y que tras enviudar fue capaz de educar con dignidad a sus hijos, así como desarrollar una próspera actividad empresarial. Después saca a relucir su faceta como poetisa, su talento para escribir obras teatrales, su mérito al haber creado el teatro infantil, su capacidad de liderazgo como directora del Pen Club, la Sociedad de Autores Teatrales de Chile, presidenta de la editorial Rapa Nuí, etc (Zenteno de León, Jarpa Gana de Lazo, Mayer de Zulen, A.Bailey, de Lara, & de Marin , 1949).

Hoy gracias a los muchos artículos que aparecieron en los principales rotativos de Chile tras su muerte en 1978, podemos reconstruir con mayor fidelidad la gran figura humana e intelectual que fue esta emprendedora compañera de Lucía. Así por ejemplo, el artículo publicado en la *Prensa Austral* el 12 de julio de 1978 o el de *El Mercurio de Valparaíso* del 9 del mismo mes y año, comienzan a esbozar su fisonomía espiritual señalando que Patricia desde muy joven había sentido inquietudes artísticas, que en un primer momento se manifestaron en la pintura.

Luego apareció el don poético que proliferó en multitud de poemarios, así como su capacidad como ensayista publicando varias semblanzas de escritores americanos en la revista Atenea, para más tarde apasionarse por el teatro, tras haber estudiado dramaturgia en la Sorbonne, obteniendo varios premios por la creación en este campo, culminando sus esfuerzos en la creación del teatro infantil. Pero además Patricia Morgan fue una convencida feminista, centro de un gran entramado organizacional.

Fue agente de seguros y empresaria de dos espléndidas fábricas, directora de la Sociedad de Escritores de Chile, dirigente de la Sociedad de Autores Teatrales, presidenta de la Unión de Mujeres Americanas y de la Legión Femenina de Chile, vicepresidenta de la Comisión Interamericana ante la OEA, miembro del Pen Club, del Grupo Fuego de la Poesía, de la Sociedad de Escritores de Valparaíso, consejera de la Sociedad de Autores Teatrales, directora permanente del Teatro infantil que llevaba su nombre. Viajó muchísimo por el extranjero, dando recitales poéticos en varios países de América, estando en contacto con lo más selecto de la intelectualidad de entonces (Araneda Bravo, 1978) (Simpson, 1978).

Otra mujer interesante, de mirada profunda y penetrante, con un desbordante poderío personal, compañera de Lucía Richard en muchos foros culturales, avant-garde de toda una legión de mujeres en su reivindicación feminista, fue la Sra. Mimí Brieba de Aldunate. En el nº 13 del periódico de septiembre-octubre de 1949, la Sra. Brieba en su calidad de presidenta de la Mesa Redonda Panamericana de Mujeres de Chile se dirigió a todas las "Mujeres" (con mayúscula) del continente bajo el rugido de "¡contribuyamos a la rehabilitación histórica de la mujer!"

Comienza su alocución con gran agudeza de ingenio, sensibilizando a su auditorio con la idea de que en la última mitad del siglo, el acervo cultural de las naciones había producido una variedad de manifestaciones artísticas, científicas, religiosas, sociales... que se habían recogido en cientos de libros. Sin embargo, los creadores de este babilónico monumento cultural habían incurrido involuntaria o deliberadamente en graves omisiones.

La razón era evidente. Como la gran mayoría de aquellos forjadores de la literatura, del arte y de la ciencia lo conformaban hombres;

> "...se habían olvidado de dar el realce que merece a la influencia de la mujer en la determinación de los hechos históricos y en la formación de las culturas. ¿Dónde está ese libro que describa la trayectoria del pensamiento y de la acción femenina a través de los diversos ciclos culturales?, ¿dónde aquel que sintetice la epopeya dolorosa de la mujer sacrificada en sus más nobles sentimientos, por la gesta guerrera de los hombres en el curso de todas las edades?"

Se preguntaba la líder feminista. Estos cuestionamientos tenían por supuesto una contestación:

"No existe en realidad, la obra de la mujer para la mujer, o sea aquella que tienda a ilustrarla acerca de su verdad histórica, de acción en el pasado y de sus aspiraciones para el futuro. ¡Hombres son los que han pretendido definir el alma de la mujer! , ¡hombres también los que han pretendido narrar el drama de su maternidad!, ¡hombres quienes han juzgado prejuiciosamente su irresponsabilidad y falta de interés por la verdad histórica!, ¡hombres los que han dogmatizado acerca de las reacciones psíquicas de la mujer ante el imperativo del amor, la influencia de éste en sus actos y el influjo de esta enorme fuerza motriz en el pensamiento femenino!, ¿Es que no podremos nunca decir nuestra propia palabra, confesar nuestra verdad, definir nuestros sentimientos, precisar nuestra ubicación en la historia y expresar nuestros hondos anhelos de justicia social y de paz?".

Todas estas estremecedoras verdades caían como un mazazo en las conciencias de miles de mujeres que esperanzadas alzaban sus voces para poder expresarse contra la opresión de la fuerza, que había borrado la identidad de las mujeres de la faz cultural de la tierra. ¡Ya era hora de derribar esos cultos totémicos, esos monolitos fálicos, que durante siglos habían ahogado la voz de la mujer!, ¡Ya era hora de alzarse contra esa tiranía y de socavar los vigorosos pilares sobre los que se asentaba la cultura machista…!

Por toda esa injusticia histórica, la Mesa Redonda de las Mujeres de Chile acordaba la formación de una "Enciclopedia de la Mujer" escrita por ellas mismas, representantes de la institución en todos los países de América. La magna obra pretendía incluir las biografías de mujeres que hubieran tenido alguna participación en la historia, con el objetivo de subrayar la influencia que éstas hubieran tenido en la gestación de los acontecimientos.

Además del propósito de rectificación histórica, esta gran recopilación de perfiles intelectuales y humanos, pretendía producir un intercambio intelectual de todos los países panamericanos mediante trabajos de investigación; búsquedas en el folclore y en todas las ciencias para magnificar la actuación de la mujer hasta ahora marginalmente evocada; promover la difusión cultural interamericana, merced a la labor coordinada que emprenderían todas las Mesas Redondas del continente, cuyo trabajo de investigación estaría a cargo de muchas mujeres de varios países lo que contribuiría a ampliar el mutuo conocimiento recíproco. Para la construcción de este inmenso edificio de coraje y ternura, la Mesa Redonda invitaba a todas sus mujeres a participar en el objetivo de la conformación de la Enciclopedia (Brieba de Aldunate, 1949).

La portada del número 12 de la revista de julio-agosto de 1949, amanecía con el siguiente encabezamiento: "Obra cultural realizada en Brasil por la poetisa chilena señora Gabriela Huneeus de Izquierdo", bajo el que informaba sobre el viaje efectuado a Brasil por la poetisa, contribuyendo con su presencia a estrechar los lazos de la intelectualidad de ambos países. Allí Gabriela (compañera de Lucía) fue invitada a dar una charla en el Pen Club donde tuvo bellas palabras para la escritora chilena María Luisa Bombal, refiriéndose encomiásticamente a su obra *La Amortajada*.

Fina, elegante, culta y hermosa, crisol de la aristocracia del talento del arte y de la sangre, Gabriela causó grata impresión en los círculos intelectuales brasileños, siendo invitada a los más prestigiosos centros culturales de Río de Janeiro, cuyos representantes tuvieron la deferencia de traducir al portugués sus poemas recogidos en su libro *Voces del tiempo* (Zenteno de León, Jarpa Gana de Lazo, Mayer de Zulen, Garía , Daccarett Jaar, & Urivi, 1949).

En las páginas siguientes podemos leer el perfil emocionado de la alemana afincada en el Perú, Dora Mayer de Zulen. Tras contemplar su retrato esbozado al carboncillo, su silueta nos invade con una bondad que trasciende, por el valor generoso de sus rasgos que irradian serenidad, sabiduría y abnegación. Mujer de vasta cultura, comprometida con sus ideales, desarrolló una gran labor intelectual, volcada en sus producciones, lejos del ajetreo mundano, bajo el aura de su plácido retiro de Callao.

Humanitaria y americanista, indigenista y defensora siempre de los débiles y humildes, escribió en varios idiomas para periódicos y revistas de toda Europa y de América. Supo sin dificultad asimilar el sentimiento de su país de adopción al que rindió desinteresados servicios, en defensa de los pueblos autóctonos, que encontraron en ella a su más firme valedora. Este sincero altruismo la llevó a acudir a diversos congresos indigenistas y americanistas, celebrados en las principales capitales de América y Europa.

Políglota, alzó su voz en Buenos Aires, Santiago de Chile, Panamá, Londres, Estados Unidos y Berlín, en defensa de los oprimidos o para remediar el dolor humano. Aficionada desde niña a los estudios filosóficos y sociológicos, esta inclinación le creó la reputación de eminente doctora socióloga e internacionalista, encontrando en el estudio de la política internacional y de la metafísica las grandes pasiones de su vida. La Biblioteca Nacional del Perú atesora muchas de sus obras como *El indígena peruano, Monografía sobre intelectualidad femenina del Perú, El sentimiento de la raza peruana, Sinopsis de una enseñanza nueva de la historia*, que se conservan como un tributo imperecedero a su memoria (Zenteno de León, Jarpa Gana de Lazo, Mayer de Zulen, García, Daccaret Jaar, & Urivi, 1949).

El punto culminante de este rosario de noticias divulgadas en tantos y tantos números del periódico *Mujeres de América* tuvo lugar cuando la publicación informó en su nº 18 de julio-agosto de 1950 acerca de la fundación de la Casa de América en Chile, que tuvo lugar el día 8 de julio de 1950 y de cuyo Comité Directivo Lucía Richard formó parte. Desde su fundación la Casa de América izó la bandera de la unión continental, manteniéndola en alto como una enseña de americanismo.

Este foro de cultura, recién fundado en Santiago de Chile pretendía ser la sede de altos valores espirituales del continente, donde se facilitarían los medios para toda clase de manifestaciones culturales como conferencias, recitales, conciertos, exposiciones y cualquier clase de iniciativa tendente al acercamiento entre las repúblicas (Zenteno de León, Mayer de Zulen, Vilchis Baz, & Huertas Oliveira, 1950). El periódico *Mujeres de América*, publicó en su página segunda el *Acta de fundación de la Casa de América* acaecida el 8 de julio de 1950 y que discurrió de la siguiente manera:

"Se efectuó la primera sesión de la 'Casa de América', con asistencia de las siguientes personas: Sra. Esmeralda Zenteno de León, Sr. Daniel de la Vega, Sra. Marta Goycolea de Jara, Sra. Cleofas Torres de Perry, Sr. David Perry Barnes, Sr. Oscar Jara Azócar, Sr. Héctor Paúl de Viale Rigo (Cónsul de Venezuela), Sr. René Arabena Williams, Srta. Edelmira Muñoz, Sra. Amanda

Brieba de Lorca, Sr. Roberto Meza Fuentes y Sra. Sara Prats de Meza, Sra. Hilda Corvera de Guzmán, Srta. Blanca Merino, <u>Sra. Lucía Richard de Piedrabuena,</u> Srta. Maruja Brunet.

Se abrió la sesión a las 19 horas, 'en el nombre de Dios y en el bien de América'. La Sra Zenteno de León expuso la labor ya realizada a saber: ofrecimiento del Hotel Crillón, para hospedar la sede de la institución y facilitar salones para conferencias y otros actos semejantes y recibir la correspondencia que venga del extranjero. Ofrecimiento de servicios profesionales del médico del Ejército Dr. Arturo Tamargo gratuitamente para atender a los huéspedes de la institución. Obsequio de un libro por el poeta Sr. Washington Espejo para iniciar la futura biblioteca".

Luego puntualizó las principales condiciones para el normal desenvolvimiento de la institución que pueden sintetizarse así:

Corresponsales para fuera y dentro del país, intercambio de libros, organización de conferencias, coordinación con las representaciones diplomáticas acreditadas en el país, organización de reuniones sociales, atención social al enfermo, organización de exposiciones, servicios de secretaría y tesorería, quedando nombradas para el efecto las siguientes comisiones:

Corresponsal para el extranjero: Sra. Sara Prats de Meza Fuentes.
Corresponsal dentro del país: Sr. René Arabena Williams.
Secretario de actas: Sra. Hilda C. de Guzmán.
Secretario de prensa: Sr. David Perry Barnes y Daniel de la Vega.
Intercambio de libros: Sr. Oscar Jara Azócar.
Organización de conferencias: Sra. María Flora Yáñez de Echevarría.
Coordinador con representaciones diplomáticas: Sr. Héctor Paúl de Viale Rigo.
Organización de exposiciones de arte: Sra. Blanca Merino Lizana.
Organización de actos sociales: Sra. Marta Goycolea de Jara y Srta. Maruja Brunet.
Recepción en los Cerrillos: Amanda Brieba de Lorca.
Visitadora social, atención de los huéspedes extranjeros: Sra. Teresa León de Gallardo y Sr. René Arabena Williams.
Tesorera con amplios poderes: Sra. Cleofasa Torres de Perry.

La <u>Sra. Lucía Richard de Piedrabuena</u> dio la idea de formar un cardex y de acuerdo con la proposición se la comisionó para que ella se encargara de eso. Despúes la Sra. Esmeralda Zenteno de León levantó la sesión agregando: "En el nombre de Dios, queda fundada la Casa de América" (Zenteno de León, Mayer de Zulen, Vilchis Baz, & Huertas Oliveira, 1950).

Los estatutos y objetivos de la Casa de América de Chile fueron publicados nuevamente por el periódico *Mujeres de América* en su nº21, enero-febrero de 1951. Destacando sólo lo más significativo, la Casa de América se marcaba como sus fines: unir de modo sólido a todos aquellos ciudadanos, hombres y mujeres de la vanguardia continental, capaces de comprender la necesidad de vincular a todos los pueblos americanos sobre bases auténticamente democráticas, que excluyeran todo conato imperialista; levantar en cada país el estandarte de vida de la clase menos favorecida; procurar la unificación cultural.

Fomentar la amistad de las colectividades americanas; promover el intercambio cultural entre profesores, escritores, artistas, profesionales y estudiantes americanos; impulsar el intercambio turístico interamericano; crear lazos no sólo culturales sino también comerciales; fomentar el culto a los héroes y próceres de cada país; propender a la fundación de un premio a la Paz Americana equiparable al mismísimo Premio Nobel; organizar en Chile por medio de la radio, de la prensa, de la conferencia, del libro, etc, la propagación y cultivo de los ideales americanistas.

Por otra parte, los estatutos de la Casa de América distinguían entre sus socios activos, los honorarios, y los protectores, así como establecían su composición por un Directorio General que a la vez se subdividía en un Comité Central y en un Consejo de Delegados, fijando sus respectivos plazos de renovación, sus ámbitos de actuación, etc. Asimismo, informaba de la creación de una revista que recogiera sus actividades y establecía su sede en Santiago.

Como firmantes de este primer Directorio General figuraron Esmeralda Zenteno de León, Eugenio Orrego Vicuña, Roberto Meza Fuentes, Amanda Brieba de Lorca, Sara Prats de Meza Fuentes, Blanca Merino Lizana, Marta Goycolea de Jara, Hilda Corvera de Guzmán, Héctor Paul de Viale-Rigo, Maruja Brunet, María Flora Yáñez de Echevarría, Oscar Jara Azócar, Berta Loeser Soza, David Perry Barnes, Cleofás Torres de Perry y <u>Lucía Richard de Piedrabuena</u> (Zenteno de León, Mayer de Zulen, Huerta Oliveira, & Silva de Santolalla, 1951).

En 1952 el libro de Rafael Larco Herrera, *La última carta de la democracia* informaba en amplio artículo acerca de la fundación de la Casa de América en Santiago (Larco Herrera, 1952, págs. 161-162). Además la publicación recogía varias opiniones sobre la necesidad de celebrar un congreso americanista, donde se hablaría abiertamente sobre el imperativo de unir el continente bajo unas mismas instituciones políticas, idea que se juzga profundamente democrática. Y si alguno a estas alturas aún cree que esos proyectos eran marcadamente utópicos, comprueben con que encendido entusiasmo los defendían:

-Preguntada la Señora Esmeralda Zenteno de León, prestigiosa intelectual y escritora chilena, fundadora de la Casa de América en Santiago, está respondió:

"Creo, estoy convencida, de que ese congreso debe realizarse pronto y en el Perú; los acontecimientos que se precipitan a diario lo están pidiendo ya; me parece que los ánimos en general y el ambiente están maduros para la obra. Todo lo que deseamos hacer, debemos hacerlo enseguida; el tiempo, tal como hoy se vive, es el presente. Para usted ha llegado ya la hora de la acción más grande entre todas las grandes de su vida, no espere al tiempo, realícela" (Larco Herrera, 1952, pág. 198).

En adición a lo anterior, la Casa de América tuvo un boletín anual. Gracias a los grandes esfuerzos que hizo Vera Zouroff para que sus actividades fueran conocidas en el extranjero, un ejemplar del boletín del año 1951 fue enviado por la intelectual al Instituto de Cultura Hispánica y gracias a este gesto se conserva hoy en España. En su portada podemos ver el folio oficial de la Institución, donde está estampada la imagen portentosa del Hotel Crillón, así como una larga lista de países donde también había otras Casas de América. Todo ello se cerraba con la siguiente leyenda:

Americano:
"Ama a tu América por sobre todas las cosas de la tierra".

Por lo tanto al acabar ese año de 1951, el boletín ofrecía una amplia información de la intensa labor realizada. En otoño la Casa de América había recibido a una delegación de estudiantes colombianos. En el mes de julio, fue declarado el mes bolivariano, por conmemorarse la independencia de tres repúblicas libertadas por Bolívar: Venezuela, Colombia y Perú, así como se rememoraba el día 24, el nacimiento del gran libertador.

El día 8 del mismo mes, la Casa de América conmemoró un año de su fundación, por lo que sus integrantes dieron gracias a la Divina Providencia, celebrando un *Te Deum* en la Basílica de Nuestra Señora de la Merced, el cual fue transmitido a todo el continente por *Radio Mercurio*. Momento culminante de este mes de efemérides y celebraciones, fue el envío de copihues a Caracas para adornar la tumba de Bolívar en el aniversario de su natalicio, iniciativa que tuvo gran eco en la prensa de Santiago y la de Caracas.

Respondiendo a una invitación del general Ramón Cañas Montalva, presidente del Comité O'Higginiano, que todos los años celebraba durante una semana el natalicio de O'Higgins, la Casa de América se adhirió a estos homenajes, con una magnífica velada en el Hotel Crillón, donde se celebraron conferencias a cargo del brillante orador, coronel Edgardo Andrade Marchant, así como la dama chillaneja, Srta. María Brunet, junto con otros actos conmemorativos en la población "Isabel Riquelme" de la Fundación Viviendas de Emergencia, que presidía la esposa de S.E. el presidente de la república y otras conferencias que se dieron en algunas cárceles y otros sitios (Casa de América, 1951, págs. 1-2).

Respecto al acto que tuvo lugar en la sede de la Casa de América, tenemos también testimonio en el nº 19 de septiembre-octubre de 1950, del periódico *Mujeres de América*, en cuya pág. 2 se recoge lo siguiente:

"Homenaje a O'Higgins en la Casa de América"

En el salón Tudor, del Hotel Crillón, donde tiene su sede la Casa de América, se reunieron distinguidas personalidades para escuchar la conferencia del historiador señor Eugenio Orrego Vicuña, con la que esa entidad americanista rendía homenaje a los Libertadores de Chile y Perú, generales O'Higgins y San Martín. Terminada la conferencia que fue escuchada con devoto silencio y premiada con calurosos aplausos, se sirvió un cóctel y se desarrollaron algunos números de arte a cargo de la cantante señorita Iris Labora, a quien acompañó el maestro García de Paredes. Se dio lectura a numerosas adhesiones, entre ésta una afectuosa carta de la Casa Americanista de Montevideo que termina con esta frase, "presente hermanos chilenos". La concurrencia se fue retirando pasadas las nueve de la noche.

Entre los asistentes podíase notar a personalidades del mundo oficial y diplomático, del Ejército y de la Marina, como también de instituciones americanistas como el conferenciante señor Orrego Vicuña, señora Vera Zouroff, señorita Maruja Brunet; señora Amanda Brieba de Lorca; señorita Berta Loeser Soza; señor Héctor Paul de Viale Rigo, representante de Venezuela; señor Oscar Jara Azócar; señor Pedro Meléndez, consejero de la Embajada de Colombia; general Ramón Cañas Montalva; señora Lucía Richard de Piedrabuena y un largo etcétera que incluía delegaciones de la Embajada Argentina, presidente del Instituto Miranda, corresponsales de *El Mercurio*, enviados del Ministerio de Educación y miembros del Comité O'Higgins (Zenteno de León, Mayer de Zulen, De Miranda, & Sosa Mendy, 1950).

Estos actos estuvieron aparejados con otras actividades desarrolladas por la Mesa Redonda Panamericana de Mujeres de Chile y que fueron publicadas en su totalidad en el periódico *Mujeres de América*. Así podemos leer el siguiente titular: "La Mesa Redonda Panamericana de Mujeres de Chile, conmemorará solemnemente el centenario de la muerte del prócer argentino general José de San Martín, declarando la Semana Sanmartiana. Agosto 10-17 de 1950".

Tras el titular se ampliaba la siguiente noticia:

Reunida en asamblea general la Mesa Redonda Panamericana de mujeres de Chile, con la concurrencia total de sus delegadas, acordó entre otras cosas importantes, declarar Semana Sanmartiana los días comprendidos entre el 10 y el 17 de Agosto próximo, como un homenaje a la memoria de José de San Martín, libertador de tres naciones y a quien tanto debemos los chilenos. Se comisionó a la delegada que en la Mesa Redonda representa a la República Argentina, señora Lucía Richard de Piedrabuena para que haga el programa conmemorativo y se ponga al habla con el adicto cultural de la Embajada Argentina, señorita Teresa Bo, para una mejor colaboración.

Estando próximo el aniversario de la independencia del Perú, el 28 de este mes, se autorizó a la delegada representante de ese país, señora Esmeralda Zenteno de León, para que elabore y presente a la Mesa un programa destinado a conmemorar debidamente dicha efeméride.

Con motivo de conmemorarse el 25 de mayo pasado la independencia de la República Argentina, país hermano, la representante de la Mesa, <u>señora Lucía Richard de Piedrabuena</u> y su colateral señora Zenteno de León, hicieron una audición radial por *Radio Mercurio*, a la que colaboró la recitadora señorita Edelmira Muñoz. Por dicho motivo el adicto cultural de la Embajada Argentina, señorita María Teresa Bo, tuvo palabras de agradecimiento para con las delegadas chilenas:

"En la fecha más feliz para nosotros, mientras miles de voces argentinas exteriorizan su gozo y ratifican su fe en el porvenir, representa para mí una emoción profunda y un goce del espíritu, dirigirme a vosotros chilenos, para recordar a los hombres que nos dieron una patria y un destino" (Zenteno de León, Mayer de Zulen, Vilchis Baz, & Huertas Oliveira, 1950).

En los meses siguientes a su fundación la Casa de América por medio de su coordinador diplomático, Sr. Héctor Paul de Viale Rigo, se puso en contacto con las embajadas acreditadas en Santiago, las cuales destinaron a un personero de su representación, como agregado al Comité Directivo, para facilitar el intercambio cultural, intelectual, científico y artístico con otras repúblicas de América. Después de las conferencias sobre O'Higgins se celebró otra por el eminente profesor Sr. Moisés Poblete Troncoso, que discursó sobre "Los Derechos Humanos y las Naciones Unidas" tema de candente actualidad en aquel momento. El miércoles 8 de noviembre el Excmo. Embajador de Colombia habló sobre "Figuras colombianas" y el 30 del mismo mes hubo un recital de canto a cargo de reconocidos valores del alumnado de la Sra. Emma Ortiz (Zenteno de León, Mayer de Zulen, Vilchis Baz, & Huertas Oliveira, 1950).

Casi siempre lo que perdura de la trayectoria vital de una persona, no son más que los restos de un naufragio de una vida que en realidad debió ser mucho más palpitante y plagada de acontecimientos edificantes. Lo que queda de una persona es lo que los testimonios escritos dicen que fue. Pero al menos gracias a esos testimonios hemos podido reconstruir mucho mejor el perfil humano e intelectual de Lucía Richard, no sólo como una mujer que tuvo un gran talento literario, sino además como un referente de toda una generación de intelectuales y pensadores.

Al final del año 1951 la Casa de América a indicación de David Perry Barnes, redactó las bases para abrir un Certamen Literario-Americanista, con la idea de invitar a los jóvenes universitarios y estudiantes de cursos superiores de todo el continente a participar en él, ofreciéndoles temas de interés para ellos y para América. Para todo lo concerniente al certamen se formó una comisión compuesta por los señores David Perry Barnes, Roberto Meza Fuentes y Oscar Jara Azócar.

Los posibles temas fueron doce:

1. Cooperación económica e intelectual entre las dos Américas.
2. Ideas sobre la unidad de América (Miranda, Bolívar, O'Higgins, San Martín, J.M. Carrera, Morazón, José Martí, Artigas, Washington, Franklin, Jefferson, Vicuña Mackenna, M.Egaña, Sarmiento, C. de Madariaga).
3. Significación actual de la doctrina Monroe.
4. Dimensión espiritual y material de América.
5. Coordinación de una política portuaria.
6. Posibilidad, conveniencia y efectos de una paz universal.
7. La política de buena vecindad y la OEA.
8. Comprensión e interpretación de Walt Whitman, Ruben Darío y J.S. Chocano.
9. Comprensión e interpretación de M. Eugenia Vaz Ferreira, Dalmira Agustini, Alfonsina Storni, Gabriela Mistral.
10. Influencia de la mujer en América desde la independencia hasta nuestros días.
11. Significación histórica de doña Isabel Riquelme como madre del libertador de Chile.
12. "Canto a América"; "Canto a los mares de América"; "Canto a la cordillera de los Andes".

Las obras premiadas serían consideradas "Obras Valiosas de la Literatura", otorgándose para cada tema, un primer premio, un segundo premio y una mención honrosa. Observe el lector, que todos estos temas sintetizan el ideario del grupo y habla muy bien sobre el espíritu que los animaba y hacia donde dirigían sus energías. En este momento lo que más importa a nuestro asunto es señalar que para la resolución de tan importante certamen se seleccionó un Jurado, conformado por lo más granado del ambiente intelectual, educacional y profesional de entonces.

Por lo tanto los miembros del Jurado fueron: Roberto Meza Fuentes (poeta); David Perry Barnes (poeta y escritor); Oscar Jara Azócar (poeta); María Flora Yáñez de Echevarría (escritora); <u>Lucía Richard de Piedrabuena (escritora y poeta);</u> Agustín Benedicto (historiador); Sócrates Aguirre (internacionalista); Vera Zouroff (escritora); Daniel de la Vega (poeta y periodista); Gaspar Mora Sotomayor (diplomático, abogado e internacionalista); Fidel Araneda Bravo (Académico, poeta e historiador); Edgardo Andrade Marchant (escritor, poeta e historiador); Eduardo González Ginouvés (jurisconsulto e internacionalista); Augusto Millán Iriarte (Internacionalista); Carlos Valdovinos (jurisconsulto); Augusto Iglesias (académico, historiador y poeta); Osvaldo Illánes Benítez (jurisconsulto); Enrique Molina (Rector de la Universidad de Concepción); Juvenal Hernández (Rector de la Universidad de Chile); Hugo Lazo Baeza (Casa de América, 1951, págs. 3-5). Todo ello se publicó además con todo lujo de detalles en el periódico *Mujeres de América* (nº 26 noviembre-diciembre 1951), donde también se mencionó a Lucía Richard como integrante del Jurado de este importante certamen literario, que como hemos podido comprobar adquiría una importante dimensión política.

Paralelamente a estas actividades el Boletín informó sobre otras veladas de carácter social que tuvieron lugar a lo largo del año 1951: una cena al Excmo. Sr. embajador de España y su esposa, con motivo de recordar el V centenario del nacimiento de Isabel La Católica, a quien denominaron "Madrina de América"; un almuerzo al poeta Roberto Meza Fuentes; cóctel al Sr. cónsul general de Venezuela, así como a Héctor Paul de Viale-Rigo y esposa.

Cóctel familiar el "Día de la Raza" o del Descubrimiento de América y una recepción a los Excmos. Señores representantes de las cinco repúblicas centroamericanas, cuyos cancilleres acababan de firmar un importante documento de mutua colaboración, que se podía considerar como el primer paso para la unión continental, evento en el que habló el Ministro de la Corte Suprema, Sr. Osvaldo Illanes Benítez, sobre el Congreso de Panamá, paz, libertad y justicia, así como la esposa del embajador de El Salvador, que habló en nombre de su marido accidentalmente privado de su voz.

Asimismo la publicación anual daba noticia sobre seis miembros del Comité Directivo que habían recibido distinciones ese año:

— Amanda Brieba de Lorca, obtuvo un premio por el Alcalde de la ciudad a los servicios especiales que había llevado a cabo en la Cruz Roja.

— A Eugenio Orrego Vicuña, que fue elegido miembro de la Real Academia y como tal, invitado por el Gobierno de México para concurrir al Congreso de la Lengua celebrado últimamente en aquel país.

— Al poeta Roberto Meza Fuentes, que consiguió el Premio Municipal en el Concurso Literario del V Centenario de Isabel la Católica.

— A la artista de la recitación, Srta. Edelmira Muñoz, favorecida con una beca del Gobierno de España para estudiar en Madrid.

— Al poeta Oscar Jara Azócar, un premio de Ecuador ganado en un certamen poético, siendo invitado a visitar ese país.

— Al Sr. David Perry Barnes, que obtuvo una distinción de la Universidad de Chile, por su colaboración intelectual al Departamento de Cultura de dicha universidad (Casa de América, 1951, págs. 5-6).

Por último la publicación informaba de las muchas personalidades que ese año habían participado como oradores en la tribuna de la Casa de América. Reflexione el lector sobre la mucha información que podría obtenerse si tuviéramos los boletines completos del Cenáculo, Casa de América, Pen Club, etc. Una vez Lucía Richard había dicho que la personalidad de una persona es como el penacho de un iceberg que asoma a la superficie, quedando la mayor parte de sus rasgos sumergido en lo ignoto y misterioso.

Apenas llegamos a construir por indicios, por la contemplación de lo aparente, la profunda riqueza espiritual de lo que se esconde, algo que se aplica plenamente en Lucía Richard. En cualquier caso, resulta significativo señalar que si bien Lucía Richard no participó en el ciclo de conferencias del año 1951, si lo hizo el 17 de noviembre de 1954, momento en el que transmitió su palabra con la estupenda conferencia "Vitrales del Brasil".

En 1952 el crítico de arte peruano, Doctor Ricardo Mariategui Oliva, director del Instituto de Investigaciones de Arte Peruano y Americano, autor de más de veinte libros de su especialidad, había sido invitado por la Casa de América en Santiago para dar una serie de conferencias, desde donde continuaría su gira camino de Buenos Aires, donde iba a participar en el Primer Congreso Interamericano de Historia y Arte Religioso Colonial.

En el Hotel Crillón de la capital chilena fue recibido con grandes muestras de simpatía y afecto, tanto por Vera Zouroff, como por María Flora Yáñez, recién designada ese año como presidenta de ese gran foro cultural. Allí recogió agasajos y elogios por parte de un nutrido público y de este cálido encuentro dejó generosa semblanza en su libro *Visión de Chile* publicado al año siguiente de 1953.

Conmovedoras y afectuosas palabras vertió sobre Vera Zouroff, Miguel Rocuant, María Flora Yáñez, Dora Puelma, todos ellos compañeros de Lucía Richard. Así por ejemplo, a María Flora la retrata como una destacada novelista, de refinadas cualidades de mujer y de escritora. Era delicada, emotiva, de fina sensibilidad, no obstante la firmeza de su carácter y su poderosa voluntad. Poseía facilidad de palabra, siendo amena y elocuente, veraz y profunda, de un estilo literario elegante y con hondo sentido filosófico, en una palabra, una intelectual de prestigio.

Sus novelas eran para don Ricardo el producto de una inspiración robusta y creadora, con evidencia de gran talento interpretativo. Con un estilo propio, empleaba expresiones bellas, presentadas en armónica relación con sus propias actitudes, de donde manaban la fisonomía moral y el temperamento íntimo de los personajes de sus obras, reflejo de una mujer de gran fortaleza espiritual. De ahí que, con gran sentimiento vibrara en sus escritos la emoción espontánea y sentida en toda su verdad. Allí en la Casa de América entregó doña María Flora al ilustre peruano un ejemplar de su obra *Cenizas*, acompañada de una fina dedicatoria.

El ilustre investigador retrató también a Dora Puelma, describiéndola como una notable pintora chilena, consagrada a su arte con ardiente vocación y que en ese momento representaba uno de los mejores pinceles de Chile. Había estudiado con los más grandes maestros del color: Alberto Valenzuela Llanos, Richón Brunet y Pablo Buchard. Además había expuesto sus cuadros en Sevilla (1929), Bogotá (1939 y 1946), Ohio, Nueva York y Washington (1941-1943), Valparaíso, Viña del Mar y Santiago (1950 y 1952), mereciendo altas recompensas y la adquisición de sus obras.

Luego fue profesora de la Escuela de Bellas Artes de Viña, y después de la Universidad Católica, donde dio muestras de ser una maestra capaz, dotada de una vigorosa personalidad y un tenaz temperamento. Dominaba con maestría el óleo, así como la acuarela y conocía los secretos de la luz, lo que le permitía crear cuadros luminosos, en los que sabía combinar con admirable talento, ingeniosos juegos de tonos y matices. También era pródiga en el dibujo, esbozando con maestría el sentido de las formas.

Bajo la pluma del peruano, la obra de Dora Puelma poseía un vivo palpitar, que era fiel expresión de la fisonomía moral y de un temperamento íntimo de sutil artista. Además, ella era una devota pianista y una escritora de exquisita sensibilidad y gran cultura, que era capaz de expresarse con giros literarios llenos de vitalismo, y profundo sentido humano.

Cuenta el Sr. Mariátegui que unos días antes de su partida de Santiago, el 29 de septiembre de 1952, asistió en "Pro Arte" a la inauguración de su exposición "Paisajes de Europa", donde pudo contemplar numerosos lienzos de la pintora, entre los que se hallaban los más bellos rincones de París, Marsella, Roma, Nápoles, Florencia, Venecia, Barcelona y Sevilla. En resumen, Dora era una pintora excepcional, encarnación de la sencillez y la armonía, con gran destreza para captar la belleza, ajena de influencias extravagantes.

Cada año la Casa de América celebraba con una actuación el aniversario del nacimiento del prócer Bernardo O'Higgins y el de su respetada madre doña Isabel Riquelme y ese año de 1952 no fue una excepción. A la velada del 20 de agosto acudió don Ricardo Mariátegui como invitado de honor, siendo testigo de un animado programa. La parte literaria estuvo a cargo del General Jorge Berguño, que dio lectura a un discurso sobre la vida del prócer y a continuación el consagrado poeta Roberto Meza Fuentes leyó una parte de su bello *Romancero de O'Higgins*. La parte musical estuvo a cargo del barítono Sr. Fuentes Pumarino y la señorita Georgina Vial interpretó entre otras una romanza, letra del poeta Meza Fuentes y música de doña Emma Ortiz.

Al evento acudió una nutrida concurrencia, destacándose los diplomáticos americanos acreditados en Chile, los cuales fueron recibidos con acordes del Himno Nacional, momento en el que tomó la palabra María Flora Yáñez dirigiéndose a su audiencia en brillante alocución, y antes de terminar su parte del programa, tanto la presidenta como Vera Zouroff dirigieron inspirados elogios hacia don Ricardo Mariátegui, introduciéndole de forma muy honrosa a su público e invitándole a hacer uso de la palabra, siendo acogido con unánimes aplausos.

Don Ricardo destacó la faceta peruana del prócer; en especial, la financiación y organización definitiva de la expedición libertadora al Perú y también el momento del renunciamiento al mando supremo de su país, refugiándose en tierra peruana, donde bajo el sentir del insigne orador no sólo tenía muchos amigos sino verdaderos hermanos, conservándose en Lima placa conmemorativa de la primera casa en la que residió, y después la Hacienda de Montalván que le donó el Gobierno del Perú en recompensa a sus esfuerzos en la Independencia.

Por tanto, Bernardo O'Higgins era bajo su retrato, mariscal del Ejército de su patria y lazo de unión en la amistad del Perú y de Chile, en definitiva, baluarte del ideal americanista de unión de sus pueblos. Finalizada la conferencia fue felicitado efusivamente, siendo aclamado con prolongados aplausos y como estaba próxima la fecha del aniversario del fallecimiento de Santa Rosa de Lima, fue nuevamente invitado por la Casa de América a dar una conferencia sobre la santa limeña.

El evento fue anunciado por *El Mercurio* y el *Diario Ilustrado* y como estaba previsto tuvo lugar el 28 de agosto a las 19 horas. Durante más de una hora el intelectual peruano habló sobre las excelsas cualidades de la santa, su virtud ejemplar, ilustrando a su auditorio con hechos poco conocidos de su vida. Todo ello fue acompañado de una exposición de reproducciones fotográficas de valiosos lienzos y esculturas de los siglos XVII al XIX, que causaron gran interés en el público. Antes de finalizar la actuación hizo uso de la palabra el poeta Roberto Meza Fuentes, por entonces embajador de Chile en Ecuador, el cual resaltó los méritos del conferenciante, así como las muchas simpatías que había cosechado en Santiago.

En igual sintonía, Mariátegui fue invitado por la Mesa Redonda Panamericana de las Mujeres de Chile el viernes 26 de septiembre del mismo año a las 19 horas, a dar una conferencia titulada "La felicidad de la mujer en la vida actual". La institución de la que entonces era presidenta María Delia Prado, y secretaria general, Regina de Améstica, le acogió con grandes muestras de deferencia. La presentación la hizo Vera Zouroff, que realizó un amplio elogio de los méritos del conferenciante.

Don Ricardo centró su exposición en señalar que el mundo actual atravesaba una época trascendental, en la que el hombre se debatía en un mar fangoso de estupidez moral; un momento de individualismo morboso en que la gente pareciera que estuviera atacada de insania. Vida placentera y menosprecio de los valores morales ese era el binomio sobre el que se asentaba nuestra existencia, sosteniendo la fuerza como el único derecho. El sendero de nuestra realidad era una continua marcha hacia la perdición, donde todo conducía hacia el desmoronamiento de la sociedad.

Denunció al hombre contemporáneo, el cual vivía ensordecido por el egoísmo y por la envidia, y en su afán de satisfacer sus propios intereses, había destruido muchas vidas ajenas, destrozando su propio yo y el de los demás. Por lo tanto, había llegado el momento de la reflexión, siendo imperativo la búsqueda de la felicidad, la rectitud de las intenciones, la fe ardorosa en la defensa del ideal.

Asimismo, reflexionó sobre la rutina, la cual hacía autómatas a los hombres, que debían saber enfrentarse al reto de gobernar su propia vida y los peligros que se conjuraban en los que no sabían encarar el pesimismo y fatalismo. Consideró que los fundamentos de la felicidad se asentaban en el valor de la educación y la experiencia, y en saber conjugar el pasado, el presente y el porvenir de nuestra vida.

Terminada la conferencia, el Dr. Mariátegui fue entusiastamente ovacionado y la presidenta María Delia Prado le entregó un mensaje de fraternidad chileno-peruano para que fuese entregado a las mujeres del Perú. Junto al mensaje la señora Prado puso también en sus manos una espiga, que era el símbolo de la Mesa Redonda de Mujeres de Chile. Después del emblemático acto finalizó el viaje de don Ricardo por Santiago, llevándose consigo gratísimos recuerdos, que le inspirarían para escribir su libro *Confidencias femeninas*, por entonces en preparación (Mariategui Oliva, 1953, págs. 64-76).

Por otra parte, es importante señalar que las actividades de estos grupos no estaban reducidas a un grupo selecto y cerrado, sino que sus logros eran conocidos, compartidos y alentados por muchas mujeres de América, entre ellas la universalmente conocida Gabriela Mistral. Desde mucho antes de obtener el Premio Nobel en 1945, Gabriela Mistral había llevado una vida itinerante en varios países del extranjero. Sin embargo, la célebre poetisa nunca se olvidó de sus compatriotas con las que mantuvo a lo largo de los años una copiosa correspondencia.

Hemos visto más arriba como la Sra. Brieba de Aldunate, así como la Sra. Oliveira de Núñez, en sendas cartas enviadas a la autora de los famosos *Sonetos de la muerte* le informaban acerca de las actividades y objeto de la Mesa Redonda Panamericana de Mujeres de Chile. También es conocido como la Sra. Mistral era una entusiasta y asidua lectora del periódico *Mujeres de América*, por lo que estaba muy al corriente de los pasos que estaban dando sus compañeras feministas de Chile y aún más, sostenía económicamente algunas suscripciones del periódico. Vera Zouroff en carta dirigida a Gabriela Mistral desde Santiago de Chile, el 6 de octubre de 1949, le expresaba entre otras cosas lo siguiente:

> Muchas gracias también por su generosidad para ayudar al sostenimiento de *Mujeres de América*. Cumpliré con el deseo de usted enviando esas suscripciones a instituciones femeninas donde el periódico hallará bastantes lectoras… Me satisface íntimamente saber que Usted aprueba la obra que realiza *Mujeres de América*. Yo pongo en este trabajo toda mi alma y mi corazón, pues tengo el convencimiento de que sólo por la unión podrá salvarse nuestra América de la catástrofe que se avecina. ¡Dios tenga piedad de todos! (Zouroff, 1949).

Esta generosidad y empatía de Gabriela Mistral hacia la obra de sus conterráneos quedo evidenciada en la revista donde se publicó el siguiente artículo:

"Generoso gesto de Gabriela Mistral"

La ilustre poetisa que trajo a nuestra América el Premio Nobel, no obstante su alejamiento del suelo patrio mantiene encendida la suave lamparilla del recuerdo y en ocasiones patentiza esa luz que va con ella por el mundo. Hace algún tiempo, le agradecimos desde estas columnas, su generoso envío de dinero para costear algunas suscripciones gratuitas para personas que no podían pagarlas. Ahora se ha dado cuenta en la Mesa Redonda Panamericana de Mujeres de Chile, de otro rasgo generoso de nuestra poetisa, enviando una suma de dinero para estimular con algún obsequio útil a alguna niña pobre e inteligente que demuestre habilidad y empeño en sus estudios (Zenteno de León, Mayer de Zulen, Vilchis de Baz, & Huertas Oliveira, 1950, pág. 2).

Asimismo varios miembros del Cenáculo entre los que se encontraban Edelmira Muñoz, Nélida Rigoletti, Virginia Contardo, Fide Alessandrini y otras muchas mujeres, escriben desde Santiago, en junio de 1950 a Gabriela Mistral residente en México D.F., haciéndole partícipe de las actividades del Cenáculo, lo que viene a demostrar que Gabriela Mistral estaba muy enterada de las actuaciones de sus compañeras en el campo de la poesía. La carta decía lo siguiente:

Muy distinguida:

"Con motivo de cumplirse diez años de la fundación del 'Cenáculo de Poesía del Conservatorio de Declamación', las alumnas y ex alumnas, se unen para rendir un homenaje de admiración y gratitud a la gran maestra Sra. Vera Zouroff, directora y fundadora de este verdadero Cenáculo en el que se nos ha preparado para recibir mejor y prolongar el mensaje de los poetas.

Para la velada que en su honor celebraremos el 21 de julio próximo en el Salón de Honor de la Universidad de Chile, solicitamos de su gentileza una estrofa o un breve poema como adhesión de simpatía para Vera Zouroff, cuyo espíritu superior ha sabido mantener inextinguible su antorcha alrededor de los poetas, a pesar de las muchas dificultades que el mundo de hoy ofrece a una labor puramente espiritual como lo es esta.

Contando con su adhesión queda de Ud. Muy atentamente,
Edelmira Muñoz" (y el resto de compañeras del Cenáculo) (Muñoz, 1950).

Existen también varias cartas de Gabriela Huneeus, compañera como sabemos de Lucía Richard, dirigidas a Gabriela Mistral, donde le comunica muchas noticias literarias. Quedémonos con dos párrafos de dos cartas una escrita en 1951 y la otra en 1955:

Querida Gabriela:

Deseo expresarle el inmenso contentamiento porque al fin, aunque innoblemente tarde Chile le otorga el merecido premio. Es doloroso que esta tierra de esperanzas y hermosísima de paisajes, tenga hijos que sin pudor desconocen la justicia y la verdad que se impone. Ud. es una de nuestras grandiosas montañas que se expresan con toda la hondura y la riqueza que posee el corazón de nuestra tierra y la digna y elevada estatura espiritual de sus cumbres (Huneuus, 1951).

En la segunda carta la Sra. Huneuus se expresaba así:

Querida Gabriela:

Hace pocos días me fue remitido desde Parral el original de mi libro, *Pradera eterna* junto con su cariñosa carta. ¡Cuánta emoción me ha proporcionado sus hermosas y alentadoras palabras! Y eso es mucho. La observación del mundo, la pequeñez dolorosa de tantos y tantos seres nos inducen a refugiarnos en la indeleble luz del alma... estados anímicos superiores, felices, casi imposible de expresar. Liberación maravillosa de todo lo vulgar... (Huneuus, 1955).

Todo esto es muy interesante pues viene a probar la relación de toda una generación de intelectuales con el mayor portento literario de entonces: Gabriela Mistral. También existen cartas dirigidas a Gabriela Mistral remitidas por Patricia Morgan, María Flora Yáñez, Jorge Gustavo Silva, todos compañeros de

Lucía. En la carta que sigue a continuación, redactada por Vera Zouroff desde la Casa de América unos meses antes que la anterior, esa relación se constata de forma palmaria, lo que evidencia que nuestra Lucía estaba plenamente integrada dentro de esas grandes torres del pensamiento femenino que conformaban la generación de los años cincuenta.

Santiago, Septiembre (mes de Chile) 8 de 1954

Excelsa Gabriela:

"Al ganar el Premio Nobel de Literatura, de ti lo recibió por la primera vez, el continente dentro del cual vive tu patria; hoy que a ella regresas, el Directorio de esta institución americanista, en el nombre de nuestra América te da la bienvenida".

Firman con sus nombres: Esmeralda Zenteno de León; Coronel Agustín Benedicto; Santiago Aguirre Amengual; Carlos Valdovinos; Sofía Flores de Aguirre; General Teófilo Gómez Vera; Hilda de Guzmán; Ema Ortiz; Luis Consiglieri; <u>Lucía Richard de Piedrabuena,</u> Amanda Brieba de Lorca; Berta Traversari de Ureta; Adela Pérez de Larraín, Edelmira Muñoz; Carmen Alonso; Dora Puelma (Zouroff, Carta dirigida por Vera Zouroff a Gabriela Mistal, 1949).

CAPÍTULO VIII

CONFERENCIAS MEMORABLES

Vitrales del Brasil

Casa América en Santiago. 17 de Noviembre de 1954

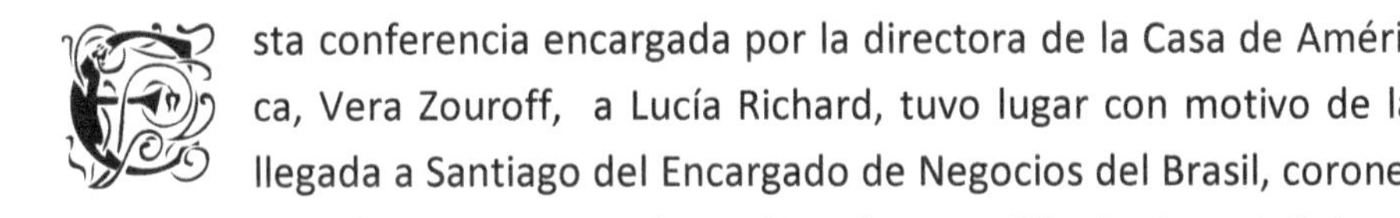

sta conferencia encargada por la directora de la Casa de América, Vera Zouroff, a Lucía Richard, tuvo lugar con motivo de la llegada a Santiago del Encargado de Negocios del Brasil, coronel Benedicto. Nada más comenzar Lucía confiesa la gran dificultad en definir un país tan vasto como un continente, en el que convivían multitud de razas y climas diferentes y que sólo la religión y el idioma parecían ser el denominador común.

Lucía que había viajado a Brasil y estudiado su historia comienza su alocución citando la palabras de Américo Vespucio: "si en alguna parte existe el Paraíso, eso es aquí" y de la cual Rubén Darío había exclamado que era "tierra de sol, de poesía y de riqueza, tierra prometida para el trabajo y la energía de los hombres". También recuerda las palabras de Sarmiento con sus bellas descripciones de Brasil como paraíso vegetal.

Si había algo que simbolizara Brasil era su bandera: una síntesis vegetal sobre la que reposaba una enorme flor, que para ella representaba de forma simple el alma de una nación. Luego señala la belleza de Río, ciudad de hechicería, descrita tantas veces por plumas como la de Stefan Zweig, Tibor Mendes y otros. La bahía de Guanabara sorprendía el ánimo del viajero con su decorado extrahumano, sus islas, ensenadas, cerros, árboles y espejos azulados. Después nos encontrábamos con sus avenidas, sus playas asombrosas y dilatadas, sus palacios y jardines, sus vestigios coloniales, insertados todos ellos en un ambiente tropical y pintoresco, que anunciaba uno de los países más inmensos y reveladores de América Latina.

Ya Santos era la antesala con su belleza natural de lo que nos esperaría en Río. San Pablo era el orgullo de la civilización: moderna, vanguardista, el país del futuro. Al contrario que Bahía que simbolizaba la belleza del pasado, de su periodo colonial, el rincón de la historia donde quedaban rasgos de sus vínculos primigenios con la metrópolis, San Pablo crecía con la potencia de su vegetación tropical.

Asimismo, elogiaba como se había producido la independencia, transformándose en república tras una mera negociación. Porque el Brasil siempre buscaba medios pacíficos para resolver sus diferencias y no presentaba ejemplos de dictaduras absolutas y sangrientas. Para sus problemas más difíciles, encontraba soluciones pacíficas y generosas, como eran la abolición de la esclavitud o la tolerancia con la que afrontaba sus diferencias raciales. El brasileño era de carácter tranquilo, producto seguramente de su clima, de su sangre lusitana, de su suave lengua o de una naturaleza que daba lecciones de fecundidad. La enorme extensión de terreno de un país subpoblado era lo que propiciaba esa distensión y cordialidad: abundancia de espacio y profusión de medios materiales.

Esta tranquilidad del brasileño no era ajena a cierta melancolía, ya que como decía uno de sus poetas, Paulo Prado, "En una tierra radiante vive un pueblo triste". Ya que el portugués además de su lengua y de su religión había traído el "*Saudade*", una especie de añoranza, un misterioso sentimiento del que Benjamín Garay decía que expresaba "no sólo la tristeza de una despedida, la alegría del recuerdo, la delicadeza de una emoción, la verdad de una esperanza, la nostalgia de una patria sino también esa melancolía de la ausencia, la afección de una amistad, la fuerza de un vínculo, la sombra de una pena, la sensación de afecto y hasta la forma de un pensamiento imperecedero".

Entre los prohombres de Brasil se encontraba el ínclito varón, humanista completo, el sabio, el diplomático, el filósofo y poeta, José Bonifacio de Andrada e Silva, promotor de la independencia y forjador de la naciente nación. Junto a Miranda, Bolívar, San Martín y tantos otros, formaban la pléyade de los titanes de la epopeya americana, los semidioses de una nueva mitología. Otra figura señera del Brasil era el emperador don Pedro II, cuyo carácter tranquilo, su amor por la ciencia y el arte, su desinterés y espíritu humanitario, le hicieron el prototipo del gobernante ideal, el adelantado que decretó la abolición de la esclavitud.

Su literatura era una de las más fecundas de América, condicionada por sus diversas regiones y sus bibliotecas, como la de Río, que además era una de las más inmensas y bien dotadas. Su arquitectura era vigorosa y original, influenciada por el genial arquitecto francés Le Corbussier. Respecto a la música destaca a Carlos Gómez, con su ópera *El Guaraní*, ejemplo brillante de cómo los compositores brasileños podían destacarse entre los compositores modernos.

Entre los grandes se encontraban también Héctor Villalobos, que supo buscar en el folclore de su país, hallando en la naturaleza su más genuina inspiración. Héctor escuchó atentamente la armonía de la selva, librándose de melodías postizas de sambas y rumbas, para apoyarse en el oro puro de lo auténticamente artístico y nacional. Asimismo, tuvo una pasión por los coros, por ir al encuentro de esa energía provocada por hacer cantar a cientos. Trabajador infatigable, publicó unas dos mil obras, algunas de gran extensión, como óperas, sinfonías y corales. Fue sin duda un gran renovador de la música brasilera.

También tiene Lucía un evocador recuerdo para los poetas modernistas, sin desdeñar a los clásicos y los parnasianos. Entre los años 1919 y 1923 se reunieron una efusiva generación de jóvenes artistas, que publicaron una nueva revista, *Festa*, donde plasmaron sus ideas revolucionario-estéticas, propiciando la Semana del Arte Moderno en San Pablo, reuniones que fueron el punto de partida para la incorporación de Brasil a las corrientes del arte contemporáneo. En el manifiesto firmado por Tasso de Silveira se definía el pensamiento estético de la nueva generación.

La poesía brasilera siempre estuvo influenciada por el sol y el medio natural, con sus influencias también afro-brasileras con poemas de Jorge de Lima, Rau Bopp o Camargo Guarnieri. Con un verbalismo sensual y tropical definía la poesía de Gilka Machado o de Ronald de Carvalho. También nos habla de la poesía marcadamente religiosa de autores como Murilo Mendes, Jorge de Lima, Augusto Meyer o Murillo Araujo.

Igualmente menciona a las mujeres poetas, calificando a Cecilia Meireles de íntima y sensible; a Adalgisa Nery de ampulosa y simbólica; y a Henriqueta de Lisboa de tierna y sencilla. Sus poemas de niños impresionaron fuertemente a Gabriela Mistral que le dedicó una conferencia. Añade que Gastón Figueira decía que el Brasil era uno de los países más favorables para la creación poética, con motivos inagotables para la inspiración del poeta en esa frondosa naturaleza, mezcla de ensueño y gracia.

Para finalizar, destaca su pintura y escultura, su desarrollo económico e industrial, confesándonos lo difícil que era abandonar Río de Janeiro, sus hermosos paisajes, sus playas, sus bahías... y su Cristo Redentor potente y luminoso, como un símbolo que nos abre sus brazos en un gesto de invitación y de adiós, quedando para siempre prendido en nuestras retinas cuando todo se ha desvanecido, como desafiando la separación, la distancia, el tiempo y el olvido (Richard, 2004).

Acerca de la muerte de Stefan Sweig

Conferencia dada en el Cenáculo de Poesía, el 28 de mayo de 1942

n un rincón privilegiado de Brasil, la querida Petrópolis en la que también se fue a refugiar Gabriela Mistral, un día de 22 de febrero de 1942 yacen muertos en su cama el famoso escritor Stefan Zweig y su mujer. Nadie comprende al principio la razón de su suicidio. Tumbados y serenos, permanecen en su lecho cogidos de las manos, con la expresión de esos reyes medievales, que en sus sepulcros de piedra, desafían a la eternidad.

En apariencia, no tiene Stefan credenciales ni monedas que darle al barquero en su tránsito a lo desconocido. Apenas un último acto de amor, de redención, de exorcismo..., entregado al mundo como autenticidad de su memoria. Sus gestos no desprenden arrepentimiento ni tampoco signo alguno de terror ni existe enfermedad visible. El escritor declara con su acto final que sus palabras no son trazos amontonados en un papel. Él es un intelectual que habla a la humanidad con la pluma sincera y está dispuesto a demostrarlo hasta sus últimas consecuencias.

Lucía no ahonda en profundidad en las circunstancias históricas del personaje: su doctorado en filosofía, sus estudios de literatura, su vida en Austria, su periplo por el mundo, como fue su viaje a la India, la China y otros muchos países... Prescinde de la cronología. En la sensación estética que flota, es donde encuentra el motivo último, la belleza novelada de un acto dramático, digno de escenificarse en las tablas de Shakespeare. En su destreza para transmitir sensaciones es donde se acrisola su genio apacible, pletórico de ternura y profundidad:

> "Sus ojos están serenos, intensamente pálidos y, entre la magnificencia de la naturaleza pródiga, brillan aristocráticos como blancos cirios en medio del esplendor policromado de una basílica bizantina" (Richard, 2004).

Lucía se esfuerza por conocer las razones de ese fin abrupto e inexplicable, enigma que llega a intuir muy bien, y que sólo se puede exhumar comprendiendo al personaje y su discurrir vital. Stefan poseía un corazón solitario, esos que atormentan a los apátridas. Nacido de una familia de acaudalados banqueros judíos de Viena, nunca ahondó en tal identidad, ni practicó el judaísmo. Su destino hubiera sido perpetuar el negocio familiar, pero tras su paso por la Universidad de Viena, demostró con su talento excepcional que su vida estaba destinada a fines más elevados.

Su juventud es inquieta. Viaja constantemente a Viena, Berlín, París y Bruselas. Se codea con la vanguardia intelectual de principios de siglo, entre los que se encuentran Sigmund Freud, Paul Valery, Auguste Rodin, Rainer Marie Rilke, Romain Rolland, Yeats, Pirandello, Thomas Mann, Richard Strauss... Durante varios años en los que va y vuelve se establece en Salzburgo. De pronto con el asesinato del archiduque de Austria ve derrumbarse una dinastía milenaria. Estalla la Primera Guerra Mundial y Stefan que es un pacifista huye a Suiza.

Comienza la ordalía de su exilio y protesta contra la intervención de Alemania en la Guerra, enfrentándose así al nacionalismo de la época y a su espíritu revanchista. En 1930 en un viaje a Estados Unidos conoce a Einstein en Princeton. Con el auge de los nazis en 1933 sus libros son prohibidos y quemados en las plazas públicas. En 1934 viaja a Hispanoamérica. En 1938 se divorcia de su mujer tras una infidelidad con su secretaria. Entonces se refugia en París, Londres y luego en Bath, pero teme que las garras del nazismo lleguen también allí. Decide partir para Nueva York.

Allí conoce una cultura muy distinta a la suya, se siente oprimido entre cientos de refugiados que le piden dinero. En 1940 da varias conferencias en varios países latinoamericanos. A lo largo de estos años va surgiendo en el autor una profunda melancolía, ante el desarraigo de estar lejos de su patria y vagar por todos los lugares del mundo. Trabaja en la biografía de Magallanes y especialmente en la de Erasmo de Rotterdam. Como él es un pacifista que cree en una Europa unida.

Le agobia la idea de una eterna guerra que aún no ha llegado a su apogeo. ¿Qué mundo quedará tras el devastador conflicto? ¿Dónde quedará el sueño de unir a los hombres de buena voluntad de todos los países, de todas las razas y clases en una gran liga de ilustrados y cultos? Su idealismo *à outrance* le conduce a llevar una vida itinerante que fue una constante fuga y una continua deserción. Personaje de éxito, adulado por el público y por las mujeres, tiene que abandonar Viena como un criminal. Presencia la Primera y Segunda Guerra Mundial. Se siente como un proscrito.

Entonces alberga la esperanza de encontrar un exilio creativo donde empezar otra vez y echar raíces. En 1941 llega a Brasil junto a su nueva mujer. El hermoso país tropical se le representa como un contra mundo, un lugar paradisiaco donde se podía vivir en paz, sin divisiones de razas ni tensiones sociales. Un país multicultural que se había construido con valores europeos. Todo era suave y dulce en torno a ellos: la naturaleza, los seres, los acontecimientos. Allí se encuentran con otra dimensión del espacio, otra sensación del tiempo.

El grado de tensión de la atmósfera es menor, los hombres más amables, los contrastes menos vehementes, la naturaleza es más próxima, el tiempo no tan saturado, las energías no están tendidas y comprometidas en extremo. Se vive más pacífica y humanamente. Por aquellos años escribe su novela sobre el ajedrez y lee apasionado a Montaigne. Luego escribe *Brasil país do futuro*, un libro exaltado de optimismo. Si había un país del futuro, había un futuro para el mundo. Como Goethe que se enamoró a los setenta años, Zweig experimenta un gozoso renacer que le lleva a la conquista de un dilatado espacio de libertad en aquellas tierras vírgenes y selvas prometedoras.

Pero entonces el horizonte se ensombrece. Se turba el tranquilo vegetar del trópico con los truenos precursores de todas las tempestades. Se reúnen congresos, se levanta la formidable maquina guerrera, crece la hostilidad, se restringen las libertades, se hacen silencios expectantes. ¡Otra vez la guerra! ¿Aquí también? En las semanas anteriores al trágico desenlace se habían hundido dos barcos alemanes en aguas brasileñas. Él, como germano, se siente señalado y percibe el terror de que el nazismo se extienda por todo el mundo.

Alberga un temor desmesurado por el devenir de aquella época. Empiezan a ser visibles en su rostro los signos de un hombre desilusionado que creía en el espejismo de una Europa que ya no existía y que se negaba a llorar como si hubiera muerto. Le escribía a un amigo diciéndole: *"Sin haber perdido un padre estoy de luto, por Europa y por la humanidad"*. Incapaz de aceptar el naufragio de su sueño europeísta, arrastraba el lastre de haber sido expulsado de la ciudad que había moldeado su carácter y se veía humillado al ver como el nazismo se había apropiado del idioma alemán.

Lucía creía que para Zweig esta tragedia era mucho más que personal, representaba la encarnación de un mal universal. La devastadora destrucción material se podía reparar, pero el perjuicio espiritual sería perpetuo y desolador. Los escombros humeantes podrían renacer como Fénix de sus cenizas, pero la ilusión de las gentes, la alegría de vivir, el intelecto perdido, los jóvenes cerebros de futuros sabios inmolados por la guerra, las escuelas demolidas, la locura impuesta en miles de mentes infantiles, eso sería muy difícil de borrar de la conciencia de la humanidad.

La destrucción también había traído el hambre y su consiguiente generación de seres abúlicos y desnutridos. El viento apocalíptico había dispersado a los artistas y enmudecido a los sabios, que ahora se veían forzados a evocar la catástrofe. Todo ese dolor humano concentrado en un quejido desgarrador; todo ese calvario que había borrado las sonrisas tornándolas en gestos de desesperación; esa enorme dosis de maldad que había envenenado las almas y agangrenado los corazones; no, eso jamás se podría reparar ni olvidar.

Todo eso lo comprendió Stefan Zweig, lo sintió en su piel, lo presagió su fina sensibilidad. Pero como siempre huyó, a veces incluso de sí mismo, siendo incapaz de afrontar el perverso destino que ensombrecía al mundo. Le faltó la bravura, el coraje para denunciar públicamente a Hitler. Él nunca hablaría mal de Alemania. Creía que un intelectual no debía inmiscuirse en la política sino que sus preocupaciones debían limitarse a sus libros.

No pudo soportar ver como su idioma, su querido alemán, se convertía en la lengua de los verdugos. Tiene noticia de que se prohibía la traducción de sus obras al inglés o francés. Comprende que nunca podría regresar a todo lo que ya no existía. En su tierra natal es despreciado por su origen étnico y en el Nuevo Mundo es cuestionado por su nacionalidad. Ciudadano de ninguna parte ya no tiene fuerzas para empezar de nuevo ni argumentos con los que reinventarse...

En sus últimas cartas se queja de que nunca más tendría un hogar, un país, un editor... Se encuentra atrapado en un pequeño pueblo de Brasil a miles de kilómetros de lo que fue su vida, sus libros, amigos y conversaciones. Le falta el ambiente intelectual, gente de su nivel cultural con los que compartir impresiones. Ya no va al teatro, ni a conciertos, no ve a nadie y hasta la misma selva infinita le oprime. La soledad que antes le resultaba tranquilizadora ahora le angustia.

Intenta seguir trabajando, pero confiesa que se encuentra con la mitad de sus fuerzas. ¿Cómo podría convencer sin estar el mismo convencido? ¿Cómo podrían sus escritos encender los corazones, si ya era incapaz de entusiasmar? Le empieza a rondar la cabeza de que sin libros adecuados, sin una buena biblioteca, sin un sosiego de espíritu, no podrá acabar la obra central sobre Balzac. Ni siquiera el carnaval al que asistió los días previos a su despedida pudo contradecirlo de su decisión última y definitiva.

Entonces, en sus últimos momentos de vida escribe una breve nota que comienza con el título de *"Declaraçao"* y sigue con algunas líneas en alemán. En ella se despedía de este mundo "de propia voluntad y mente clara" y agradecía a Brasil por su hospitalidad. Dejaba este mundo en un momento apropiado en que Europa su patria, se destruía a sí misma como producto de la Segunda Guerra Mundial. Finalmente, prefería poner fin a su vida en el momento conveniente, erguido, como un hombre cuyo trabajo cultural siempre había sido su felicidad más pura y su libertad personal.

Cabe pensar si, consciente o inconscientemente, no literaturizó su propia vida, con este trágico final digno de una tragedia griega, que a la postre le condujo a una aureola legendaria, a un interés en su obra, que pudo aumentar, o por contra, malograr su grandeza literaria. Aunque jamás se le podrá negar la autenticidad de sus ideales, la franqueza de su pensamiento ni su compromiso con la humanidad.

Para Lucía aquel que perdonaba antes el error que la maldad, debía haberlos acogido como acoge a todos los que quieren vestir de ilusión las miserias de este mundo y saciar con palabras de bondad la eterna sed de belleza y de verdad que acongoja los corazones humanos, como prueba de su alto origen espiritual y de su destino imperecedero (Richard, 2004).

Sara Hübner

Casa Central de la Universidad de Chile, 1947

arah Hübner (1888-1930), sobre la que hemos hablado en páginas más arriba, conviene aquí hacer una reflexión más serena y profunda, a la que me he permitido añadir algunos datos interesantes. Fue hija del escritor Carlos Luis Hübner y de Teresa Bezanilla. Perteneció al movimiento llamado espiritualismo de vanguardia y también al llamado feminismo aristocrático, próximos al modernismo literario (de influencia francesa y anti positivista) pero con unos claros tintes diferenciadores. Se la reconoce como parte de una vanguardia intelectual de principios del siglo XX, que trató de concienciar sobre el pensamiento feminista y luchar por los derechos de las mujeres.

En este movimiento estaban otras autoras como Inés Echeverría Bello (*Iris*), María Mercedes Vial, Teresa Wilms Montt, María Luisa Fernández de García Huidobro, Mariana Cox Méndez y Morla Lynch. Sarah fue periodista y escritora y como tal cultivó la poesía lírica, la crítica social y literaria, así como las crónicas de actualidades. Escribió en varios diarios y revistas, como *Zig-Zag*, *Sucesos*, *Artes y Letras* y *Las Últimas Noticias*. Multitud de críticos, como es el caso de *Alone*, convienen en que su obra está poco unificada, encontrándose dispersa en diversas publicaciones, lo que ha dificultado la definición de su personalidad.

Pero para comprender lo espiritual de la persona también ayuda su presentación física. Poseía Sarah una fisonomía un tanto peculiar. Su esqueleto estrecho y su escasa envergadura le daban más las proporciones de un muchacho de trece o catorce años que de una mujer. Era muy pálida. Tenía el pelo dorado resplandeciente y unos ojos verdes sobrenaturales por el brillo, el color, las dimensiones y la fuerza expresiva. Cuando caminaba por la calle la gente se detenía a mirarla boquiabierta. Su semblante evocaba el de una princesa rusa o la dama de negro de una novela de espionaje (Vergara, 1962, págs. 23-27)

Lucía nos explica como el rasgo esencial de su figura era la paradójica complejidad de su persona, a lo que se añadía su cualidad de proteiforme; es decir, "que cambiaba constantemente de formas y de ideas". Toda esta contradicción personal ha hecho que su obra, dispersa en varios diarios y revistas, no forme ni una unidad de asunto, ni de género literario. Para prepararse para su conferencia, Lucía estudió a fondo la obra de la autora, pero no todo, ya que Sarah, como artista verdadera, siempre estaba descontenta con lo que escribía y destruyó mucha parte de su producción literaria.

Esta cualidad misteriosa, acreedora de un cerebro privilegiado, tan intenso como convulso se gestó como en tantas ocasiones en la infancia. Desde el nacimiento su vida había estado marcada por la agitación. Choques de razas y de nacionalidades, de temperamentos distintos, habían producido constantes incomprensiones entre sus padres. Luis Eduardo Hübner, su padre, fue un hombre de una vasta cultura y escritor distinguido, pero raro de carácter. Su madre, de una gran belleza, casó muy joven y su matrimonio pasó por muchas dificultades e intransigencias de la familia.

Durante su infancia la pequeña Sarah, que es de carácter delicado e impresionable, tiene que afrontar toda clase de viajes, incertidumbres económicas y truculencias. Se educa en un ambiente extranjero hostil. Su familia fija la residencia en Lima donde su padre ocupa un puesto de diplomático. Por su casa pasan todos los notables del país. Pero allí el chileno es odiado pues la guerra está muy reciente en la memoria de todos. Se dice que en sus años de colegio, a ratos daba muestras de timidez y otras de locura, poniéndose en evidencia frente a sus profesores. Lucía piensa que un talento como el suyo, con una impronta marcadamente altiva y aristocrática, no podía seguir la rutina de la enseñanza oficial, calculada para las inteligencias mediocres. En aquella época a ella le interesaba más la vida que los libros.

A Fernando Santiván le confesó en una ocasión datos de su desdichada infancia. Ella había sido precoz en el sufrimiento, y hasta el presente añoraba esos días que no había vivido. Su padre era un intelectual, apuesto, que hacía vida de club y de sociedad. Sus hijos nada sabían de su vida. Llegaba tarde por la noche, se levantaba a medio día y luego salía. Debido a una desavenencia entre los esposos, su padre había prometido que no iba a dirigir la palabra a nadie en su casa. Pasaba ante sus hijos como una sombra, serio, completamente mudo, creando alrededor una atmósfera pesada e implacable.

Sus hijos lo querían pero les causaba un secreto terror esa mudez severa y cortante. Él que era la alegría viva para sus amigos, en cambio para sus hijos era como una estatua, resultando frío y distante. En este ambiente victoriano, su madre, de carácter dulce y apacible, se pasaba el día llorando y sin quererlo, proyectaba sobre sus hijos la angustia que le oprimía. En este escenario Sarah vivía sobresaltada, como esperando siempre un acontecimiento sobrenatural y terrible, padeciendo continúas pesadillas. Una noche se despertó junto al lecho de sus padres, llorando desconsoladamente porque creía oír en sueños voces de un altercado.

Sus padres la entregaron en matrimonio con sólo quince años, con un chico buen mozo de buena familia. Se fueron a vivir a casa de su suegra que llevaba una vida monacal. Era una persona austera, rodeada de curas y de santos. En su casa se hablaba bajito, como en las iglesias. Los jóvenes debían mantener los párpados bajos y una risa desbordante habría sido considerada como sacrilegio. Su marido y ella tenían que ocultarse como delincuentes para darse un beso. Ella había salido de su hogar con la esperanza de respirar un nuevo aire, pero se había encontrado con este ambiente lúgubre (Santivan, ca. 1920, pág. 7).

Con estos precedentes no es extraño adivinar su carácter colérico y contradictorio. A la levedad de su figura se unía cierta leyenda que rodeaba a su nombre. Su personalidad desprendía melancolía, tristeza y al mismo tiempo un deseo volcánico de conquistar el infinito. Mostraba sentimientos exacerbados, y a veces hasta agresividad, pero para Lucía ello no era más que la máscara con la que ocultaba su gran timidez y su apasionamiento, el deseo esperanzado de llenar un anhelo insatisfecho. Luego esta su histrionismo, su teatralidad, sus maneras espectaculares, producto de una altivez y sobreestima de sí misma. En su *Diario íntimo* escribe: "A Gabriela Mistral casi con humildad" (Sudermann, 1918).

Espíritu esencialmente dual, bipolar, era tan humana como paradojal, y podía ser tan mística como sensual, gustar tanto de la quietud como del movimiento, buscar la ética o la estética, ser bondadosa o sádica, desalentar o proferir sarcasmos, ser maternal o ególatra. Sus escritos, como el referido *Diario íntimo*, que firma con su seudónimo de Magda Sudermann, hablan de una gran contradicción interna, de un fuego que la consume, de incomprensión hacia la vida y el mundo, pero sobre todo de incomprensión de sí misma.

Repentinamente estos dilemas, esta falta de confianza, se tornan en narcisismo y de ahí pasan a un deseo intenso de grandeza que es casi megalomanía, sino fuera porque súbitamente vira hacia la ternura y de ahí a la soledad, los sollozos, la desesperación y la impotencia. Junto a ello demuestra una gran sensibilidad hacia la belleza, una libido promiscua, de una intensidad sexual arrebatadora y su sentido aristocrático le hace decir cosas como "los de mi raza fueron los más hondos soñadores y algo de sus ensueños aún perdura en mí" (Sudermann, 1918).

Despliega imágenes muy potentes, pasionales, y si bien declara que nadie puede comprenderla, ello no le impide exhibir un sentimiento de confraternidad y altruismo, un deseo de hacer el bien. Repudia la banalidad y el egoísmo, pero su alma esquiva y recóndita, no le impide que a la vez se muestre displicente hacia la gente. Lee literatura de heroínas femeninas, y reconoce que ésta contribuye a su equilibrio, a saciar su eterna fuente de inquietud. Disfruta de la burla y el sarcasmo.

Otro aspecto en el que recala Lucía es en su gran curiosidad ante los seres y las ideas. Esta curiosidad le habría llevado a interesarse por los adelantos de la ciencia, la medicina, la biología, los desarrollos de la filosofía, a preocuparse por los problemas del mundo, de la religión y de la vida. Su fe es algo que aflora a menudo en su obra. Sarah creía que había una desproporción entre los avances de la civilización y el progreso de las fuerzas espirituales, aquellas que los pueblos deberían poseer para desenvolverse adecuadamente. La humanidad, aparentemente cristiana, no llegaba a tener ni la más leve conciencia de lo que era el espíritu de Cristo.

Ante su aparente frivolidad demostraba una capacidad osada de querer internarse en especulaciones filosóficas. Hasta se había atrevido a estudiar y comentar a Spengler en su obra capital: *La decadencia de occidente*, publicando su estudio en *La Nación de Buenos Aires*. Lucía también se refiere a su orgullo, cuya consecuencia era la sinceridad, que iba mucho más allá de la franqueza y se hacía intransigente.

En una época de fingimientos e hipocresías esa sinceridad le trajo muchos sinsabores, pero dio calidad a su obra y le permitió explayar su poderosa personalidad. En sus *Reflexiones* decía: "Las mujeres de valer siempre son sinceras". Y en otra parte escribía: "Ninguna filosofía ha de darme la razón de ser de la vida. Sé que debo buscarla, sólo dentro de mí, desenvolviéndome" (Richard, 2004, pág. 398).

Porque se creía superior a los demás consideraba que tenía el derecho a mostrarse tal cual era. A veces, esta sinceridad se tornaba en impertinencia, cuando no en franqueza destemplada y agresiva. Así en el año 1919 se atrevió a escribir cosas denigrantes contra los araucanos en un medio público (Hübner, 1919) .

En otras ocasiones critica abiertamente a los chilenos, tachándolos de pasarse la vida con los naipes, preocupados de la vida ajena y magnificando la más leve noticia. Asimismo, hablaba de su "pereza espiritual", de su "vaho de angostamiento". A veces usaba pantalones, hablaba del amor, se refería a la soledad de la mujer criolla, pero por el sólo hecho de serlo no dudaba en utilizar un tono mordaz.

Joaquín Edwards Bello explicó que había muerto con fama de "rara", que en Chile era sinónimo de ser de excepción, de los que se pasan de la raya, o se saltan las convenciones. Para él, Santiago era una ciudad que expelía a los inadaptados, a aquellos que no eran capaces de aceptarlo todo. Concluyendo que

> "nada era tan atroz como la incapacidad de la gente bien dotada para descargar el exceso de energía en un medio adverso. Esta energía sin uso envenena el organismo" (Calderón, 1991, pág. 14).

Respecto a la indumentaria, Según Lucia le gustaba rodearse de un marco de originalidad y distinción y mostrar su clase superior, con gestos y ademanes refinados. Hablando de orgullo e indumentaria resulta impactante la noticia que relata Fernando Santiván, escritor y décadas más tarde Premio Nacional de Literatura. Cuenta éste como la generosidad de Sarah hacia las personas de su afección no tenía límites, refiriéndose en especial hacia su marido, hijo o hermanos. Tenía un carácter extremadamente fuerte, lo que no impedía que estuviera acompañado de cierta seducción hacia su personalidad. Hoy hablaríamos de mujer fatal, de la que Fernando fue su víctima.

Fernando cometió el gran error de verter ciertas alusiones de plagio sobre Jorge Hübner, respecto a la obra de Vicente García Huidobro, cuestionando su calidad de poeta. Sarah, su hermana, al poco de enterarse, no dudó en presentarse como una tigresa en su oficina. Vestía para el choque que se avecinaba un severo traje de terciopelo negro, muy ceñido al cuerpo, con una gran cola a la usanza de la época, y un sombrero de alas anchas de la misma tela, al estilo de la marquesa de Montespan. A ello acompañaba una auténtica cruz de brillantes que refulgía en su pecho colgando de un cintillo de finas perlas.

Entonces, tras entrar en su despacho, y tras el primer saludo de cortesía de Fernando, ésta le extendió la punta de sus dedos enguantados, taladrándole con una mirada terriblemente dramática y altanera, quedando éste intimidado ante sus imponentes ojos verdes esmeralda. Después de algunos momentos, su rostro fue adquiriendo mayor compostura y sin preámbulos, "ni perder su cuerpo su inmovilidad vertical", comenzó a lanzarle un chaparrón de palabras durísimas, innumerables frases hirientes, mostrando su extrema indignación al trato recibido a su hermano Jorge, y al grupo de poetas de su edad.

Durante minutos que parecieron horas, Sarah continuó sin tregua con su ataque sin cuartel gritando: *"¡matones", "canallas", "cobardes…!"*, sin permitir a Fernando explicarse. La escena iba cobrando cada vez mayor brío e intensidad, llegando a un dramatismo que envidiaría la mejor de las actrices. Fernando –que ya empezaba a sulfurarse– aprovechando un hueco en su terrible acometida le dice: *"Señora no lo puedo permitir…"*. *"Si Ud. me sigue insultando, como no puedo responderle como a un hombre, tendré que retirarme y dejarla sola…"*.

Pero Sarah, lejos de detenerse interpretó las palabras de Fernando como una nueva amenaza para su hermano o su marido, por lo que su rostro adquirió tonos apocalípticos y sus palabras se hicieron cada vez más hirientes. Entonces, Fernando, viendo que eran inútiles sus esfuerzos por calmarla y comprobando como varios empleados y uno de sus jefes ya rondaba por la puerta de su despacho, temiendo que todo el episodio degenerase en un tremendo escándalo público, intentó huir de su oficina, pero la altiva dama le cortó el paso impidiéndole salir, quedando atrapado, virtiendo ésta un nuevo torrente de espantosos agravios.

Viéndose Fernando acorralado, y ya en el fondo de la exasperación, con una pronunciada actitud trágica gritó: *"¡Fuera… Fuera… o no respondo de mí!".* Tal fue el tono y la expresión de su gesto que Sarah por fin calló, mirándole con ojos extraviados, saliendo del cuarto en silencio. Tras ello, Fernando se quedó altamente conmocionado temiendo la ira del marido, incluso la posibilidad de afrontar un duelo… Entonces un par de amigos le tocaron la puerta de su despacho, pensando que Fernando estaría hecho un energúmeno. Hace poco se habían topado con Sarah Hübner en la calle y les había explicado que vinieran a tranquilizar a Fernando ya que éste iba salir armado para matar a su hermano Jorge. Tras lo cual los tres amigos se miraron perplejos y no pararon de reír (Santiván, ca. 1930).

Sí, así era Sarah. Menuda mujer. Lucía confiesa que no había sido precisamente la admiración cariñosa lo que le había movido a ocuparse de ella. Para ella era un referente intelectual y como tal, había deseado hacer un juicio sereno y apasionado de sus obras. Fernando Santiván relata lo mucho que le impresionó la primera vez que la conoció, pero esa admiración no estaba exenta de muchas críticas. Este encuentro fue en su casa junto a sus hermanos. Sarah irrumpía en la conversación de forma brusca, imponiéndose entre sus hermanos. Su conversación era como un chorro de agua precipitada, y las palabras que salían de su boca eran sentencias lapidarias, cargadas de razones claras y contundentes.

Allí estaba erguida entre sus hermanos. Impresionaba ver sus labios finos de un color rojo escarlata incrustados en un rostro de nieve, así como sus inmensos ojos agua marina, que apenas se aquietaban bajo el abanico de sus pestañas de oro, acompañados por la cascada rubia de su espléndida cabellera. Para él, Sarah tenía aún en su sangre la vehemencia de los gestos de una colegiala turbulenta y la belleza andrógina de los pajes medievales.

Guardaba su silueta un vago parecido con la de Teresa Wilms y de Berta Singermann, con quienes más tarde fue amiga y con las que compartió ciertas afinidades de espíritu. Arguye Fernando que la mezcla de metales sajones y de oro español en crisoles criollos producía extraños resultados y no duda en compararla con "la Quintrala", pecaminosa hembra producto de razas antagónicas que produjo flores monstruosas en la sociedad del Santiago colonial. Todas estas mujeres como también Sara Bernhardt o a Mariana Cox Méndez, tenían en común la complejidad, el caos moral, el tormento interior, el ansia desaforada de vida, la sutileza analítica, la claridad mental, la amargura y el desencanto de lo vivido.

Fernando llega a dudar de que Sarah fuera sensible. Cree que la ternura de estos seres es más bien un juego intelectual, que responde a intereses bien definidos. Sin embargo, a renglón seguido dice que la estima y la sigue estimando y que no quiere empañar sus méritos, pero que cuando oía hablar de su caridad para los pobres y desvalidos, de su delicadeza para no herir sentimientos ajenos y evitar dolores a los suyos, piensa que debió ser así, pero que a tales hechos no se les puede atribuir blandura femenina, ni exquisita sensibilidad. Para él Sarah era una mujer cerebral, analítica, calculadora, que obraba como un cirujano, y en tales circunstancias, era muy difícil compadecerse del dolor ajeno, sufrirlo o llorarlo como propio.

Creía que Sarah era cruelísima como lo eran por lo general las mujeres bonitas y aduladas, y como lo eran los seres de mentalidad extremadamente positiva. Fernando habla de cómo Sarah coqueteaba con sus pretendientes, jugaba con ellos, exprimía las situaciones para luego extraer de ellas ácido de sarcasmos. Le gustaba reunir a sus amigos para burlarse de esos enamoradizos infelices. Pero igual que era cruel con sus semejantes lo era consigo misma. Era incapaz de amar. Incapaz de perdurar en la ilusión del amor.

A veces se interesaba por algunos hombres de talento, se acercaba a ellos enredándolos con sus hilos fatales. Entonces, cuando los tenía a su merced el más insignificante detalle de su intimidad hacía que Sarah perdiese su interés. En una ocasión se entusiasmó con un poeta conocido, quizás el más delicado y sensible de nuestros poetas. Creyó estar enamorada, pero un día advirtió que tenía los dientes sucios... y no pudo acercarse más a él (Santivan, ca. 1920, pág. 7).

Por otra parte, Lucía también incide en el hecho de que la intelectual tenía una preocupación estética para sí misma y su obra. Esta intención de la búsqueda de lo armonioso y lo bello presidía y desbarataba los efectos del mismo amor, o le hacía perseguir una filosofía propia, algo así como un dogma y un canon bajo los que englobaba todos sus actos. Su ideario era activo y beligerante y moldeaba su sensibilidad con una intención totalizadora, un plan inmanente.

La autora buscaba lo exquisito, y a través de sus sentimientos canalizaba esa atracción suprema hacia la belleza. Tenía un misticismo estético, concebía el amor de una forma refinada, anhelaba una verdad superlativa que moraba en el elíseo de las realidades superiores. Su cuerpo, sus ademanes, su indumentaria... todo era poesía, todo perfilaba el aire creando dimensiones artísticas de su pensamiento. Ella reivindicaba con firmeza su mismidad, lo que le permitía ser al mismo tiempo canción y astro, vaso y perfume, verso y poesía.

Pero las sombras de un destino funesto se ciernen sobre su existencia. En una ocasión a Fernando Montiván le confía secretos muy íntimos: *¿Para qué sirve mi vida?* –le dice más de una vez. *"Créeme que si no fuera por mi marido y por mi hijo, quienes me necesitan y a quienes dejaría huérfanos, preferiría morir"* (Santivan, ca. 1920, pág. 7). Sus observaciones se hicieron premonitorias. Todas sus contradicciones, sus extravagancias, sus mortificaciones... se vinieron a acrisolar en un desenlace fatal.

Un hijo había venido a alegrar su vida. Era inteligente y hermoso, pero como su madre portaba un estigma trágico. Un día muere en un accidente en plena juventud. Su madre desgarrada, se aparta de las cosas terrenales. En sus arrebatos de locura, sumida en su perenne melancolía, despedaza casi toda su producción literaria, se aleja de mucha gente y desengaña a casi todos. Para Fernando Montiván, Sarah era una nihilista. Era tal el vacío de su alma que hubiera hecho cualquier disparate con tal de acumular sensaciones intensas, que fueran capaces de colmar la insatisfacción inmensa de no haber gozado de un amor grande y verdadero (Santivan, ca. 1920, pág. 8).

Su corazón no pudo soportar el peso de todo ese dolor. Además del infortunio desolador tuvo que arrastrar la carga de la incomprensión, de no encontrar con quién compartir su persona y sus ideas. Esconde en su interior aquella parte más recóndita y genuina de sus sentimientos. Pero aun así intenta entregar generosamente algo de ella, de su personalidad y al no encontrar resonancia a su voz, sufre la tortura de la asfixia espiritual.

Su muerte fue la culminación de un desencanto, un desprenderse de la materia para conquistar un espíritu, que ya no soportaba el lastre de un cuerpo frágil y ansiaba el vuelo incontenible de una alma ansiosa de infinito. En la última página de su diario, escrito unos días antes de su muerte y ya sintiendo el temblor de lo desconocido Sarah escribe:

"Frente a mí estoy. Nunca deseé un alma como deseé la mía y sin embargo yo, polo magnífico de todos los dolores, en el umbral me detuve tímida, porque era demasiado sola para entrar en mí misma. Mi cabeza se inclina silenciosamente y sobre su frente dejo mi blanco beso exangüe" (Richard, 2004, pág. 405).

Para Lucía en esa especie de narcisismo espiritual encontramos acaso la clave de muchas anomalías, angustias e inquietudes que hicieron de Sarah Hübner la mujer mejor dotada por la naturaleza y la más atormentada por la vida

Quevedo

Conferencia en conmemoración de los 300 años
de la muerte de Quevedo, 1945.

Francisco de Quevedo nació en Madrid, el 14 de septiembre de 1580, en el seno de una familia de hidalgos, siendo uno de los autores más destacados de la literatura española, conocido especialmente por su obra poética, pero también escribió narrativa y teatro, diversos opúsculos filosóficos, políticos, morales, ascéticos, humanísticos e históricos.

Nació cojo, con ambos pies deformes y una severa miopía, lo que le hizo pasar una infancia solitaria y triste, soportando las burlas de otros niños. Se quedó huérfano a los seis años y a los once murió su hermano Pedro. Todos estos factores incidieron en su misantropía y estimularon su amor por la erudición y el estudio. Sus padres desempeñaban altos cargos en palacio, por lo que durante su infancia creció en la villa y corte, rodeado de nobles y potentados.

Fue un joven de precoz inteligencia y de mucho ingenio, que se formó en el Colegio Imperial de la Compañía de Jesús y en la Universidad de Alcalá. Vivió a caballo entre el Renacimiento, época en que el hombre reivindica su posición en el universo y se recuperan los saberes de la cultura clásica, y el Barroco, época del desengaño de saberse huérfano ante el cosmos. Fue un humanista de gran inquietud de carácter y siendo un niño era eximio en griego, latín, hebreo, árabe, italiano y francés.

Antes de los quince años se gradúa en doctor en Teología, aunque no llega a ordenarse. Como tal fue muy versado en Derecho Civil y Canónico, además de en matemáticas, astronomía, medicina y en filosofía natural... En sus años de estudiante mantiene correspondencia con el famoso humanista belga Justo Lipsio y se interesa por cuestiones filológicas y filosóficas. Estando en Valladolid surge su interminable enemistad con Góngora, el cisne cordobés, de donde proviene la dualidad entre el estilo conceptista que defendía Quevedo, frente al culterano por el que postulaba Góngora.

Actúa como consejero del duque de Osuna, con el que viaja a Italia en 1613, realizando delicadas comisiones diplomáticas en Nápoles, ocupando varios cargos civiles en los que destacó por sus dotes de mando y organización. Durante esos años va y viene incansablemente entre España, Nápoles, y Sicilia. Se conferencia con el Papa o con el Rey. Tiene que escapar de Venecia acusado de conspiración, donde se había desencadenado una violenta persecución de los españoles. Disfrazado de mendigo, consigue escapar confundiendo a los guardias gracias a su perfecto acento italiano.

Quevedo es un hombre rodeado de contradicciones: igual es revolucionario que conservador, moralista que inmoral. Para su amigo José González Salas será el poeta más elegante de su tiempo mientras que para sus enemigos del libelo del Tribunal de la Justa Venganza será un maestro de errores, doctor de desvergüenzas, catedrático de vicios y protodiablo entre los hombres. Su poesía amorosa le revela como el mayor cantor del amor mientras que su poesía satírica le muestra como un misógino. Escala en la corte y se prevale de la influencia de poderosos, pero luego no duda en atacar la corrupción de sus antiguos mentores. Le duele España y la defiende como un patriota. Es un pendenciero que saca la espada por cualquier motivo.

Ese pasar del Renacimiento al Barroco, esa lucha por dos conceptos de vida, dos edades antagónicas, dos definiciones del hombre, entre el humanismo y el misticismo, se personificarán en Quevedo como la mecha que prende un barril de pólvora lanzado contra el mundo. Tiene una fijación en desenmascarar las cosas, en desnudar la hipocresía, evidenciar la corrupción de los vicios. Se recrea en la burla y la sátira, y en su juventud corren por las calles sus opúsculos burlescos, desvergonzados y de mal gusto, de los que luego renegaría, pero cuya difusión ya le fue imposible parar.

De ese mundo de contrarios nació también el conceptismo. Se vivía en un tiempo en que la literatura era un arte de las minorías educadas. Se trataba de un arte elitista que despreciaba al vulgo. Él que muchas veces podía ser vulgar con sus dichos y retruécanos, denunciaba al culteranismo por excesivamente cargado de formas y vacuo de fondo. Así creía que la poesía debía huir de la vileza de los vocablos, y tenía que nutrirse de voces apartadas de la plebe.

En diversos escritos critica sarcásticamente el léxico afectado, para luego gongorizar con cultismos e hipérbatos su poesía amorosa, acercándose así en más de una ocasión a su archienemigo. La animadversión entre los dos rivales literarios fue terrible. En *La Perinola*, cruel sátira miscelánea, divulga terribles ataques contra Góngora tachándole de sacerdote indigno, homosexual, escritor sucio y oscuro, narigudo, entregado a la baraja e indecente. A su vez éste le correspondió con la misma violencia retratándole de cojo, borracho, contrahecho y mal helenista.

Pero si hay algo en lo que destaca Quevedo es en la poesía, ya fuera ésta amorosa refinada y culta, o en la satírica, donde se apoya en coloquialismos y vulgarismos que reproducen una realidad prosaica, o en la poesía moral, que utiliza elementos del discurso religioso cristiano, o de las corrientes neoestoicas de la filosofía moral. Su poesía amorosa se bifurca entre aquellos poemas que suponen un elogio hiperbólico a la belleza de la amada, amparándose en la tradición petrarquista, frente aquellos otros en los que desprecia a las figuras femeninas.

En ambos casos aplica el código atinente al estilo literario, por lo que no puede hablarse de misoginia, sino de lenguaje congruente con el género literario que utiliza. Hay temas que le obsesionan como el *carpe diem*, la brevedad de la vida, el paso inexorable de tiempo, la vanidad humana o el cuerpo como sepulcro. Para Dámaso Alonso fue el "mayor poeta amoroso de la literatura castellana".

Enfatizo el sentimiento y su poesía se adelantó al desgarro romántico y fue modelo de escritores modernos. La esperanza, el amor y la belleza pueden vencer al implacable paso del tiempo. En *"Amor constante más allá de la muerte"* manifiesta la importancia del amor como sentimiento eterno. Aquello de que respecto al alma enamorada y otras partes del cuerpo:

Su cuerpo dejará, no su cuidado;
Serán ceniza, más tendrá sentido;
Polvo serán, más polvo enamorado.

Una gran originalidad de Lucía Richard en su conferencia sobre Quevedo fue decir que éste había leído *La Araucana* y que conocía perfectamente al pueblo chileno. Bajo su pluma los chilenos eran cautelosos y no se fiaban de las apariencias. Recibían a las embajadas con su ejército y su valentía no tenía parangón. Chile era un pueblo que luchaba por su tierra y su libertad, que tenía el coraje de no dejarse someter en esclavitud. Eran un pueblo patriota que sentía el orgullo de su nacionalidad (Richard, 2004).

Quevedo vuelve de nuevo con el duque de Osuna a Italia para encargarse de dirigir y organizar la Hacienda del Virreinato de Nápoles. Allí entra en la Academia de los Ociosos a la que acude a diario reuniéndose con una cohorte de aristócratas y literatos a hablar de literatura y poesía. Conoce al poeta neolatino Giulio Cesare Stella y a otros intelectuales y se anima a traducir al italiano al poeta griego Anacreonte. Participa en misiones de espionaje y en 1618 recibe el hábito de Santiago.

Pasa del triunfalismo al desengaño Barroco, de creer en la grandeza de España a ser testigo de su decadencia. Con gran mordacidad en *Los sueños* y otros escritos se burla de todo: costumbres, protocolos, vicios, toda clase de oficios, de las mujeres pedigüeñas, de los cornudos, de la marginalidad, del hampa y para ello no duda en utilizar el argot de la delincuencia y todo tipo de coloquialismos, proverbios y refranes populares. Retrata la figura del pícaro, mezcla de cínico y estoico, anárquico y antihéroe de las clases superiores y con su pluma campea por la verdad. Cada burla perseguía un ideal moralizador.

En *El Buscón* relata la peripecia vital del pícaro don Pablos de Segovia desde su infancia hasta su proyectada fuga a Indias. Desde su bajo origen el personaje pasa por toda una serie de aventuras, siempre catastróficas para él, en el intento de ascensión social y la búsqueda de estabilidad económica. Se trata del falso noble, cuyos fingimientos de nobleza siempre son desenmascarados. En su afán se introduce en la corte, pero todos sus intentos siempre acaban en la humillación, el hambre y las penalidades. Tras sus intentos se hace cómico y se amanceba, y sueña con el deseo de ir a Indias, cuya materialización parece improbable.

En su poesía metafísica, se interesa por el sentido moral, por la reflexión ante la vida, la angustia del hombre al verse abocado a la muerte, adelantando posturas del existencialismo moderno. Quevedo fue una apasionado de Séneca e introduce muchos de sus motivos en sus obras: la miseria y la brevedad de la vida, la inevitabilidad de la muerte y la necesidad de prepararse para ella, la defensa de la virtud y de los valores eternos, la trascendencia, el rechazo de los bienes materiales y el engaño ante las apariencias.

En su prosa histórica y política nos habla de defender la patria y de reivindicar los valores ignorados o calumniados por los enemigos. Elogia lo español en todos sus ámbitos, desde su historia, hasta su lengua y su literatura contraponiéndolo a lo extranjero. Al principio del gobierno de Olivares apoya el regeneracionismo y sus medidas económicas. La obra *Política de Dios gobierno de Cristo y tiranía de Satanás*, fue tachada de subversiva y de ir contra el gobierno. En la obra se reflexiona sobre las características que ha de tener el soberano, los valores por los que se ha de regir, las limitaciones del poder. El monarca representa a Dios en la tierra y como tal debe servir al pueblo y al bien común, no estándole permitidas las injusticias ni las arbitrariedades. Con estas ideas se opone a Maquiavelo y su razón de estado.

Con la caída del duque de Osuna, Quevedo resulta también arrastrado como uno de sus hombres de confianza y se le destierra en 1620 a la Torre de Juan Abad. Allí pasa algunos meses escribiendo algunas de sus mejores poesías, apoyándose en la doctrina estoica, completando sus *Sueños* y otras obras políticas. Pero con la entronización de Felipe IV llegan aires de esperanza y a Quevedo se le levanta el castigo. Por un momento se le ve renacer, acompaña al monarca en sus viajes por Andalucía y llega a ser su Secretario en 1632.

Quevedo vive una de sus etapas más creativas, lo que lleva aparejado una vida privada desordenada: fuma mucho, frecuenta las tabernas y los lupanares, vive amancebado con un tal Ledesma. Pero un día encuentran un memorial aparecido bajo la servilleta del rey, donde se critica la política del conde-duque de Olivares. Con toda crudeza se le detiene en mitad de la noche, se le confiscan sus libros y sin apenas vestirse se le recluye en un oscuro y húmedo calabozo bajo tierra en el convento de San Marcos en León hasta la caída del valido en 1643.

Aquel año sale de su encierro, pero para entonces está muy achacoso y enfermo, por lo que renuncia a la corte retirándose definitivamente a la Torre de

Juan Abad. Allí llega, doliéndole el habla y pesándole la sombra, como el mismo dice, pasando poco después en busca de clima y medicina a Villanueva de los Infantes, en donde muere después de haber recibido los auxilios religiosos.

Su legado es inmenso, por ser uno de los más destacados miembros del Siglo de Oro y uno de esos seres lúcidos que levantaron la magnífica catedral de nuestro idioma. En sus escritos los amantes de la metáfora atrevida han visto un arsenal inagotable de imágenes y motivos modernistas. Los que han querido documentarse sobre una época han visto en Quevedo una fuente rica en detalles de todo tipo. Los que buscan la risa han encontrado en sus epigramas todo el ingenio y la gracia castellana. A todos ellos ha condescendido con sus ocurrencias y serenas reflexiones, sobreviviendo así a la moda de los tiempos.

DANIEL PIEDRABUENA RUIZ-TAGLE

En conmemoración del escritor colombiano Guillermo Valencia

Conferencia dada por Lucía Richard en la
Universidad Católica de Chile

n esta magnífica conferencia Lucía confiesa su timidez a su auditorio, por atreverse a ocupar la misma tribuna en la que le habían precedido eminentes profesores y artistas consagrados. Sin embargo, añade que se sentía avalada por la cátedra que su padre había mantenido durante muchos años en la universidad, labor que había supuesto el deber más preciado de su vida, lo que de alguna manera continuaba en la figura de su hijo, que en ese momento era estudiante de ella.

Respecto a Guillermo Valencia, una vez más asistimos a la predilección que Lucía siente por estos personajes aristocráticos, de acaudalada familia conservadora y ascendencia española, uno de los blasones más deslumbrantes de Popayán, Colombia. Y es curioso que, como igual que en otras ocasiones, tampoco se interesa mayormente en los detalles de su carrera política, como su desempeño como secretario de Hacienda en el Cauca, su elección a diputado a los 23 años, sus puestos diplomáticos en Francia, Suiza y Alemania, sus misiones diplomáticas a Brasil, Chile y Perú, o su puesto de gobernador y senador de la República desde 1908. Tampoco le impresiona el que fuera dos veces candidato a la presidencia de la república.

A Lucía le interesa el hombre, la personalidad en toda su extensión, la calidad humana del poeta, su interioridad, sus sentimientos. Lucía no informa, sino que narra, relata, vivifica su figura con adjetivos y comparaciones que surgen de su propia imaginación, de sus propios intereses; recrea y comprende sus diferentes estados anímicos y lo hace con un estilo tan personal, que nos embauca en un sueño hipnótico, un trance, en un baño de sensualidad.

Guillermo Valencia en su manera de ver era una figura pálida y aristocrática, de maneras refinadas y de elegante oratoria. En su rostro destacaba esa mirada de niño asustadizo que perdió a su madre a los diez años, revelándonos también otras facetas de su personalidad como su insaciable curiosidad por las cosas, el ascendiente indefinible de su persona, lo que le hacía presentarse como predestinado para surgir y liderar a los hombres.

Graduado en Filosofía y Letras, era un hombre dotado de una gran oratoria, que le permitía expresarse con locuacidad en el Parlamento, donde sirvió durante 27 años. Allí conoció a Baldomero Sanín Cano, con quién entablaría una gran amistad, uniéndose después a los bohemios de la Gruta Simbólica. Empezó sus andaduras en el parnasianismo, luego se sintió atraído por el simbolismo francés. En 1898 conoce a Rubén Darío en París y desde entonces se adhiere a su rica imaginería personal, abanderando el modernismo literario.

Para Lucía era un hombre rodeado de contradicciones: podía ser conservador en política y luego sin embargo inclinarse por el modernismo en poesía. Retraído y solitario, por temporadas parecía recluido en el cuarto oscuro de su infancia cercenada, lo que no le impedía irrumpir en el bullicio de la acción, interesándose con igual ímpetu por las personalidades trascendentes del viejo mundo, como por el calor que le proporcionaba su querida Popayán. En 1899 publica su excepcional libro de poemas *Ritos,* lo que le da fama como poeta.

El anacoreta se abre al mundo y lo hace con una luz intensa y renovadora. Los viejos patrones románticos y costumbristas se derrumban bajo el halo de una obra en la que podían reflejarse una juventud ávida de transformaciones. El poeta, más etéreo que nunca, persigue el embrujo de Oriente, los motivos exóticos… anhela la conquista de otros planos de la realidad, evadirse de su tiempo, de su espacio, de su propio ser… y lo hace como quién traza un boceto tierno y sensual, con un exquisito refinamiento, una belleza expresiva en las palabras, que se mecen acariciándose en perfecta simetría.

Si otros poetas como Gabriela Mistral tallaban sus poemas en roca áspera, Valencia, precisaba del mármol para cincelar sus frases lapidarias, incorruptibles, sus verdades eternas y perfectas. Amaba el color y la música y se inspiraba a menudo en los cuadros. En ellos buscaba la belleza sublime, el mensaje recóndito, los tonos suaves y discretos, los blancos, grises y azulados, aquellos en los que se disuelve la luz, y se desvanecen todas las estridencias de este mundo.

E igual como el recreo en la fisonomía femenina es irresistible, así nos atrae hacia su urdimbre de conceptos, que sabe tejer pacientemente, ornándola con las palabras más hermosas. Allí está su jardín secreto, donde pareciera que albergara un temor a despertar lo inviolado, el gigante diminuto de la conciencia, el silencio ensordecedor, la voz muda; temor a violentar el sueño del sátiro lascivo que pretende corromper la armonía virginal, temor de que el ensueño no llegue a tiempo para cubrir la desnudez de la pagana realidad.

Como las estatuas que no ven, pasa por el presente de su país sin detenerse, abriéndose paso a través de las edades del hombre, saltándose los siglos, llegando a las cumbres del Olimpo, a los mármoles de Atenas y hasta las esfinges de Egipto. En su obra *Catay* nos mostró toda esa profunda atracción por Grecia, Roma, Marco Polo, así como la legendaria China. Su estilo tiende hacia la perpetua evasión, hacia una visión estática del mundo basada en temas importados de la historia o de los libros, de lugares y épocas distantes que le desconectaban de la realidad. Por ello para los vanguardistas Valencia encarnaba uno de los mayores poetas latinoamericanos del modernismo.

Para Lucía es en sus piezas oratorias, en sus discursos, donde se encuentra su fermento patriótico y tradicionalista, su culto a los héroes, su conocimiento de la historia, su sentimiento criollo. Sin embargo, para el poeta no existía el interés por las leyendas patrias, ni por el héroe popular, ni el romance, ni el folclore, ni los motivos campesinos. Su mundo era el de Apolo y Afrodita, y en ocasiones el crucificado de Jerusalén.

También destacó por sus formidables traducciones de autores extranjeros como Goethe, Víctor Hugo, Baudelaire, Mallarmé, Oscar Wilde, D´Anunzio, Verlaine, Maeterlinck, Flaubert, Stefan George... pero es especialmente como poeta donde radicaba su grandeza. Para sus críticos el autor era musical y plástico, muy correcto en el lenguaje y arquitectónico en su forma de componer. Sin embargo, resultaba un tanto frío, le faltaba ese calor íntimo esencial, esa fuerza espiritual de otros autores, pero dicha insuficiencia quedaba colmada por la grandiosidad y belleza de la estructura.

Tras sus últimas derrotas electorales se desencanta de la política y se refugia en su casona familiar de Belalcázar. Allí colecciona marfiles, medallas, escribe, traduce. Allí se encuentra rodeado de una gran cantidad de preciosidades, obras de arte, libros y documentos, jaurías y faisanes, amigos y servidores. Pasa el tiempo y la soledad le va consumiendo. En el otoño de la vida van cayendo las ilusiones como caen las hojas. Demasiado cultivo de su interioridad, demasiado diálogo consigo mismo.

En sus últimos momentos su mente está poblada de cosas irreales y en sus manos sujeta un crucifijo. Al fin llegó el día en que como siempre partió en busca de las regiones ignotas, arropado por el misterio del divino pudor de sus palabras, al encuentro de su doble inmortalidad y en su puerta yacía somnoliento un lebrel guardando su sueño eterno... (Richard, 2004).

DANIEL PIEDRABUENA RUIZ-TAGLE

Enamorados del mar

Santiago, palacio de la Alhambra, 1944.

 I mar, reflejo azulado del espacio, campo infinito para la expansión, lugar donde dilatar los pensamientos, es la fábula viviente donde el espíritu corre sin trabas a la búsqueda de su libertad. Allí se enriquece nuestro ser, bajo el peso de antiguas leyendas y misterios insondables. Con él se identifican los depredadores de ensueños, los que se abandonan en sus impresiones imprecisas, los que exploran sus presunciones de presencias. El mar representa la franqueza pura: transmite siempre lo que siente, late a la par que lo hacen sus olas.

Lucía nos habla de la atracción que ejerce el vértigo obsesionante de su vaivén eterno. En sus orillas se detienen los enamorados del mar, seres de una raza especial y excelsa, dotados de especiales condiciones psicológicas, que acuden a él a intentar comprender ese mundo inabarcable, que les conecta hacia realidades superlativas, más allá de lo real. Allí van a parar los ausentes y solitarios, aquellos que posan su mirada abstracta en sus lejanías inalcanzables.

En la contemplación de su horizonte áureo entramos en contacto con el misterio indescifrable de nuestra propia conciencia, despertando al hombre primitivo que habita en nosotros. Allí llegan en silencio los ensimismados y reconcentrados, a dejarse embaucar por el poder hipnótico del mar, que Augusto D'Halmar compara con el poder subyugador del fuego.

Olores salinos, risas flotantes, brisas livianas y cálidas, dulcifican nuestras horas y nos permiten albergar un juicio sereno y plácido sobre lo que es el mar. Y si la imaginaría popular ha construido un juicio despectivo y temeroso de lo que es el bandolero, ha ensalzado sin embargo al pirata, y lo ha cubierto de una aureola legendaria, de heroica fantasía. Si otras profesiones decaen en el tedio, el marino es un ser inquieto que se nutre de los vientos y de los soles de todas las latitudes, y lleva impregnado en sí el trato y la experiencia de todos los pueblos y razas.

Los enamorados del mar, con su espíritu inquieto y su vida errátil, no conocen del hastío ni saben de la rutina. Para Lucía el hombre navega afrontando el reto del mar con una recia valentía, mientras la mujer muchas veces lo contempla con temor. Las mujeres esperan a sus hombres en las orillas sumidas en la incertidumbre. El amor nunca marchita. Tras el desconsuelo de la partida llega la ilusión del retorno inesperado. Entremedias el marino surca los mares intentando domeñar unas aguas indómitas que nunca se han doblegado al hombre. No hay nada que engrandezca y purifique más que el viaje marino. Nuestra alma cambia y se dilata, muta bajo la cadencia benévola de inagotables sensaciones.

Pero el mar también puede ser metáfora de angustia. Sus fuerzas devastadoras, sus terribles violencias despiertan nuestros sentimientos dionisiacos. Sus corrientes cambiantes expresan contradicción, evocación de pensamientos fatídicos y funestos. Las cuitas del corazón en ocasiones se asemejan a un frágil barco de papel que atraviesa desamparado una terrible tormenta en mitad de la noche.

Entonces, la vida se ve confrontada con truenos y relámpagos, con fogonazos de luz que nos anonadan con su mensaje aterrador. La oscuridad todo lo traga, pero nuestro barquito todavía siente un impulso por vivir, por superar los vientos huracanados de la incertidumbre, por vencer las olas encrespadas, por disfrutar del destello enigmático de una luna plateada sobre el mar.

Lucía ve en este piélago impenetrable una verdad sibilina cuyas resonancias llegan hasta la mitología. Ulises y su *Odisea*, el héroe legendario que con su fe inquebrantable en su misión, cruza las islas griegas a la conquista de su destino en la Guerra de Troya. Poseidón, dios del mar, Neptuno en la mitología romana, entidad poderosa en el Olimpo, protector de las ciudades helenas… el misterio de la desaparecida Atlántida descrita por Homero. La seducción de las bellas ninfas y las hermosas sirenas con su torso de mujer y su cola de pez, que chapoteaban en las aguas atrayendo a los marineros con su irresistible voz melodiosa, para hacerlos estrellar en las rocas o dirigirlos hacia destinos fatales.

El mar para Lucía tenía algo de absorbente con sus admiradores. Cuando alguno de ellos sentía su reclamo, ya no se pertenecía por completo. Ese era el caso de esos magníficos Dux venecianos que lanzaban a sus aguas la sortija simbólica del primer viaje, desposándose con él. Su inclinación se convertía en vocación, su deseo en obsesión perpetua; su aptitud en algo desplazante de toda otra actividad. Para el marino la tierra no era una meta ni el fin de sus aspiraciones, sino el punto de partida de un nuevo viaje, de un nuevo embarcar, de un nuevo comunicarse con el mar.

Este sería el caso del gran capitán genovés Juan Bautista Pastene, que participó en los primeros tiempos de la conquista de Chile. Lucía se asombra ante el temple moral, el coraje, la porfiada resolución de estos navegantes primitivos. Mientras otros conquistadores, ávidos de oro y riquezas, fueron en busca de minas y encomiendas, Pastene, de forma generosa y quizás impulsado por la leyenda de Colón, partió intrépido con pequeñas naves a descubrir las desconocidas costas de Chile, explorando nuestros mares hasta el extremo austral.

En pos de él siguió Juan Ladrillero, el navegante español que continuó explorando el Estrecho de Magallanes en ambos sentidos, tras la muerte de su descubridor. Juan Fernández sería el que descubrió nuevas rutas marinas, y dejó su nombre engarzado en medio del Pacífico, en islas doblemente célebres por su belleza y su leyenda y que siglos más tarde fueron el punto de partida de una novela tan importante como *Robinson Crusoe*. Chile, por su dilatado litoral, vive volcado hacia el océano. Sus aguas participan de la temperatura y el azul intenso de los mares tropicales y de los fríos brumosos del extremo austral. Es una patria marina, que ha vivido su historia y unido su destino al mar.

Luego fueron los artistas, los escritores, los poetas, aquellos hombres visionarios que relataron su amor por el mar. Los pintores se afanaron en plasmar en la tela la fugacidad del momento, la eterna inmovilidad de las olas y los colores cambiantes de las aguas. Sólo con un poco de pasta conseguían reproducir la translúcida limpidez de las aguas, sus diferentes tonalidades, la viveza de su diversa gama de colores. Entre ellos destacó Álvaro Casanova Zenteno, pintor de marinas, que consiguió hacer de su arte, el sello de una auténtica vocación.

Fue el más genuino intérprete del mar. Durante años estudió la historia naval chilena, se familiarizó con las construcciones de barcos, conocimientos que aplicó a la difícil tarea de retratar el mar. Fue ésta una labor ardua por ser el mar un elemento cambiante y dinámico, con diferentes intensidades de luces y sombras, con diferentes transparencias. No pintaba él un mar de academia, que hablaba de tecnicismos o escuela, sino un mar vivido, acariciado, intuido.

Casanova fue discípulo del marinista inglés Thomas Somerscales. De él aprendió mucho, pero mucho más de su insaciable curiosidad, de su observación paciente y expectante. Lo que pintaba no surgía del encierro de un taller, ni era contemplado desde la orilla de una playa sino desde el mismo mar. En su juventud, hizo construir una goleta o taller flotante y en compañía de seis tripulantes recorrió los mares en busca de motivos para sus cuadros, lo que demuestra la tenacidad y el arrojo en pos de un ideal.

En literatura, hay muchos que aman al mar por sí mismo, porque lo llevan en su sangre, como el místico a su dios. Uno de sus más excelsos representantes fue Augusto D'Halmar, el hombre de raíces nórdicas que afirmaba descender de una saga de antepasados marinos y que consideraba a Chile como un prolongado litoral. El mar le fascinaba hasta el punto de decir que muchas noches tenía que aferrarse a la borda para no ceder a la atracción de arrojarse a sus aguas. Sólo una casta muy especial era capaz de renunciar a todo por el mar: patria, hogar y ambiciones.

Eran hombres esforzados que entendían de otra forma la grandeza. No podían comprender el afán de esos hombres de tierra por destruirse, preocupados hasta el fin de sus días en anularse los unos a los otros. Había un gesto sublime en su llamada auténtica por el misterio del océano. En el mar yace una verdad eterna que se interna dentro de la personalidad, y se convierte en compañera de una grandiosa soledad. El escritor concibió un mar sin patria, un referente universal, donde pudo encontrar refugio a todas sus afecciones e ilusiones.

El mar propio sería descrito por el escritor Francisco Coloane, Premio Nacional de Literatura, narrador de los mares y de los vientos de Chile. Nació en el pueblo sureño de Quemchi, Chiloé, el 19 de julio de 1910, hijo de un capitán de barcos balleneros y de una pequeña propietaria agrícola. En su juventud trabajó como escribiente de la Armada de Chile y posteriormente miembro de las expediciones petrolíferas que se realizaron en Magallanes. Fue un hombre que desde niño creció frente al océano. Para Coloane el mar representaba una experiencia génica, seminal y en estas latitudes se manifestaba con toda su patética grandeza.

Allí en el Cabo de Hornos, en esos parajes agrestes y accidentados escribió sus páginas más realistas y vigorosas. En *El último grumete de la Baquedano* podemos sentir en nuestra cara la salpicadura de las olas monstruosas, así como el cortante viento de la región austral. Su mar es un mar dramático, que tiene algo de trágico y desesperado. En aquel lugar se da una lucha continua del hombre con su entorno. Es un hombre esforzado, recio, que experimenta las soledades del mar, que para sobrevivir se enfrenta a una naturaleza aún indómita e inexplorada, en uno de los lugares más abruptos e inhóspitos de Chile.

Aquí el Océano Pacífico es sinuoso y quebradizo, lleno de canales y extensiones rocosas que dificultan la navegación. Por aquellas ensenadas desfilan silenciosos los témpanos de hielo. Es un lugar donde no ha llegado la civilización, ni la decadencia de Occidente. El hombre está en contacto directo con una naturaleza genuina y bravía, que aún no ha sido expoliada por caciques sin escrúpulos. Es una naturaleza que te habla con un lenguaje pulcro y te mira a la cara con sus ojos ancestrales. Por aquel Estrecho de Magallanes fueron los primeros navegantes a unir sus dos lenguas de mar, esas dos inmensidades acuosas y juntarlas en un abrazo ciclópeo.

Aquella es una belleza abismal, donde el viento grita y ulula, expulsa salvaje bocanadas de agua y aire, donde el océano manifiesta sus furias y desata sus fuerzas estentóreas. Allí cuando llueve es como si otro mar se te cayera encima. La fauna marina es exuberante. Las aves majestuosas. Estar en la Tierra del Fuego es como estar en el fin del mundo. Es la última frontera. Más allá está la Antártida, el territorio glacial, el mundo inhabitable sin el auxilio de medios externos.

Nuestro mar es un mar impetuoso, donde los peces y los mariscos se multiplican profusamente, donde las olas se levantan como párpados como decía Pablo Neruda, otro apasionado del mar. A Neruda le fascinaba coleccionar conchas y caracolas. ¡Cuántas veces se las habrá puesto en los oídos para escuchar el mar! Ese rumor lejano que nos susurra secretos y nos conecta con espejismos de otros mundos. También coleccionaba mascarones de proa, objetos de puro arte y simbolismo, de los que asomaban muchas veces seductoras mujeres, que miraban sin mirar a la distancia, con sus expresivos rostros esotéricos.

Coleccionaba también miniaturas de barcos en botellas, catalejos, brújulas, libros y tratados de malacología, aquella parte de la zoología que estudia los moluscos. Su entusiasmo por el mar le había llevado a navegar por muchas partes del planeta. Su concepción del mar era trascendental: el amor, la lejanía, el tiempo. Así se expresa en su *Canción desesperada*:

Todo te lo tragaste, como la lejanía,
como el mar, como el tiempo.
Todo en ti fue naufragio.

Para García Lorca, Neruda estaba más cerca de la muerte que de la filosofía; más cerca del dolor que de la inteligencia; más cerca de la sangre que de la tinta... Había algo en él de antropomórfico. Endiosaba el mar intentando interpretar sus interrogantes siderales. Y lo hacía con la magia del que conoce sus leyendas, como aquella del Caleuche, el barco fantasma hijo de la imaginería de Chiloé, que avanzaba en la espesura asomando su fantástica silueta.

El mar de Chile alberga criaturas increíbles como el albatros, que planea ingrávido alardeando de su esbelta figura o el pelícano, un tanto extravagante con su enorme pico. Es un mar plagado de gaviotas y lobos marinos que no temen al hombre. También es un mar de piratas en las narraciones de Vargas Huneeus. Un mar de la civilización y el turismo en los escritos de Jara Azocar sobre Viña del mar. Para Jorge Hubner las olas se hinchan como cúpula brillante y luego se deshacen en un cataclismo fatal.

Asimismo, Lucía se preocupa del sentimiento de las mujeres hacia el mar. Parece como si el mar fuera algo demasiado imponente para ellas. Lo admiran, pero lo hacen desde lejos. Es el caso de María Monvel, que quisiera ser la novia de un marinero y a través de sus labios saborear todos los continentes. Chela Reyes concibe el mar como un símbolo de vida. Domus Aurea contempla el mar desde las alturas, en una casa colgada de los cerros. Gabriela Mistral prefiere la tierra al mar. Su voz es la de la campesina que está ligada a la tierra. Sin embargo, en *Canción del hombre de proa* también se refirió al mar:

> El hombre sentado en la proa
> El hombre con la faz de ansiedad
> ¡Qué ardiente navega hacia el Norte;
> sus ojos se agrandan de afán!

La mar también es femenina. Procrea bellezas. Nos acoge con ternura. Nos atrae con sus sinuosas siluetas. Nos comprende y nos escucha. Nos mece en su vaivén eterno. Alivia nuestros pesares. Cuando todo se ha acabado recibe nuestras cenizas y las transforma en un nuevo amanecer (Richard, 2004).

Luis Felipe Contardo, un poeta sacerdote

ació en Molina en 1880, recibió su educación en el Seminario de Concepción y continuó sus estudios en el Instituto Pedagógico de Santiago, donde se graduó como Bachiller en Letras en 1898. Estudió Teología en Roma. En 1901 se graduó como Bachiller en Teología y en 1902, de Licenciado en Teología en la Universidad Gregoriana de Roma. Recibió las órdenes sagradas en 1903.

Recorrió Estados Unidos, Europa y Oriente. A su vuelta se desempeñó como profesor del Seminario de Concepción. Allí dirigió los periódicos *El País* y *La Unión* y fue Secretario del Obispo de Concepción. En 1917 fue nombrado párroco de Chillán. El Supremo Gobierno de Chile lo envió a Tacna en la hora del plebiscito, donde supo conquistar adeptos para la causa chilena. En Bolivia dio notables conferencias de cultura y arte.

Sus obras más importantes fueron *Flor del monte*, 1903; *Palma y hogar*, 1908 y *Cantos del camino*, 1918. Supo armonizar la elegancia de la forma clásica y el brillo deslumbrante del modernismo. Su poesía de corte parnasiano asimiló mucho de Ruben Darío, de Verlaine, de Marllarmé y de Baudelaire. De sus viajes por Tierra Santa obtuvo mucha inspiración para sus versos. De todos estos apuntes se puede entrever que fue poeta, diplomático, periodista, orador sagrado y patriota.

Felipe Contardo fue ante todo un poeta místico, comparado con San Juan de la Cruz o Fray Luis de León. Para Lucía era un clásico, alejado de los poetas cósmicos y trascendentales, un poeta sencillo, abandonado de las antologías, pero legítimamente poeta. Sus *Cantos del camino* fue su obra cumbre por la que es más recordado, una obra con la que con su venta pretendía reconstruir su iglesia.

Felipe Contardo fue un poeta humilde, generoso. Nunca se aprecia en su poesía ninguna ambición, ni sentimiento exacerbado. Su mundo es el de la aldea, las edificaciones rústicas, el hogar y sobre todo, la naturaleza. Con sus versos evangeliza, pero no se olvida de las bellezas del universo, ni de sus astros, omnipresentes en su poesía. Le atrae profundamente la quietud y el silencio y en sus estrofas busca la eternidad, mezcla de anhelo divino y de fugacidad humana.

Sus versos evocan la belleza del mundo, la dulzura de la vida, la búsqueda del ideal, la ensoñación. Le atrae la vida bucólica, el campo y los pastores, la fragancia de las flores, la sencillez idílica. En muchas de sus poesías revela el gran amor que sentía por su madre y el recuerdo del hogar. Todo es ternura y delicadeza, juegos inocentes de niños. Siempre presente está el sentido del vuelo, la ingravidez de las aves, las imágenes a cámara lenta.

En otras ocasiones le turba el paso del tiempo. Entonces recrea la abadía medieval o el castillo feudal. Pero no lo hace pretendiendo exaltar una gesta heroica ni para encomiar el valor. Es la atracción hacia tiempos mejores, tiempos de mística, de recogimiento, de ascetismo. En *El desierto* se ve confrontado con el paso de los siglos y las generaciones, viendo en las pirámides un perenne altar. Entrañas de piedra, sueños de siglos en el que duermen los faraones, osamentas de pueblos, enormes monumentos construidos para contentar a la vanidad de la carne. Entonces siente el peso de la eternidad, el aliento milenario de muerte y de fatiga, la humanidad como un gran cansancio.

Para Lucía en su poema *Voz ancestral* el autor se retrata completamente. Y así alaba el siglo en el que vive, al que califica como una robusta edad de empresa, de audacia y de fragor. Sin embargo, en su interior conserva algo de primitivo, de ingenuo y rudo, de fuerza y de candor. Piensa que antaño debió ser un monje, infantil y esquivo. Un monje absorto en su labor. Como el Poverello fue risueño y pensativo, o participó en una noble cruzada o fue un fraile oscuro como el que acompañó a Colón.

En muchas de sus poesías elogia a Francisco de Asís, retratando con humildad ciertos enclaves italianos. Se ve identificado con el santo de Asís, por su entrega hacia la naturaleza, su amor por los animales y las plantas. Emula su pobreza, y su talante austero y soñador como un genuino asceta. Va tras las huellas de Francisco, recogiendo la paz de los valles olvidados, escuchando la música agreste de la vida.

Su poesía rebosa generosidad, simpatía humana, benevolencia comunicativa y especialmente, franqueza. Sus rimas son fáciles, sin ripios ni dislocaciones. Su dicción es sobria, su inspiración, castiza. En sus poemas no hay metáforas ni construcciones complejas. Busca lo auténtico y genuino de la vida. Huye de la falsedad. Siente una predilección por el verso alejandrino.

A veces en su poesía aflora la melancolía, la ofuscación frente a la mezquindad, el desconcierto frente a las impurezas del mundo. Pero siempre retorna la esperanza, la búsqueda de algo inalcanzable que se debate entre el ensueño y la realidad. A pesar de todo es optimista, la ilusión vence al desencanto. Un elemento muy importante en su numen es la quietud y la soledad. La serenidad del campo, los techos modestos, la vida parca, los muros rústicos... todo ello conforma su cosmovisión.

A menudo emerge este diálogo consigo mismo en el sosiego imperturbable de la naturaleza. Le encanta la última luz de la tarde, los postreros rayos... entonces emerge la alegría de vivir, la paz. A veces sus escritos desprenden la emoción en el trance de leer, mientras sujeta en sus manos un libro en el que encuentra eco a sus pesares, reconcentrado en una mirada contemplativa.

Para Lucía el autor es un gran fisonomista, un psicólogo, un artista, que se interesa más por la realidad del presente, intentando captar el retrato del momento fugaz que se nos escapa de las manos. Pero también siente predilección por llegar a los tiempos antiguos, a los pasajes bíblicos, a dialogar con dios y comprender su inmensa bondad. En dios haya paz y verdad, y se recoge en su regazo, como un pájaro herido, en el que para calmar su angustia encuentra en su corazón dulce nido... (Richard, 2004).

La poesía de Felipe Contardo tiene muchos paralelismos con la de Lucía Richard. Su mundo es fundamentalmente arcaico. Canta a la serenidad y la paz interior. Tiene una alma sencilla y buena, hermana de San Francisco de Asís. Su voz resuena a plegaria y a resplandor de estrella. La candidez y ternura de su emoción influyeron en muchos y contribuyó al resurgimiento poético de comienzos de siglo. Para Lucía fue como una lluvia benéfica que inspiró dulcemente su creación poética.

CAPÍTULO IX

UNA ARTICULISTA CONSUMADA

Sus opiniones estéticas en pintura, literatura y poesía, en especial respecto a Pablo Neruda y Gabriela Mistral

os siguientes años de 1955 y 1956 fueron muy prolíficos en la carrera de Lucía Richard, publicando ésta numerosos artículos principalmente en el periódico *El Mercurio*, donde demostró con gran amenidad sus conocimientos de historia, de arte, de arquitectura, etc[16].

Sus artículos se podrían clasificar en cuatro grupos: aquellos recogidos en su libro *Recuerdos de viaje* del año 1934, que constituyen una crónica miscelánea, plagada de curiosidades interesantes, que transmiten toda la excitación de una viajera asombrada ante unas maravillas del arte y de la cultura que

---

[16] Respecto a los artículos de Lucía Richard, sólo una investigación profunda nos podría dar el número exacto de éstos. Aunque en las *Obras completas* se han recogido muchos, faltan algunos, así como algunas fechas. Así por ejemplo faltan: "A Gabriela Mistral", 1922; "Las mujeres del Quijote" (Revista de la Sociedad de Escritores de Chile, en 1946, vol. II, nº 6/7, págs. 36-38); "¿Quién es González Vera?" (La Hora, 19-VI-1950); "El libro de las horas" (1-1-1957 según constatación del Centro de Documentación del Mercurio). En cuanto a fechas, las *Obras completas* recogen "Palabras de Claudel" sin mención de fecha y según el Centro de Documentación este artículo se escribió el 13 de marzo de 1955; "El día siempre tiene 24 horas" (según el C.D. se escribió el 13 -11-1955 y no el 11-05-1955); "Una plegaria en Notre Dame" sin fecha en las *Obras completas*, aparece en el C.D. del Mercurio con la fecha de 29 de julio de 1956. Además, la revista *Hoy*, vol. 12, nº1, 593-605, pág. 28, de 1943, menciona la poesía "Desorden" correspondiente al poemario inédito *Humo azul*, la cual fue declamada en un recital poético acaecido en Santiago.

contempla por primera vez, a la vez que hace partícipe al lector de un clímax de misticismo y arrobamiento de un grupo chileno que va de peregrinación, fundamentalmente por Italia (Richard, 1934).

El segundo grupo lo constituirían aquellos artículos que podríamos calificar de interés social, donde la autora trata temas de interés general (por ejemplo, "Juventud rebelde" o "El día siempre tiene veinticuatro horas"); el tercer grupo lo formarían aquellos artículos en los que la escritora comenta algún libro de alguna compañera (por ejemplo, "Renovales de Maité Allamand" o "En torno a tía Eulalia"); y el cuarto grupo serían aquellos de interés cultural o artístico ("Vida, pasión y muerte del retrato", "Ensueño de Toledo", etc).

Tomando sólo una muestra y refiriéndonos a sus artículos sociales podríamos hablar del artículo titulado "El día siempre tiene veinticuatro horas". Lo interesante de este artículo y los otros de su serie, es que Lucía improvisa, escribiendo casi a vuelapluma las sensaciones que percibe del mundo que le rodea, un mundo lleno de constricciones, en el que el hombre vive alienado por un cúmulo variopinto de condicionantes que impiden la proyección global de su personalidad, en el que cita literalmente a Paul Sartre y se percibe el influjo del existencialismo.

El primer enemigo del hombre sería "el tiempo". La complejidad y aumento de las comunicaciones, la internacionalización de las manifestaciones humanas, la legislación global, la necesidad de producir más y de hacerlo más deprisa para poder competir en un mercado cada vez más exigente, han transformado al hombre actual en un ser neurótico, atrapado en una carrera contra el tiempo, abrumado por necesidades apremiantes y atormentado por una bacanal de ruidos invasores.

Este culto al Dios "Cronos", usurpador de todo lo bello, armónico y consensuado que hay en la vida, ha supuesto la supresión del trabajo artesano, de los detalles, para propugnar en cambio, una visión de síntesis, una economía de espacio y tiempo, lo que nos conduce a una mediocridad en las producciones. En el terreno intelectual, Lucía critica al escritor banal, que no se sincera en la profundidad de su arte, sino que se prostituye al servicio de la mentalidad pueril del vulgo, buscando el aplauso fácil, donde la excesiva propaganda cooperaría en este confusionismo de valores.

Enfermos de ruido y movimiento estarían también: el pintor que produce obras aceleradamente; el periodista que estandariza los estados de opinión con la rapidez de un gran malabarista, o un prestidigitador de la palabra; el político que se ve obligado a aunar los intereses de una pluralidad heterogénea de personas, o el patriarca del hogar que ve aumentadas sus cargas familiares y disminuidos sus ingresos. Aunque Lucía no lo cita expresamente, podríamos pensar que respecto al pintor sería Picasso la figura arquetípica de este mundo urbano deshumanizado, lleno de desorden y cacofonía. Es lo que Lucía refiere como "la pintura orquestal" donde el artista vuelca sus imágenes inconscientes, sus abstracciones y delirios sobre la obra.

Respecto a la música criticó la disonancia, la aglomeración de sensaciones musicales, que al entremezclarse eran fiel reflejo del mundo desordenado de la sociedad moderna. Posiblemente, Lucía se estaba refiriendo a músicos modernistas como Stranvinsky, Schoenberg, o a estilos como el Jazz y otras manifestaciones musicales afines. También se opuso a la poesía confusa, obscura, llena de imágenes distorsionadas que producen agotamiento a quien las lee, pensando seguramente en Neruda. Esta misma reprobación la traslado a la literatura, donde los escritores atiborraban acontecimientos y personajes, que son expuestos en cortes transversales, pretendiendo mostrar una multiplicidad de vida, que se podría definir como literatura orquestal (Richard, 2004, pág. 490).

No cabe duda de que Lucía está impregnada de un espíritu clásico, que le hace disfrutar de la paz, la tranquilidad, el quietismo, el remanso. Es en este estado del alma, donde nuestra autora encuentra la grandeza de las cosas, la perfección del arte, la unión mística con el universo, la maestría y pureza de las realizaciones eternas. Es claro que adoptando esta posición se rebela frontalmente contra aquel infierno ideado por Sartre que llamó "inmovilidad" y que supuestamente sería la postura más irritante de nuestra naturaleza. Lucía está dotada de un ánima que aborrece las novedades, los experimentos y en consecuencia idolatra la tradición, lo académico, las estructuras y normas consagradas por los sabios de la antigüedad.

Pero como la cultura es complicada, Lucía en su forma de pensar –muy congruente y legítima sin duda– se aproximó desde posiciones ideológicas muy distintas a lo que los nacionalsocialistas llamaron "arte degenerado" (*Entartete Kunst*), que también tuvo su variante en la música (*Entartete Musik*), los cuales basándose en una asepsia además bastante espuria, extirparon del ideario alemán, todo aquello que consideraban arte adulterado, abstracto, condenando a escritores como Thomas Mann o Marcel Proust, creadores de obras maestras de la literatura, o a pintores como Francis Bacon, Wassily Kandinsky, o Marc Chagall, hoy máximos exponentes de la pintura moderna.

Naturalmente, los presupuestos son radicalmente distintos. Lucía rechaza la construcción cerebral, producto del artificio, de la fría razón y por el contrario cree en la frescura espontánea de los sentimientos que surgen sin pensar de lo más hondo del ser. Lucía básicamente se aparta de lo rebuscado, de aquello que considera que no es bello, sino amalgama de cualquier cosa. Lo que no es genuina belleza, corazón desnudo, no es arte.

Los nacionalsocialistas en cambio creían que gran parte del arte era degenerado por motivos filosófico-políticos, ya que ensalzaban a un hombre superior, al joven ario, el brío y la potencia griega, y por tanto atacaban lo que ellos consideraban arte judío, eslavo, marxista, etc. Lucía parte de una premisa de bondad y los nacionalsocialistas en cambio, de otra de maldad.

Por otra parte, también es verdad que la mayoría de los estetas y estudiosos del arte, coinciden en que la belleza no se encuentra en los objetos, sino en el sujeto que la crea. La belleza es eminentemente subjetiva. Pero el arte no es sólo belleza. Una escena desagradable como *El fusilamiento del dos de mayo* de Goya, es arte porque logra conmover, emocionar y con ello fustiga el letargo de nuestra imaginación. Todos los grandes genios de la pintura, fueron personas que partiendo de una educación académica, rompieron con las reglas establecidas y siguieron su propio instinto. Menciónese por ejemplo a Turner, Goya, Velázquez, Delacroix, Picasso, Dalí, Monet, etc. Y esto es extensible a todas las manifestaciones del arte.

Un buen intelectual se contradecirá muchas veces en su vida, como también cometerá errores de apreciación. Esto puede vislumbrarse claramente en el distanciamiento que Lucía Richard mantiene hacia los dos mayores genios literarios de su tiempo: Pablo Neruda y Gabriela Mistral. Es posible que el distinto extracto social de Lucía respecto a éstos pudiera ser el origen de esta incomprensión. El hecho de que Neruda se afiliara al Partido Comunista pudiera también haber sido causa principal de su anatema.

Pero al margen de esta especulación es seguro que Lucía condenó la obscuridad de sus estilos poéticos, algo que era imperdonable bajo su prisma. Pero aun así aborrecer a dos Premios Nobel de literatura (Gabriela Mistral en 1945 y Pablo Neruda en 1971) y además hacerlo públicamente, parece una temeridad y denota que en aquel momento, había muchas personas que secundaban sus ideas.

En su artículo "Neruda y los poetas chilenos", ya mencionado en parte anteriormente, deja evidenciada con una claridad meridiana su manera de pensar:

> "Pertenezco a una generación víctima del deslumbramiento nerudiano. La influencia de Neruda en nuestras letras ha tenido algo de agobiante, sólo comparable a la influencia de Wagner en el ocaso del siglo XIX. Gabriela Mistral tiene escasos seguidores. Su acento patético de profeta bíblico forma un aparte en nuestra literatura. Los poetas extranjeros, descontada la efímera moda de García Lorca, ninguna huella han dejado en nosotros. En cambio, a Pablo Neruda se le copia en sus formas y en sus procedimientos sin que —salvo pocas excepciones— se penetre en su profundidad" (Richard, 1950).

Unos años más tarde Lucía Richard brindó sendos homenajes a Gabriela Mistral y Pablo Neruda en su programa radial *Guía del arte*. Después de lo que hemos leído cuesta creer que no albergara reservas al hacer esos programas o si por el contrario cedió a la corriente dominante. Sea como fuere, reflexiona nuevamente sobre sus personalidades literarias, logrando sacar de estos personajes lo mejor y más aquilatado de su pluma.

Así por ejemplo en su *Homenaje a Gabriela Mistral*, Lucía hace acopio de la añoranza melancólica de una poetisa que vive en el extranjero y contempla su patria e infancia con nostalgia. En su exploración, hace un viaje imaginario hacia la mente de la escritora, desde su exilio autoimpuesto hasta la casita modesta de su niñez. No importa las altas personalidades con las que se hubiera relacionado, lo mucho que hubiera leído, las conversaciones eruditas que hubiera mantenido, toda su generosa literatura tenía su origen en aquella casa de muros estrechos y vulgares, en aquel pueblo chico, en aquel mundo popular y provinciano.

Es en aquel mundo rural, donde Gabriela Mistral habría crecido rodeada de una naturaleza desbordante. Lucía confiesa que se emociona al pensar en esa niñez plácida y difícil, en ese pueblo-campo de amplios horizontes, origen de donde arrancó las profundas emociones que arrancaron los acentos de su

Gabriela Mistral (1889-1957)

poesía. Es allí donde nuestra gran matrona habría aprisionado en su pecho todas las angustias del universo, allí *"donde la poetisa iba a dignificar con su acento el habla de América y a confirmar en gracia la propia lengua castellana"* (Richard, 2004, pág. 576). Por tanto, los cuatro puntos cardinales de su sentimiento eran: Dios, la muerte, la infancia y la tierra.

Este diálogo con Dios y con la muerte en su poesía, habría expandido según Lucía su amor inmenso hacia los niños. Las imágenes de sus estrofas eran un reflejo directo de sus observaciones sobre la naturaleza y estas tenían un resabio bíblico y de parábola evangélica. Su poesía sería por tanto aquella del indio triste, del castellano viejo que se nutre del decir popular o la del cristiano primitivo que aún conserva el milagro del amor.

En mi opinión esta poesía elegíaca, tremendista y apocalíptica, no podía ser más opuesta al sentir de Lucía Richard. Sólo coincidían en su amor por la naturaleza y los niños, pero desde ángulos muy distintos. Frente a la poesía desentonada, sórdida, popular, lúgubre, aunque rica en imágenes de Gabriela Mistral, la poesía de Lucía se alzaba como un faro luminoso, de acentos rítmicos, de retórica refinada. Frente a la gran sacerdotisa, que pregonaba la desesperanza como un heraldo de la muerte, se contraponía la aristócrata de la palabra vibrante, cuyo anhelo más sublime era captar la belleza del mundo, o el misterio que se escondía en lo más ínfimo de las cosas.

Pero naturalmente Lucía tenía su propia opinión, sino oigamos sus palabras de elogio para con la ganadora del Premio Nobel de literatura:

> "Por eso y por todo lo auténtico que Gabriela deja escapar de sí, es que su poesía es cosa viva y no juguete retórico y cerebral, hipertrofia de imágenes y atrofia de la sensibilidad. Es palpitante, vívida, espontánea, irrefrenable, hirviente a veces, amarga otras, cristalina y sencilla en ocasiones y siempre grande y sincera" (Richard, 2004, pág. 576).

Todo apunta a que Lucía Richard por imperativo del programa radial y en aras a seguir la corriente dominante vio la conveniencia en realizar una apología a Gabriela Mistral. Es muy posible que Lucía se hubiera visto en la tesitura de tener que decidir entre ajustarse a su forma de pensar en poesía o congraciarse con una compatriota Premio Nobel de Literatura, además, líder de muchas feministas. Si uno suma la cantidad de epítetos que a lo largo del espacio radial dejan entrever connotaciones adversas a su figura, bien se podría pensar que Lucía tuvo reservas hacia el estilo de la célebre poetisa.

Como muy bien dejó plasmado en sus *Tres sonetos de la muerte* o en *Desolación* se trataba de un estilo de gran intensidad dramática, donde se trata el tema de la piedad hacia el suicida, la soledad, los dolores íntimos, las penas de amor, la pobreza, la tierra seca y pedregosa..., estilo completamente contrario al de Lucía. Pero al igual que en muchas otras ocasiones nuestra autora supo dejar sus sentimientos personales al margen y ver la grandeza en un homenaje que enaltecía y beneficiaba al conjunto de la cultura chilena[17].

Respecto a Pablo Neruda, ya habíamos visto más arriba como lo había calificado de *"poeta agobiante, Prometeo de los tiempos modernos, iconoclasta, destructor de la métrica para en su lugar colocar los productos de su fantasía..."*. Ahora sin embargo, con el pasar de los años, exhibía una opinión muy distinta sobre el célebre poeta en su programa radial *Dulce patria de Pablo Neruda*. Mucho más serena y ecléctica, mucho más flexible a las nuevas tendencias, en esta audición radial Lucía comienza su alocución dando poca

---

[17] Ejemplo de esto lo podemos encontrar en su artículo recién descubierto titulado "Quién es González Vera" publicado en *La Hora* en 1950. En dicho artículo Lucía no hizo ninguna alusión a las afinidades de izquierda radical del personaje y se centró en enumerar en tono encomiástico los puntos más representativos de la obra del recién elegido Premio Nacional de Literatura. Aunque por otra parte, también lanzó una pequeña ironía al referirse a "la sonrisa volteriana", del autor.

importancia a la fisonomía política del hombre o su incursión en las luchas de clases, para resaltar que las circunstancias históricas pasan y al final permanece el canto glorioso.

Si antes se escandalizaba por la obscuridad de Neruda, ahora pone en duda las sacrosantas reglas clásicas, entona el *"mea culpa"*, señalando que la falta de entendimiento de su poesía se debe a *"nuestra incompetencia más que a la aparente sinrazón de lo hablado"* (Richard, 2004, pág. 577). Para mayor aseveración de su punto de vista trae a colación las profecías apocalípticas, las Moradas de Santa Teresa, a Góngora y a Quevedo, todos ellos tan enraizados en nuestra literatura como obscuros. Incluso menciona a García Lorca, el cual habría expresado aquello de que *"la poesía requiere una larga iniciación..."* (Richard, 2004, pág. 577).

Dejando atrás el temor hacia lo obscuro −terreno en el que Lucía prefiere no entrar− ahora siente admiración hacia la utilización del mito por parte de Neruda. No es la mitología greco-romana la que el inmortal chileno introdujera en su obra. Es una mitología nueva, inventada, tomada de la grandiosa naturaleza americana, de la epopeya del conquistador, de la tragedia del aborigen, de las ruinas de las civilizaciones desaparecidas. *Respetando la nobleza y prosapia de ciertas cosas −dice Lucía− ¡Ya era tiempo de que alguien hiciera una innovación!* (Richard, 2004, pág. 577).

Lucía Richard desmitifica o cuestiona ahora ciertos recursos expresivos reiteradamente utilizados por la poesía clásica como la alondra, el ruiseñor y la paloma. *¿Es que no tienen derecho el resto de las criaturas de Dios?* (Richard, 2004, pág. 577). Esta reivindicación la extiende también al mundo vegetal, aludiendo implícitamente al recurrente uso del laurel, símbolo de la poesía épica, o de la hiedra, motivo frecuente de la poesía lírica. Con Neruda toda un arca de Noé americana iba alzar su canto, entre ellos el queltehue, la loica y el cóndor. Entre las plantas, iban a mostrarse los toronjiles, el boldo y el copihue.

Si en otro lugar de su obra, por no decir en muchos, Lucía había criticado al hombre encerrado en una ciudad que crece aceleradamente, o se había opuesto a esas ciudades que se desarrollan en desorden, llenas de conflictos, profusas de contaminaciones espirituales y acústicas, donde las máquinas y la carrera contra el tiempo, habían convertido al hombre en un ser autómata que pasa por la vida, como un animal domesticado que no se interesa por las cosas realmente hermosas e importantes, llegando a decir en su obra *Humo azul* refiriéndose a ese hombre: *¡arráncate esos ojos que no ven!*, ahora sin embargo parece albergar una opinión diferente.

Por lo tanto, Lucía considera que una nueva innovación en Neruda es su explotación de las conquistas de la ciencia, los inventos modernos, el maquinismo, la pólvora, las balas, los ferrocarriles, las bodegas y que todo ello en suma es digno de utilizarse en poesía, aunque confiesa que les cuesta acostumbrarse a esas novedades. Asimismo, piensa que nuestra lengua estaba trillada de giros idiomáticos, que el idioma era algo vivo y mudable, por lo que ya era hora que alguien llevase a cabo esa transformación. ¡Ay si su profesor Nercasseau levantara la cabeza! También destaca el aspecto patriótico en Neruda, al ensalzar la figura de José Miguel Carrera, figura aristocrática por antonomasia, que junto a sus estrofas dedicadas a San Martín y Bolívar, conformarían páginas de enorme belleza (Richard, 2004, pág. 577).

Ya sea por aclamación popular o por convicción propia, Lucía reconsidera su parecer precedente e intenta comprender a Neruda, lo cual es un avance meritorio. Como veíamos más arriba, Lucía simpatizaba enormemente con personajes como José Miguel Carrera, San Martín, Bolívar, O'Higgins, próceres de la patria que habían contribuido a la unidad de América, gesto que concebía como profundamente democrático.

No sabemos a ciencia cierta, si la admiración de Lucía por este bello canto a José Miguel Carrera radica en el aspecto patriótico e independentista del personaje, admiración paralela a la que sentía por Bolívar y su sueño de unir el continente bajo una constelación de repúblicas democráticas, o si por el contrario es el aspecto aristocrático del general lo que le causa afinidad. Carrera, fue un personaje complejo, masón, al que Neruda bautiza en su canto como "príncipe del pueblo", pero que por realidades fácticas se vio abocado a asumir los plenos poderes. El propio apoyo que Neruda brinda al personaje hace pensar en los fines altruistas que le animaban y en este sentido Lucía al adherirse a ese canto, se estaría alineando a ese conjunto de ideas liberales.

Sin embargo, contemplando el asunto desde otro ángulo, en Neruda hay una importante sublimación popular, un abanderamiento ideológico, que merece un tratamiento y que Lucía prefiere obviar. A este respecto Lucía hizo alguna aclaración al declarar respecto a Neruda: *"aparte de ciertas alusiones a luchas de clases, de las que es muy humano no quiera desprenderse..."* (Richard, 2004, pág. 578). En este "aparte" o "punto y aparte" radica gran parte del problema nerudiano que hay en Lucía.

No obstante su intento de reconciliación y el reconocimiento a alguno de los méritos de Neruda, en Lucía Richard hay cierto distanciamiento hacia el poeta modernista, el cual no acaba de encajar en sus concepciones artísticas. No sabemos si eso es bueno o es malo, pero en cualquier caso es una postura que es respetable. Como la pugna entre los culteranistas y conceptistas en el Barroco, nuestra poetisa estaría afiliada a la facción literaria contraria a la de Neruda.

Es una facción más bien conservadora respecto a la gramática y sus reglas, en la que sus integrantes no se congracian con una manera surrealista de hacer poesía. Podríamos ir aún más lejos, tratando de entender el porqué de esta condena a las luchas de clases. A mi modo de ver a nuestra autora le incomoda la politización de la poesía, cuyo ideal de pureza y belleza no puede verse ennegrecido, ni mucho menos manoseado como un mero instrumento de propaganda de masas.

Lucía aboga por una asepsia del arte lírico, pero al asumir esta postura, para bien o para mal, inadvertidamente también asume una carga ideológica, que es la de oponerse a los detractores de esa opción. En lucía podemos rastrear una prosa refinada, que detiene su mirada en las bellezas de este mundo, donde reina la felicidad y la armonía. En su poesía está ausente el criollismo y también el costumbrismo (salvo puntuales excepciones como en "Vida de pescadores", "Bocetos campesinos", o "El huaso", o algunos cuentos de *El enigma*).

Se podría establecer una comparación entre Rosalía de Castro, poetisa gallega del siglo pasado y Lucía Richard. Rosalía (1837-1885) fue una escritora que tuvo una poesía social y otra existencial. Dentro de este primer campo, aun proviniendo de una familia hidalga, se preocupó del dolor del pueblo gallego, de los marginados, del problema de la emigración, de la pobreza, del sufrimiento del campesino, del mal ajeno, de la mujer relegada. Todo ello favoreció su proceso de mitificación tras su muerte. Rosalía encarna hoy en día el alma del pueblo gallego. También tuvo una poesía existencial, pero ésta recoge un conjunto de pesares, de carencias.

Lucía por el contrario salvo algunos pasajes de suave melancolía, se afana en la búsqueda de sus anhelos, de un estado de dicha. Al igual que la feminista gallega se preocupó de las carencias de las mujeres y también su mirada se detuvo en las necesidades de los niños, de todos los niños. Sin embargo, en términos generales, no es el pueblo lo que le interesa sino el corazón como reverberación de un sentimiento global. No se siente identificada con el pueblo, pero tampoco lo contempla con la altivez señorial de una Emilia Pardo Bazán. Simplemente lo omite.

Su poesía es intimista y a través de ella nos relata con generosidad un mundo interior propio y personalísimo, pero no pretende conquistar sentimientos ajenos, más allá de sus directos allegados. Como contrapartida estaría su faceta de articulista, donde se preocupó en describir a los artistas más señalados de su tiempo. Lucía tiene un sentido de la ajenidad, a través del cual va a la conquista de una excelencia espiritual, sin embargo, ésta es difícil que pueda encontrarla en los sentimientos del pueblo chileno. Es una versión más bien aburguesada de la literatura.

Cuando hablamos de literatura burguesa no debemos entender este término como algo peyorativo. Tampoco quiere decir que esta literatura no tenga calidad. Basta analizar la obra de Balzac y en especial su *Comedie humaine* para darnos cuenta de lo exquisita que es esa literatura. En el caso de Lucía su pensamiento se explaya con un grado de finura, de delicadeza de factura, de pureza, parangonable a los artesanos del cristal, tras el cual puede vislumbrarse una vida holgada ajena de penurias, pero no regalada, ni fácil en el plano espiritual.

Su prosa es elegante en la adjetivación, peno no hedonista. Jamás se interesa en enaltecer el confort de la vida burguesa; más bien rechaza la idea de abandonarse a hacer acopio de bienes materiales y desde luego se opone al snob, encontrando su verdadero espacio en la sencillez sublime y pródiga de la naturaleza. Por lo tanto, sólo en parte podríamos hablar aquí de literatura burguesa.

Su prosa, eso sí, manifiesta una tendencia al orden, a la rectitud moral, a la ausencia de bajas pasiones o ideas desbocadas y trasluce un sistema de valores de una educación religiosa. Este halo místico que impregna su obra tampo- tampoco es ajeno a muchos de sus compañeros poetas de su generación. En cualquier caso se trata de una literatura que posee la carencia o la virtud – depende de para quien– de no congeniar con la sensibilidad popular o con un sentimiento estandarizado de vida.

En Neruda en cambio vemos una conciencia resquebrajada por un drama universal, la perenne lucha de un pueblo oprimido, una exposición de lo pau- pérrimo, una evocación del dolor humano, un barco cargado de sueños que sin embargo se hunde... Es una visión quizás más infausta, pero también más realista del destino del hombre y sus circunstancias, y como tal caló en las masas, representando el lenitivo que vino a curar las grandes heridas de Chile.

Pablo Neruda (1904-1973) en una evocadora representación callejera

Pablo Neruda fue uno de los mayores monstruos literarios que ha engen- drado la historia universal. Su invasión de ámbitos es ciertamente orquestal. Sus cosmogonías son de tal envergadura que hacen irrisorio cualquier intento de acotación. Metamorfosis viviente, gigante mitopoético, savia hirviente de la tierra, latido recóndito en la espesura, travestido de la forma, violador del espacio-tiempo, orgasmo metafórico, embrión que duerme su sueño eterno en aguas amnióticas, recitador de la inconsciencia, dolor de mil partos, hombre prehistórico, pre-literario, pre-humano; criatura antropomórfica, auscul-auscultador de todo lo existente, embajador de astros lejanos, intérprete de eternidades, prospector de luces y tinieblas, orgía sinestésica del concepto, engendro misterioso de la naturaleza, todo eso y mucho más es Pablo Neruda. Cualquier intento de definición del hombre, es empequeñecer su estatura humana y la nuestra.

Otro artículo que viene a confirmar lo que Lucía Richard pensaba respecto a las reglas en la poesía son "Las conferencias de Alberto Hidalgo". Lucía había acudido al Teatro Municipal para escuchar las conferencias del poeta. Allí el peruano exhortó ante una audiencia expectante una nueva teoría: el modernismo literario. Según éste, había que quitar al verso toda musicalidad, despojarlo del ritmo y de la rima, que son verdaderos estorbos de la inspiración para reducirlo a su expresión más pura: la metáfora.

Lucía reconoce que la rima, aunque presta belleza a la forma, muchas veces es un obstáculo a la inspiración. Sin embargo, arguye que el ritmo es innato al hombre y le impone cierta disciplina. El ritmo es el triunfo del orden sobre el desorden, economiza esfuerzo y presta eficacia al movimiento. Por lo tanto, nuestra poeta cree que la poesía pura, sin ataduras, sin andamiajes, vendría a ser como un potro desbocado, como un torrente sin cauces, sería todo menos arte, ya que arte en su opinión es pulimento, belleza de formas y esa "difícil facilidad del arte" es su mayor encanto y es lo que le hace perdurar.

Leyendo el siguiente párrafo podemos comprender perfectamente porque Lucía Richard tuvo tantas dificultades para alinearse con los poetas modernistas (o más exactamente posmodernistas), entre los que podemos incluir a Pablo Neruda y Gabriela Mistral.

"Despojar a la poesía de ciertos elementos musicales es reducirla a un juego cerebral excitante, a una coquetería del espíritu. Es quitarle toda emoción, todo ese calor cordial que es el que se transmite al lector y lo hace vibrar. Y convertirla en un juego de ingenio, en una competencia de invenciones que halaga a la vanidad del que lo escribe pero que no llega al corazón del que lo escucha" (Richard, 2004, pág. 534).

Continuando con los artículos sociales o de interés general, en "Juventud rebelde", supo con gran maestría mediar entre dos grupos en permanente conflicto: los jóvenes y las personas de edad madura. Sólo con sus dotes de observación Lucía entendió perfectamente las virtudes y carencias de ambas partes. Lejos de poner a un grupo por encima del otro, llevó a cabo un ingenioso careo literario entre los antagonistas, arbitrando soluciones para que ambos tuvieran un futuro mejor. Analizando ahora sus juicios podemos observar nosotros también cuáles fueron los atributos de su personalidad.

Lo que realmente está en juego es el cambio frente a la tradición, el progreso frente al estancamiento, la innovación frente al conformismo, la creatividad frente al *dolce far niente*. Esta es en realidad una querella muy antigua, que ya tuvo grandes implicaciones en el Siglo de las Luces, entre los enciclopedistas partidarios de derribar una tradición infectada de supersticiones y los escolásticos impermeables a cualquier avance científico que no fuera acorde con las Sagradas Escrituras, pugna que con el tiempo acabó con la secularización de la sociedad, produciendo una transformación profunda de sus bases ideológicas, inspirada ahora en el nuevo culto a la razón.

Sin embargo, esta lucha de poder no parece que en la interpretación de Lucía llegue a una confrontación ideológica, sino más bien sería una pugna de actitudes, una emancipación de la voluntad, una búsqueda de la afirmación propia, una liberación del yo en el joven frente al dominio ejercido por su alter ego.

El joven, basculando en los platos de la diosa Justicia, tiene el vicio de verse arrastrado por el empacho de datos que le proporcionan los libros, viéndose cegado por los fulgores de la técnica, olvidándose en ese apetito de erudición de pensar por sí mismo y de crear una filosofía de vida. En su afán de alcanzar grandes horizontes, se convierte en un gran emulador, buscando modelos y héroes en quien reflejarse. En el ínterin imita las tendencias de la moda de trajes y costumbres, lo que crea según Lucía: *"un tipo estándar y repelente"*.

Esta última aseveración nos permite adentrarnos en nuevas facetas de Lucía. Si en otras poesías había hablado con cierto desdén del vulgo y su incapacidad para ver la grandeza de las cosas ínfimas, ahora su aguijón penetra en la gente banal, ignorante, materialista, que sólo vive para el ornato, siendo incapaz de ahondar en el verdadero sentido de las cosas. La moda estaría en el centro de este reproche, cuyos máximos prosélitos serían los hom-hombres y mujeres frívolos, el burgués snob, el joven.

La ignorancia es un mal que no tiene origen social. Por otra parte, esta repelencia a la homogenización de la sociedad, trae como contrapartida un enaltecimiento de la singularidad del ser humano, que parece sugerir una alabanza hacia el genio, el artista, que es capaz de liberar con su poder creativo al espíritu humano de los condicionantes que lo oprimen, ya provengan éstos de su origen, medio social, sexo, país, siglo, continente, credo, ideología…

Y por las mismas razones, esta miopía y falta de introspección, hace que el joven busque el apoyo en la masa, en el gremio, para ocultar la desconfianza en sí mismo. Intuitivo, visceral, tiene dificultades para controlar sus impulsos y en ese ardor atropellado acaba derrochando tiempo, salud y posibilidades. El viejo, en cambio, es pragmático, analítico, escéptico y desconfiado, lo que le hace vivir en una prisión de rutina. En su egoísmo de fuerte, tiraniza al joven acallando su voz, "limando las garras de su grandeza", sacrificando la belleza que hay en la verdad de su pasión, por un seguro conformismo, que muchas veces es tediosa hipocresía.

Finalmente, tras ensalzar la generosa admiración de los jóvenes, prestos a dejarse convencer por la elocuencia de sus mayores, que los incitan a realizar grandes acciones y que en su audacia desprecian un peligro que ignoran, realiza un balance de los pros y los contras de ambos grupos, aportando soluciones para una perfecta convivencia, sentenciando que: *"cambiar es ser humano, estancarse es hacer la caricatura de Dios"*.

Este último pensamiento revela que Lucía Richard, no fue una mujer pacata, retardataria, anclada en prejuicios de clase, sino que en cierta medida fue una disidente, o al menos crítica de su grupo social, que estuvo siempre dispuesta a aprender y evolucionar, dotada de una curiosidad inagotable, presta a recibir nuevas aportaciones en cada recodo del camino. Esta lucha entre el vicio y la virtud, el pasado y el futuro, por trasmutación del pensamiento acaba en la victoria de este último. Este es un progreso que Lucía Richard parece elogiar, aunque por timidez, temor a ser censurada o por convicción propia, no siempre fue protagonista ni defensora del cambio, ni quizás logró explayar con todos sus matices su rica personalidad (Richard, 1955).

Lucía Richard fue una ferviente admiradora del Renacimiento, especialmente el italiano, periodo de la historia que le fascina. Como sabemos después de alrededor de catorce siglos de la muerte del Redentor, en que el hombre había vivido sumido en el oscurantismo, en la mortificación, condenado bajo el peso del pecado original, se volvía la mirada a la Antigüedad clásica. Era este un renacer pagano, un resurgir de la mitología, una liberación de la autoridad eclesial, desprestigiada por resonantes escándalos papales, donde el hombre ocupaba ahora el centro del universo y no Dios. Lucía se contagia plenamente de este optimismo, desplegado en tantas y tantas obras de arte y manifestaciones del espíritu.

El Renacimiento fue un movimiento de gran alcance, que conllevó un aperturismo frente a la intransigencia y dominio del pensamiento ejercido por la Iglesia. Es una época de cismas, donde se cuestiona la ortodoxia del dogma católico y la unidad de la Iglesia. Así lo hace Erasmo en sus escritos, como también Lutero irritado frente a los excesos papales, indignado ante la exacción de dinero a través de las Indulgencias, propugnando una vuelta al cristianismo primitivo.

También es una época en la que renacen doctrinas como el epicureísmo —vive la vida con placer—, o el neoplatonismo —ama a la mujer. Se ensalza el amor, se lee a Petrarca y se revitalizan los autores grecolatinos. Se inventa la imprenta, se producen grandes avances en medicina, anatomía, música, se controla el tiempo, se construyen grandes obras arquitectónicas. En medio de esta crisis de la Cristiandad, floreció el arte inusitadamente, como nunca lo había hecho antes.

En su artículo "En el cuarto centenario de Miguel Ángel" Lucía da plena muestra de ese embelesamiento hacia la belleza e inquietud renacentista. Su punto de mira se centra en el *David* de Miguel Ángel, obra que la transporta, sintiendo un cierto paroxismo ante el alma, la pasión y el sufrimiento del inerte mármol, que bajo la mano del genio cobra vida, palpitando dentro de su envoltura material. A este *David*, le dedica unas palabras, que aunque fuera de contexto, nos acercan hacia lo que Lucía pensaba sobre el progreso y la juventud y nos permiten adentrarnos un poco más en nuestro viaje hacia la mente de la autora:

> "El gesto voluntarioso, el puño apretado, la frente serena y noble y esa piedra siempre pronta a ser lanzada, son la fiel efigie de nuestra juventud, de todas las juventudes del mundo, pronta a desafiar a los Goliat que desde el principio de los siglos se han levantado contra el progreso de la Humanidad" (Richard, 1964).

Otro artículo sumamente interesante para comprender el espíritu de Lucía Richard es "Vida, pasión y muerte del retrato", donde la autora trata las diferentes etapas en la evolución del retrato. Su periplo comenzaría en el Renacimiento, que produciría la representación más genuina del género, el cual se iría paulatinamente adulterando a través de la introducción de elementos técnicos en el barroco, el romanticismo, el impresionismo, para morir completamente —en su opinión—con el arte abstracto.

Por lo tanto, lo que verdaderamente se está ponderando aquí es saber si la participación subjetiva del artista al crear su obra puede superponerse o coexistir con la representación objetiva del modelo, o si esta intromisión puede llegar a destruir la personalidad de la persona retratada. No olvidemos que los neoclásicos —que es donde parece estar situada Lucía— creían en la objetividad del arte. Desde muy antiguo se ha planteado la duda de saber si el retratado debe ser representado con sus defectos y miserias o si por el contrario es dable idealizar al personaje.

Cabe preguntarse igualmente si somos nosotros quienes contemplamos al retratado o si es éste el que nos escruta a nosotros. ¿En qué grado influimos con nuestra particular forma de mirar en la transformación del modelo recreado? ¿Es legítimo que quien subscribe estas líneas interprete y con ello adultere la auténtica personalidad de Lucía o es ésta la que a través de este interactuar, más allá del tiempo y el espacio, está modificando la mía?

Lucía comienza su exposición señalando que con el Renacimiento había llegado el apogeo del retrato. Este era una expresión individual que intentaba captar lo fugaz de un instante, de un gesto —el rictus—creándose la imagen de un hombre en toda su orgullosa concepción. Es un hombre renovado, que se ha descubierto a sí mismo, que se ha liberado de los estigmas moralizantes del pasado. Se trata de captar la emoción del rostro con sus preocupaciones, inquietudes, malicias y pasiones. Ahora lo que interesa es el estado de ánimo o la disposición psicológica del personaje. Surgen así los maravillosos retratos de Giotto, Leonardo, Tiziano y de Rafael. La Gioconda sería la obra más resonante de toda la Cristiandad.

El retrato renacentista se exportaría después a Flandes, Alemania y España, de la mano de pintores como Durero, Holbein, Velázquez, el Greco o Ribera, que hacen surgir esos rostros voluntariosos, sensuales o místicos de su época. Se trata del más serio y profundo intento de desvelar el alma humana, de hacerla tangible y visible a través de sus gestos y expresiones. Además Lucía nos hace partícipes de que la belleza no siempre fue el objetivo prioritario. Junto a las bellas damas aparecieron también los viejos, los enanos, los mendigos, los deformes, modalidad que se ha definido como contrarretrato, que se caracterizaba justamente por la ausencia de idealización.

Para Lucía esta época sintetiza la apoteosis del retrato. La figura humana es llevada a la tela con la suficiencia del hombre que se siente el centro del universo, alcanzando su más alto esplendor. Este hombre ya no se contenta con la vida futura y quiere buscar aquí en la tierra su inmortalidad. Así pues, en este periodo se potencia la visión del hombre por el hombre, sin aditivos, sin incorporaciones superfluas. Ya fuera el retrato un encargo eclesiástico, de corte, o de la alta nobleza, es el hombre individualizado, el protagonista indiscutible del mismo.

La sensibilidad del artista es importante a la hora de hacer surgir de su arcón la interioridad del personaje, pero esta sensibilidad no llegará a desvirtuar el temperamento del retratado. Este principio se cumplirá salvo escasas excepciones, como las de Arcimboldo, con sus superposiciones de frutas y verduras, o los retratos anamórficos producto de los avances de la óptica.

Poco a poco esta singularidad del retratado se va esfumando en el tiempo. Con el barroco, surgiría el refinamiento y la necesidad de evidenciar la posición social del personaje. Ahora ya no interesa exclusivamente la mirada o el gesto, sino que el claroscuro se apodera de toda la tela, en la que habitan unos personajes que destacan por la suntuosidad de sus ropajes, por la ampulosidad de sus vestimentas, por su artificio en suma, por su ostentación y teatralidad. La parte positiva sería que ahora el retrato asiste a una progresiva democratización, no siendo prerrogativa exclusiva de los estamentos privilegiados, sino que abarca a todo el espectro social.

Con el romanticismo se añade el paisaje como complemento del hombre. Surge el héroe y el desnudo impersonal. Con el impresionismo tampoco sería el gesto, o la personalidad el elemento más relevante del cuadro, sino los juegos de luz y color. Se pintan más retratos que nunca, incluso autorretratos y se produce una liberación académica que a veces se acercó a la caricatura.

Este proceso de degeneración y pérdida de la singularidad humana continuaría según Lucía con el advenimiento de las masas, en cuya amorfidad seguiría confundiéndose el hombre, apareciendo en los murales el grupo, el conjunto, como en el tiempo del medievo. Siempre es la serie con su impresionante anonimidad lo que predomina. El mundo lo traspasa invadiendo su mundo privado, en donde antes encerraba su personalidad (Richard, 1956).

No cabe duda de que con la llegada del siglo XX se produciría una revolución estilística, con el consiguiente derrumbamiento de las normas académicas y los rígidos principios del realismo. Irrumpe una fuerte carga renovadora, cuyas propuestas propugnan una visión de la realidad con nuevas formas y valores plásticos. Es un siglo de exposiciones, viajes, publicaciones que conllevan un rico intercambio de ideas.

Es también el siglo del psicoanálisis, momento en el que el retrato se convierte en una herramienta para desvelar las zonas más oscuras del alma humana. Las obras se crean a partir de visiones internas del artista, importando más las relaciones entre formas, colores, líneas y planos, que la figura real o sus sentimientos. Para muchos estas desfiguraciones y libertades del artista, no son caprichosas sino que son un vehículo para conseguir una representación más fiel del retratado.

Naturalmente, Lucía Richard se opone frontalmente a toda esta desfiguración, que para ella resume la "muerte del retrato". En su manera de pensar, esta transfiguración engloba el arte abstracto, que en realidad –aunque no lo menciona– también incluye el fauvismo, el cubismo, el expresionismo, el futurismo, la abstracción, el surrealismo y hasta el pop art. El estereotipo es ahora un hombre múltiple, que compite con su ambiente, con las tendencias imperantes, con el tiempo fluyente. El retrato entraría en el ocaso, ya que según Lucía las representaciones abstractas visionan el subconsciente y descifran los sueños del artista, nos dan un trasunto de su propia inquietud, más que trasladar a la tela la imagen sublimada de un modelo.

Por lo tanto, con estos pensamientos Lucía se define nuevamente como una persona clásica, que cree en la pureza de las formas, en la sencillez y nobleza de las directrices académicas, que traen su mejor representación en el retrato renacentista. Para Lucía todo es superfluo excepto el propio hombre y sus sentimientos más profundos. Aborrece todo elemento advenedizo que no provenga de las emociones genuinas del hombre, que es donde asoma la verdadera, rica, e inconmensurable personalidad. Ahí está para Lucía la verdadera identidad, el ente inmortal, el ser ontológico, que no necesita ornatos con los que afianzarse, ni artificios que adulteren su verdadera naturaleza.

El mayor horror para nuestra autora es la llegada de las masas, la celeridad, las máquinas, encontrando paralelismos con la era atómica con todo su poder destructor. Nuevamente asistimos a la denuncia de la "cosificación del hombre", a la pérdida de su espiritualidad, de su singularidad, confundido ahora en la masa ignorante, en el poder uniformizador de lo anónimo frente a la originalidad de lo genuino, de lo auténtico. El arte abstracto representaría la cúspide de una serie de procesos degenerativos que vendrían a cooperar en esta pérdida de identidad.

Nuevamente asistimos a la pugna entre el progreso y el regreso, conservar o modificar, en un entorno cíclico de la historia, en el que cada uno interpreta lo más trascendente a su propia realidad. Piénsese que también el retrato renacentista fue en su momento una innovación frente a una caduca era precedente. Bajo esta óptica todo pensamiento, tendencia, idea es anacrónica. Todo movimiento, época, estilo, es válido y desfasado a la vez. Ya lo dice la propia palabra: Renacimiento es re-nacer.

Un eco de estas ideas, de estas disquisiciones estilísticas de Lucía, que en el fondo son reverberación de los matices más profundos de su alma, de su forma de visionar el mundo y de comprender la belleza, la encontramos en su programa radial *Noticias de pintura*. En él entra a comentar una exposición de treinta y dos obras de artistas de las Américas que en ese momento estaba teniendo lugar en el Museo de Bellas Artes de Santiago. Como introito, denuncia la escasa originalidad del ambiente pictórico chileno que durante años daba vueltas en el neoimpresionismo, expresionismo y surrealismo, estilos con los que como sabemos no se congraciaba nuestra autora, especialmente los dos últimos. A continuación desarrolla con mayor amplitud estas ideas en el párrafo siguiente:

> "No cabe duda que la pintura atraviesa por un período teatral, en el sentido de que hay muchas posturas falsas adoptadas casi todas sólo con miras de producir sensación, de escandalizar al burgués. Pero ya el burgués está muy listo, ha entrado por el esnobismo en materia de arte, no se asusta de nada. El surrealismo puede pintarle muebles sobre los árboles, como lo ha hecho Salvador Dalí o maniquíes ortopédicos, sin rostro, que se abrazan, como el cuadro que Carrá titula *Héctor y Andrómaca*, que el burgués lejos de asustarse, declarará que los entiende" (Richard, 2004, pág. 602).

Bien. Aquí encontramos dos elementos interesantes. De un lado está la intensa repugnancia que siente ante el surrealismo, como tendencia pictórica que subvierte todos los ideales que hasta entonces había conformado el canon de belleza, como agente que invade la pureza del alma racional y por otro está su juicio peyorativo sobre el burgués, especialmente el burgués snob, como cooperante de toda esta transgresión de valores, de esta ruptura de la belleza.

Seguidamente en su programa –para más aseveración de su punto de vista– elogia el cuadro neo-clásico del venezolano Héctor Poleo, *Regreso en la noche* que sintoniza plenamente con su sensibilidad artística. Esta sería una pintura alejada del realismo, ejecutada a la manera italiana, por la solidez humana de sus dibujos, por la normalidad humana de sus figuras y lo arquitectónico de su composición. En su opinión esta obra respiraba un intelectualismo neo-renacentista, estando bien realizada, llena de sugerencia poética y de plasticidad.

Mucho menos elocuente es para con los mejicanos Diego Rivera y Clemente Orozco. Si bien valora con benevolencia el cuadro del primero *Niña de traje a cuadros*, como exponente de una raza, ironiza respecto al segundo, al que da gracias por no haber sacado a relucir el macabrismo en su cuadro *Cementerio*. Es claro que estos muralistas mejicanos no le atraen en absoluto y ello por muchas razones.

La fundamental, es la necrofilia que desprende el arte mejicano de esta época, como una evocación clara de la sanguinaria cosmovisión azteca, plagada de sacrificios rituales, huesos, calaveras y otras visiones apocalípticas. No menos chocante para Lucía es el muralismo, como representación de grupo, con la consiguiente pérdida de la individualidad humana, con su pródiga confusión de elementos, el cual transforma la equidistancia estética o el ideal de hermosura, en desaforado movimiento, llevando además aparejada la ideologización en la pintura y una constante apología indigenista.

Del brasileño Cándido Portinari comenta el cuadro *Vuelta de la feria*, que más que un cuadro sostiene que es un afiche y comenta:

"Los que vuelven de la feria, son seres de pesadilla, de cabezas desgreñadas y figuras fantasmales" (Richard, 2004, pág. 603).

Es notorio que a Lucía no le agradan los desvaríos, las vehemencias, la confusión, la irracionalidad. Así podemos contemplar como lanza un elogio a la obra del norteamericano Karl Zerc, titulada *El arlequín*, que definiría como

"...plasticismo puro sin influencias teatrales, rebuscamientos imaginativos, ni literatura trasnochada... sino formas y colores, algo tan sencillo y tan difícil a la vez de pintar" (Richard, 2004, pág. 603).

Finalmente, piensa que su compatriota Israel Roa los representaba dignamente con su tela *El cumpleaños del pintor* por la belleza de sus tonalidades, la modulación de los acordes de color y la espontaneidad de la ejecución (Richard, 2004, pág. 603). Nuevamente vemos como Lucía encuentra su espacio en la placidez, en la simetría, en la proporción, en la unidad de lo estético, toda una representación, una axiología que le transmite serenidad, hermosura, arrobamiento, transportación del alma, meditación... Es una postura perfectamente entendible y legítima.

Por otra parte ello no quiere decir que no sean importantes las nuevas manifestaciones del arte, con su evocación de los nuevos descubrimientos en psicología, con la captación de las nuevas filosofías y tendencias imperantes, con la recuperación de la identidad del indígena alienada o peor exterminada durante siglos, o en el caso de Clemente Orozco, su interés por valores universales y su afán por recrear un hombre que controla su libertad y su destino, más allá de los condicionantes de la historia, la religión o la tecnología.

En su estudio titulado *El arte*, perteneciente a su poemario *Sursum corda* de 1924, Lucía se propone definir el arte, estableciendo para ello una serie de principios, preguntándose si en el arte puede haber principios. Así nos dice:

"Ante todo siendo el arte la reproducción de la belleza no puede ser simplemente materialista. Reproducir la vida no es objeto primordial del arte, sino reproducirla con belleza. Toda obra de arte debe tener ese destello de lo divino que es la inspiración. La realidad de la vida, materia prima de toda obra, debe entrar con sus defectos y bondades, como las sombras y las luces se alteran en un cuadro y nos dan la sensación de la realidad. El desnudo físico o moral, debe ir acompañado de cierta elevación espiritual. Imposible es para mí concebir a un artista que sea malo de naturaleza, bajo de sentimientos o grosero de espíritu".

"Al hablar de las obras de arte, siempre pienso en la sinceridad que, si es desterrada del trato común de los hombres, mucho más lo es de la producción artística. Toda persona que se aprecie en algo debe buscar su perfeccionamiento en su propio interior. ¿De qué sirven las escuelas, los maestros y los modelos al lado de la inclinación natural, de la vocación, del instinto, por decirlo así, que muy en el fondo de nosotros mismos nos aconseja, nos persuade, nos manda y nos impone?" (Richard, 1925, págs. 81-87).

Como puede observar el lector la elocuencia de estos razonamientos anonadan y convencen, por la simpleza de la exposición y la justeza de lo expresado. Para Lucía el arte es belleza, es sinceridad, buenos sentimientos, elevación espiritual, destello de lo divino, y en este pasaje, intuición frente a cualquier dogmatismo académico. Lo grotesco, manierista, recargado, deformado, hiperbólico, no encaja con lo que Lucía concibe como arte. Nuestra autora persigue la pureza absoluta, la comunión mística con la naturaleza, la armonía universal, un orden pitagórico del mundo, y a ello sólo es posible llegar con la rectitud moral del que se sincera plenamente con su arte.

En los párrafos siguientes del mismo artículo sitúa como el mayor defecto del artista la vanidad, la búsqueda del aplauso fácil, del triunfo halagador, que hace germinar en él una actitud acomodaticia de mímesis hacía modas pasajeras, producto de donde han surgido versos académicos y literatura anémica. El arte sin franqueza, sin honradez intelectual sólo puede convertirse en vulgaridad amanerada o en una servil imitación (Richard, 1925, págs. 81-87).

En la década de los cincuenta en su programa radial *Hablar de arte. Crónicas de arte* difunde un pensamiento muy hermoso acerca de lo que ella piensa es el arte:

> "El arte es lo único que en estos tiempos de maquinismo y especializaciones puede impedir la desintegración del ser, es lo único que al enfrentarnos con nosotros mismos descubre nuestra verdadera esencia..." (Richard, 2004, pág. 555).

En un artículo aparecido en *El Mercurio* el 18 de marzo de 1956, titulado "Divagaciones sobre el arte", Lucía no sólo deja constancia de su interés por la psicología, sino que también reflexiona nuevamente sobre el significado del arte y asistimos aquí a un nuevo aspecto de su carácter "la indignación" y la "irritabilidad", rasgos que asoman muy raramente en su personalidad pacífica y que aquí hacen su aparición como una reacción visceral frente a unas declaraciones vertidas por el psicoanalista Dr. Edmund Bergler.

Dicho especialista había declarado en Londres en uno de sus libros, que la literatura era el síntoma de la neurosis y que no había escritores ni artistas normales. Al leer esta afirmación Lucía se siente como un insecto fumigado, generando en su interior una gran reacción revulsiva contra el veneno de los que escriben nimiedades. Si así fuera –piensa Lucía– tendríamos que todos los cultivadores de la belleza, los intérpretes de la humanidad, los baluartes de la conciencia social, llámense escritores, poetas, artistas, pintores, músicos, escultores... aquellos que guiaron el progreso espiritual y dignificaron la especie humana, resulta que son seres anormales, histéricos y maniáticos.

Continúa Lucía señalando que el psiquiatra londinense parece confundir la normalidad con la mediocridad y en definitiva, que todo intento de superación, toda persecución de un ideal, ya sea éste religioso, filosófico o científico, implica en la visión del Dr. una tara psicológica, una forma de evasión de personas que se refugian en el arte para huir de fantasmas y mezquinas preocupaciones (Richard, 1956).

Esto no puede decirse que sea del todo falso. Por ejemplo, es bien sabido que las personas poco comunicativas, asociales, individualistas, son propensas a la hiperactividad mental. Beethoven, sordo gran parte de su vida, fue un gran misántropo. Sin embargo, Schubert era muy extrovertido, muy dado a montar fiestas y reuniones sociales en su casa, lo que ha pasado a la historia con el nombre de "schubertianas" y quien puede negar al vienés la cualidad de artista genial.

Hay quienes piensan que detrás de la inmensa creatividad del Bosco se escondía en realidad una enfermedad de esquizofrenia. Miguel Ángel era enormemente díscolo, irritable, violento con sus colaboradores y autodestructivo para con su propia obra y además un genio. Miguel Ángel perdió a su madre a los seis años de edad, lo que da para mucho que pensar. Platón decía que no podía haber genio sin manía, asociando ciertas dosis de locura a la genialidad.

Saturno es el astro de la melancolía. Desde la Antigüedad se cree que bajo este astro se encuentran los poetas, los filósofos, los ermitaños, los viejos, los solitarios, los tristes, los melancólicos y apocados. Sin embargo, también se cree que los que se hallan bajo este influjo poseen poderes extraordinarios. El saturnino –de ahí el origen etimológico de la palabra– está dotado de una inteligencia superior, así como de una memoria sutil que le da acceso a la trascendencia. La inspiración creadora, los éxtasis profundos, van acompañados de cierta vehemencia.

Saturno es un astro cambiante, ambiguo, que se nutre de luz y tinieblas, un planeta de extremos, que favorece las experiencias visionarias. Es cierto que Van Gogh poseía grandes desequilibrios psíquicos. Por otra parte tanto Mozart como Picasso fueron muy apoyados por sus respectivos padres, maestro de capilla el uno, profesor de dibujo el otro, sin que pueda apreciarse ningún trauma infantil en estos personajes, ni otra tara apreciable. El tema como puede apreciar el lector, es polémico, debatible, matizable y bastante denso.

En su programa radial *Psicoanálisis en el arte* Lucía bastante más serena medita sobre estas cuestiones, lo que nos da una nueva perspectiva sobre sus puntos de vista dentro de una realidad cultural poliédrica y contextos infinitos. La idea de este programa radial surgió de una visita que hizo Lucía a la sala Caveau de la Librería Francesa, tras escuchar una charla del Dr. Gallinato precisamente sobre "El Psicoanálisis en el Arte". Así su programa sería una reproducción de esta conferencia. Comienza Lucía su programa subrayando que el ponente dio noticias sobre un interesante trabajo realizado por el Dr. André Anné sobre Shakespeare y los complejos.

Según éste el teatro del genial inglés, se anticipó a lo que los científicos y filósofos estudiaban en ese momento en psicología moderna. *Hamlet* estaba poseído por el complejo de Edipo o adoración hacia la madre, haciendo que se manifestara de forma inestable e irresoluta; en *Otelo* se revela el epiléptico; en *Rey Lear* se anuncia la demencia precoz. Todo ello confirmaría que el dramaturgo inglés fuera un agudo observador de la realidad, cualidad que se enriquece con su instinto poético, lo que le permitió llevar sus geniales producciones a las tablas.

Freud había muerto en el año 39 y todo lo concerniente al psicoanálisis estaba entonces en boga, penetrando su teoría en todas las ramas del saber. Entre ellas el arte, que encontraría un nuevo cauce de interpretación. Freud había estudiado a Leonardo da Vinci, hijo natural y separado de su padre hasta los siete años, quien puso en su madre toda la fuerza emotiva de su alma. Sería por tanto este desgarro afectivo el que potenció la genialidad del hombre multifacético y la adherencia a la madre lo que produjo el maravilloso cuadro de la Gioconda. Por último el Dr. Gallinato hizo hincapié en la importancia de la educación infantil, afirmando que los cuatro primeros años de vida del niño eran los que decidían toda su vida futura (Richard, 2004, pág. 208).

En este programa radial Lucía expone estas ideas sin cuestionarse su veracidad, dando apenas atisbos de su oposición a que el arte sea un producto de complejos. Sin embargo, en su artículo "Divagaciones sobre el arte" es mucho más categórica respecto a esta controversia. En su manera de pensar:

> "La humanidad está en deuda para con el artista o escritor, que al crear obras de arte, crea un lenguaje universal, un nuevo esperanto, que une a los pueblos y a los individuos, aunque estén separados por la religión, las ideas, o la condición social".

Este es un bonito mensaje de hermandad que debemos grabar en nuestra mente para enfrentarnos a lo que viene. *Cuando se trata de arte –añade– el sentimiento es el denominador común, experimentando todos, un general regocijo ante la contemplación de la belleza.*

El arte dulcificaría el ánimo y haría posible la convivencia humana. La simetría o el ritmo ayudarían al orden y a la armonía. La clara expresión del pensamiento haría posible la historia y comprensible la filosofía. Según Lucía:

> "El instinto de belleza –y esto es interesante– coopera con la naturaleza en su obra de selección natural, preside el obscuro misterio del sexo, y sin él la especie humana habría caído en la degeneración. La fortaleza y el vigor de la raza, nunca estarían en desacuerdo con el instinto de belleza, estableciéndose por ley general que cuando el amor es libre se siente atraído por la belleza, y belleza y salud van unidas en su camino hacia la perfección de la especie humana" (Richard, 1956).

En este último párrafo Lucía difunde un pensamiento arriesgado, que ha sido motivo de escisión histórica entre genetistas y biólogos, de un lado, moralistas y garantes de la igualdad social por otro. Es decir, en la selección natural, como es bien conocido, el más fuerte es el que consigue sobrevivir a base de una mayor adaptabilidad al medio, lo que le proporciona un diferencial que transmite a su descendencia. Lucía crea un paralelismo entre el "instinto de belleza", el sexo, la selección natural, el vigor de la raza, el perfeccionamiento de ésta, concluyendo que es tal la inmanencia entre estos elementos que de no existir la especie humana habría caído en una rápida degeneración.

Este es un pensamiento un tanto resbaladizo que ha puesto en compromiso a eminentes biólogos por hablar de superioridades, predeterminaciones y preeminencias... aun basándose en criterios científicos. Lucía quizá sólo quiso hablar de cuestiones estéticas pero el texto se presta a confusión. Si bien en términos darwinistas, esta idea del maridaje entre el vigor de la raza y la belleza tiene cierto sentido, cabría pensar si es deseable extrapolarla a la sociedad humana o si por el contrario es una idea controvertida que no ayuda a la hermandad de los pueblos, como así abogan muchas feministas. Lo hermoso o los guapos sobreviven y lo feo o los feos degeneran. Este parece ser el mensaje que Lucía quiere transmitir, el cual, cierto o no, conlleva una visión férrea sobre el concepto de belleza y una cierta iniquidad social.

Pero tal vez estemos malinterpretando sus palabras. Bajo esta óptica Lucía no se habría referido al vigor de una raza sobre otra, sino al vigor dentro de cada raza. Si es así, "el instinto de belleza" actuaría como un factor de competencia que haría de selector proporcionando el vigor dentro de cada raza específica. Pero al introducir el término "especie humana" como elemento integrador de todas las razas, la cuestión queda sujeta a debate y tal vez hubiera sido preferible que Lucía no hubiera entrado en un terreno tan cenagoso.

Por lo tanto, en la interpretación de Lucía, el éxito del arte se basa en la hermosura de sus trazos, en sus nobles ideales y todo lo que es inherente, encontrando un símil en el vigor de la raza. El arte sobrevive porque es bello. Por tanto la belleza es arte y el arte es sólo belleza. Para dilucidar esta compleja materia habría que empezar a definir qué es arte y qué es belleza. ¿Los ambientes lúgubres, sombríos, de gentes populares pintados por Van Gogh son arte, son belleza? ¿El loco desgreñado, o el guitarrista ciego pintados por Picasso, son obras de arte, o de belleza? ¿Los niños harapientos pintados por Ribera, son arte, son belleza? ¿Sólo la hermosura y perfección pueden ser objeto de adoración, culto y promoción? ¿Es dable que eliminemos la degeneración?

¿Qué es degeneración? Tiene algún sentido que sublimemos lo hermoso y condenemos lo feo? Como en el caso de la bella y la bestia, ¿no pueden los nobles sentimientos del monstruo imponerse a su repelencia? ¿Debemos segregar al viejo por su decrepitud y venerar al joven por su gracia y encanto? ¿Debemos exultar en la naturaleza humana todos los adjetivos positivos, bellos y luminosos del diccionario y marginar de ésta aquellos con connotaciones negativas, oscuras o desagradables? Ya hemos visto como en el siglo XX se produce una reacción contra el concepto tradicional de belleza, llegando a definir al arte moderno como antiestético.

¿Puede equipararse la belleza a la virtud? ¿Debe evaluarse la belleza sólo por parámetros estéticos? ¿Sólo nos causa placer la percepción de imágenes proporcionadas y simétricas, o sonidos armónicos? ¿Es la belleza una estructura matemática, comparable al número áureo, que se encuentra en multitud de obras de arte y producciones de la naturaleza? Para Tomás de Aquino la belleza es un esplendor de la bondad y aquello que agrada a la vista. ¿Debemos juzgar todo por sus apariencias o debemos ahondar en su significación espiritual? ¿Tendría razón Lucía al equiparar el "instinto de belleza" con el vigor de la raza? ¿Tendría razón Beethoven cuando dijo aquello de que si en la constitución del mundo resplandecen el orden y la belleza, entonces hay Dios? Dejemos que sea nuestro agudo lector el que responda a estos interrogantes.

Sea como fuere es necesario reconocer que en la obra de Lucía existen algunos deslices o pasajes no muy inspirados. Este no es el único, hubo otros. Todos los escritores los tienen. Así en *Defensas del hombre* nuevamente volvió a hablar de "selección natural", exponiendo una particular forma de concebir la desproporción malthiana entre individuos y recursos, ahora aplicado al hombre:

"...en la guerra no se eliminan por una selección natural los más débiles ni los más incapaces, ya que a los campos de batalla va la flor de la juventud de cada pueblo. Y si se toma en cuenta que la mayor mortandad y debilitamiento se ha producido entre los hombres de la raza blanca que en el conjunto de la humanidad eran una minoría selecta, es decir, que han perecido lo mejor de los mejores, este enrarecimiento producido por la guerra, en vez de haber eliminado el excedente de la población, ha debilitado las fuerzas activas, las que son el nervio de toda la producción" (Richard, ca 1960).

Lo más significativo de este párrafo es que Lucía viene a decir que en la guerra mueren los mejores, que ella asegura que son los pertenecientes a la raza blanca, que en lugar de entenderse entre ellos se han dedicado a combatirse los unos a los otros, en vez de eliminar el excedente de población; es decir, los peores, debilitando a la clase dirigente que es la que controla los medios de producción. Naturalmente este es un pensamiento conservador que pugna con muchas ideas democráticas que hay en su obra.

En 1933, a su llegada a Roma y otras ciudades del norte de Italia, se deja arrastrar por la excitación del momento, pierde perspectiva histórica, haciendo algunas declaraciones que le restan altura intelectual. En concreto se ve sobrepasada por el régimen de Mussolini y se ve en la necesidad de exponer su programa político. Bien es verdad que Lucía en ningún momento hace apología de tal régimen, pero sí se adentra en sus pormenores describiendo la realidad política del momento. Su afán es informativo y nos habla de orden, de organización, de disciplina, viéndose aturdida por la efervescencia política que la envuelve. El 19 de marzo de 1934 dejó escrito en su libro *Recuerdos de viaje* lo siguiente:

"...al fascismo hasta en nuestro país se le combate, se le calumnia, se le plagia y se le caricaturiza, pero no se le ignora" (Richard, 1934).

Estas alusiones eran sucesivamente publicadas en los diarios, lo que denota que Lucía no temía ser censurada y que al otro lado del océano se encontraba su auditorio, que apoyaba algunos de estos pronunciamientos nacidos en horas no demasiado felices. La aquiescencia del público con algunas de estas ideas son el diapasón que revela el *"ethos"* de la sociedad chilena, el tantas veces comentado conservadurismo chileno.

Son ideas difíciles de asimilar por un europeo actual. Pero hay que entender que no podemos contemplar a Lucía con ojos contemporáneos. Nuestra artista fue una mujer de un tiempo, de un país, de un continente y de su grupo social. Si nuestra autora hubiera nacido en Francia habría sido un talento de primera magnitud. Pero su espíritu surgió en un medio conservador, plagado de prejuicios, excesivamente patriarcal, con grandes rigideces en las costumbres, la educación y las tradiciones de familia. A partir del punto del que partió, Lucía va haciendo avances y conquistas de pensamiento, pero no pudo liberarse de todo.

Enrique Richard Fontecilla
(1865-1912), ilustre parlamentario

Su padre, Enrique Richard Fontecilla, fue un jurista de gran prestigio, una eminencia en el foro, líder del Partido Conservador, miembro del Consejo de Estado, uno de los que cooperaron en la fundación de la Pontificia Universidad Católica, donde regentaba una cátedra de Derecho Civil. Además, perteneció a multitud de instituciones religiosas. Es un hombre hecho a sí mismo, de virtudes valiosísimas, disciplinado, ordenado, creyente fervoroso, de una rectitud moral intachable, compasivo con los menesterosos; en definitiva, un hombre grande, demasiado grande. Y así en una contra lectura se podría objetar que fue un hombre que poseía un perfil que rivalizaba con el de una intelectual integral; eso si no tuviéramos noticia del "poderoso filósofo" que también habitó en Richard.

Cuando muere el 13 de mayo de 1912, se produce una gran conmoción entre sus contemporáneos, su cuerpo es trasladado a la catedral, donde en medio de la solemnidad del momento, sus colegas se desbordan en epítetos de elogio hacia su figura: nace así un mito. Lucía apenas tiene once años. Tras su desaparición su familia lo venera a la altura de los entes inalcanzables. Aun desaparecido se le tiene muchísimo respeto, es un hombre modélico, inmaculado en sus costumbres, verdaderamente singular. El fantasma de su padre le persigue en el despertar de su adolescencia, como un inmenso coloso que instalado en su conciencia arbitrara sus actos, cuya presencia, además, será alimentada a través de los años por todas aquellas personas que le conocieron.

Por lo tanto, Lucía se asoma a su primera juventud cobijada bajo la sombra de la intensa grandeza que desprende la figura de un hombre notorio. Es una situación más que sugerente para una niña que aún está formándose en su personalidad y en sus ideas. Su pronta desaparición deja una honda huella en su hija, que inmediatamente recoge el legado de todos los valores ético-morales del padre ausente. Este legado de inspiración cristiana impregna su obra, pero no impidió que Lucía se afanase en explorar otras fronteras del pensamiento. La denuncia que un día lanzó respecto a Sarah Hübner, en el sentido de que habría sido destruida por el encorsetamiento social de su entorno y parientes, está fuera de lugar en Lucía que siempre supo modular sus horizontes y expectativas.

Enrique Richard Fontecilla no sólo fue un estadista ejemplar, y un hombre religioso, sino que además fue un hombre de mundo, que dominaba a la perfección la lengua francesa, y que según sus biógrafos, tras la figura del hombre público aparecía la del hombre privado. Es en esa esfera donde se reveló como un artista y un literato consumado, como un músico y un pintor de la palabra. Recibió una vieja educación clásica en el Seminario de Valparaíso, en cuya biblioteca se conservaban las oraciones de Cicerón, las odas de Horacio y los relatos de César, así como las tragedias de Shakespeare. Richard con el tiempo llegó a ser un profundo conocedor de la literatura latina además de ser un devorador de revistas inglesas (González Cerda & Casanova, 1913, pág. 125).

Otras crónicas señalan a Enrique Richard como un hombre muy brillante y muy alegre, que le encantaba reunirse por las tardes con sus amigos para conversar y leer obras de literatura, entre ellas a Dickens. Asimismo, dio muestras de ser un hombre de gustos refinados, atesorando una gran cantidad de cuadros en el salón de su casa, entre ellos uno de Carlo Brancaccio que reflejaba la Bahía de Nápoles (Fernández Richard, ca 2000, pág. 7). Para Lucía su padre fue un inmenso monumento de veneración y respeto, un modelo de virtud, pero también un estímulo del que heredó una inteligencia trascendente, que le permitió reflexionar con espíritu abierto sobre los grandes interrogantes de la vida.

Y es así como tratando de esclarecer las polaridades del intelecto, encontramos un eco de estas ideas en la Ilustración Española, donde existieron dos grupos en permanente conflicto. De un lado estaban los llamados "novatores", fundamentalmente médicos y científicos, que luchaban por una apertura de la sociedad, por una ruptura frente a la tradición heredada, queriendo llevar a cabo una renovación empirista, despojando a la universidad de fábulas y supersticiones; de otro estaban los "escolásticos" afanados en que la verdad subyacente en las Sagradas Escrituras, el Creacionismo, fuera la espina dorsal de todo conocimiento.

Frente a estos dos grupos surgió lo que se ha denominado la "Ilustración cristiana", que venía a ser una vía media entre los dos anteriores. Era por tanto un grupo que quería avances, que quería transformar las cosas, pero no a costa de derribar toda la tradición precedente. Trasladando a Lucía a nuestro siglo XX, yo la sitúo dentro de esa vía media, en igual sintonía a como fue retratada el 30 de diciembre del 2004, por Carolina Andonie Dracos, periodista de *El Mercurio*: "La escritora que transgredió los cánones sin romperlos" (2004).

Lucía se opuso a casi todos los "ismos": surrealismo, cubismo, existencialismo, modernismo, resistencialismo… e incluso al psicoanálisis al menos en su forma de concebir la creación artística. Andrés Bretón había definido el surrealismo como *"el dictado de pensamiento en ausencia de todo control ejercido por la razón"*. Henri Bergson había declarado que *"El sueño es la vida mental completa, porque durante el sueño ya no hay tensión"*. Lucía se opone a estas ideas y cree en la necesidad de controlar el proceso artístico y de someterlo a unas reglas.

Con esta forma de pensar se aproximó a Vicente Huidobro que reducía a los surrealistas a la condición de improvisadores y que creía que el acto de creación poética exigía una vigilia, una plena conciencia, un esfuerzo lúcido y potente. *"Ustedes han rebajado a la poesía a la banalidad de un truco de espiritismo"*, dijo en una ocasión (Huidobro, año XI, 1956). Sin embargo, desde otra perspectiva, Huidobro rompió las formas usuales de la métrica y adoptó el verso libre, sin rima y sin ritmo. Además creo un nuevo movimiento literario denominado "creacionismo", que fomentaba el desarrollo de oraciones sin puntuación, poemas compuestos de palabras sueltas, experimentos con la tipografía y otros innovadores efectos (Silva Castro, 1961, pág. 89).

Nuestra artista no fue propiamente una romántica. No exaltó el amor en sus escritos al modo que hizo Jane Austen y mucho menos a como lo hizo Gustavo Adolfo Bequer, ni siquiera en forma de desdén o pérdida como lo hizo Gabriela Mistral. En sus escritos hay amor maternal, amor filial, pero raramente amor de pareja. Es una mujer casta y pura. Su adjetivación no es anacreóntica y sus efectos literarios anteponen los valores de una vestal a los de una bacante. Nada lúbrico, nada soez, macula su obra. En términos generales es tímida, reservada, prefiere ser espectadora que no actora.

Vivió ausente en una eterna contemplación, pero no se encerró en su torre de marfil. No practica la ironía y rara vez satiriza. No vilipendia, no parodia, ni pierde la compostura. Se podría decir que el hieratismo moral, la seriedad, el orden, el rubor, planeara sobre sus escritos. Por contra, su afán de lanzarse a la literatura le dio la aserción y la confianza que necesitaba en la vida. También podemos encontrar en su prosa mucha ternura, dulzura, ilusión, esperanza, gran sensibilidad hacia a todas las manifestaciones del arte y un gran amor por la naturaleza.

Esta apreciación general no desdice notables excepciones, que como tersas caricias nos revelan también visos de una naturaleza epicúrea. Así en "Rosas" podemos leer:

"Bocas sonrientes de hermosas mujeres, / fuego inextinguible que no apaga el aire, / haz de corazones de ardientes quereres, / son las rosas lacres" (Richard, 1925, pág. 49).

En "Perdóname, Señor", nos topamos con los siguientes versos:

"Perdóname, Señor, si amo la tierra / y pongo mis amores en las cosas, / tú sembraste de flores mi camino, / de flores olorosas" (Richard, 1925, pág. 79).

En "Noche de luna" nos sorprendió con las siguientes estrofas:

"¿Quién en su mocedad no tuvo alguna / noche maravillosa y encantada / bajo una suave luna plateada? / ¿Quién no tuvo un amor bajo la luna?

Tal vez fue aquella noche, de verano... / no lo recuerdo bien; era el ambiente / tibio, callaba el corazón ardiente / y en sus manos posábase mi mano" (Richard, 1938, pág. 14).

En cualquier caso, esta tendencia a no tratar el amor habría que referirla fundamentalmente a la poesía. Sin embargo, en otros ámbitos como el cuento o el teatro se refirió al amor extensamente. Así en sus cuentos *El enigma*, trató el amor en varios de ellos como el homónimo, "El enigma", donde trató las sospechas de infidelidad de un marido respecto a su mujer recién fallecida. En "Anquilosis", nos mostró la falta de autenticidad de un hombre de éxito en el ámbito de las letras y la cultura, que sin embargo, había renunciado a un amor de primera juventud por las convenciones sociales.

En "Luz del alba", exploró los sentimientos de un hombre abandonado por la mujer que quería, lo que le lleva a desear el suicidio que no acaba consumando. En El "catre de bronce" ahondó en los celos de la suegra hacia la nuera, al verse desposeída de un catre muy especial que le recordaba a los mejores momentos vividos con su esposo. En "Laberinto" relató en un drama muy intenso los sentimientos de una mujer despechada que no logra reconstruir su vida tras ser abandonada por el hombre que amaba.

En "La romería" trata los problemas para la realización social y especialmente afectiva de las mujeres en la sociedad puritana del Chile de principios de siglo. En "El yugo" narra la competencia de dos hermanas por el amor de un mismo hombre y en general, de sus celos mutuos en su disposición hacia el amor. En "El bosque" la autora se interesó por idealismo de los hombres frente al supuesto materialismo de las mujeres, lo que lleva a la mujer de este interesante drama a abusar de su sensualidad para conseguir sus propósitos.

También en el campo del teatro hizo interesantes aportaciones al amor. Así en *Al toque de ánimas* la autora exploró la rivalidad de dos mujeres, doña Marina Ortiz de Gaete e Inés de Suárez, por el amor del conquistador Pedro de Valdivia. El amor no consumado de la mujer legítima se contrapone al amor apasionado de la mujer adúltera, con interesantes matices y aportaciones a este desencuentro. Conexiones con este amor también las podemos encontrar en su ensayo *Doña Marina Ortiz de Gaete*.

En *Fuga* trató los problemas de una mujer madura que tras enviudar se enamora de su administrador. Al final del drama la mujer renuncia a su amor al descubrir que su hija pequeña también se había enamorado del mismo hombre. Por último, en *Al filo de la alborada*, se internó en el tema del amor como concepto universal, insertando estrofas del célebre autor de *La araucana*, don Alonso de Ercilla y Zúñiga.

En ocasiones, como es el caso de su poesía "Mundo nuevo", le gusta recrear la historia, entonces su pensamiento se agranda, busca la trascendentalidad de los grandes ideales, la gloria eterna, la pulsión de lo épico, al tiempo que impregnada de un aura de solemnidad y nobleza proyecta escenas visionarias del futuro:

"Como en coros wagnerianos, de fantástica grandeza, / con su paso atropellante, con su indómita fiereza, / avanzando van las turbas en la vida universal. / Son los bárbaros modernos, invasión de las edades, / que remecen los cimientos de las viejas sociedades / y a su paso van cayendo de su roto pedestal" (Richard, 1938, pág. 82).

Otras veces desarrolla un sentido escatológico, de ultratumba, no necesariamente tenebroso, ni tampoco de inspiración cristiana, como ocurre en su poesía "Oh noche pavorosa" perteneciente a su poemario *Humo azul*, para mí la poesía más sublime y sobrecogedora de toda su producción lírica. En ella una diminuta y frágil Lucía, imbuida de presentimientos esotéricos, preside el templo del glorioso panteísmo, más allá de la cima del tiempo, enfrentándose cara a cara con el misterio insondable de un universo grandioso:

¿Quién ante ti se quedará impasible? / ¡Oh gran sacerdotisa del misterio! / ¿Tú robas nuestras sombras, / o es que tornas en sombras nuestros cuerpos?

Cuánta orfandad yo siento, qué abandono, / cuánto intraducible sufrimiento, / como si toda la miseria humana / viniera a refugiarse aquí en mi pecho.

Los pájaros nocturnos vuelan graves / lanzando sus quejidos agoreros, / las almas que retoman cruzan raudas / y salen de sus tumbas los espectros.

¿Somos acaso un vivo entre los vivos?

¡Tal vez si apenas un capullo muerto / que flota a la deriva en la corriente / undívaga del tiempo! (Richard, 2004, pág. 252).

Mantuvo un pensamiento próximo al poeta Paul Claudel, al que elogió en algunos de sus artículos, principal representante del catolicismo francés en la literatura moderna. Lo curioso de Claudel es que por extraña paradoja en su pensamiento intentó realizar una síntesis entre simbolismo y realismo, y que no obstante su honda inquietud religiosa supo conciliar la ortodoxia con el modernismo.

Al otro lado del espectro, dejando a un lado el amor, lo épico o lo escatológico, nos encontramos con los matices liberales en el pensamiento de la autora. En su artículo "Comprensión de Hispanoamérica", publicado el 5 de marzo de 1957, mencionado más arriba, dejó escrito lo siguiente:

"Por eso nosotros amamos la libertad, comprendemos la democracia, aborrecemos las diferencias sociales, tratamos de borrar la desigualdad social y nos enorgullecemos en levantar la figura de nuestros pensadores, de nuestros intelectuales, de nuestros artistas" (Richard, 2004, pág. 58).

Lucía hizo grandes esfuerzos en pos de la igual capacidad de la mujer frente al hombre, afiliándose a todas las inquietudes feministas de la época. También abogó por limar las asperezas de la diferente condición social. En su artículo "El libro de las horas" recientemente descubierto se refiere a la Navidad:

"como un paréntesis que tiene un final feliz de júbilo y alegría, donde no existen ni las diferencias de edades, ni las de clases, donde todos podemos sentirnos niños, llenos de generosidad y esperanzada ilusión" (Richard, 1957).

Este para Lucía sería un momento en el que el pueblo daba rienda suelta a sus sentimientos de forma espontánea, en lugar de ser adoctrinados con sistemas filosóficos complejos que no entienden; o en exactas palabras de Lucía:

> "...los mismos grupos campesinos que se daban cita en la iglesia en esa bendita misa del Gallo, son recuerdos de esa ferviente alegría de un pueblo, cuando no se preocupaba de lucubrar sistemas, sino a dar expansión a sus sentimientos" (Richard, 1957).

Lucía estuvo casada con el abogado don Guillermo Piedrabuena Boríes. Don Guillermo —entre otras muy interesantes actividades— habría comenzado su andadura política en el Partido Conservador hasta octubre de 1925, para virar súbitamente hacia posiciones de izquierda. Este año abandonó el Partido Conservador para apoyar la candidatura de José Santos Salas levantada por sectores populares y marginales del Partido Conservador y del Partido Radical, que aglutinaba liberares, radicales y democráticos, en contra de la candidatura tradicional de Emiliano Figuera.

Según se cree fue masón (aunque en la familia hay voces discrepantes sobre este punto), una palabra demonizada por algunos y que en realidad engloba los mayores logros de la ciencia, la filosofía y la democracia. Muchos masones fueron aristócratas, practicaron la tolerancia religiosa, leyeron a Spinoza, aunque también invocaron al "gran arquitecto del universo", según el modelo de orden y armonía proclamado por Descartes y luego codificado por Newton.

En la década de los cuarenta don Guillermo lanzó discursos contra la aristocracia y usó un lenguaje encendido anticlerical y al parecer fue agnóstico. Curiosamente al final de su vida se derechizó y tuvo amistades con algunos generales. Lo que importa ahora a nuestro asunto es resaltar que es presumible que, aunque hubo diferencias entre los esposos —la principal es que Lucía era una verdadera creyente—, debió de existir una cierta complicidad ideológica entre Lucía y Guillermo, ya que de otro modo el matrimonio hubiera sido inviable.

Lo más lógico es pensar que don Guillermo perseguía el aperturismo de la sociedad a través de la política y su esposa a través de las artes. Es evidente que en la intimidad del hogar comentaban sus logros e intercambiaban impresiones. De alguna forma hubo una simbiosis y la trayectoria de un cónyuge se vio afectada por la del otro. Eso es vivir.

CAPÍTULO X

PASIÓN POR EL TEATRO

Al toque de ánimas

a obra comienza con un introito, que sería la presentación de todos los personajes, que concurren en la recién fundada ciudad de Santiago del Nuevo Extremo. Se trata de una obra en un acto. Los personajes son el Bachiller Rodrigo González de Marmolejo, religioso dominico español, luego primer obispo de Chile, caracterizado por su desprendimiento y bondad. Inés de Suárez, nacida en 1507, que vino al igual que el anterior con el conquistador Pedro de Valdivia y fue su amante. Casó en 1548 con el noble capitán Rodrigo de Quiroga y murió en 1580. Los esposos Quiroga Suárez eran los más ricos encomenderos de su tiempo.

Doña Marina Ortiz de Gaete, esposa de don Pedro de Valdivia, había nacido en 1510. Llegó a Chile a principios de 1555, después de la muerte de su marido. Vivió en Santiago hasta su fallecimiento en 1592. Su hermana, Catalina, la acompañó en su viaje, junto a sus hijos los Suárez de Figueroa, que murieron en las guerras de Arauco. Toda la trama se centra en el supuesto encuentro entre Inés de Suárez y doña Marina Ortiz de Gaete, en el cual Catalina apoya a su hermana y el clérigo González Marmolejo, si bien es condescendiente con doña Marina, más bien señala las virtudes de doña Inés.

La obra es muy breve y sencilla, ambientada en el Chile colonial, a fines del invierno de 1560. En cuanto a la escena hay un sólo plano, un salón iluminado por luz natural. Al fondo una imagen de la Virgen del Socorro, con un cirio encendido. En el estrado, un sillón y otros muebles, cojines y una estera sobre el suelo que es de ladrillos. Hay también una escribanía y un gran brasero. Hay asimismo un retrato del conquistador Valdivia, que sería el trasfondo ausente de la trama. Las ventanas sin vidrios están protegidas por cortinajes. La pared está toscamente enlucida.

La obra refleja el canon por el que transcurre la comedia española: se trata del mundo áulico; la corte y sus intrigas, los nobles, la Iglesia, los jóvenes hidalgos y sus problemas amorosos. Omnipresentes están los principales rasgos del hombre del siglo XVI: la conciencia de clase, la honra, la virtud, la castidad y el heroísmo. Hay un espíritu realista, los personajes hablan con el lenguaje de su tiempo, de su alcurnia y de su posición social.

Los personajes son reales, cuyas vidas auténticas son sacadas de la historia. No hay invención en las caracterizaciones. Lo único especulativo es el encuentro entre Inés y doña Marina, que no se sabe si llegó a producirse. Este encuentro desencadena una explosión de sentimientos, aunque la trama es débil y nunca llega a haber una confrontación, por lo que no podría llamarse drama. Es más bien un coloquio, un entremés de la estera. Apenas hay ruptura, ni nada abrupto. En la obra se da la unidad de lugar y tiempo, sólo el recuerdo de los personajes les transporta a otros escenarios y momentos.

En cuanto a sus aspectos escenográficos, el decorado es parco, escaso y rústico, propio de una dramaturgia castiza, clasicista y colonial. Se trata de un espectáculo sobrio, sin música ni folclore. El espacio escénico es reducido, sin lujos ni ornatos. Hay un decorado fijo, que ni se mueve ni cambia. Apenas desfilan unos pocos personajes. Éstos que sepamos no gesticulan, ni comparten sus expresiones salvo alguna excepción. La luminotecnia es escasa. No hay canciones, ni danzas ni tramoyas.

Los vestuarios se presumen que son los que llevaban la clase alta colonial, así lo indica Lucía en el caso de Inés de Suárez. No hay nada mitológico ni irreal. Tampoco se dan las metáforas, ni complejidad alegórica o simbólica. La perspectiva y el movimiento son muy escasos. La escasa intriga haría imposible calificar la obra de comedia de capa y espada o vodevil. La mayor fuerza de la obra es el texto más que la representación. Brilla en la escena la psicología de los personajes principales, la pugna de personalidades, un hipnótico estado de conciencia que nos arrastra a un trance sentimental.

La escena comienza con un diálogo entre doña Marina y el bachiller don Rodrigo González de Marmolejo. Al principio se tratan asuntos triviales, acontecimientos de la naciente colonia. Después aflora en la conversación el tema de don García Hurtado de Mendoza, un joven de una veintena que había sido recientemente nombrado gobernador de Chile. Así se exponen los abusos de éste y el malestar que provocó la repartición de las encomiendas entre sus soldados, ignorando todo lo vivido antes de su llegada.

Luego se saca a colación las ciudades destruidas por los indios más tarde reedificadas por don García, a las que en un acto de vanidad puso su nombre. Fueron momentos difíciles, en los que la colonia estuvo gravemente amenazada, había falta de alimentos y de los utensilios más elementales. Doña Marina se muestra como una mujer precozmente melancólica, un tanto desasida de la realidad, que lleva en su pecho el pesar por la muerte de su marido, aniquilado de forma cruel y anónima por los indios, sin que se sepa dónde yacían sus restos para poder honrarlo.

A veces doña Marina y especialmente su hermana Catalina tratan de degradar a doña Inés con insinuaciones sobre su decencia, o su decoro. El bachiller González sale ardientemente en su defensa. Relata las muchas virtudes de doña Inés, de cómo era una mujer intrépida y valerosa, que se las ingenió para hacer cavar un pozo en pleno desierto, sin el cual todos habrían muerto de una forma horrorosa.

También fue ella la que había denunciado y desbaratado la sedición de Pedro Sánchez de Hoz. Doña Marina sin disimulos refiere que doña Inés dormía impúdicamente con su marido. El bachiller la disculpa. No tenía que ser tan severa para juzgarla. El conquistador estaba sólo muy lejos de su mujer, y habían transcurrido muchos años. El bachiller prosigue relatando el gran coraje que mostró doña Inés en el asalto de Santiago, cuando no estaba Valdivia, y los indios pusieron cerco e incendiaron la ciudad.

La población sólo se salvó gracias a su valor. Las dos hermanas reconocen que en esa situación una mujer normal, honesta, de las que se recluyen en su hogar, habría huido despavorida dando gritos o se hubiera desmayado. Las dos hermanas se asombran al relatar la audacia de Inés que no dudó en cortar las cabezas de los rehenes con sus propias manos. ¡Qué bravura, qué sangre fría y qué crueldad también!

Entonces empieza a oscurecer y con ello el pensamiento se adentra en otra dimensión. Llega Inés de Suárez acompañada de un séquito de esclavos. Hace valer su rango presentándose lujosamente ataviada. Inés traspasa el umbral con mucha pompa y aparato. En el otro extremo, en el estrado, la esperan doña Marina y el bachiller González. Contrasta la sencillez, el luto y la dignidad de una con el lujo y la actitud imponente de la otra.

La tensión se palpa en el ambiente. Doña Marina era la mujer legal, casta y recatada. Era una mujer tradicional que mostraba su honra y su virtud. Era la mujer que legítimamente podía mirar por encima del hombro a su adversaria. Inés sería la adúltera o cuanto menos la mujer libertina, que se había amancebado con su marido. Mientras doña Marina había sido demasiado cobarde para acompañar al gran hombre en sus campañas de conquista, doña Inés había compartido sus vivencias, le había comprendido, se había adentrado en sus visiones, potenciado su hombría y su heroísmo.

Tras los primeros intercambios de cortesía se desarrolla un interesante coloquio. Aflora en la conversación los desmanes de don García y de cómo había despojado a doña Marina de sus encomiendas, dejándola en la indigencia. La solución era elevar una queja al monarca, ¡pero España estaba tan lejos y las comunicaciones eran tan lentas...!

A estas quejas se añaden otras. Doña Marina se lamenta de que esa espera arruinó su vida. El remordimiento la desgarra por dentro. ¡Si hubiera estado al lado de su marido, tal vez su destino hubiera sido distinto, tal vez podría haberlo salvado de su funesto final! El bachiller González no lo cree así al fin y al cabo ese era su oficio, al que no renunciaría tan fácilmente. Últimamente estaba enfermo, malhumorado y triste y le tocó enfrentarse a un aguerrido y valeroso enemigo llamado Lautaro, que tenía un ejército que le sobrepasaba en número. Nadie habría podido contra él.

Todos se van y sólo quedan frente a frente doña Marina e Inés de Suárez. Inés recalca que tienen que hablar para disipar los malentendidos del pasado. Marina se muestra vulnerable, confía a su rival su soledad y su juventud marchita en una inútil espera. Le cuenta acerca de su angustia en esos veinte años malgastados esperando la llegada de su hombre.

Lejos de ensañarse la una con la otra reina la conciliación. Inés afirma que la vida encierra enormes contradicciones que no nos permite alcanzar aquello que tanto amamos. Doña Marina comparte con la que hasta ayer había sido su antagonista el enorme órdago por el que había pasado. Una enorme espera y al fin cuando parte al encuentro de su marido tiene noticia de su muerte. Doña Inés se compadece de doña Marina.

Doña Marina declara que no soporta la idea de que alguien hubiera podido interponerse entre ella y su marido, entre su amor y su felicidad… que alguien hubiera sido culpable de su separación. Doña Inés le dice a doña Marina que Valdivia la amaba. Que muchas veces la mandó llamar. Doña Marina cree que su marido la olvidó. Se pregunta si su marido amaba a doña Inés y ésta cree que pudiera ser así, aunque lo que se ama no se abandona fácilmente.

Inés era la mujer que había acompañado al conquistador en sus campañas, en su pobreza y en el peligro. Por él había renunciado a todo, sacrificando su juventud y su seguridad. Doña Marina reconocía su cobardía. Era una mujer que había sido educada para el hogar y los hijos, no para blandir una espada. Sin embargo, doña Inés a pesar de todos sus sacrificios revela que cuando llegó la hora del triunfo y del descanso, Valdivia la olvidó y se apartó de ella.

Doña Marina cree que fueron razones de Estado o de conciencia. Inés cree que su mujer tuvo el consuelo de que su marido la esperaba, mientras ella, al final, recibió la indiferencia y el desprecio. El virrey La Gasca le impuso la onerosa obligación de separarse de ella si quería mantener la Gobernación y él no dudó en hacerlo. Primó su afán de gloria, sus grandes ambiciones.

Doña Inés considera que nunca su cariño consiguió que el conquistador se olvidara de la familia, la tradición, el hogar, la patria distante y de doña Marina misma. En definitiva, las dos mujeres habían sufrido mucho, una por no consolidar su amor, la otra por no poderlo retener. Según Inés al menos doña Marina podía llevar luto por él, derramar lágrimas por él sin necesidad de ocultarlas.

Doña Inés había reconstruido su vida casándose de nuevo. En cambio, doña Marina era una mujer solitaria, sumida en sus recuerdos, en su sayo y su tristeza eterna. En esta curiosa entrevista se hacen concesiones hasta el final. Inés por postrera vez se queja de que siempre tendrá grabado en su corazón el olvido y la muerte. Doña Marina, sin embargo, cree que posiblemente la pesadumbre que manifestó Valdivia en sus últimos momentos fue debido a algún recuerdo que no podía olvidar. Seguramente, esa desazón fue provocada por el abandono de la mujer con la que realmente palpitaba, para cumplir con los cánones sociales (Richard, 2004).

Fuga

e trata de una obra ambientada en el mundo actual, contemporáneo, dirigida al pequeño burgués. Es un teatro de masas, dirigido a la clase media, un teatro de taquilla sin grandes complejidades escénicas, no elevado ni elitista. Se utiliza un lenguaje cotidiano, y se abordan problemas domésticos. Se propugna un teatro que trata de acabar con el público-espectador para convertirlo en público-partícipe. La obra no dirige ningún mensaje de tipo político ni ideológico ni ritual ni sacro ni cultural.

En la obra no hay ningún paralelismo ni característica del teatro de vanguardia ni simbolismo alguno. Lucía busca el inconsciente colectivo a través de situaciones muy habituales de la vida moderna. Nada hay propio del teatro del absurdo. Lucía tampoco utiliza la lentitud de los personajes como herramienta para poner en marcha el subconsciente del público. Se vale de actores dinámicos, que vienen y van, que adoptan distintas posturas y expresiones corporales, logrando con ello una mayor vitalidad y dramatización de la obra.

Frecuentemente Lucía anota las intenciones de los personajes, sus gestos, sus estados anímicos, su displicencia o vanidad, así como se auxilia de la música. No hay unidad de lugar ni de tiempo. La acción discurre en momentos y escenarios diferentes, si bien siempre en el salón burgués, a veces con referencias a localizaciones exteriores. El lenguaje es el cotidiano del pequeño burgués. A veces Lucía se vale incluso del mutismo, como recurso expresivo que provoca tensión y extrañeza.

Fuga es una obra en tres actos. En el acto primero, como introito la sala se oscurece y antes de levantarse el telón se escucha a lo lejos la música de una fuga que poco a poco va muriendo. Una voz entre bastidores dice:

>Fuga… resolución humana de los conflictos de la vida. Fin de los amores y muerte de los anhelos… Aparecer y desaparecer de temas en perenne persecución. Fuga… devenir del tiempo… escape de lo imposible… basamento del hombre. Fuga… condición de la vida… síntesis de la muerte… Fuga…

Los personajes principales son los siguientes:

Olivia, la madre (de 45 años) viste de luto.
Alfredo, el hijo mayor (23 años)
Alicia, la hija (21 años)
Gerardo, el menor (20 años)
Max Spencer (35 años)

La obra desarrolla un pequeño drama generacional. Olivia que ha enviudado recientemente, se plantea su propio futuro y los proyectos de sus hijos. Alfredo el mayor, quiere triunfar en las finanzas y se jacta de su audacia y de lo bien que le irá en la vida. Su hermano Gerardo estudia filosofía, es un idealista y anhela su libertad y la búsqueda de la justicia social. Su hermano Alfredo se mofa de él al que tacha de poeta y anarquista, y cree que lo práctico siempre estará por encima de lo quimérico. La pequeña Alicia quiere ser bailadora, aunque su hermano Alfredo también la ataca diciéndole que el único negocio bueno que podía hacer una mujer era casarse.

La madre queriendo relajar todas estas tensiones anuncia a la familia que por fin ha recuperado el fundo en Los Olmos, una propiedad que el padre les había dejado en herencia, pero que hasta hace poco no se había podido recuperar debido a algunos obstáculos legales. Entonces surge la cuestión de la explotación y administración del fundo. Olivia ofrece a sus hijos esta vida en el campo, una nueva oportunidad de resurgir en los negocios.

Sin embargo, sus hijos uno a uno muestran su egoísmo y su rechazo a la oferta de su madre. Alfredo dice que odia la vida agropecuaria, que quiere triunfar en la Bolsa y no vivir una vida de privaciones y penurias. Arguye que él no sabe nada sobre el campo y sus labores. Su hermano Gerardo, le gusta la vida urbana, quiere proseguir con sus estudios, le gusta la política y la literatura y cree que el campo es para los tontos o los apáticos. Alicia tiene sueños en el mundo de la danza.

Olivia que apuesta por la realidad de la vida, acusa a sus hijos de tener miedo de vivir, de tener una incapacidad para enfrentarse a los problemas, de su pereza y cobardía. Ante la situación a la madre no le queda más remedio que contratar a un administrador, que lo encuentra en Max Spencer, un agrónomo titulado. Olivia ve en el fundo de Los Olmos un edén a sus ilusiones, un lugar no sólo para trabajar, sino para disfrutar de sus flores, del paisaje, de la soledad, los rumores y las estrellas. Olivia quiere empezar a vivir su propia vida, gozar de su nueva libertad.

Al principio, todo son bromas. Los hijos dan su conformidad a la elección del administrador, que creen una excelente idea. Todo son buenos augurios. Con un crédito que le habían concedido a Olivia surgen planes de siembra y de compras de nuevos animales. Los hijos en su egoísmo quieren disfrutar de los beneficios del fundo, pero sin que ello les suponga sacrificio alguno. Todo parece ir muy bien, sin embargo, poco a poco van surgiendo complicaciones…

En el acto segundo el escenario transcurre en la casa de campo. Han pasado cuatro meses y en ese tiempo Max y Olivia han compartido muchas cosas y se han acabado enamorando. Hacen planes juntos de una nueva vida, pero un día Olivia recibe una carta en la que los hijos anuncian su llegada. Tras los sueños de juventud los hijos habían fracasado en sus propósitos. Alfredo había perdido todo su dinero en la Bolsa y había tenido que dejar a su novia Elisa.

Max insiste a Olivia en que debía prescindir de sus hijos y buscar su propia felicidad. Sus hijos sólo acudían a ella ahora que las cosas le iban mal. ¿Quién se acordaba de ella cuando estuvo enferma? Le dice Max a Olivia. Max le recuerda su amor y la presiona fuertemente para que les diga a sus hijos la verdad de su situación. Sin embargo, Olivia se muestra vacilante y le pide tiempo para contárselo todo. No puede renunciar tan fácilmente de sus hijos. No quiere hacerles sufrir...

Olivia tiene miedo de la vida, miedo a envejecer, miedo de la diferencia de edad que tiene con Max. ¡Algún día ya no te gustaré! Le dice... Olivia muy desdichada, se siente acosada por Max, siente su presencia en todas partes y le pide que la deje sola. Al final Max abandona la casa, no sin antes darle un beso, abrazarla, y recordarle su gran amor y rogarle nuevamente que encuentre la oportunidad para contarle todo a sus hijos.

Otros dos personajes aparecen en escena, Pedro y Rosa, dos empleados domésticos. La madre se muestra muy excitada ante la pronta llegada de sus hijos y manda a los empleados que adecenten la casa y preparen algo de comer. Se encuentra con el sombrero de Max, con sus colillas y una fotografía e intenta deshacerse rápidamente de todo ello al tiempo que se dice a sí misma: ¡Cobarde...! ¡Cobarde...!

Llegan los hijos con un cierto aire irónico. Se jactan de que esa casa en el campo no estaba nada mal. Gerardo que antes decía que el campo era para los tontos ahora tiene ideas nuevas. Los hijos un tanto hipócritas resultan invasivos: comen, beben, exploran la casa con soltura, se entrometen, descalifican al administrador al que tachan de huaso ladino y desconfiado, al tiempo que hacen planes propios.

Los hijos en su ingratitud cambian el karma por completo. Planean hacer una gran cena de Navidad, con petardos y fuegos artificiales. ¡Bailaremos y nos divertiremos toda la noche! Dice Alfredo. Le recuerdan a su madre la última cena con su padre. Olivia está confundida. Ya no sabe cómo afrontar el tema de Max, ni cómo anunciarles a sus hijos que se ha enamorado de nuevo.

El tercer acto discurre en el mismo escenario que el anterior, la casa de campo. Aparece Max, que bromea con Alfredo, con el que hace planes para comprar nuevos animales. Hay un ambiente jovial, de alegría, casi todos se muestran expansivos. Sin embargo, surgen algunas tensiones. Max, Alfredo y Olivia acusan a Alicia de estar aburrida, extraña, pensativa. Alicia tiene tiranteces con Alfredo.

Max antes de irse con Alfredo a realizar unos negocios, presiona nuevamente a Olivia para que les cuente todo a sus hijos. Alicia un tanto apartada de la escena parece odiar a Max. Ella nota el nerviosismo de su madre, que ésta intenta disimular. Entonces madre e hija se quedan solas y comienza un interesante diálogo entre ellas. Olivia que la ve rara le pregunta por su escuela de danza, por algunos jóvenes con los que antes había tenido relación, indagando en su situación sentimental.

Alicia se exaspera y se irrita faltando al respeto a su madre. Alicia le dice que se deje de hipocresías que se ha dado perfecta cuenta de la comedia que están representando ella y Max. Alicia que los ha estado observando no puede soportar la pasión que ambos sienten, las miradas de Max hacia su madre. La madre en un primer momento niega la situación, pero Alicia sigue con los reproches. La acusa de mirarle embobada, de que le brillan los ojos, de que se transfigura ante su presencia y de que él la mira igualmente embelesado.

Entonces Alicia estalla y comienza a sollozar, mientras la madre desesperada trata de explicarle lo que ha pasado. Alicia se tapa los oídos para no escuchar nada. ¡Es horrendo! Dice. No quiere oír una confesión. Su madre la coge violentamente. Entonces, Olivia acusa a Alicia de estar enamorada de Max, pero ésta lo niega. Prosiguen envueltas en una encendida confrontación dando Alicia muestras de estar muy celosa.

Alicia no soporta la idea de que Max no note su presencia, de que todas las atenciones sean para su madre. La acusa de apagarla, de hacerla desaparecer. Cuestiona su propia belleza. Está horrorizada. La madre intenta consolarla, pero ella la aparta violentamente. Cree que su madre la ha hecho desgraciada y no tiene derecho a compadecerse. Entonces se arma de vanidad y con un aire de superioridad le hace ver que ella ya era vieja y que su juventud valía más que todas sus virtudes. Aún la castiga más diciéndole en referencia a Max, que los jóvenes tenían que estar con los jóvenes.

Olivia está abrumada, abatida. Los reproches de su hija le han penetrado como dardos en su piel. Oculta su rostro y llora apoyada en una pared. Entonces, Alicia se arrepiente e intenta conciliarse con su madre pero ésta la repudia. Alicia desesperada siente que debería haber muerto con su secreto, pero confiesa que no pudo guardarlo por más tiempo. Olivia la acusa de estar enamorada de Max. Al principio Alicia lo niega pero finalmente cede a la evidencia y confiesa.

La madre comprendiendo la compleja situación se mortifica sacrificándose por su hija. Reconoce que ya no es tan joven, que la agotan las largas caminatas, las emociones fuertes, el esfuerzo hecho para organizar todo y hasta el mismo alboroto de los hijos. Alicia entonces se lamenta del daño causado, y se compadece de su madre por haberla hecho sufrir. La madre pone como primera prioridad la salud y el bienestar de su hija, ofreciéndole varios planes para restablecer su serenidad.

Ambas quieren huir de la casa por distintos motivos. Una por no atreverse a consumar su amor, la otra por no soportar el despecho. Pero Alicia, llena de rencor, aún quiere ver a Max para lanzarle toda su indiferencia y su desprecio. Madre e hija nerviosas convienen finalmente en huir. Por última vez la madre se mira al espejo y entre lágrimas dice: ¡sí, ya no soy tan joven, pero él me amaba, era a mí a quién amaba...! Hecha una última mirada a la casa como si se le hubiera olvidado algo. Llena de ternura y duda finalmente parte con su hija. Cae el telón, mientras se inicia la música de la fuga que se va apagando lentamente.

Esta fuga, en su doble sentido de fuga musical y de huida, demuestra la audacia de la autora al concebir un amor intrépido, casi prohibido en una mujer de su tiempo, que se hace con las riendas de su situación sentimental tras su viudez y que quiere retomar su vida con nuevas ilusiones. Pero frente a esa audacia, vencen las convenciones sociales y la autora a través de sus personajes se reprime, elige el luto eterno, mostrando también su generosidad, al compadecerse del dolor de sus hijos, no estando dispuesta a anteponer su propio bienestar al sufrimiento de ellos.

Esta es sin duda una de las mejores obras de Lucía, por el juego simultáneo de intereses contrapuestos, la variedad de sensaciones, lo arrebatado de algunas emociones, la multiplicidad de escenarios... También es avanzada por la multitud de indicaciones que posee la obra en cuanto a poses y gestos, estados anímicos, mutismos, intenciones e incluso presunciones. Brilla también el antagonismo de los personajes, así como la intensidad del drama, que sin embargo, se diluye en un final conciliatorio.

El final no es abrupto, pero tampoco hay justicia en la solución. Al final, en cuanto al amor, todos son infelices y especialmente Olivia exhibiendo su cobardía, pero al menos reina el sosiego y el amor filial. Los sentimientos de Max no importan, y cómo pudo haber reaccionado frente a la huida es un interrogante. Por último, señalar que Alicia que en los primeros actos parecía ser casi un personaje secundario, acabó acaparando el mayor protagonismo de la escena, incluso por encima de sus hermanos, ya que la principal finalidad de la obra resultó ser el dilema del amor (Richard, 2004).

Al filo de la alborada

s una de las obras de teatro más complejas de Lucía, ambientada en la época colonial, transcurriendo la acción en un día de agosto de 1558. La autora la describe como una fantasía histórica sobre don Alonso de Ercilla, donde se relatan sucesos ficticios que se amparan en una realidad histórica bien documentada (Richard, 2004).

En la obra, que se podría catalogar de teatro clásico español, concurren multitud de planos de lugar, tiempo y acción, constando de cuatro actos: El primero transcurre en un mesón y dispone de siete escenas; el segundo en la cárcel y tiene seis escenas; el tercero también en la cárcel y tiene tres escenas y por último, el cuarto, transcurre en la plaza de La Imperial y dispone de una única escena.

La obra, que se podría calificar de drama con final feliz, es una verdadera genialidad digna de escenificarse en los mejores teatros, la cual alberga multitud de personajes y tensiones internas, que desembocan en imágenes llenas de simbolismo, que reúnen motivos de los más consagrados tópicos de la literatura universal.

Lucía Richard Barnard

Asombra la cantidad de personajes que tiene la obra, ya que aparte de los principales, entran en la escena una pluralidad de capitanes, un mesonero, hombres y mujeres del pueblo, indios, sacerdotes, vendedores ambulantes... Igualmente, destaca su perfecta estructuración y jerarquía, su dinamismo, así como sus antagonismos en la escena.

Lucía también se auxilia de una infinidad de recursos como la música, las voces, las salvas, las risas, el redoble de campanas, los sonidos de todo tipo, el murmullo de fiestas, el silencio, luces y sombras... Incluso señala la intensidad de esta música que a veces es más alta o imperceptible. Igualmente capta muy bien las intenciones de los personajes, describe constantemente los distintos ambientes, indica sentimientos, emociones, estados de ánimo, ademanes, posturas...

El uso del lenguaje es igualmente excelente, desarrollando los coloquialismos propios del siglo XVI, con diálogos llenos de intensidades y efectos y hasta uso de interjecciones. Afloran, asimismo, los códigos ideológicos del siglo, como el honor, la mística, la preeminencia del linaje, el heroísmo, el servicio abnegado al rey, los ideales de la caballería...

El núcleo central de la trama tiene que ver con un enfrentamiento que tuvieron en La Imperial don Alonso de Ercilla, célebre autor de *La Araucana*, y don Juan de Pineda, ambos caballeros españoles que por entonces participaban en la Guerra de Arauco. Al parecer la discusión fue por cuestiones de nobleza, sacando ambos las espadas. Como resultado de ello se formó un pequeño tumulto.

En la revuelta se vio comprometido el gobernador don García Hurtado de Mendoza, un joven arrogante, hijo del virrey del Perú, que fue tirado del caballo. El gobernador iba embozado por lo que los contendientes no lo reconocieron, pero igualmente él creyó que se trataba de una conspiración, y condenó a ambos a ser ajusticiados a muerte al amanecer.

A Ercilla y a Pineda les tocó pasar la noche juntos en la cárcel, donde se desarrolla un muy interesante diálogo, que resume todas las complejidades de un momento trágico y expectante. Según la tradición más consolidada, el gobernador se encerró en su casa y por más que varios capitanes y soldados intentaron que cambiara de parecer, éste no cambiaba su grave sentencia. Al final, una india entrando por una ventana de atrás y después de toda una noche de súplicas logró el perdón de don García.

Los personajes principales son:

Los capitanes:
Don Alonso de Ercilla
Juan de Pineda
Don Francisco Irarrázaval
Don Simón Pereira
Pedro Olmos de Aguilera

Don Pedro de Portugal, alférez mayor
Ortigosa, secretario del gobierno y escribano
Cariolano, indio criado de don Alonso

El primer acto transcurre en un mesón y a través de sus diversas escenas se van presentando los personajes y relatando el conflicto. Poco a poco, los diálogos nos muestran al gobernador como un joven impulsivo, que había quitado muchos privilegios a los viejos capitanes, imponiendo un nuevo orden que desconocía los méritos llevados a cabo en la época anterior a su llegada.

Entre sus arbitrariedades y arrebatos se encontraban el haber quitado muchas encomiendas a sus antiguos poseedores, lo que había producido una sensación de profundo malestar, dejando a muchos soldados resentidos. También, el haber mandado apresar a los capitanes Francisco de Villagra y Francisco de Aguirre, no había contribuido a apaciguar los ánimos.

Para muchos, Chile era un país que gozaba de cierta libertad. Allí no te mandaban a galeras y no existía aún la Inquisición. Sin embargo, el texto enfatiza esa tendencia a la extralimitación del poder, fomentado por unas comunicaciones muy lentas con la metrópoli, lo que permitía que las quejas se esfumaran bajo la irrupción de nuevos acontecimientos.

Los indios y la Guerra de Arauco también se plasman en las primeras descripciones sobre la naciente conquista. Así entra el plano mítico, en el cual a los españoles se los creía centauros, que expelían rayos de fuego. Pronto llegó Lautaro, que empezó a comprender que aquellos contra los que combatían no eran dioses y las bestias que conducían no eran sino animales.

Bajo estos precedentes llega al mesón Irarrázaval y Pereira, que acompañan a Ercilla, que estaba herido por un terrible mazazo que le había propinado el gobernador. También va con ellos el indio Cariolano, fiel servidor de Ercilla. Se comenta la caída del caballo del gobernador, lo que entronca con uno de los tópicos más famosos de la literatura, "el caballo desbocado", símbolo del disparate y la locura.

El caballo como alegoría de irracionalidad lo podemos ver, por ejemplo, en el *Guernica* de Picasso. El caballo desbocado, de gran efectismo teatral, viene a simbolizar la pérdida de control sobre los instintos. En el presente caso se pasa de la imprudencia alocada de los contendientes a la respuesta bárbara del gobernador, muestra inequívoca de su insania, al menos temporal.

Cariolano ofrece a Ercilla huir, pero éste se niega a ello aludiendo motivos de honor, y además ello suponía el asumir la culpa. Huir habría sido cobardía, él tenía que probar su inocencia. Asimismo, se entera de que aunque Juan de Pineda se había refugiado en una iglesia, fue mandado sacar de allí siendo finalmente apresado.

En un ambiente de bandos, entra en escena Ortigosa, el escribano y secretario del gobernador, que viene escoltado por muchos soldados a prender a Ercilla. Es un hombre malicioso, enemigo de Ercilla y sus aliados, en el que se descubren distintas actitudes frente al poder. Guardando un paralelismo con esos bocetos de Leonardo da Vinci, en el que retrata al césar rodeado de personajes grotescos, Ortigosa sería el adulador inescrúpulo que se beneficia del poder.

Ortigosa se burla de los apresados, a los que les dice que igual que Villagra y Aguirre, que no cabían en un reino, ahora iban a tener que convivir en una celda. Ercilla arguye que él obró en legítima defensa y que fue Pineda el provocador. Si bien no admite la culpa, Ercilla no es rencoroso y está dispuesto a perdonar a Pineda y dar el asunto por concluido. El enemigo araucano era el verdadero peligro, era a éste al que había que vencer.

El acto segundo transcurre ya en la celda adonde habían sido conducidos Ercilla y Pineda, por el alférez mayor don Pedro de Portugal. Se trata de una celda sencilla, rústica, con un crucifijo, una ventana, una mesa y sobre ésta, un tintero, una pluma y una vela. Allí concurren los dos personajes, otrora enemigos acérrimos, que ahora sin embargo se comprenden, al tener que compartir una misma experiencia aterradora.

En la desesperación de su encierro y su muerte inaplazable, los condenados inician un diálogo íntimo, en el que se confrontan dos personalidades diferentes y distintos planos psicológicos. El funesto episodio, incluso trance, por el que pasan Ercilla y Pineda, no es sólo la experiencia individualizada de unos hombres, sino una idea universal de la que participa toda la humanidad. Más temprano que tarde, todos seremos condenados a muerte, una idea terrible muy difícil de afrontar.

Se trata de la tragedia del ser humano en un momento en que el humanismo le otorgaba una posición privilegiada en el universo. Idea finisecular que se enlaza perfectamente con el desengaño barroco; es decir, el hombre huérfano y desamparado en la tierra al haber perdido su conexión con el creador. Lucía entra en esta dialéctica contraponiendo fe y razón mediante un hábil sincretismo, o sea una capacidad para conciliar doctrinas diferentes, muchas de cuyas ideas albergan paralelismos con *La vida es sueño*, magistral obra de Calderón de la Barca.

En la prisión, Ercilla y Pineda reconstruyen los acontecimientos adoptando distintas actitudes frente a su condena. Pineda, lleno de terror, se niega a aceptar la situación, grita enloquecido a los cuatro vientos su inocencia, se refugia en Dios… En cambio, Ercilla, en un principio fuera de sí, ataca a Pineda, le hace ver lo inútil de su postura, admite la situación y se resigna a la idea de su ejecución. Ercilla está abatido y es escéptico, mientras Pineda se muestra idealista e ilusorio y está irritado.

Hay fuerzas esotéricas en el aire. ¿Qué pasará? Nadie lo sabe. ¿Podremos vencer en este terrible lance? ¿Podremos sobrevivir a la muerte? Se preguntan los condenados. Potencias humanas y divinas entran en juego a la hora de presagiar el destino. La fortuna, los hados, se contraponen a los designios de Dios. El libre albedrío desea triunfar frente a la divina providencia o la predestinación.

En este proceso de negación de la realidad irrumpe la idea de la rebeldía frente a la ley injusta. Los condenados se cuestionan si es legítimo someterse a una ley inicua. La ley es don García, el gobernador, que somete a los apresados a un juicio sumario. El gobernador en su terquedad no está dispuesto a escuchar ni siquiera a la autoridad eclesiástica. Se trata de una justicia corrupta, absolutista, atropelladora.

Ercilla se pregunta a sí mismo sobre el origen del poder. ¿De dónde emana éste? ¿Quién tiene autoridad sobre mí? Así la justicia humana se contrapone a la justicia moral. La teatralidad del poder conlleva un halago incondicional al poderoso, y una soberbia en quién lo ostenta. La corrupción del poder se opone a la humildad de la virtud. Todo ello lleva al fracaso del poder para guiar a los hombres.

Juan de Pineda no acepta su espantoso final y muestra su rebeldía e inconformismo, lo que contrasta con la postura de Ercilla que se resigna a su muerte y a su destino como el estoico acepta el sentido de la vida. Para Pineda si el medio condiciona la libertad del hombre, si los demás pretenden anular al sujeto, la capacidad de rebeldía del individuo le puede devolver su yo.

Entonces surge toda una serie de sentimientos variopintos, una gama de emociones exaltadas ante la terrorífica idea de morir, que les lleva a la sorna, al desprecio al poder, al pánico, incluso a llorar de impotencia. Pineda en su desesperación y locura llega a concebir un alzamiento. Ercilla considera que la rebelión llegaría tarde, no concibiendo ninguna salida a la situación que los atormenta. Ercilla resignado a su destino, apela al valor y al honor del soldado español. Para él la rebelión sólo puede ser interior.

La frialdad del gobernador, su incapacidad de afecto, contrasta con las fuertes emociones de los condenados. Pero después del acaloramiento viene la calma. Había que huir de la angustia evocando algo que les hiciera olvidar su situación. Así reviven sus recuerdos en la corte de Felipe II, su viaje a Inglaterra y Valladolid, las fiestas, las damas de palacio, como vinieron a España en el mismo barco que el virrey, juntos partieron también hacia el Nuevo Mundo... Aquellos eran momentos dichosos de lealtad, de buenos súbditos acomodados en la querencia del poder.

Entonces se acercan a la ventana de su celda sus amigos Francisco de Irrarazaval y Simón Pereira y les dicen que no se preocupen, que están trabajando para que todo se solucione satisfactoriamente. Nuevamente brota la esperanza en Ercilla y Pineda, que se aferran a esa ilusión como su única salida. Con esa alegría se abrazan. Quieren vivir y lo desean con un ardor parecido al fuego. Pero nuevamente les asaltan las dudas. ¿No será que nuestros compañeros traen estas nuevas para querernos evitar el sufrimiento en el que nos encontramos? ¿No será sólo compasión?

Entonces Ercilla y Pineda se asoman a la ventana de su celda. Escuchan música callejera, aires populares, instrumentos rústicos. Perplejos comprueban cómo la fiesta sigue celebrándose sin ellos. El ciclo universal continúa ajeno al hombre concreto y sus vicisitudes. Los reos consternados sienten una gran impotencia ante la fiesta exterior, la música, las chanzas. ¡La vida era bella y la malgastamos en naderías! Se dicen el uno al otro. Oyen incluso ruidos más sórdidos. En la plaza están cavando hoyos y construyendo cadalsos. Turbados se dicen a sí mismos que un noble no puede morir ahorcado. ¡Aun en la muerte no pueden quitarnos nuestra dignidad!

En su consternación los condenados expresan una dualidad entre cultura y vida, pasado y presente, materialidad e inmaterialidad, teoría y praxis. Aspiran a una eternidad aunque sabedores de la finitud humana. Sienten el deseo universal de todo hombre de trascender a su propia limitación, a su propia muerte. Pero al mismo tiempo perciben la agonía humana de aspirar a una eternidad imposible, al saberse un ente de total fragilidad. Así se da la disyuntiva entre el poder y el querer: las dos fuerzas íntimas en constante lucha en el ser humano.

Llegado a este punto los condenados sólo pueden apelar a los tres planos: el plano humano, con su deseo de superar las limitaciones; el plano mítico, en el que el hombre lucha por su eternidad; el plano místico, que sería la vida eterna del cristiano. Es en el plano mítico en el que se centra don Alonso de Ercilla. Se trata de la tercera vía, la celebridad renacentista, la fama literaria para sobrevivir a la muerte y conquistar la eternidad. Ercilla canta a la raza araucana y a los españoles que osaron conquistarla y se pregunta a sí mismo que haría si sobreviviese a la muerte.

Ercilla pensativo se afana en revisar su pasado. ¿Cuántas cosas habría cambiado si hubiera sabido mi destino? Con el poco tiempo que le queda aún piensa en acabar sus cantos. Lucía en su relato recrea muchos tópicos literarios. *Carpe diem*, aprovecha el tiempo antes de que venga la vejez y la muerte. *Vanitas*, en el mundo todo es vanidad. *Thetrum mundi*, el mundo es un teatro donde los hombres representan el papel que les ha correspondido. Nada queda fuera de esta ficción. Ercilla generoso canta a todos los valientes, alaba a los enemigos en sus estrofas, se lamenta por no poder acabar su canto, pero aun así lo intenta hasta el último momento.

Ercilla concibe un nuevo héroe, que a diferencia de las tragedias tradicionales, y muy lejos de ese gobernador al que tacha de "mozo capitán acelerado", ensalza la verdad, potencia la dignidad de los combatientes, el heroísmo del pueblo. Pineda, irritado, contrapone la muerte como un malhechor —que le resulta detestable–, a la muerte heroica, la gloria del soldado español, el honor en el servicio abnegado a su rey, la fama, tan presente por entonces en la emblemática y los libros de caballerías.

Ambos compañeros languidecen con el abatimiento de los que se saben desposeídos de su honor, la mayor afrenta que puede sufrir un caballero de su época. Aceptan su destino: uno se encomienda a Dios, el otro a su fama eterna. El abrazo de los condenados y su reconciliación significan que el amor es lo único que permanece en el mundo cuando todo se acaba. La única racionalidad del hombre es obrar con el bien. En su desesperación Ercilla apela al amor a través de la lectura de algunos pasajes de su canto:

> ¿Qué cosa puede haber sin el amor buena?
> ¿Qué verso sin amor dará contento?
> ¿Dónde jamás se ha visto rica vena
> que no tenga de amor el nacimiento?
> No se puede llamar materia llena
> la que de amor no tiene fundamento:
> los contentos, los gustos, los cuidados
> son, si no son de amor, como pintados.

La intensidad del tormento es cada vez más insoportable. Cuando el dolor ya es intolerable, la soberbia y rebeldía inicial se transmutan en aceptación, humildad, amor. Encerrados en esa oscura celda hacen conjeturas toda la noche. Miran por la ventana y ven la casa iluminada de don García. Nuevamente, Lucía introduce el simbolismo, oscuridad-desazón, pesimismo, muerte, frente a la luz-esperanza, vida. Pero este amor quizás no fuera esa fuerza universal redentora, ese motor confraternal de energía capaz de cambiar el destino del hombre. Este podría ser un amor egoísta, un amor carnal. Ercilla especula que don García se encierra con una mujer para acallar su conciencia.

El bien y el mal dialogan constantemente en la obra. Una mujer india se las había ingeniado para entrar en la casa del gobernador y había pasado con él toda la noche. Ercilla le dice a Pineda que el gobernador gozaba mientras ellos se pudrían en su lóbrego encierro. El contraste era demasiado fuerte. Pero aún se aferran a esa ilusión, a esa vida frágil pero intensa, más potente aún a medida que se va agotando. ¿Y si el bien presidiera las intenciones de esa mujer, símbolo de vida? El amor todo lo puede. El amor es ese impulso que puede cambiar el mundo. ¿Habrá logrado esa mujer torcer la terquedad de don García? ¿Habrá logrado salvarnos?

Como los aeroplanos que caen dando vueltas los condenados van cayendo en una barrena psicológica. El sacerdote les da la absolución, arreglan sus cuentas con el más allá, se perdonan los agravios, pero ello no impide que continúe la obsesión que se hace cada vez más radical y agobiante... Albergan sentimientos agridulces, bipolares, se aferran fuertemente a la vida como los moluscos a la roca, pero al mismo tiempo la pesadilla de la muerte se convierte en enajenación. ¡Pensemos en otra cosa o vamos a enloquecer!, dice Ercilla desorbitado.

El tiempo humano, el mítico y el sagrado continúan platicando en el drama. Ercilla pide a Pineda que ruegue a Dios que les dé serenidad ante la muerte. Pero por un momento se cambian los roles, Ercilla habla de Dios y de la salvación eterna, mientras Pineda se muestra despiadado. En un eterno juego de correspondencias la realidad terrena se conjuga con la espiritual. Los elementos simbólicos y el misterio que encierran se apoderan de la conciencia de su auditorio, como la sombra de una garra extiende su amenaza.

Se oye música araucana al fondo, los reos palpan la lluvia que la sienten como un bálsamo que por momentos revitaliza sus sentidos, contemplan las estrellas brillantes, y nuevamente aflora la esperanza. A través de la música Pineda llega al patriotismo, esa misma patria que le ha condenado a muerte. Ercilla se acuerda de su infancia, de su madre y de sus hermanos. Pineda se queda con los ojos fijos mirando al crucifijo. Ercilla coloca la mesa, coge la pluma y se prepara para leer y escribir.

Entonces le relata a Pineda como llegó hasta la isla de Chiloé y allí grabó en un árbol gigantesco estrofas de su canto. Pineda recuerda a Ercilla las muchas veces que éste les deleitó con sus versos mientras se calentaban junto a un fuego. Ercilla había encontrado su camino en la poesía. También había encontrado lo más noble del ser humano en aquellos mapuches a los que tanto amaba y admiraba. ¿Nunca habéis escuchado una música que os persigue hasta en sueños? Le dice Ercilla. ¡Pues así inundan mis oídos las voces bárbaras, me atormentan los alaridos de guerra, veo fantasmas y se recrean en mi mente los pasajes de *La Araucana*!

De repente llega Caroliano, el fiel indio de Ercilla, que fuerza los cerrojos y le propone nuevamente a su amo huir. Le ofrece ser toqui de su gente. Está dispuesto a morir por él si hace falta. Pineda lo llega a considerar. Por un momento triunfa la debilidad de la carne sobre la tentación, triunfa lo mundano sobre lo sobrenatural. Pero otra vez Ercilla declina su oferta. Huir es cobardía, una vida sin honor no es vida. Ercilla prefiere la injusticia y el cadalso. En aquel tiempo el servicio desinteresado a su rey era parte del decálogo de la nobleza. No cumplirlo representaba la mayor afrenta.

Ercilla es un hombre de altos ideales que nuevamente puede escapar y otra vez prefiere la muerte. La virtud, el honor de Ercilla, su capacidad para triunfar moralmente ante la venalidad o corrupción de la justicia, su talante de hombre íntegro, le retratan como un fiel seguidor de los ideales de la caballería y de los españoles de su tiempo. Las dificultades del hombre en el laberinto del mundo se resuelven amparándose en obras como *El cortesano* de Baltasar de Castiglione, o el *Espejo de príncipes*, modelo de conducta de obligado cumplimiento para la nobleza. El valor de la amistad se impone frente al recelo, el pavor y el odio.

En el tercer acto continúan en la cárcel y poco a poco van entrando en la fase más aguda de la noche. Se recrudece el calvario a la par que van llegando al momento trascendental del drama, así como se multiplican las argucias para olvidar el final horrendo e ineludible que les espera. En lo más profundo de la noche el sueño se confunde con la realidad, la cordura con la irracionalidad, la vida con la muerte. Todo fue verdad y no sueño dice Ercilla, pero la realidad se presenta como sueño, el sueño es la realidad.

Ercilla lee en alto pasajes de La Araucana. Una música elegiaca acompaña el ánimo apesadumbrado de los personajes. Ercilla delira, ya no sabe distinguir la realidad de la ilusión. Por momentos enloquece, no consigue zafarse de los fantasmas que le acosan más y más. Continúan las voces de Rengo, Galvarino, Caupolicán, Lenomeno que se le agolpan en su cabeza atormentándole. Desesperado se tapa los oídos para no oír más esos desafiantes alaridos. Ercilla combate medio sonámbulo, mueve los brazos... ¡Yo no tengo espada! Dice. ¡En mis manos sólo tengo una pluma! La mente vence a la materia, la fuerza de la razón supera a la razón de la fuerza.

Es el teatro dentro del teatro. La ficción dentro de la ficción. El propio yo de Ercilla que se relaciona con el mundo y los demás en diferentes planos. Su propio yo escindido en distintos sujetos constituye *per se* un pequeño teatro. Como en Cervantes con su *Quijote*, la lucidez se confunde con la demencia, el valor del individuo y su idealismo es capaz de vencer a la malicia del mundo. "To be or not to be" dice Shakespeare. El sueño de la vida se equipara con la muerte como en su célebre *Hamlet*. La oscilante llama de la vela produce sombras cambiantes, que sobredimensionan la realidad y la figura humana creando espectros. Como en los bocetos de Goya "los sueños de la razón producen monstruos".

Continúa el tópico del durmiente despierto. Ercilla en el fragor de su alucinación concibe el nacimiento de una gran nación. La celda se manifiesta como metáfora de la prisión del hombre que no puede vencer a la muerte. La oscuridad representa la inacción y la impotencia, la ausencia de vida, la irracionalidad. La celda es una bóveda, una alegoría existencial que tiene la forma de vientre, ataúd. El sueño es un narcótico para huir de una realidad imposible de afrontar. El sueño representa la constatación de la fragilidad de todo lo existente, la confusión del mundo sensible e inteligible. Expresa el paso de la sombra al conocimiento de uno mismo.

La angustia ante el tiempo que se agota es una constante en la obra. *Tempus fugit*, el tiempo pasa rápido y debemos aprovechar cada una de las horas. *Memento mori*, recuerda que has de morir. *Ubi sunt*, ¿dónde están los que murieron? ¿Qué hay más allá de la muerte? La celda se equipara a la alegoría de la caverna platónica. La caverna es la situación en la que se encuentra el ser humano frente al conocimiento.

Así se halla atrapado entre dos mundos: el sensible, apreciado a través de los sentidos y el inteligible sólo alcanzable por la razón. El mito de la caverna representa el paso de la sombra a la luz, la apariencia de la idea, la inseguridad frente a la realidad, metáfora para explicar el conocimiento, la verdad, la belleza y la fe. Todos estamos metidos en una gruta en la que algún día no habrá un nuevo amanecer.

Pero aún hay tiempo para la mundanidad, para el teatro de la vida y el mercado del mundo. El malicioso Ortigosa se aproxima a la celda. El maligno, adulador del poder, se burla una vez más de sus enemigos. Les hace creer en una falsa esperanza. Sólo viene a conversar y especula con la idea de implicar a sus amigos Irarrázaval y Pereira en la supuesta conspiración. ¿Es que queréis amargarnos nuestros últimos momentos?, dicen los sentenciados. ¡Podríais haberos escapado y no lo hicisteis, eso se os tendrá en cuenta! Dice Ortigosa con una media sonrisa.

Casi ya no hay música. Ercilla se aproxima a la ventana de su celda. Nuevamente contempla el universo. Solo, en la inmensidad de la noche, escruta el cielo con la mirada del científico. Es el cielo pagano, el cielo del filósofo, el cielo del astrónomo, el cielo del poeta… ¡Una mísera ventana es todo lo que tengo para comunicarme con el universo!, dice. El universo se le presenta como un mar de interrogantes, un océano preñado de esoterismo. Mira a las estrellas y busca una solución a su situación en el macrocosmos.

Contrasta la inmovilidad de su ser diminuto con el vasto potencial del universo. En Ercilla cristaliza una tensión entre lo terreno y lo cósmico, entre la conciencia y el mundo. Se combina el símbolo intemporal universal con el ejemplo concreto y material. ¿Cómo algo puede estar encerrado en un mundo lleno de posibilidades? ¿Cómo el posibilismo más dilatado puede tornar en la impotencia de la muerte? La luz de las constelaciones sería la guía del hombre en la noche de la ignorancia. A medida que éstas se van apagando Ercilla siente lo oscuro y funesto, le oprime la gravedad del cosmos. Las estrellas se van borrando. Se hace el silencio más expectante. Es el amanecer.

Una luz tímida, pero potente entra en la celda y la ilumina, como una esencia mágica de optimismo. Si la oscuridad era la muerte la luz es la esperanza. De la vida que se extingue se pasa a la vida que revive. La luz como símbolo de vida tiene una gran carga metafórica que implica el resurgir, volver a comenzar, revivir. Se trata del mito del eterno retorno, renacer, ver la vida como un *continuum*. Ercilla renace humano y diferencia entre la verdad y el bien, de las tinieblas y el salvajismo.

Los condenados miran por la ventana y disfrutan de la naturaleza. Contemplan como se encienden las copas de los árboles. Participan de esa belleza inefable, de ese *locus amoenus*, de ese paisaje ideal donde pueden encontrar la paz rodeados de naturaleza. Gozan momentáneamente de ese *Beatus ille*, que ensalza la vida en la aldea y menosprecia la vida en la corte. Ercilla invita a Pineda a contemplar el espectáculo orquestal del amanecer. Pineda cree que la vida en la tierra ya no tiene sentido. Ercilla se aferra fuertemente a la vida y recuerda los amaneceres en las montañas de Guipúzcoa.

¡El día promete ser espléndido aunque sea el de nuestra muerte!, dice Ercilla. Pineda se refugia nuevamente en la gracia. La belleza es un resplandor de Dios. Ercilla es un pecador enamorado de las cosas bellas de la vida. Él sólo aprendió a cantar no a orar. ¡Qué paradoja morir cuando todo se presta a resucitar, qué cruel es morir en primavera! Ambos buscan la realidad exterior como el último asidero a la tierra. Pero tal vez pudieran dar por verdad aquello que podría no serlo.

Otra vez Ercilla se acuerda de su niñez, de su juventud y de su madre. Recuerda cuando su madre le dijo: ¡Los hombres no lloran Alonso! Después se cubre la cara para esconder su llanto. ¡Dios está con nosotros! ¡No estamos solos!, dice Pineda. Ercilla percibe alegría en la calle, algún presagio bueno ¿Será alguna celebración? Pineda escéptico dice ¡no, están clavando en la tierra un madero donde clavar nuestras cabezas! A lo que replica Ercilla, ¡El cadalso ya está hecho!

Por un momento creyeron que la noche no se iba a acabar nunca, pero ya no pueden soportar más la situación y desean la muerte. ¡Cada golpe me da en el corazón!, dice Pineda. Duda de su fe. ¡A pesar de mi fe en Dios me siento desfallecer! Entonces Ercilla dice ¡que los maderos tienen que ser demasiado fuertes para sostener nuestras cabezas de humo e ilusión! Humo e ilusión... humo e ilusión... El ideal, lo quimérico, quiere triunfar sobre lo perecedero. Ha comenzado el espectáculo. Pronto saldrán los personajes a representar su papel.

Pineda se apercibe de que han cesado los golpes. Un tumulto se aproxima a la celda. ¡Este es el fin! , dice Ercilla. Los condenados se abrazan. Se perdonan las ofensas. Ercilla le pide a Pineda ¡que le conforte con sus preces!, a lo que Pineda replica ¡y vos con vuestras ilusiones! Hay pasos y murmullos de oraciones. Las campanas redoblan tristemente. Se oyen llantos de mujeres y en la celda entran dos religiosos. Se sucede una escena sin palabras. Ya sólo queda la patética realidad.

El acto cuarto transcurre en la plaza Mayor de La Imperial. Hasta allí han llevado a los condenados. Allí concurren varios capitanes, mujeres españolas e indias, autoridades, vendedores ambulantes, dos viejos lisiados, niños yanaconas, mapuches, etc. El ambiente es expectante y se oyen instrumentos araucanos, murmullos de gente del pueblo, así como doblan sin cesar las campanas. Algunas personas hablan de conjuración. Las mujeres comentan por lo bajo siendo acalladas por los soldados. Los soldados más viejos comentan los agravios del gobernador.

El gentío empieza a hablar en pasado. ¡Los sentenciados eran valientes y buenos!, dicen las gentes. El aire trae un clamor de protesta. Un viejo, impregnado de la superchería de la época se presta a los presagios funestos: "hay malas señales. Dicen que los volcanes echan fuego. Las aguas vienen revueltas". ¡Van a matar a dos santos inocentes! ¡Dos Cristos van a ser condenados! Gritan unos. A diferencia del dilema de Pilatos ante Cristo y Barrabás, aquí el pueblo se rebela contra el poder en defensa de los dos condenados.

Un viejo lanza una profética voz amenazadora: ¡Ay de los que se queden, nadie defenderá al pueblo de Dios! Es decir, un acto injusto provocaría la ira de Dios, que permitiría que el enemigo, los araucanos, arrasaran al pueblo español y cristiano. Los condenados tienen enfrente al verdugo y están a punto de ser decapitados. Hasta en los últimos instantes se enfatiza el valor de la amistad. Cariolano insiste que quiere morir con su amo.

En el último momento llega Pedro de Portugal y detiene la ejecución. Se crea un silencio sepulcral al tiempo que aumenta la tensión. La música se paraliza y sólo se escucha a lo lejos el tañido de las campanas. ¡El gobernador ha suspendido la sentencia por la libertad condicional!, dice don Pedro. Pineda se lleva las manos a la cabeza al tiempo que dice ¡Dios de misericordia! El pueblo grita ¡milagro, milagro, el apóstol Santiago vino a salvarlos! Don Pedro y los capitanes abrazan a los ahora liberados.

Ercilla y Pineda están alelados y no saben cómo reaccionar. Pineda alude a los extraños caminos del Señor. Ercilla lleno de felicidad no puede creer el cambio inesperado. ¿Será la divina providencia? Ercilla cree que fue una india araucana la que consiguió el perdón del gobernador. Esto acrecienta su admiración por ellos y promete un gran canto a la raza araucana.

El pueblo se rebela contra Ortigosa al que culpa de todo lo sucedido. Ortigosa huye disimuladamente del tumulto para no ser linchado, donde se dan muchos paralelismos con *Fuenteovejuna*, célebre obra de Lope de Vega. Ercilla se sube a una tarima y apacigua a las masas. Le dice a Pineda que cumpla con sus votos de consagrarse a Dios y Pineda a Ercilla que realice ese gran poema sobre Arauco.

Por último señalar que el despiadado gobernador don García Hurtado de Mendoza, atrabiliario e impulsivo, muestra cordura en su decisión final. Aunque más que bondad se ve pragmatismo en su decisión al no querer manchar su biografía con la ejecución de dos capitanes, queridos por sus soldados y de los que, por lo demás, iba a tener que dar explicaciones a la Corona al final de su gestión.

Pero todo esto importa muy poco. Lo importante es que los condenados salen victoriosos de la prueba a la que han sido sometidos y viven la vida intensamente con un fin moralizador. El optimismo y la esperanza vencen a la muerte. El sentimiento doblega a la irracionalidad. Se ratifica la voluntad del hombre frente al medio, exaltando su voluntad y libertad. El conocimiento supera a la ignorancia. Hay una unidad totalizadora, un carácter abierto y positivo en el final.

La justicia triunfa porque vence la necesidad de hacer el bien sobre el mal. La vida vence sobre el tiempo agotado. Se pasa de lo instintivo y salvaje a lo racional y civilizado; de la inconsciencia a la reflexión; de la soberbia a la prudencia; de la arbitrariedad de la justicia al equilibrio como única razón en el mundo. El hombre ha triunfado, al menos en esta ficción. Y si los sueños pueden hacerse realidad, entonces, bienvenidos sean.

UNA RADIO PRESENTADORA ENTUSIASTA

Hablando de una generación

Fueron muchas las contribuciones de Lucía en emisiones radiales, ya fueran participaciones esporádicas o liderando programas que ella dirigía y presentaba. Conocemos, por ejemplo, su *Guía del arte*, su *Noticiero artístico*, *Crónicas de arte*, *Veladas musicales*, o su *Evocación de los poetas idos*, pero hay indicios de que hubieron otros con distintas denominaciones. Téngase en cuenta que en aquella época no existía la televisión o estaba recién naciendo, por lo que la radio representaba uno de los medios más modernos de difusión de masas. En estos programas participaban junto a Lucía Richard, poeta, una pintora y una musicóloga.

En estos programas mostró interés por áreas tan variadas como la música, el teatro, la historia, la psicología, la arquitectura, la poesía, la mística, la literatura, la pintura..., en los que intercalaba bellas piezas de música clásica, y en los que en ocasiones difundió la carrera y los logros de los mayores artistas nacionales o dio a conocer las novedades artísticas que llegaban al país, así como informaba de noticias varias. Algunos de estos programas ya los he mencionado parcialmente en otro lugar de este libro buscando el sentido estético de su obra; otros presentan la novedad de no encontrarse en las *Obras completas*, por lo que su breve comentario nos ofrecerá al menos un atisbo de sus muchos intereses.

Dulce patria de Pablo Neruda. En este programa de radio emitido en algún momento de 1949, Lucía entra a comentar el recién aparecido libro *Dulce patria* del famoso poeta chileno. En él resta importancia a la oscuridad de Neruda, la cual, tenía una larga tradición en la literatura española. Aludiendo a García Lorca, señala que la poesía requería una larga iniciación. Dejando a un lado el temor a lo oscuro o la metáfora atrevida, ve una gran originalidad en el poeta. Tampoco la afiliación política del autor es determinante: Las circunstancias pasan, pero el canto permanece.

Después Lucía entra a relatar las muchas innovaciones de Neruda. Por ejemplo el uso del mito. Ya era hora que la poesía dejara de cultivar los viejos tópicos clásicos como los Apolos y las Venus. Ahora era el momento de ensalzar la leyenda americana, las selvas impenetrables, los ríos oceánicos, los volcanes arrebatados, la epopeya del conquistador, la tragedia del aborigen. Si bien cree que había que respetar la prosapia y la nobleza de ciertas cosas, era ya el momento de que alguien hiciera esta transformación.

No podían seguir ilustrando a la alondra, el ruiseñor o la paloma. Ahora Neruda potenciaba en su poesía lo autóctono, describiendo a aves como el queltehue, la loica, o el cóndor. También las plantas estaban representadas en sus escritos como es el caso de los toronjiles, el boldo y el copihue. Otra innovación era mencionar en su poesía las conquistas de la ciencia, los inventos modernos, el maquinismo, la pólvora, las balas... Todo ello es apreciado por sus contemporáneos, aunque confiesa que les cuesta adaptarse a estas novedades.

También alude Lucía que para entender esta poesía moderna era necesario comprender que el idioma era algo vivo y mudable, que los giros idiomáticos no eran eternos y que alguien tenía que renovarlos. Dejando al margen ciertas alusiones a la lucha de clases, de las cuales considera muy humano no quisiera desprenderse, Lucía cree que su canto es elevado y que dignifica nuestras glorias nacionales. Lucía recala especialmente en la belleza de su canto a José Miguel Carrera, San Martín y Bolívar.

Lectura: En el espacio radiofónico se leyeron los primeros poemas de Neruda junto a algunos capítulos de *Dulce patria*.

Homenaje a Gabriela Mistral. Abril de 1949. En este homenaje a la célebre poetisa chilena, ganadora del Premio Nobel de Literatura, Lucía se afana en descubrir los verdaderos móviles de su sentimiento. Más allá de la soledad de su retiro, de su peregrinación inquieta por el mundo, de las altas personalidades que había conocido, el origen de su inspiración y de su personalidad había que buscarlos en la casa de su infancia. Aquel era un lugar pequeño y modesto, de muros estrechos y vulgares, enclavada en un pueblo chico.

En ese pueblo-campo, de horizontes dilatados, donde no había edificios, ni monumentos, aprisionó todas sus angustias, sus profundas y desgarradas emociones. Fue en ese rincón provinciano donde modelo su sentimiento. Desde entonces se interesó por Dios, la muerte, la infancia y la tierra. La ruralidad y su amor por los niños destacan en su poesía. Sus imágenes se recrean en la naturaleza, y tienen un resabio bíblico y de parábola evangélica. Su poesía era la del indio triste, la del castellano viejo que se nutre del decir popular y la poesía del cristiano primitivo. Por todo ello Gabriela era palpitante y también amarga, cristalina y sencilla, grande y sincera.

Lectura: Se leyeron los principales poemas de Gabriela Mistral.

María Luisa Bombal. Programa en el que Lucía habla de la obra de María Luisa, *Mar, cielo y tierra*, así como *La amortajada*. Mucho se había hablado de su fantasía creadora, de su buceo por el inconsciente, pero lo que más impresionó a Lucía respecto a la primera obra fue su sentido poético integral. En su opinión se trata de una auténtica confesión, en la que la autora, desligada de personajes imaginarios, deja hablar directamente a su corazón. Lucía reflexiona sobre qué es la poesía y encuentra poesía en todas las manifestaciones humanas.

En *La amortajada* habla de una persona que se halla presa en su inmovilidad mortuoria y que sin embargo, piensa, recuerda, siente, ve. Rememora su vida con una voz que va más allá de la muerte. Recuerda aquellos hechos que dejaron una viva impresión. Los ecos de las pequeñas sensaciones, los momentos únicos, los gestos silenciosos. La imagen del universo que se desdibujó en el estanque, las estrellas titilantes, las sombras y la luz.

Lectura: Se leyó *Mar, cielo y tierra* de María Luisa Bombal.

Carlos Pezoa Véliz. Lucía lo retrata como un autor desencantado de la vida, que arrastraba una amargura innata que le corroía el alma y que acabó muriendo a los veintiocho años de edad en un hospital. El autor tenía una inclinación hacia la melancolía y el pesimismo, en sus escritos daba pinceladas de malicia, y albergaba una visión de la muerte como final abrupto. Del romanticismo cogió las exageraciones morbosas. Se interesaba por los autores rudos.

Asimismo, fijó su mirada en el pueblo chileno, pero no para ensalzarlo, sino para describir toda su miseria y vileza, toda su ruda ignorancia. En sus estampas campesinas las chicas aparecen manchadas con un lenguaje soez y chabacano. En opinión de Lucía le faltó el retrato del huaso dicharachero y gracioso, el pobre esforzado y valiente, el aventurero incansable, parte esencial del alma chilena. La existencia de este autor era una lucha constante entre la pobreza y la enfermedad.

Consigue un puesto mejor, vence a la probreza, se compra una casa, viste mejor y sueña ser un caballero. Sin embargo, en 1906 un terremoto lo aprisiona entre dos murallas y lo mutila de las piernas. Luego contrae la tuberculosis. Muere en un hospital sin llegar a ver su obra recopilada, prodigándose hasta el final en desgarros personales y en una poesía dolorosa.

Lectura. Se lee *Tarde en el hospital* de Pezoa.

Manuel Magallanes Moure. Para Lucía, este autor nacido en 1878, en La Serena y muerto en San Bernardo en 1924, pertenecía a la generación de pintores poetas, como fueron Samuel Lillo o Pedro Prado. Aquel que había sentido la pasión de los colores, seguía siendo pintor con la palabra; aquel que se emocionó con los paisajes dio ese mismo realce y plasticidad a su expresión lírica. Las ricas tonalidades y las gamas daban perspectiva y luminosidad a sus visiones.

Era éste un autor que cantaba al amor, a la emoción y a la naturaleza y sabía hacerlo con una voz suave y de paz meditativa. Magallanes destacó por su poesía lírica, pero también se incursionó en el teatro, el cuento y el ensayo. Con el seudónimo de Miguel de Ávila, colaboró en diversos diarios haciendo crítica de arte y divulgando la literatura extranjera. Asimismo, tuvo la generosidad de proporcionar un terreno para la colonia Tolstoiana, donde floreció la poesía.

Fue un gran romántico, pero un romántico de tono menor. Su mirada se centraba en los pequeños motivos, que retrataba con una suave melancolía y un dejo de amable complacencia: la carreta, los bueyes, el estanque, los gatos viejos y sobre todo el amor. Como Goethe vivía en medio de símbolos y en todo encontraba amor. El suyo fue un corazón hipersensible, que no ambicionó grandes cosas. Fue un autodidacta, adquiriendo conocimiento con su propio esfuerzo. Su anhelo era colmar su ansia de belleza, dar rienda suelta a su pensamiento en un ambiente de serenidad y paz espiritual. Los títulos de sus libros fueron *Matices*, *Facetas*, *La jornada*, *La casa junto al mar*, *Florilegio*. Fue un autor que vivió pausamente su existencia, que supo soñar y contemplar.

Lectura. Se leyeron estrofas de Manuel Magallanes Moure.

Manuel Magallanes Moure. Exposición retrospectiva. Continuando con el mismo autor, Lucía relata la exposición que se hizo de su vida y obra en la Sala Renoir de la Escuela de Bellas Artes de Santiago de Chile. A través de cuadros, cartas, manuscritos, ilustraciones, se podía ir reconstruyendo la personalidad del artista. Cualquiera que se interesara en la biografía del poeta disponía aquí de un buen arsenal: numerosos retratos, trazos de su letra fina y delicada, las expresiones familiares de sus cartas, así como el esbozo de sus primeros apuntes poéticos. Aprovechando la ocasión Lucía indaga en su proceso creativo.

Lectura. Estrofas de Manuel Magallanes Moure.

Claudio Arrau. Es ente progama radial, Lucía, lejos de interesarse por el gran pianista internacional que llegó a ser, nos relata su interés por los inicios del artista, el despertar de su vocación. Así cuenta como teniendo unos siete años

–la misma edad que ella–, se presentó en su casa con la esperanza de que su padre, entonces consejero de Estado, le facilitase alguna beca con la que estudiar en Europa.

Le impresionó hondamente verlo vestido completamente de blanco, con su pelo rubio ensortijado, su aire de importante y el prestigio de su genio. Tocaba con mucha despreocupación, contemplando los cuadros del salón, piezas complejas como la *Fantasía número I* de Mozart. Pero después de tocar tres o cuatro cosas salía al jardín a jugar y a comer golosinas, como niño que era. Con sólo 4 ó 5 años pedía que le llevaran cuadernos de música a su cama y poco después tocaba al piano lo que leía.

Sus primeras clases fueron con el maestro Paoli, al que le tenía terror. Por entonces, su única orquesta era su madre que le acompañaba al piano. En sus inicios realizaba conciertos en su propia casa, invitando a sus amigos y confeccionando el mismo los programas. En los entreactos ofrecía a sus invitados refrescos y golosinas. También impresionaba a Lucía que el niño contara en francés. Es interesante estas descripciones de Lucía en las que sitúa al futuro ejecutante internacional jugando feliz entre sus muchos hermanos.

Rosita Renard. 24 de mayo de 1949. Con ocasión de la recién acaecida muerte de la famosa pianista chilena, Lucía alza un hermoso homenaje de la artista. Rosita bajo su sentir era una mujer de una gran modestia, moralmente íntegra, carente de envidias y pequeñeces. Todo su ser desprendía cariño y simpatía. Su maestro Martín Krause, declaró que para él más que un trabajo había sido un verdadero placer enseñar a la altamente dotada y ya genial pianista Rosita Renard.

En 1930 el Gobierno de Chile la contrató para dar unos cursos de perfeccionamiento en el Conservatorio Nacional, misión que cumplió espléndidamente. De corazón magnánimo, era una artista innata, que supo compenetrarse con el alma luminosa de Mozart. En el extranjero fue ampliamente aplaudida, como es el caso de sus conciertos en el Carnegie Hall, donde recibió magníficos elogios de los críticos neoyorquinos. Para Lucía su inmensa bondad, su generosidad para su semejantes, su sencillez, haría que fuese recordada a pesar de la ley inexorable del destino, el humillante viento helado del olvido, que seca las lágrimas, marchita las flores, borra los epitafios y los nombres, pero no olvida a los seres puros y buenos.

Noticiario artístico. Pedro Prado-María Flora Yáñez. Programa de carácter divulgativo en el que Lucía comenta, en primer lugar, el recién concedido Premio Nacional de Literatura a Pedro Prado, poeta, pintor lo que le proporcionaba un ojo atento a la maravilla visual. Se trataba de un escritor de profundo contenido humano, que en poesía había cultivado el soneto. Sus obras más conocidas son *Flores de cardo*, *La reina de Rapanui*, *Un juez rural* y *Alsino*. En ésta última ahonda en el eterno anhelo del hombre de ir más allá.

En segundo lugar, comenta la aparición de la segunda edición de *Cenizas*, hermosa novela de María Flora Yáñez. Tanto en esta obra como en *El estanque* y *Visiones de la infancia*, brotaba una poesía sencilla y natural, un amor por la naturaleza que daba nobleza a sus relatos. No era la autora una escritora criollista sino que más allá del campesino y su dialecto, le interesaban los horizontes, los parajes de flores, el mar… todo ello sin sentido nacional, ni delimitaciones geográficas. Sus personajes eternos reflejan su interés por el alma humana, la belleza, la angustia del hombre, las pasiones.

En sus escritos hay algo de complacencia estética, cuyos ambientes son aquellos de la alta sociedad, que revelan una fina observadora y mujer de sensibilidad, que se afana en adentrarse en la psicología de sus personajes. En *El estanque* da vida a las fantasías del subconsciente, en *Visiones de la infancia* retrata los primeros años de la vida, así como el mundo de la adolescencia. *Cenizas* era una novela psicológica construida en un estilo fluido y rico.

Asimismo, Lucía aprovecha la ocasión para informar de la próxima exposición de porcelanas en la Sala del Pacífico, a cargo de las dos mujeres: Ana Lagarrigue, escultora y Teresa León, escritora. También anuncia el magnífico concierto recién dado en el Teatro Municipal a cargo de Claudio Arrau y la próxima llegada a Chile del violinista de fama internacional Yehudi Menuhin.

Noticias de pintura. Junio, 1949. Programa radial en el que Lucía entra a comentar una exposición que tuvo lugar entre el 30 de mayo y el 14 de junio de 1949, en el Museo Nacional de Bellas Artes, organizada por la Unión Panamericana y que portó el título de "Exposición de obras de 32 artistas de las Américas". En su comentario y tras elogiar la iniciativa de acercamiento entre naciones distintas de las Américas, denuncia la falta de originalidad del ambiente pictórico chileno, que salvo honrosas excepciones, giraba desde hace años en torno al neoimpresionismo, expresionismo y surrealismo.

Para Lucía la pintura internacional atravesaba por un periodo de teatralidad, de posturas faltas creadas por producir sensación o escandalizar al burgués. Pero éste, que había entrado en el snobismo en materia del arte, ya no se asustaba de nada. Así crítica el surrealismo de Salvador Dalí, que pintaba muebles sobre los árboles o los maniquíes ortopédicos sin rostros que se abrazan, como en el cuadro de Carrá Héctor y Andrómaca y daba las gracias porque esta clase de pintura no había entrado en la exposición.

Elogia la obra del venezolano Héctor Poleo *Regreso en la noche*, por su ejecución neoclásica, la solidez formal de su dibujo, la normalidad humana de sus figuras y los elementos arquitectónicos introducidos en su composición. Su obra rezumaba intelectualismo neo-renacentista. Es benevolente con el mejicano Diego Rivera que acudía con su tela *Niña con traje a cuadros*, que representaba un símbolo de su raza azteca. Por el contrario, resulta irónica cuando comenta al muralista mejicano Clemente Orozco, que acudía a la exposición con su cuadro *Cementerio*, al que agradece no haber introducido el macabrismo.

Es sarcástica con la obra del brasileño Cándido Portinari, que participaba con la obra *Vuelta de la feria*, obra que califica de afiche, y en la que los que volvían eran seres de pesadilla, de cabezas desgreñadas y figuras fantasmales, que pareciera que regresaban del manicomio. Por otra parte, encomia la tela del argentino Alfredo Guido, *Estibadores descansando*, por su equilibrio expresivo, su sosiego tonal, su vigor en el dibujo y su armonía en la gama de color, lo que le mostraba como un gran aguafuertista.

Asimismo, es apologética con la obra del norteamericano Karl Zerc, *Arlequín*, que describe como "plasticismo puro sin influencias teatrales, rebuscamientos imaginativos ni literatura trasnochada". Por último, alaba la obra del chileno Israel Roa, por su obra *El cumpleaños del pintor*, que los representaba dignamente, y reunía cualidades como la belleza de sus tonalidades, la modulación en los acordes de color o la espontaneidad de la ejecución.

Centenario del Conservatorio Nacional de Música. 17 de junio de 1950. En este programa se registra la entrevista que tuvo Lucía con Rene Amengual, compositor y por entonces director del Conservatorio, en su sede de la calle Compañía. Tras algunas dificultades históricas de la institución, Lucía se centra en sus logros generacionales, no sólo con el objetivo de formar solistas o formar buenos músicos, sino ampliar definitivamente el ambiente musical de la época. Así eran cuatro las categorías de músicos que salían de sus aulas: ejecutantes, compositores, profesores y aficionados.

Los que sobresalían por sus condiciones excepcionales serían los solistas de los conciertos o de la orquesta sinfónica. Los profesores irían colmando las necesidades de la enseñanza musical. Los aficionados, bien orientados mantendrían los programas de los conciertos. A la composición se le daba la máxima importancia, ofreciendo premios especiales a los mejores alumnos. Con este impulso algunos talentos continuaban sus actividades dentro del Instituto de Extensión Musical, que era una rama del Conservatorio.

Todos estos logros, así como las escuelas de temporada, habían logrado que cien años de fecunda labor, hubiera dado frutos magníficos, ofreciendo al mundo y a la patria grandes concertistas, buenos profesores, estupendos compositores; a lo que Lucía esperaba que también los modernos medios de radio y grabación contribuyeran a la difusión de sus obras.

Hablar de arte. Crónicas de arte. En este programa Lucía difunde la idea de que es un error pensar que el arte es sólo para la élite, para los artistas, para aquellos que disponen de fortuna y de tiempo, para aquellos que consumen el arte como un lujo. Si bien para sentir la belleza ayuda la posesión de cierta cultura y una inclinación natural hacia las cosas elevadas, la belleza puede encontrarse en muchas cosas, como en las exposiciones, los hermosos jardines, los espectáculos al aire libre, las estatuas de los paseos públicos o en la contemplación de la misma cordillera.

La verdad, la belleza y la bondad, para Lucía, eran los tesoros más grandes de la humanidad. El humilde también podía acceder a esos tesoros con tal de que supiera contemplar y admirar. Pequeños detalles contribuían a formar ese sentido de lo bello: ya fuera en nuestro hogar o con nuestro gusto artístico, en nuestras pequeñas elecciones de cada día, el arreglo de un jardín abandonado, en el aseo y el orden.

También contribuía a elevar nuestro gusto artístico, los tapices alegres, los muebles adecuados, una terraza que invitara a recibir el sol, un estilo apropiado, la sencillez sin pretensiones, la planta colocada en un buen macetero, la cortinilla liviana y discreta. La expansión del alma podía estar en el amor o en la amistad, en encontrar la palabra precisa, elegir un libro adecuado, arreglar unas flores o en la apreciación de las mismas obras de arte.

Ventana de Wally Ossa. Como el título anuncia, Lucía entra a comentar la obra *Ventana* de una autora novel de tan sólo veinte años de edad, Wally Ossa. Breve, condensado, el libro reproducía un friso completo de cuadros que representaban la vida, el ciclo vital. Tras su lectura Lucía palpó en toda su crudeza la tragedia de la existencia, como la había mostrado Andrei en el Teatro Municipal con sus *Cuadros expresionistas de la vida del hombre*.

La autora en cortas y fuertes pinceladas poéticas había ofrecido todo el proceso biológico y psicológico de nuestra existencia, a través de palabras efectivas, símbolos audaces e inéditos y metáforas atrevidas.

Música: *Ballet The age of steel* de Prokofiev en sus cuadros: *Entrada de los personajes, Los paisanos, Los comisarios, Los pequeños marineros, Los martillos y final*, por la Orquesta Sinfónica de Londres.

Temporada teatral. En este programa Lucía informa acerca de la llegada de nuevas obras de teatro a Santiago de Chile y contrapone el teatro moderno, que para ella es teatro de angustia, experimental, frente al teatro tradicional, sosegado, que es el de su predilección. Así hablaba de la llegada a Santiago de *Montserrat*, obra ambientada en la Guerra de la Independencia de Venezuela, cuyo asunto era dramático y donde entraban en juego odios, represalias e instintos cavernarios de todo tipo.

Frente al capitán Izquierdo, tirano sanguinario y déspota atropellador, se alzaba el joven héroe Montserrat, fanatizado por las nuevas ideas de libertad y patriotismo americano. En esta obra Lucía ve ideas extractadas de las teorías del existencialismo y otras ideas desconcertantes. Para ella toda la trama mostraba más crueldad que las mismas bestias.

En contraposición Lucía se alegraba de la llegada de *Genio alegre*, simpática comedia de los hermanos Álvarez Quintero. Allí lo principal era la alegría de vivir, la paz del alma, la juventud que vivía ajena a preocupaciones intelectuales o sociales. *Genio alegre* era un *intermezzo* que permitía descansar de un teatro recargado de complicaciones, reposar de filosofías y realidades y vagar en el plano meramente poético y sentimental.

Asimismo, informaba de la llegada de *Pigmalión* de Bernard Shaw, el ballet de *Drosselbart*, el *Príncipe Mendigo*, música de Mozart, así como la ejecución de Marisa Regules, joven concertista argentina que había cosechado imponentes éxitos en Londres, Nueva York y Buenos Aires.

Veladas musicales. **Concierto del coro Trap**. Lucía comenta en su programa acerca de la importancia de las veladas musicales en familia, vieja tradición que existía en los hogares antes de la irrupción de los medios de comunicación de masas. La radio o el fonógrafo habían erradicado esta hermosa costumbre. El cine había matado al teatro. El coro Trop al que había visto en concierto el día anterior, era por tanto una velada musical en la que participaban una madre, sus cinco hijas, dos hijos y un director.

En estas veladas se tocaba música del canto gregoriano, por ejemplo, de De Lassus, Morley y Palestrina. Esta tradición era típica de músicos como Juan Sebastián Bach, del cual existe un cuadro que lo retrata sentado al clavicordio, junto a su esposa e hija mayor, que están cantando y los hijos repartiéndose distintos instrumentos.

Lectura: Fragmentos de las *Memorias de Ana Magdalena Bach*.

Humarismo musical. Erik Satie. Lucía comenta su asistencia a un concierto en el Teatro Municipal, donde tuvo oportunidad de escuchar a Claudio Arrau ejecutando la obra *Sport et divertisements de Erik Satie*. Lucía aquí critica el modernismo musical, o con mayor concreción, el uso del humorismo aplicado a la música. Por lo tanto, entra en la antigua querella de los partidarios de la música pura frente a los que aplican descripciones a la música. Erik Satie era un músico que había querido rebelarse contra el impresionismo musical de Debussy y contra la música pura. Siendo criticado por crear una música sin formas tituló una de sus sonatas *En forma de pera*.

Un pintor llamado Martín había pedido unas ilustraciones para sus dibujos, pidiendo la colaboración de Stravinsky y finalmente a Satie, quien llevó a cabo el proyecto naciendo la obra *Sports and divertisements*. En opinión de Lucía el hecho de aplicar títulos o intenciones a las composiciones impedía apreciarlas libremente. Por lo tanto esta descripción a la música obstaculizaba el poder de la música de despertar sensaciones imprecisas, ajenas al intelecto, por lo que el humorismo aplicado a la música era un fracaso.

Lo cómico era una necesidad social, que permitía a los pueblos lidiar con cuestiones de moral, estética o lógica. Aplicado a las artes plásticas producía la caricatura. En la literatura producía un Molière o un Dickens. Hasta Shakespeare había cultivado el género con su *Fierecilla domada*. Cervantes hizo de su *Quijote* la figura más grotesca. Pero para ella de lo sublime a lo ridículo sólo había un paso. Si no se trataba de ballet o de óperas bufas el humorismo musical resultaba incomprensible.

Frente a veladas magistrales en el Teatro Municipal en el que se habían ejecutado obras como la *Sonata 31 opus 110* de Beethoven o los *Estudios sinfónicos* de Schumann, ahora venían estas obras que hablaban de tenis, de la pesca, la caza o el coral inapetente. Finalmente, la ejecución de la obra de Ravel *Juegos de agua*, venía a refrescar la sala de un pretendido y fracasado humorismo musical.

La poesía. En este programa Lucía explica las evoluciones de la poesía y sus componentes intrínsecos. Describe lo mucho que había cambiado la poesía en los tiempos modernos hasta hacerla irreconocible con respecto a la clásica. Muy atrás quedaba el concepto del poeta como sujeto que imitaba la naturaleza, o el dado por la Real Academia, que definía el verso como combinación de palabras sujetas en su número y cadencia a reglas determinadas. La poesía moderna, sin embargo, había roto con todos estos principios; ya no eran importantes sus leyes, sus combinaciones ni sus modelos, ni sus diccionarios de la rima.

A pesar de todas esas transformaciones Lucía piensa que algo de la esencia de la poesía se mantenía inalterable. Definir es difícil, todo lo grande permanece indefinible. Ese indefinible que hay en la poesía oscila entre la música, el lenguaje, entre el corazón y el cerebro. Para los griegos el poeta era el que inventaba, el que hacía de nuevo. Lucía ve poesía en ciertas músicas, en algunas pinturas, en paisajes serenos, en el amor. La rima sería la aliada de la música en la poesía, una aliada que se había ido abandonando.

Ya que la rima traicionaba el pensamiento, era garantía de ripios y rellenos, garantizaba elegancia y belleza en el verso, pero aniquilaba la idea principal. La rima era un auxilio histórico a la memoria, que se había dado en los refranes y versos más conocidos. Había que confiar más en el ritmo que era la música natural del verso. Por todo ello las tendencias más modernas daban preferencia a la profundidad del pensamiento que a la musicalidad de la rima. Para los modernos primaba el contenido frente a la forma y la rima asonante ayudaba a todo esto.

Había ejemplos de versificación libre que venían a demostrar el éxito de la poesía sin la rima: *El Cantar de los cantares*, los poemas de Tagore, o el *Ruiseñor y la rosa* de Oscar Wilde. En opinión de Lucía el desinterés del artista por el beneficio, por el aplauso y aun la gloria, era la característica del verdadero creador. Ejemplos de poesías anónimas conformarían ese acto de generosidad: los cantares populares, las leyendas, el *Mío Cid*. América no tenía esa riqueza de cantares. Sin embargo, la música o el folclore eran inmensos.

Lectura: *El soneto de Anvers, La Balada en la cárcel de Reading* de Oscar Wilde.

Poesía popular argentina. En este programa Lucía describe al gaucho, héroe principal de la nación argentina y representante máximo de su poesía popular. En la vastedad de la pampa, en los suburbios de las ciudades, el gaucho cantaba a la patria, amaba la libertad y preparaba la independencia. Descendiente de españoles y árabes y con leve mezcla india, el gaucho poseía un temperamento eminentemente contemplativo y poético. Guerrero y artista, nómade y cantor, sus dos cultos principales eran el valor personal y la guitarra.

No concebía la música sin la poesía, y así surgió el payador, versificador que acompañado de su vihuela iba creando su romancero popular y una música popular. Sus cantares fueron recogidos después por escritores cultos que le dieron alcurnia a su mensaje. Sin perder su sabor criollo nacieron así leyendas como la de Santos Vega, justa poética con el diablo, que representa el destino de una raza y la síntesis de su epopeya; o *Martin Fierro*, magnífico poema de José Hernández, relato hermoso y sincero, en el que se narran las desgracias y andanzas de un gaucho.

Lectura: *Martin Fierro*.

El ritmo. En este programa Lucía define el ritmo como una de las primeras manifestaciones expresivas del hombre, antecesora de toda música, equiparándolo al sentimiento religioso. El ritmo otorga solemnidad, es vehículo de la emoción religiosa y una parte integrante de la liturgia de todos los tiempos. Los más grandes músicos habían escrito música religiosa y los mayores compositores habían sido creyentes fervorosos, como es el caso de Bach, Beethoven, Brahms, Haydn o Mendelssohn. Lucía manifiesta su admiración por la Semana Santa que era donde la Iglesia desplegaba todo el esplendor de su liturgia.

El Viernes Santo era también un momento en el que las campanas enmudecían y esa ausencia de todo sonido, la suspensión del alma, era una antesala preparatoria del Alba de Resurrección. Relatando sus memorias de juventud, también expresa su admiración por la catedral de Milán, imponente masa arquitectónica con sus cuatro mil estatuas, la de San Marcos en Venecia resplandeciente de luz, la de San Pedro en Roma, expresión máxima del arte y de la fe, donde podía imaginarse sonando esos órganos gigantescos tocados por algún Bach o algún otro insigne maestro.

Igualmente le impresionó mucho contemplar *La Cantoria* en la catedral de Florencia, ejecutado en mármol por Luca della Robbia. Inspirado en el hermoso salmo de David refleja el júbilo, el arrebato que provoca la música. Asimismo, Lucía relata como asistió en San Pedro en Roma a las ceremonias de

Semana Santa y cómo escuchó al coro de la Capilla Sixtina. Participó de toda la emoción y el fervor del momento, con las campanas echadas al vuelo, la muchedumbre apiñada, la magnificencia de las ceremonias presididas por el Papa y su corte. También pudo admirar las obras de Miguel Ángel y los demás artistas del Renacimiento. Todo ello expresaba la fuerza ciclópea de la Iglesia Católica y su síntesis maravillosa de bien, verdad y belleza.

Música: Vittoria, *Responsorio del Miércoles Santo*, coro de la Capilla Julia.

Terremoto en el Cuzco. Lucía informa a sus oyentes de la magnitud de un terremoto que había asolado la ciudad del Cuzco, sepultando o dañando sus principales edificios y tesoros artísticos. Cuzco estaba ligado a los comienzos de la historia de Chile. De allí había partido Pedro de Valdivia con su hueste de soldados a su conquista. Cuzco, antigua capital de los Incas, conservaba numerosas huellas de esa civilización. Ciudad sagrada era el principal centro del poderío español, conservaba el recuerdo de esos tiempos grabados en sus iglesias, en sus ricos adornos y monumentos y era un bello exponente de la introducción del plateresco en América.

La infancia. En este programa Lucía alza un enorme panegírico a la infancia, el respeto que se debe tener hacia los niños, la necesidad de encauzar el fracaso escolar. Había que luchar contra la severidad exagerada de los padres, había que comprender el alma sensible del niño para evitar vocaciones contrariadas y caracteres apocados. Los complejos se gestaban en la infancia y nos acompañaban el resto de la vida. Por contra el genio precoz, el niño talentoso, era un milagro de la naturaleza.

Ejemplo de niños geniales que mostraron tempranamente al mundo sus muchas virtudes fueron Pascal, Lope de Vega, Murillo, Miguel Ángel, Chopin o Mozart. Toda alma sensible se sentía atraída por el alma del niño y trataba de comprenderlo. Y con más los artistas, doblemente sensibles. Había épocas que parecían atraer al genio; así había sucedido con la Grecia de Pericles, con la Italia de Leonardo, de Rafael y Miguel Ángel. La fecha de 1810 había sido especialmente crucial para el arte. En ese año nacieron Schumann y Chopin; Liszt un año después; en 1813 Wagner y Verdi y entre 1820 y 1830 el desborde torrencial del romanticismo con Víctor Hugo, Lamartine, Berlioz, Mendelssohn, Musset y George Sand.

Entre ellos destacaba Robert Schumann, autor que luchó contra la locura toda su vida, y que dedicó páginas inolvidables a los niños. Entre esos poemas maravillosos que compuso a los niños están las *Escenas de niños* y *Álbum para la juventud*. Su música desprende escenas cotidianas, anhelos infantiles, juegos y congojas de los más pequeños. Su *Reverie* era una alianza maravillosa entre la poesía y la música. Sólo un niño o un artista habría sido capaz de abstraerse así. Pareciera que conversara con los ángeles, o que su memoria se perdiera en el recuerdo de vidas anteriores, entreviendo así pasajes desconocidos provenientes de no se sabe qué mundo.

Música: *Laudate Dominum* de Mozart. Coro con acompañamiento de orquesta.

Lectura: *Lunita nueva*, libro de poemas para niños de Cristina Menares.

Algunos problemas de los niños. Aquí Lucía trata los muchos problemas de los niños a lo largo de su educación y la manera de corregir estos obstáculos para lograr su prosperidad. Denuncia la crueldad hacia los niños como la mayor insensibilidad que se puede cometer. La indiferencia sería nuestro mayor pecado. En cada mal estudiante habría una falta de cooperación de los padres. Era necesario, pues, que los padres se esforzaran en ofrecer al niño una enseñanza inflexible, constante y vigilante. Pero al mismo tiempo la excesiva severidad podría anular a ese niño y cercenar sus posibilidades.

Jamás habría que desautorizar a un profesor, porque también hay niños que tienen parte de culpa en esa mala nota. Nunca habría que enseñar a los hijos a ser hipócritas o a triunfar con malas artes. Para evitar el fracaso escolar era necesaria la disciplina, pero también educar en el amor, en la comprensión y en el optimismo. América necesitaba de hombres osados, aquéllos que se arriesgan y luchan, sufren y se sacrifican. Ser madre era ser artista y ser maestra. Por lo tanto, el trípode de este problema estaba en los padres que no previnieron la catástrofe, en los propios niños que descuidaron sus estudios y en los propios profesores que fueron crueles con los niños desadaptados.

La inspiración. 8 de agosto de 1949. Según unos la inspiración era un momento de trance que provenía de la divinidad, solución que no satisface a Lucía. Otros creían que era la reminiscencia de vidas anteriores, como si fuéramos intérpretes o médiums recogiendo conceptos extraños a nosotros mismos, pero la ciencia no había podido probar ninguna de estas suposiciones. Para Lucía sería mucho más exacto concebir la inspiración como una fuerza liberadora del subconsciente, la cual era semejante a una hipnosis, una actitud próxima a la del enamorado, en la que sublimamos nuestros anhelos y nos entregamos al juego de nuestra fantasía.

Lectura: *La inspiración* poema de Lucía Richard perteneciente a su poemario *Sursum Corda*. *Retrato* de Antonio Machado.

Psicoanálisis en el arte. Lucía en este programa resume la charla del doctor Gallinato en la Sala Caveau de la Librería Francesa, precisamente sobre este tema y sobre la psicología de las multitudes. En este último tema habían ahondado también Gustavo Le Bon y Freud. Todo ello demostraba como un individuo de buenas virtudes, arrastrado por la masa podía transformarse en un ser sanguinario abandonado a sus impulsos. Ejemplo de esta regresión a un estado cavernario lo veíamos en el proceso de Cristo ante Caifás o en la Revolución Francesa.

Las mejores revoluciones eran las incruentas, como la preconizada por el New Deal que salvó a los EEUU de la peor de sus crisis, posibilitando la creación de la Sociedad de Naciones. Igualmente habla Lucía del doctor André Anné y su trabajo sobre Shakespeare y los complejos. Así, Hamlet estaba poseído por el complejo de Edipo; Otelo revelaba al epiléptico; en *Rey Lear* se anunciaba la demencia precoz. Freud había estudiado a Leonardo da Vinci, hijo natural separado de su padre a los siete años, quién puso en su madre toda su emotividad que produjo obras tan inefables como la *Gioconda*.

Erwin Piscator había trabajado sobre el teatro de multitudes, en el que lejos de mostrar los complejos o anormalidades de las personas potenciaba la vida idealizada. El doctor Gallinato hizo importantes referencias a la psicología infantil, señalando como los primeros cuatro años en la evolución de un niño eran determinantes en su vida posterior. En relación con la sociología, Lucía piensa que exaltar las fuerzas del espíritu, solidificar los principios morales, era el único camino para conseguir la paz y el entendimiento entre los pueblos.

Basílica de San Pedro en Roma. Lucía en este programa relata el enorme fervor que se produce en torno a la Basílica, por ejemplo, debido a la celebración de la Semana Santa, lugar en la que ella misma estuvo y puede contar de primera mano. En la Basílica de San Pedro se reunían gentes de todas las razas y nacionalidades para profesar su fe y ver al pontífice. Con motivo de la señalada ocasión la ciudad se engalanaba con sus jardines y sus plazas, sus mil fuentes y la vibrante alegría de sus campanas. Si en la Torre de Babel los pueblos se reunieron para perpetuar su orgullo, en Roma se reunían todas las naciones para atestiguar su humildad, hablando el único lenguaje de la fe.

La Plaza del Vaticano, representaba ese grandioso sueño de Bernini, que se abría en semicírculo como abrazando a la cristiandad. San Pedro era la obra de tres genios y tres escuelas: la de Bramante, Miguel Ángel y Bernini. Lucía relata las etapas de la construcción de la Basílica desde que la encargara el Papa Julio II a Bramante, la demolición de la iglesia primitiva, la erección de la enorme cúpula central. Tras la muerte de Bramante durante un tiempo la obra pasó por manos de San Gallo y Rafael, sin avanzar gran cosa, hasta que Miguel Ángel le dio el impulso definitivo.

Asimismo, cuenta con admiración cómo se hizo el grupo de *La Piedad* de Miguel Ángel. Tras su muerte Bernini terminó la obra, haciendo multitud de estatuas, pilas de agua bendita, el trono pontifical, el gran altar de bronce, así como la urbanización exterior. El Barroco hizo a su vez algunas importantes transformaciones. En definitiva, la Basílica era el museo más interesante del mundo, lo que añadido al privilegio de contemplar al Papa, escuchar los coros de la Capilla Sixtina, todo ello constituía una experiencia suprema de fervor de la fe. Todo ese esplendoroso conjunto arquitectónico se había mantenido inalterable durante cuatro siglos, a pesar de los muchos vaivenes internacionales.

Literatura mística. En este programa Lucía contrasta dos composiciones místicas de muy distinta orientación. De un lado el soneto *No me mueve mi Dios para quererte*, que pese a todos los esfuerzos de los eruditos seguía anónimo como los autores de los romanceros, las catedrales o los cantares folclóricos. Este soneto desprendía el orgullo y la altivez renacentista española al hablar a Dios de igual a igual. De otro lado comenta la composición *Viernes Santo*, de Gabriela mistral, que trasluce su voz humilde, tierna y piadosa. Aquí es la campesina, hermana de labradores, la que se dirigía a los suyos para darles un consejo fraternal y humano.

Lectura: La pintora Marta Cuevas habló sobre crucifixiones y descendimientos en la pintura.

La Biblia. En este programa Lucía comenta una conferencia sobre la Biblia a cargo de Carlos Silva Vildósola, a la que acudió en la Pontificia Universidad Católica. Para Lucía jamás la historia de un pueblo había sido relatada en forma más interesante y viva. La Biblia reunía las vicisitudes del pueblo de Israel, desde que nació hasta que se dispersó, muriendo finalmente para la historia. El pueblo había sido cautivo en Egipto, había sufrido mucho, pero finalmente se había alzado vencedor de la mano de Moisés. En el Génesis se nos relataban las primeras edades del mundo.

Pero lo que más impresionaba a Lucía era el Libro de Tobías. La enseñanza contenida en el libro permitía sostener la fe de los judíos dispersos en un ambiente pagano y hostil. El paganismo había traído la relajación de las costumbres, un culto grosero, una civilización materialista. Tobías, cautivo entre idólatras, representa la imagen del pueblo hebreo, que defiende a su Dios único entre la multitud de dioses que poblaban los templos de la tierra, y practica una moral en medio de una espantosa corrupción. Para Lucía la Biblia nos mostraba una religión espiritualista, una moral pura, un pueblo libre y una nación heroica.

Sobre voces de paz desde la India. Lucía recoge estas voces de la India, que llegan como un bálsamo en un mundo de desorientación materialista, después de la terrible experiencia de la Segunda Guerra Mundial, en un escenario en que la humanidad aún cabalgaba sobre sus ruinas y permanecía latente la amenaza de la destrucción atómica. Allí en la India radicaban esos hombres que meditaban y creían en la no violencia y que se afanaban en alcanzar una conquista mucho más duradera que la que otorgaba la fuerza avasalladora.

Entre ellos estaba Rabindranath Tagore, el poeta bengalí, Premio Nobel de literatura por su obra *Gitanjalí*, que sedujo al mundo con su aroma místico-poético, con un mensaje lleno de filosofía panteísta, y fusión con la naturaleza. Mahatma Gandhi, que con su resistencia pacífica, luchaba por conquistar la libertad de su patria. Finalmente, consiguió la independencia nacional sólamente utilizando la paciencia y la persuasión. También habló de la muerte de El Maharishi, tenido por el más grande santo de la India, símbolo de la unificación y un gran guía espiritual de su país.

Escritos de músicos célebres. En opinión de Lucía el amante de la música no se interesaba mayormente por la técnica musical sino por la comprensión total del compositor y lo que le inspiró para componer sus composiciones magistrales. Entre ellos Beethoven que supo cantar la alegría con sus notas arrebatadas y triunfales. Otro ejemplo de artista que supo cantar la alegría sería Dante con su *Paraíso*, fiesta de la luz y del color. San Francisco de Asís también supo cantar a la alegría a pesar de privaciones y sufrimientos. Comprender la perfecta alegría era un don de santos y expresarla, un privilegio de los genios.
Lectura: Última carta de Beethoven a su hermano.
Música: *7ª Sinfonía de Beethoven*.

Arte francés contemporáneo. Lucía en este programa explica como en ese momento los teatros, universidades, salas de exposiciones y sitios de reunión de Santiago estaban llenos de gente ávida de aprender o distraerse. El Teatro Municipal que había iniciado sus actividades con su Compañía de Comedias Cómicas, tenía anunciadas actuaciones de Marisa Regules, joven pianista argentina de éxitos internacionales, Claudio Arrau con tres conciertos y el célebre violinista polaco Henry Sheryng. El teatro experimental había comenzado con *Montserrat* obra de Robles. Comenzaban también los conciertos sinfónicos.

Asimismo había llegado a Santiago la exposición de arte francés desde Manet hasta 1950. Se expusieron en las Salas del Palacio de Bellas Artes de

Santiago 137 obras representativas de esta pintura. Hace casi cien años había nacido el impresionismo, merced a un cuadro de Monet que se tituló *Impresiones*, que se presentó en el Salón de París en 1897. Tras resumir los princi-principios de la escuela impresionista, Lucía nos habla de varios movimientos que surgieron posteriormente como el cubismo, el llamado Sentido Común, el arte abstracto o surrealista. El cubismo era un movimiento que tendía a la liberación de la forma y a crear un universo pictórico propio.

Lectura: Mihat, arte francés contemporáneo.

Origen del vals. En este programa Lucía nos explica como el Vals había tenido su pleno desarrollo en la Viena imperial, pero que su origen era oscuro y se lo disputaban provenzales y alemanes. Había nacido entre campesinos y de allí se difundió a los palacios. A medida que empezó a adquirir alcurnia fue adaptado a las melodías de Weber, Schubert y Chopin. Finalmente la Viena imperial cayó, vino el cataclismo de dos guerras, el estremecimiento catastrófico de las bases de la cultura europea, pero en los salones de baile se siguió bailando al son de las estrofas del *Danubio azul* de Strauss, como un eco risueño de ese mundo desaparecido. Luego vendría Sibelius con su *Vals triste* a arrojar luces de cementerio, espectros de vidas pasadas sobre ese hermoso estilo de vida.

Música: *Vals del adiós* de Chopin. Otros valses de Chopin.

En el centenario de Chopin. 17/10/1949. En este programa como en el siguiente dedicado a los preludios, Lucía realiza una espléndida labor de síntesis para definir al genio polaco. Chopin no era un héroe en el sentido propio de la palabra, no era un hombre que había triunfado con la fuerza o con la astucia, sin embargo, había conseguido hacernos soñar con sus notas personalísimas y bellas, que lograban despertar al poeta que había en cada uno de nosotros.

Chopin se había colado entre la catedral de la música de Bach y de Beethoven, la tempestad de Wagner, o las campanas jubilosas de Liszt, como un rayo gracioso y delicado que se filtraba por los ventanales. Sus tres ejes eran el amor incomprendido, la patria destrozada y la enfermedad inexorable. María Wodzinski sería la joven cobarde que abandonó a Chopin, tras la hostilidad de sus parientes y su propia incomprensión. Para ella escribió Chopin su *Vals del adiós*. George Sand fue la mujer que lo arrastró por una vida inquieta, ajena al carácter de Chopin.

Cuando el músico no fue capaz de deleitar al mundo elegante y snob que la rodeaba, George Sand lo abandonó. Asimismo, sufrió mucho el alejamiento de su patria, así como la toma de Varsovia por los rusos. Cuando se entera compone su estudio *La revolución*. La enfermedad lo consume todavía en la juventud, llevándolo a la muerte mientras residía en París. Su música era inmortal, porque no respondía a los caprichos de la moda y salida directamente del corazón, penetraba también en el corazón. Schumann afirmó al tener conocimiento de su muerte: "El alma de la música ha pasado por el mundo".

Lectura: Camille Mauclaire, descripción de Chopin.

Música: *Marcha fúnebre, 1ª parte. Preludio nº 6 op.28. Vals op.69 nº1. Estudio nº 12 op. 10 en do menor. Marcha fúnebre, sonata op.35 entera.*

Preludios de Chopin. Se trata de un magnífico trabajo de Lucía, dividido en tres programas, en el que analiza los distintos preludios, asistiéndose de críticas de especialistas musicales, junto a bellas y sutiles descripciones suyas. Estos preludios fueron compuestos en la época en que Chopin tenía una relación con George Sand y en concreto en su célebre viaje a Mallorca. De éstos dijo George Sand: "que eran poemas de una elevación inmensa, dramas de una energía sin igual". Para Lucía "eran obras perfectas y profundas". Para Schumann "algo de lo más notable de Chopin". James Huneke dijo: "Deseando exhibir su genio Chopin talló estos preludios con suma fineza".

En definitiva, se trata de unos preludios extremadamente personales e íntimos, en los que Chopin vertió todo su perfeccionismo. Algunos eran propios de un vanguardismo musical, otros funestos, otros alegres y serenos, otros cósmicos, otros arrebatados y todos ellos muy interesantes. Sin duda, todos lograban conmovernos, conduciéndonos a un ineluctable trance sentimental.

Música: Todos *los Preludios* de Chopin.

Beethoven y Goethe. Aquí Lucía trata el encuentro de los dos genios más grandes de la Alemania de su época: Beethoven y Goethe. Si bien existía una muta admiración en la distancia, ésta se esfumó cuando ambos se encontraron personalmente. El cortesano refinado que había en Goethe se sintió atropellado por el temperamento áspero y arrebatado de Beethoven y éste se burló del sometimiento de Goethe a los gobernantes. Sin embargo, ello no impidió que el republicano y libertario que había en Beethoven utilizara el *Egmont* de Goethe para escribir su *Obertura* e incluso pretendió poner música para el *Fausto*, proyecto que nunca llegó a realizar.

Haendel. Programa biográfico sobre el célebre músico, en el que Lucía dice inspirarse tras el paso de su famoso *El Mesías* por el Teatro Municipal, ejecutado por el coro universitario que dirigía Mario Baeza junto a la Orquesta Sinfónica de Chile. Haendel fue un músico alemán nacido en Halle en 1685, cuyo mayor protagonismo lo tuvo en la sociedad y corte de Inglaterra, donde se hizo famoso especialmente por sus oratorios. Genio precoz, ya a los ocho años improvisaba en el órgano. Fue autor de numerosas óperas, pero nada más revelador que su oratorio *El Mesías*, compuesto en sólo veinticuatro días. Durante muchos años Haendel se impuso a toda clase de enemigos que intentaron arruinarlo.
Música: *Obertura y Aleluya* del oratorio *El Mesías* de Haendel, por la orquesta de la BBC de Londres bajo la dirección de Sir Thomas Beecham.

Ricardo Strauss. En este programa Lucía brinda un homenaje a Strauss, fallecido el 18 de septiembre de 1949, a los 85 años de edad. En él se daba como en ningún otro músico la fusión entre literatura y música. Con el lied se inició en la vida musical. Buscaba la amistad de poetas y filósofos que le daban tema para sus obras. Nietzsche se inspiró en su *Poema sinfónico*. El poeta Hoffmann en el tema de su *Electra*. Ritbe en las letras de sus canciones y alguna de sus óperas. Oscar Wilde en su *Salomé*. Pero lo más divulgado era su opereta *El caballero de la rosa*, con sus valses encantadores y sus romances basados en una leyenda de la antigua Viena escrita por Hoffmann. Era un músico más bien melancólico, impregnado de la filosofía pesimista de Schopenhauer. Sus últimos años los vivió en Londres componiendo y exhibiendo las dotes de su personalidad.

Ricardo Wagner. Nacido en Leipzig, el célebre músico alemán revolucionó la música de su tiempo siendo un buen representante del romanticismo musical. Wagner abandonó la música pura para auxiliarse en las otras artes, buscando una síntesis artística que permitiera traducir sus ideales estéticos. Así creo el drama musical, que le valió violentos detractores, para luego ser endiosado hasta la exageración, siendo a continuación nuevamente atacado por los partidarios de la música pura y por aquellos que veían en la exaltación de sus mitos el símbolo de un autoritarismo germano amenazador.

Tras la irrupción de esa gran galería de hombres que fue el siglo XIX llegó el paraxismo y en su lugar Wagner, con la idea de reformarlo todo, desquiciarlo todo, con el impulso de nuevas formas para el arte y la sociedad. Wagner en opinión de Lucía había sido contradictorio y dionisiaco. Por una parte, se basaba en mitos y leyendas para crear sus dramas musicales; por otra, rendía culto al catolicismo con sus caballeros de la Edad Media, como ocurría en *Parsifal*; o se basaba en el protestantismo dogmático, retomando un pasado pagano y bárbaro como en sus *Maestros cantores*. En cualquier caso para Lucía era un hombre del porvenir que vino a cambiar las cosas, cambio que hoy en día había llegado al ballet, al cine y hasta el mismo teatro.

La pequeña crónica de Ana Magdalena Bach. En este programa Lucía comenta como la encantadora crónica había sido desprestigiada en la última edición de *Pro-Arte*, semanario santiaguino en el que se divulgaban novedades de literatura, música y artes plásticas, denunciando los muchos errores que había en su texto. El libro pretendía haber sido escrito por la segunda esposa de Juan Sebastián Bach y había causado sensación entre la gente culta de Alemania vendiéndose 125.000 ejemplares. La investigación de eruditos luego desveló que la autora no habría sido Ana Magdalena Bach sino una escritora inglesa contemporánea llamada Ester Mynel. Aun sabiendo de su dudosa autenticidad Lucía lo leía encantada por la sencillez de su relación, aunque sostiene que ninguna madre se equivocaría en el nombre de sus hijos.

Música: *Concierto en Fa menor para piano y orquesta de J. S. Bach*. Al piano Edwin Fischer y su orquesta de cámara.

Arcangelo Corelli. En este programa Lucía nos indica que Corelli se desarrolló en pleno Renacimiento, en una época en la que se había creado un humanismo vigoroso en oposición o como complemento de la teología. Corelli era ante todo un innovador o precursor. Monteverdi, Frescobaldi, Boccherini, Vivaldi, y Corelli habían sido los maestros italianos que habían preparado el camino de los Bach, Haendel, Haydn y Mozart. En un tiempo en que la cultura no concebía especialidades excluyentes, el músico italiano había sido capaz de crear un lenguaje propio y expresivo.

Es un momento en el que el arte religioso decae y es el arte lírico, humanista, el que se impone. Sus innovaciones habían sorprendido e incluso escandalizado a los talentos oficiales; es decir, a aquellos conformados por la prelatura, y declara que no sabía cómo contentar a esos críticos que no tenían otros conocimientos fuera de los primarios de composición y modulación. Según Lucía las normas de la belleza cambiaban de siglo en siglo, de generación en generación y es así como se transmitía la cultura. En su tiempo el talento de Arcangelo Corelli fue reconocido por el Vaticano, el cual, a pesar de sus incomprensiones iniciales contribuyó a su inmortalidad haciéndolo enterrar junto al célebre Rafael en el Panteón de Agripa y con la inscripción de Corelli Princeps Musicorum.

Música: *La Folia* de Arcangelo Corelli en un arreglo para violín y piano.

Listz. Llamado en su vida "el magnánimo". Lucía nos hace ver lo generoso que era este músico, que no dudó en tender la mano a otros artistas, como es el caso de la protección que prestó a Wagner o la dedicación y cariño que profesó a Chopin. La gloria le había sido fácil, y la popularidad había llegado a asediarlo hasta el punto que ahogaba el impulso creador de su espíritu. Fue un hombre de mundo, un artista solicitado y un pianista célebre. Olvidando al concertista de cartel, el aplauso y la fama, el músico se encerraba en su cuarto de trabajo para producir sus composiciones más profundas. Al final de su vida se recluyó en un convento, donde al menos momentáneamente, encontró esa paz para ir al encuentro de su música, genial, dinámica y hermosa, de sus éxtasis celestiales sin imposiciones mundanas.

Música: *Vals melancólico* de Listz.

Holanda contemporánea. En este programa Lucía rinde un homenaje a Holanda a diez años de la ocupación alemana. Junto a ella participa Marta Cuevas, para dar un repaso a su historia, sus monumentos y su arte. Lucía nos habla del enorme sacrificio de una guerra cruenta, del precio de la ocupación y destrucción, el gran daño causado por el desmantelamiento de sus industrias. Todas sus infraestructuras habían sido destruidas, junto al dislocamiento de la salud física y moral de las nuevas generaciones. País de grandes artistas como Rembrandt, Puyadael, Veermer y muchos otros, los holandeses habían tenido que ocultar sus tesoros pictóricos en cámaras subterráneas para preservarlas de los ocupantes.

Pese a toda esta destrucción Holanda era una nación de gente esforzada que había comenzado la reconstrucción, haciendo renacer el comercio y la navegación, así como reeducado a su juventud. Con la llegada de la primavera Holanda era un país en el que estallaba una sinfonía de colores, de praderas iluminadas de tulipanes, jacintos y narcisos. No sólo era Holanda el país de los canales, molinos y caseríos azules, sino también un paraíso para las flores. Holanda iba a resurgir plena de gloria y horizontes, avanzando segura de sí misma hacia el porvenir.

Lectura: Marta Cuevas dio una charla sobre Van Gogh.

Música: *La catedral sumergida* de Claude Debussy.

Países Bajos. Crónicas de arte. Magnífico programa de Lucía en el que manifiesta su admiración por los Países Bajos, sus catedrales majestuosas, sus pinturas y retablos, el ensueño panteísta de sus poetas, sus minas e industrias, sus canciones populares y sus carrillones. Refriéndose a la Bélgica unificada y libre, nos habla de Amberes, con el prestigio de sus elegantes edificios y sus concursos internacionales de música, su balneario; Bruselas antigua y moderna; Lovaina, expresión de la ciencia y el saber; Lieja eterna y sapiente, agua viviente de lo antiguo...

Asimismo, Lucía señala la figura gigantesca de Maeterlink, la dulce y poética de Verhaeren, la escopla realista de Meunier y Van der stappen, la pluma evocadora de Rodenbach, la música de César Frank y Pieter Benoit, la paleta visionaria de James Ensor… Frente al presente, Bélgica también albergaba un pasado riquísimo con sus corales grandiosos donde se hicieron célebres con su polifonía Del Monte y Orlando de Lassus; Van Dick con sus maravillosos retablos como el que existe en Gante; Malinas con sus encajes, Amberes uno de los puertos más importantes del mundo en tiempos de Carlos V.

Música: César Frank y Orlando de Lassus.

Bélgica. Crónicas de arte. Retomando el programa anterior aquí Lucía nos habla de Flandes, la cual había pasado por diferentes dominaciones y que ya fuera unida a Holanda o separada, bajo la jurisdicción de Francia, España o Austria, seguía su vida comunal interesante y activa, ennoblecida por la religión, el arte, el amor patrio y el trabajo. En su opinión era muy difícil separar la historia de Holanda de la de Bélgica; sus artistas iban y venían y sus problemas políticos eran generalmente los mismos. La importancia de Gante quedaba evidenciada por ser el lugar donde nació Carlos V.

De Bélgica había partido la dominación de Felipe II, el duque de Alba y las sangrientas luchas llevadas a cabo por los Tercios Viejos, que llegaron gallardos y orgullosos y volvieron a España mordiendo el polvo de la derrota. Rubens y Van Dick habían representado el Barroco en todo su esplendor. Rubens, borracho de luces y colores, de gloria y satisfacciones, persiguiendo la carne joven y nacarada de Helena Fourment. Humberto y Juan Dick que habían unido su talento para crear la magnífica composición llamada *El políptico del Místico Cordero,* que Lucía define como visión apocalíptica, simbólica e impresionante… Retablo que posee el milagro de su belleza, de sus tonos intensos: rojos, azules brillantes, verdes casi metálicos, fondos luminosos rodeados de una atmósfera transparente.

Lectura: Estrofa de Charles Baudelaire dedicada a Rubens.

Música: Recopilaciones de aires antiguos proporcionados por la Legación de Bélgica. El maravilloso *Hymne por la fete de Ste Cecille*.

Mauricio Maeterlinck. En este programa Lucía nos habla del gran poeta belga, que murió a los 88 años en su retiro de La Costa Azul. Él junto a Rodenbach,

Picard y Verhaen habían formado el grupo escogido de escritores belgas que irrumpieron en la literatura francesa del siglo pasado, conquistando prestigio universal. Entre ellos, el que más había brillado era Maeterlinck con sus dotes de filósofo, dramaturgo y científico. Maeterlinck había incursionado tanto en los misterios del más allá como en los secretos del microcosmos. Su *Inteligencia de las flores* y su *Vida de las abejas*, nos introducían en un universo admirable de seres mínimos.

Como poeta se había afiliado entre los simbolistas y como dramaturgo tuvo ideas originales, siendo uno de los padres del teatro moderno. Con el *Pájaro azul* el poeta había rebasado tanto al filósofo como al dramaturgo. Recibió el Premio Nobel por su bella obra, en la que también triunfó como dramaturgo con obras como *La princesa Maleine, Los ciegos, La muerte* y tantas otras plagadas de símbolos. Célebre autor de *Pélleas y Melisande* pieza en la que se basó Debussy para componer su ópera homónima. Por el soplo de misterio de sus obras se le ha comparado con Ibsen.

Eduardo Grieg. En este programa Lucía rememora al célebre compositor noruego, gloria de su patria. Se trataba de un músico que necesitaba la soledad para componer. En su juventud lo hizo en una fábrica de pianos, más tarde en una rústica cabina. Su constitución era débil y enfermiza. Al principio se germaniza, pero luego al regresar a su país, siente la poderosa fuerza de su tierra. Nos dice Lucía: *"Allá en el fondo de esos fiordos, en esas ensenadas azules no se puede crear tan sólo apoyado por la razón. Allí se sueña, se ven visiones…"*. Conoce a Nordak y a ibsen y su destino está trazado. Compone sobre motivos populares, siendo su obra cumbre el *Peer Gynt* basado en el drama de Ibsen. Retomando las palabras de José Enrique Rodó, escritor y político uruguayo, Lucía interpreta Peer Gynt.

Música: Primera suite de *Peer Gynt* con la *Muerte de Asse*, la *Danza de Anitra* y *En la gruta del rey de la Montaña*.

Cristobal Willibaldo Gluck. De la trinidad austro-alemana del siglo dieciocho: Mozart, Haydn y Gluck, éste último era el menos recordado pero no el menos celebrado. Lucía comenta que fue un innovador en materia operística y que le toco vivir en esa época en que los compositores luchaban por su emancipación, frente a empresarios y cantantes que abusaban de sus trabajos. Asombra a Lucía como el hijo de un guardabosque pudiera adquirir tan vasta cultura, los secretos de la armonía y composición, los modales para frecuentar las cortes, la habilidad para amasar una fortuna y hasta la tenacidad para resistir a sus críticos. El que fuera caballero de la espuela de oro, le hizo exclamar a Rousseau tras escuchar su *Orfeo y Eurídice* que "ya que era posible disfrutar de tamaño placer durante dos horas, la vida merecía ser vivida" y a Voltaire aquello de que "Luis XVI y Gluck iban a crear un nuevo siglo".

Federico Smetana. Nacido en 1824 en Checoslovaquia e igual que Gluck fue hijo de un guardabosque. Federico Smetana en opinión de Lucía veía luz en esa misma naturaleza exuberante, llena de poesía y misterio. Tuvo un origen humilde lo que no le impidió estudiar con los mejores maestros, entre ellos, Proksh y Listz. A los veintidós años era director de la Orquesta de Gothenburgo y cinco años más tarde director musical del Teatro de Praga, donde fundó una escuela de música de la cual fue profesor. Fue autor de ocho óperas, siendo la más famosa *Dalilor* de significado simbólico. Se inspiró en las leyendas y costumbres antiguas y la belleza de la naturaleza de su patria. Entre sus obras orquestadas y poemas sinfónicos se encuentran *Por los bosques y campos de Bohemia* y *El Moldava*. El equilibrio mental de Smetana se resintió los últimos años de su vida, muriendo demente el 12 de mayo de 1884 en un sanatorio de Praga.
Música: *El moldava* de Federico Smetana.

Arte chino. País que poseía la Gran Muralla y el Gran Canal Imperial, sin embargo, desde Marco Polo hasta nuestros días ni misioneros ni exploradores ni comerciantes habían podido dominar ni comprender ese vasto imperio inaccesible a la mente occidental. Grandes edificios públicos destacaban como el Palacio Imperial de Pekín, el Puente de Mármol o la Muralla de Porcelana. Asimismo, cabía destacar las avenidas de colosos de las tumbas reales de Nankín, de la dinastía de los Ming. Por otra parte destacaba Confucio, el pensador chino, de una moral resignada y especulativa, que más allá de comprender el universo, sentía simpatía infinita por los seres más humildes.

Las pinturas chinas eran generalmente cuadros de un asceta, que al pie de un árbol contemplaba extático la niebla agolpándose sobre el valle. Motivos comunes eran la simple rama de un almendro movido por el viento, un pájaro apostado en el tallo de una caña. Los mismos emperadores eran a veces grandes artistas, los monjes pintaban y hasta la misma escritura tenía trazas de arte. Los artistas del extremo oriente sentían una proximidad para los seres inferiores, los animales y las plantas. La primera regla de la pintura fijada por Sie'Ho era expresar "el elemento espiritual de la vida", y la segunda, "penetrar en el interior de los seres naturales, sorprender su alma con el gesto y su estructura mediante la forma".

Lectura: La pintora Marta Cuevas dio una charla sobre un pintor chino moderno.

Música: La ópera *Turandot* de Puccini inspirada en argumentos y motivos musicales chinos (Richard, 2004).

CAPÍTULO XII

HUMO AZUL

Humo azul, casto y etéreo

umo azul fue el título de un conjunto de poemas compilados por Lucía Richard en 1957, en Santiago y que no llegaron a publicarse en el transcurso de su vida[18]. Se trata de unas poesías escritas en su madurez, y que reflejan en algunos pasajes el desencanto de la decadencia, lo que no impide que en muchos otros siga reinando la alegría. En su prólogo nos habla de la futilidad de la fama, cuando se busca como un fin en sí misma. Hablando de su estilo lo define de la siguiente manera:

"Y así he continuado a lo largo de la vida, huyendo de las rigideces del estilo como una mortaja, poniendo oídos sordos a escuelas literarias, a modas e influencias extrañas. Tratando de escuchar sólo la voz de mi corazón,

---

[18] Los documentos existentes demuestran que en el proyecto inicial de la autora, *Humo azul* comprendía sólo 35 poesías, entre las que se incluían algunas escritas en la década de los cuarenta. En las *Obras completas* y por razones prácticas se añadieron otras no incluidas en la intención original de la autora. En las primeras recopilaciones realizadas por su hija Carmen se distinguía claramente entre *Humo azul* y otros poemas sin publicar. Estos 35 poemas eran los siguientes: *Humo azul, Inspiración, Olas, La voz del pan, Retrato, Junto a la orilla, Evocación, Cansancio, El sendero, El molino, Romance del Bienvenido, Melancolía, Pereza, Si alguna vez quisieras escucharme, Las aguas dormidas, Negación de la primavera, Lluvia, Hojas, HIjo pródigo, El acento inútil, Simplemente, Nuevo Himno, Anteo, Agua, Paso del Aire, Fuego, Oh noche pavorosa.*

de captar la emoción de cada instante, sin que esto se convirtiera en un oficio, porque creo que la poesía es un estado del alma, no una profesión" (Richard, 2004, pág. 177).

Lucía, como ella misma asevera, tuvo un estilo propio al que aplicó su propia personalidad y subjetividad. Si bien cuando cursó estudios en el Conservatorio de Declamación regentado por Vera Zouroff siguió las enseñanzas neoclásicas y éstas orientaron sus versos. Es cierto, que el neoclásico imita los modelos clásicos, da un predominio a la razón y lo académico, es respetuoso de las normas y las reglas del arte, escribe con rigor métrico y se preocupa por la expresión formal. Esto nunca puede aplicarse a Lucía Richard en estado puro. Lucía jamás renunció a sus emociones y fue buscando su propio estilo, dentro de cierto respeto a la tradición.

Por entonces, habían dos movimientos que estaban destrozando por completo las leyes de la poesía: el modernismo y el vanguardismo. Aunque Vera Zouroff enseñaba el clasicismo y lo consideraba superior en técnica a otros movimientos, en sus proyectos de antologías de poetas hispanoamericanos incluía también a los modernistas. Es más, en sus recitales poéticos –en los que también participó Lucía Richard– incluyó a muchos poetas modernistas como es el caso de José Santos Chocano, Francisco Villaespesa, Víctor Hugo, Guillermo Valencia, José Asunción Silva y tantos otros, entre los que no podemos olvidar a Federico García Lorca, más próximo al vanguardismo o surrealismo, y Edgar Alan Poe, no estrictamente modernista pero precursor de la literatura moderna a través del cultivo del terror y el misterio.

Lucía Richard como hemos dicho tantas veces huía del gongorismo, de lo oscuro y rebuscado. Pero es claro que estos movimientos estaban ya desde hace tiempo instalados en la poesía mundial y estaban ejerciendo su influencia. El modernismo supuso una reacción frente a la mentalidad burguesa patente en las creaciones realistas. Implicaba también el aislamiento aristocrático, el inconformismo, el refinamiento estético, la bohemia y el dandismo.

Los modernistas se desligaron de la tradición literaria española, salvo de Bécquer al que admiraban grandemente, y estaban influidos por el romanticismo, en especial por los escritores franceses afines al parnasianismo y simbolismo. Del romanticismo importaron esa misma desazón ante la vida, el desarraigo de la sociedad, una forma de expresarse intimista y sentimental. Ahondaron también en las pasiones, en lo misterioso, lo fantástico, lo onírico, así como en el escapismo. Lo sensible predomina sobre lo inteligible, se emplea el color, se crean efectos sonoros, sinestesias, con una utilización exquisita del léxico y la metáfora.

Por aquel entonces, Rubén Darío era el gran patriarca de la literatura hispanoamericana y un gran modernista. Decir que Lucía Richard estaba influida por Rubén Darío, no es arriesgarse mucho, pues gran parte de los poetas latinoamericanos lo estaban. Si Bécquer fue el héroe de los románticos, Rubén Darío lo fue de los modernistas. Parece que se aviene muy bien con el ideario de Lucía esta influencia aristocrática de Darío, de raigambre francesa, con su evocación de cisnes, fuentes, abates, pajes, condes y marquesas… La poesía de la época experimentó cierta ósmosis respecto al movimiento modernista, del que recibían sus influjos.

Sin embargo, respecto al romanticismo Lucía siempre defendió "una imaginación más serena" y si escapó hacia la Antigüedad clásica, o si cultivó lo misterioso, siempre huyó de lo extravagante o exacerbado. Su mundo es el de los seres mínimos, las criaturas humildes, los objetos sencillos. Busca el ánima de estos seres y encuentra paralelismos con los sentimientos del alma humana. Con ello se alineó con personajes como San Francisco de Asís, Tagore, Chopin, Maeterlinck o los artistas chinos. Lucía cree en la sacralidad de la belleza, en la eternidad del arte y en su expresión formal predominan los sentidos sobre la razón. La estética y la belleza se imponen al concepto.

En ello se opuso frontalmente a los vanguardistas. Lucía no copiaba pero sí se inspiraba en la naturaleza. El modelo de sus versos era la naturaleza, mientras los vanguardistas querían crear una naturaleza propia. Los vanguardistas rompen con cualquier posición académica. Practican la ironía, defienden el cinismo como valor moral, desprecian el metro y la rima. Creen en la poesía pura o despojada de todo artificio. El vanguardismo se basaba en movimientos como el surrealismo, el cubismo, el dadaismo, el ultraismo, el estridentismo, el futurismo, el maquinismo, entre otros. Breton, Marinetti, o Picasso eran sus héroes.

Sus motivos son nuevos, les atrae la técnica, el progreso, la modernidad. Rechazan el sentimentalismo dulzón, y la idea de la sacralidad del arte o la belleza. Piensan que Chopin debe ir a la silla eléctrica. Detestan a Rubén Darío y lo degradan públicamente. El vanguardista es recalcitrante, irreverente, insolente hacia la tradición y sus normas. Se burla de la academia. Defiende el criollismo o nativismo, desprecia todo lo español, le interesa lo autóctono, lo precolombino, el indigenismo, se desliga también del modernismo, y tiene variantes como el negrismo. Las emociones no importan nada, la razón se impone sobre el sentimiento, el cultivo de la irracionalidad es omnipresente.

Aún mucho más el vanguardista es un ácrata, huye de los dogmas y del misticismo, practica el erotismo, muchos son marxistas que utilizan la poesía como un instrumento político e incluso revolucionario. La transgresión, el humor negro, el macabrismo, el barroquismo son su seña de identidad. Niegan los poderes deíficos del poeta. Tampoco creen en la universalidad del arte. Lo que importa es el ahora o en todo caso el futuro, el pasado no vale nada. El jazz sería su música. En el caso de Huidobro con su creacionismo, se ejercitan experimentos tipográficos, sus conocidos caligramas. A los vanguardistas les atrae la velocidad, son nihilistas, rompen con la mímesis aristotélica, y cualquier recurso es válido con tal de "epater le bourgoise" (escandalizar al burgués).

Todas estas ideas son totalmente opuestas al sentir de Lucía Richard. Si bien Lucía declara no seguir ninguna escuela, en muchas ocasiones puso reparos a la literatura orquestal, al surrealismo de Neruda, al verso estrambótico, a la pintura desgarrada y sin sentido, al macabrismo, al vanguardismo musical y no se interesó mayormente por el populismo ni por el nacionalismo. Al contrario persiguió cierto misticismo, tuvo una impronta marcadamente sentimental, intimista, endiosó la belleza hasta límites inefables y amó el sosiego. Comparte el ensimismamiento romántico y cree que sólo a través del amor se puede llegar al interior de las cosas. Lucía es incapaz de crear con la fría razón: *omnia vincit amor*, el amor todo lo vence.

En el prólogo de *Humo azul* nos explica claramente cuál es su ideario estético:

"La primera condición del poeta es la admiración ingenua. Cuando nos habituamos a un paisaje, dejamos de verlo. Cada vez que tomamos la pluma deberíamos decir: ¿Cómo escribiría esto si intentara escribir por primera vez? La verdadera poesía, como la verdadera música, no comienza en el papel sino en el corazón. Admirar, comprender y amar apasionadamente, eso es arte, es poesía. Lo demás, es ingenio, talento, elucubración cerebral, fuegos de artificio" (Richard, 2004, pág. 178).

Y es precisamente esta "elucubración cerebral" en la que se basa el vanguardismo, algo de lo que Lucía huye como de la mortaja. La vanguardia por contra practica el feísmo y reivindica el desorden, la tempestad, el desengaño de la melancolía. Lo que le interesa es el mundo industrial y mecanizado, renuncia a la ternura, son iconoclastas, heterodoxos y marginales; introducen neologismos, imágenes bélicas, son provocadores y atacan los valores consagrados.

Sin embargo, a pesar de que la forma de pensar de Lucía era radicalmente opuesta, se aprecia cierta porosidad hacia algunos postulados del vanguardismo. Si en sus primeros poemarios Lucía practica la rima consonante, ya fuera abrazada o cruzada, ahora utiliza la asonancia y la versificación libre, elemento típico del vanguardismo.

Es decir, Lucía aunque sigue escribiendo algunos sonetos y cuartetos, utiliza también esta ausencia de rima, lo que significa que prescinde de la musicalidad del verso para centrarse más en el significado, en el concepto, incluso la metáfora. Ahora propende más al contenido que a la forma, se interesa más por la semántica que por el léxico, más por el significado que por el goce estético del poema. Asimismo, el escepticismo y la melancolía afloran en muchos de sus versos, pero jamás renuncia a la belleza, ni a la autenticidad.

Sus versos podemos dividirlos en naturalistas, existenciales, místicos y misceláneos. Sus poemas naturalistas comprenden poesías como "Sinfonía de las estaciones", que como en *Las Estaciones* de Vivaldi, nos habla de la metamorfosis de la naturaleza, al transformarse en sus diversas etapas. En "Florecimiento" nos describe el resurgir de energías que desprende la primavera; su orquesta vital, su bacanal de flores y de risas, su viveza de colores, el optimismo que despierta en los seres. En "Plenitud" nos relata las emociones que transmite el verano, con sus colores intensos, sus sonidos, sus grillos, sus frutos, y sus reflejos de oro.

El aire está poblado de pajarillos, de insectos, de mariposas. En el paisaje reinan los árboles y las flores. Todos compiten para formar este cuadro de belleza, imagen de Dios. En "Presentimiento" se anuncia el otoño, que dialoga con su impronta propia, de un mundo menguante que se resiste a morir; mortecino pero aún tibio y latente, presto al ensueño y al amor, a la nostalgia y a la melancolía. Sus cielos son esquivos de estrellas y sus avenidas están acolchadas de hojas, túneles dorados que crujen a nuestro paso. "Muerte" es el final de este acto de transmutación, en el que los seres fenecen dejando tras de sí su estela de fría desolación.

En "Ceremonial del alba" Lucía nos habla de la tímida sonrisa de luz que se dibuja en el horizonte al llegar la mañana, apenas un fulgor tenue que se expresa imperceptible, un ánima invisible y virginal que de repente se transforma en un torrente de luz que ilumina a los seres insuflándolos de belleza y resplandor. En "Las nubecillas rosadas" nos describe con toda su sensualidad femenina, toda su sensorialidad plástica y colorista, ese corolario de frágil belleza que imprimen las primeras nubes de la mañana. Leves, gráciles y sutiles; llenas de gracia y de color, dibujan su casta fisonomía en el ambiente, que como en pinceladas de Rafael, reflejan toda la delicadeza de una naturaleza que es ingenua expresión del arte.

En "Amanecer jubiloso" nos hace partícipes de esa potencia viril, esplendor de luz, que ilumina árboles, arroyos, tierra y cielo. Nuevamente se adentra en lo incorpóreo, aquello que sólo podemos sugerir para comprender, idear para modelar, ver sus manifestaciones para captar su presencia. Los "Árboles solitarios" son orgullosas atalayas naturales que dominan el horizonte y contemplan extáticas el espectáculo exuberante de la vida. Altivos vigías de las cumbres, robustos pastores de estrellas, son testigos del paso de los elementos y los cambios en el ambiente.

En "Dominios del mar" Lucía con gran habilidad explora todas las características del mar: su violencia, su majestad, la belleza de los elementos que con él dialogan, sus destellos de luz. En "Las aguas dormidas" se basa en un cuadro de Lucien Peri, pintor francés, de origen corso (1880-1948), notable paisajista, dotado de una sutil visión de transparencia y claridad, colorista. Artista sensible, supo recrear la belleza del mar, las montañas imponentes, los mejores momentos.

Lucía en un tono distinto nos habla de tristeza y misterio, de un agua con personalidad que refleja el subconsciente, aprisiona lo bello, manteniéndose inmóvil, espejo del universo y del ensueño. Frente a la impetuosidad del mar o el agitado movimiento de la vida, las aguas dormidas, en eterno reposo, recogen las visiones de los poetas tristes, reflejan luminarias del cielo. Las aguas dormidas evocan la propia conciencia humana, que en forma de figuras estáticas, son el embrión que no sufre metamorfosis, permanecen inertes, calladas, como testigos perennes del inmisericorde paso del tiempo.

"Negación de la primavera", fechada en 1942, es una extraña poesía, muy diferente al estilo jubiloso de Lucía, en la que denuncia lo absurdo del poder renovador de la primavera, cuando se vive en un mundo de aniquilación y guerra, arrasado de muerte y destrucción. No hay nada que celebrar en un mundo en duelo. La primavera y su poder sanador serían como un sacrilegio en un escenario profanado a la belleza.

"Lluvia" sería una poesía dotada de cierta velocidad, que conjuga la exaltación de lo maravilloso con cierta acrimonia, siluetas fantasmales con explosiones lumínicas. En el trasfondo se debate el inexorable paso del tiempo, la violencia destructora de la naturaleza cuando escancia su extrañeza; escenarios murientes que evocan abandono, soledad, melancolía, añoranza de un pasado misterioso, lastrado de encanto roto, de vértigo ante un mundo silente y ya desaparecido.

En "Hojas" trata la laxitud melancólica del otoño, el gemir de sus hojas al paso del viento, que sufren como almas su destrucción, cuando el árbol agónico se desprende de su otrora precioso ropaje. El viento está matando a los seres con su invisible puñal.

En "Agua" eleva un canto al líquido elemento, especialmente al que discurre libre y salvaje, cristalino. El agua del mar lo compara con un jirón de eternidad, con una estrella que se ha sumergido en el abismo, seguramente en referencia al propio proceso de formación de la tierra; también es hidra, animal mitológico de varias cabezas, que golpea a las rocas. En los ríos las aguas son ligeras, bella en los remansos, en la pequeña gota se transforma en piedra preciosa y reflejo de los cielos. El agua es hermosa en los surtidores, murmullo sonoro por las noches. Interesante es considerar el lago como plácida pupila, por todo aquello que absorbe y todo aquello que refleja.

En "Pasos del aire" nuestra autora se afana en describir lo intangible e inefable, el viento con su capacidad para hacer vibrar el universo, un universo soñado que rompe la pesantez de la materia. Lucía va a la caza de la belleza inaprensible, de la emoción poética intuida, incorpórea, fugaz y transparente. Definir lo que no se ve es como definir la personalidad humana reflejada en las cosas. Misterio y curiosidad, medrosa inquietud tornada en truculencia incontenida.

Y así llegamos a "Fuego" en la que Lucía continúa en su búsqueda de la belleza etérea, lírica e inasible, donde se fragua el espíritu y la materia, el significante con su significado, la realidad y el ideal. Interpuesta entre lo mítico y lo ancestral, lo cavernario y lo universal, Lucía define el concepto del concepto, la nada que quema, la potencia invisible de lo que apenas vemos. En "Amanecer" expresa con toda su sensualidad femenina, el espectáculo maravilloso del amanecer, la hermosura anhelada y presentida, la fecundidad del mundo en sus luces y colores, en su trono de fulgores, en su bacanal de ecos y sonidos.

En "El aromo y el estío" nos describe esa potente significación que tiene el aromo, árbol que actúa como heraldo de la primavera, con su maravillosa cabellera rubia y su aureola de luz. Transmite ilusión y esperanza, anuncia la vida como un canto de resurrección. Por contra, el dinámico resurgir acaba con el reposo macilento del estío, calurosa presencia de seres preciosos y prodigios de belleza.

En "Invierno austral" retrata la carencia de vida, en parajes desolados, expresando su desesperación ante un mundo yermo. En pasajes llenos de lirismo describe todo el dolor de la naturaleza, cuando se contrae aletargada e inerte, desprovista de toda su fuerza y hermosura. En todos estos poemas la autora utiliza frecuentemente la prosopopeya, figura que consiste en atribuir a los seres inanimados o abstractos características propias de los seres animados. La primavera, el viento, la luz, el agua, las hojas, el mar... tienen personalidad, piensan por sí mismos, se manifiestan en su entorno, turban o tonifican el ambiente.

Continuando con el segundo ciclo de poesías, "las existenciales", inaugura la publicación la poesía titulada "Humo azul". En la misma línea de Quevedo cuando escribió aquello de que "seré polvo más polvo enamorado", Humo azul, el color de la melancolía, sería lo que queda tras una vida apasionada que acababa en ceniza. Eros, dios de la fertilidad, resulta aniquilado, pero cuando materia y espíritu se funden en sus sagradas aras, el ser agonizante se renueva en un humo azul, casto y etéreo, que sugiere la supervivencia del alma frente a la fugacidad de la materia.

Interesante metáfora es "La redoma de cristal" en la que compara la vida inquieta de unos peces dorados encerrados en su pecera de cristal, con la vida de los hombres atrapados en su banalidad. Y al igual que éstos que creen en su libertad, los hombres viven su vida de arrogancia y vanidad, sin darse cuenta de la futilidad de todos sus propósitos, lo absurdo de sus nimiedades, el egoísmo con que se afanan en llevar una vida de apariencia, al servicio de un mundo de materialidad. Vida preciosa, vida fugaz, malgastada en un postureo inútil, de seres vacuos, aherrojados a su presunta superioridad, que acaso con sus miradas oblicuas, reptilianas, pretendieran domar a sus disímiles, pruritos de visión y bondad.

En "El molino" Lucía, imbuida de un estado anímico alicaído, crea un paralelismo entre un objeto sencillo, un viejo molino y un ser humano. Y al igual que el humano, el molino envejece vapuleado a merced del viento, a merced del destino, a merced de unas aspas que rechinan como gemidos, donde su sufrimiento es un clamor extendido. Como los seres humanos sus brazos esqueléticos y doloridos piden amparo cuando están cansados. Lamento o cantar, como los molinos de viento la vida nos hace girar, simplemente, porque sí, trasunto de un vano existir.

Bonita poesía es "El sendero" por el cual Lucía caminaba y caminaba, abstracta, fuera de su espacio temporal, como si estuviera en un desierto. Yendo por una invisible trayectoria algo indefinible y extraño buscaba. Sola y obsesa, sorda al mundo, ajena de sí, sin dirección caminaba mientras sufría una lluvia de miradas que como dardos la cercaban. Bajo el ritmo de unas pisadas isócronas, pasos sin huella, seguía caminando indiferente, mientras entre los boscajes un lucero la espiaba. Esta poesía simboliza el desencanto de una persona que ha perdido su horizonte en la vida, y que vive recluida en su soledad, transitando por inercia, flotando sobre el mundo sensible, desapegada de las personas y las cosas.

"Cansancio" refuerza el sentimiento descorazonado que hemos visto con anterioridad. Allí retrata estampas de una mansión idílica, la escogida por la autora para pasar sus últimas horas, las horas intranquilas en las que quisiera morir y no muriese. Se trata de una casa de campo, en la que conviven objetos humildes y sencillos, amoldados a un sosiego perenne, de tiempo detenido, de belleza inviolada, vigilada por un mastín somnoliento y amigo. Ese recinto de silencio rústico, abadía perdida, posee una risueña campana que avisa cuando el avieso forastero pretendiese profanar esa paz indolente, ese pensar puro y placentero.

En "Qué tristemente sola" nos sigue hablando de soledad, en un mundo en el que nada podría envanecerla, pues ha perdido el interés por las cosas onerosas, e incluso cree que los seres que la quieren dejarían de quererla. Sólo el amor que sentía era propiamente suyo, como el cantar del ave o el rumor del río. Abandonada sin objeto permanecía con sus pensamientos tristes, sus silencios extraños, sólo eso era suyo en un mundo que nunca supo poseerla, o entenderla.

En "Edifiqué una torre de silencio" relata como construyó una torre fantástica, una torre de intimidad donde vivía su mundo propio, ideal e imaginado, incorpóreo y ajeno a lo mundano. Allí palpaba la noche llena de misterios, plagada de sugerencias y lenguajes, signos y rumores. En su torre contemplaba una lluvia de astros que encendían su alma y dilataban sus pupilas. También percibía las angustias de las aguas cuando fabulaban sombras en la noche. El temor distorsionaba la realidad y creaba figuraciones caprichosas, siluetas negras en los pinos, y un trágico perfil del oscuro monte.

Pero entonces el primer rayo matutino irrumpía en el cielo, iluminando el arroyo y el sendero. Allí en su torre, en una especie de experiencia telepática, envuelta en un entorno mágico, tenía presunciones de presencias, captaba la intensidad de las miradas, sentía pasar la energía de los pensamientos. Entendía las fuerzas ocultas que provocan la sonrisa y el llanto. Su torre de silencio era su prisión aceptada y anhelada, su mirador desde donde divisaba el mundo en la distancia y donde sus maldades no podían dañarla.

En "Melancolía" la autora nos esboza con un trazo impresionista, un sendero borroso, de árboles desnudos, en el que sin embargo, unos amantes se besan sin sombras que le oculten el fulgor del día. Pero ella, con pincelada difusa, a la manera de Delacroix o Fortuny, sigue pintando su melancolía, su senda de hojas congeladas, en la que no puede vislumbrar los astros, y la luna se oculta perdida. Allí se encuentra atrapada en ese mundo lúgubre y romántico, de ambiente brumoso, de día desvaído, de tarde pálida y sin luz, gris la amanecida. La noche es profunda y demente y la vida cansa como un fardo doliente, como una rémora ciega. Un mundo sin luz es un mundo sin esperanza, un lugar de aflicción poblado de pensamientos funestos, donde la muerte impasible acecha.

En "Rebeldía del sufrir" Lucía continúa en tono melancólico, ahora incluso más intenso. El sufrir es rebelde porque se impone a nuestra voluntad de domeñarlo. Nuevamente la autora se interesa por las cosas invisibles que tienen consecuencias en el mundo físico. ¿Cuánto pesa la tristeza? ¿Podemos cuantificarla, mesurarla o materializarla? No se glorifica el llanto ni se exalta la pena. Nos atrae la fuerza, el dominio y nos burlamos de la debilidad en los espectáculos circenses.

La tristeza, tornada en angustia, se instala en nuestra garganta y nos aprieta tan fuerte que hasta el hablar nos martiriza. El silencio nos ahoga y su dolor es tan agudo como el nudo de una apretada soga. La melancolía crece y crece de forma tan profusa, como una neblina que se torna en oscuridad, que cuando ya está instalada es la noche que ha llegado.

En "Pereza", Lucía con talante de asceta reivindica la vida contemplativa, el quietismo, el valor de la serenidad. Para ella esa pereza es mitad sensualidad, mitad melancolía. Busca un sentido ancestral a su laxitud y lo encuentra en algún pasado moro, de amor y ensueño. Pereza al sol, al escrutar las estrellas, o al divisar un amanecer. Indolencia, suspensión de los sentidos, ella quisiera ser una piedra, o un sosegado lago. Compara la pereza con un licor que se le sube a la cabeza y embriaga su cuerpo pagano.

En parecida sintonía se encuentra su muy hermosa poesía "El acento inútil". Ella busca este acento, esa nota azul que nos desarma, esos episodios vitales que aparentemente no trascienden en la arquitectura calculada de la vida. Puede ser un momento sutil, una imagen sublime, una palabra evocadora o una fragancia irresistible. Puede ser también una silueta subjetiva, una pincelada de Monet, que al compás de una música de Satie, percibimos reposando en el agua, nos sonríe y de pronto desaparece.

Puede ser un sol que nos contempla timorato entre el pasar de dos nubes que se abrazan; puede ser la espuma entre dos ondas que caminan, que de repente estalla a cámara lenta su arco iris al ambiente; puede ser una flor solitaria que se aferra a la vida en un sendero pedregoso; puede ser un viento tibio e inesperado que de pronto revitaliza nuestros sentidos...

Nuestro corazón es como un santuario, un lago dormido, que yace inexpresivo, sometido a la rutina de los días y que espera pacientemente la llegada de estos signos, que traen esplendor a nuestra vida. El acento inútil es aquello divinamente leve que no cuenta en la tiránica geometría de la vida. El oído de Lucía se distiende, abarcando el mundo en busca de su eco.

En "Alegría", Lucía nos hace partícipes de un sentimiento casi lujurioso, su deseo de alcanzar una alegría suprema, una emoción vibrante, turbulenta, una sinfonía viviente, una fantasía loca, triunfadora y atrayente. Sería como una orgía de sensaciones alborotadas, excitantes, que hicieran brotar de su boca un raudal de carcajadas, hasta ahogarse en ese empacho desenfrenado de gozo y risa.

Todo ello querría, para olvidarse de la garra del dolor, del amor insatisfecho, de la angustia de morir, del cansancio de vivir, de las cosas que amaba y que se fueron. Quisiera no saber de nada triste ni de los sueños que no pudieron realizarse.

Si normalmente Lucía tiende a plasmar el sosiego en su poesía, en "Desorden" apela al caos, como germen del cual nace la belleza de la vida. El desorden de los mares, las revoluciones, la agitación del árbol y su follaje, el frío remolino de hojas en el otoño, la eclosión de astros que se agrupan en constelaciones, todo ello desemboca en armonía, dulce equilibrio del mundo.

Pero también "Desorden" es una carta de amor entre la autora y su anónimo lector, al cual seduce y le hace sentir como si sus palabras fueran dirigidas sólo para él. Se da cuenta de que por fin su mensaje iba a llegar a su destinatario, que su emoción iba ser liberada y compartida. Cuanto más presiente la llegada de esta persona, bendecida por la naturaleza con la capacidad de comprender, más se apresura su corazón en alocado latido, y cuanto más se dilata este encuentro más se siente morir, quizás porque sabe que sin su ausencia esta reunión no llegaría a ser completa.

Verbaliza su relato con el tono compartido de la primera persona del plural, incorporando a su receptor en su sentimiento. Así le invita a escuchar las olas, a vibrar con el gemir de las tempestades, a palpar el ronco cantar del viento, intuir las voces heroicas del paisaje. Se pregunta a sí misma si cuando tenga que yacer en la fría tumba, estrecha y helada, no tendrá nostalgia de su cuerpo inquieto y en definitiva, no sabe cómo podrá acostumbrarse a vivir en el éter.

La vida pagana, cambiante e inestable, es hermosa tal cual es. En la imprevisibilidad de la vida haya el gozo de existir; descubrir un nuevo misterio, incierto e inefable, es como degustar una inesperada dulzura en los mismos labios que besamos ayer. Nos declara su amor y cree que leyendo y releyendo su obra la descubriremos cada vez con una faceta distinta, y su amor será el renacer de otro amor. Con su generosidad de siempre nos coge de la mano y nos invita a una agitada carrera en búsqueda de la alegría, para deleitarnos con la inquietud del amor. Con ello podremos destilar un poco de infinito y huir de la rutina que tanto malogra el humano existir.

En "Inspiración" nos relata en breves líneas que es para ella el acto creativo ya fuera en poesía, en la música o en la pintura. Así lo compara con la llama de un momento, con una voz imperiosa que nos grita, con un anhelo voraz que el alma agita. Todo ello nos transporta, nos atormenta y nos permite visionar el mundo.

En "La voz del pan" Lucía describe en un soneto de rima consonante y abrazada la experiencia de haber oído la música de un violín en su jardín. Por otras fuentes sabemos que se trató de la música de Bach y que le provocó un profundo arrobo. Afectada de sinestesia sus estrofas se hicieron musicales.

Aún creía escuchar la resonancia de sus ecos, que transformaron los rosales en sonidos y las fragancias en cadencias. Como personajes imaginarios de un gran cuento, las fucsias, los jazmines y palmeras fueron protagonistas de este coro de fantasía que elevaba a la par de la música su voz cantarina de belleza y hermandad.

Interesante también es su poesía "Retrato" en la que traza los principales rasgos de su personalidad. No son rasgos físicos y en una ocasión dijo que quería ser recordada con la sonrisa enigmática de Mona Lisa, mitad melancólica, mitad alegre. Lucía se considera pacífica y a la vez inquieta, tierna y serena en su forma de querer y sobre todo orgullosa y afortunada de sentirse romántica y poeta. Pero también se concibe mística, seria y curiosamente, frívola y coqueta. Es decir, que era fervorosa y recatada, pero ello no le impedía también, ser profana, carnal, mundana, quererse a sí misma y a las cosas de la tierra.

Siempre añoraba la hermosura y sabía enfrentarse con entereza   a los infortunios de la vida. Se lamentaba de ser una anacoreta, persona introvertida, pero ello era la fuente de su adoración por la imprecisa fantasía, por el lirismo, y no le importaba mentir si con ello conseguía encontrar poesía en las cosas. O dicho de otro modo, su búsqueda arrebatada de la belleza podría llevarla a preferir la ficción a la realidad. A veces goza con el hecho de existir y cuando ello ocurre se desborda su alegría en el verso, que exalta su sentir.

"Evocación" es un homenaje a su padre, que recuerda con gran veneración y respeto, amortajado con un sayo franciscano. Siempre cerca de ella y a la vez lejano, así lo evocaba, ya fuera en la paz o en la amargura, en la inquietud o en el desgano o en el afloro de su ternura. La imagen de su padre le acompañaba como si fuera su sombra y cerraría sus ojos cuando muriese.

En "Si alguna vez quisieras escucharme" alza una voz plañidera, en la cual Lucía en un tono de alteridad se lamenta de no poder llegar a su auditorio, de que su mensaje no sea entendido. Parece que hubiera llegado a un umbral en el que su ilusión vital, su propia supervivencia se fuera esfumando a la vez que va naufragando su carrera literaria. Y así se siente, como una estatua olvidada, como algo inerte que transmite vida más allá de la muerte física, pero que ya no tiene conciencia de sí misma. Para ser escuchada quisiera borrar el universo y sus fantasmas, permanecer en soledad de astros apagados, detener su vuelo sin alas.

"Oh noche pavorosa" es una poesía extraordinaria. En ella nos relata su asombro ante la experiencia de contemplar un universo vasto e ilimitado, trance del que afloran toda clase de sentimientos confusos. En primer lugar nos habla de la debilidad de su ser al entrar en comunicación con esta realidad suprahumana, que afronta encogida y abrumada ante la potencia inmensa del cosmos. Con él dialoga, recibe sus efluvios, sus partículas, sus mensajes de astros invisibles, sus signos luminosos que hay que interpretar.

Trata de captar sus misterios siderales y con sus sombras se estremece. En ese afán de estudio siente pavor y conecta con lo más profundo de la conciencia humana, su edad primitiva. Compara al espacio con el mar, un océano abismal hacia el que se siente arrastrada de forma irresistible. Allí, solitaria, va entrando en otra dimensión, va experimentando una progresión del miedo, al enfrentarse a un coloso potentísimo, un universo pagano.

Apela a la sacerdotisa del misterio, que en su oráculo hace predicciones para descubrir cosas ocultas y la inquiere para saber si es ella la que roba nuestras sombras o si acaso torna en sombras nuestros cuerpos. Es decir, le pregunta sobre el enigma de la vida ultraterrena, si es ella la que se apropia de nuestras almas, o si por el contrario, transforma nuestros cuerpos en la nada. Entonces declara su orfandad, la inmensa soledad que siente ante la posibilidad de perder la conexión con el creador. Abandonada, percibe un sufrimiento intraducible y todas las miserias humanas vienen a refugiarse en su pecho.

Tras cruzar este umbral de desvarío nos habla de misticismo, de almas que transitan, de espectros que salen de sus tumbas. También de esoterismo, de intuiciones y presentimientos, cuando las aves nocturnas lanzan sus quejidos agoreros e imprimen al ambiente sus simbolismos extraños. Aquí se revela la fuerza panteísta del poema, que se conjuga con la posibilidad de un más allá que sin embargo se desmiente.

Absorta y en silencio contempla un espacio oscuro y experimenta un terror cósmico. Piensa en la intrascendencia de la vida humana, de lo poco que vale; tal vez sólo seamos un capullo muerto que vaga a la deriva, algo que floreció para marchitar y que flota en la corriente undívaga del tiempo, algo fluyente y cíclico, que viene y va eternamente. Pasan las caras pero el proceso no se detiene. Se superponen las personalidades, las vivencias, pero no se retiene el sentido de una vida.

Vive esta comunión bajo la noche, bajo esta techumbre de estrellas, como si fuera una sacerdotisa romana, una pitonisa que hace sus augurios, tiene visiones sobre el porvenir, pero también siente una cósmica angustia, incertidumbre, una soledad funesta, un miedo insano de encontrarse sola con el alma, de que no haya un más allá, de que la muerte sea irremediable y definitiva, de que la Esfinge diga su secreto y revele el sentido trágico de la vida humana.

Al escrutar esta noche pavorosa llegamos a la demencia, a una noche desgarradora pincelada por la estética del romanticismo, una noche de la que intentamos desmarcarnos para no caer en su locura. Por eso buscamos el pasado, tratamos de dejar de filosofar, procuramos aferrarnos a las cosas de la tierra, auscultamos su latido, evitando quedar a solas con el miedo. Los recuerdos son un engaño con el que esquivar los graves pensamientos, este cavilar que nos recluye y nos anonada. Pero es inútil porque el alma agobiada sigue en contacto con esta infinitud aterradora y no podemos dejar de mirar la noche, extasiados de amor, sin sentir sus abismos de misterio.

El siguiente peldaño de nuestra clasificación lo ocuparían "las poesías místicas", muy pocas en comparación con sus primeros poemarios, donde el tema místico o su alusión era más abundante. Se inician estos poemas con la serie titulada "La escala de Jacob". Por lo general la escala o escalera de Jacob se considera la conexión entre el Cielo y la Tierra y simboliza la esperanza de los humanos de alcanzar el paraíso eterno subiendo por ella y así se ve plasmada en multitud de obras de arte. En otros contextos menos religiosos representa el ascenso, el progreso y el paso de la oscuridad a la luz, de lo material a lo espiritual y también de la ignorancia al conocimiento.

En "Última cena" Lucía nos describe los principales rasgos de personalidad de Cristo, su paso por Jerusalén, su trato con los apóstoles. En especial se refiere a que es recibido como un rey, a que penetra entre magnates y palios dorados, pero también convive con el más humilde, el mendigo, los desheredados, los tristes... Para Lucía cuando la santidad de Dios baja hasta el hombre a través de la Eucaristía, se produce un milagro supremo del que nacen palabras sagradas que consolidan el vínculo entre la humanidad y su creador.

Más personal y menos histórica es "Una visión de Toledo". En esta poesía, parece que ambientada en el catedral de Toledo, nos encontramos con una Lucía de pensamientos graves y funestos. Es una mujer que ha perdido la fe, que se encuentra figurativamente cercada de aves agoreras, que dibujan círculos fatídicos en el cielo, que presagian desdichas, y la persiguen con sus alas negras y sus densas sombras. Para ella no hay presente, ni pasado ni futuro. Arriba sólo ve buitres, delante una espesa niebla, detrás sólo dolor.

En torno suyo ve a la gente llevando sobre sus hombros la misma pesada cruz. El camino es tortuoso y ella tropieza y va buscando a tientas la luz. Está perdida en este dantesco infierno y por todas partes percibe el odio, la injusticia, el egoísmo, la ansiedad. Se pregunta cómo puede ocurrir esto después de siglos de triunfante cristiandad. ¿Dónde estaba el Mundo Nuevo anunciado por el redentor? ¿Dónde estaba la Tierra de Promisión? ¿Cuánto había que esperar para que llegara el reino de Dios? Se pregunta si fue inútil el sacrificio de Cristo; tanto estéril padecer, tanto amor echado al surco, tanta esperanza incubada que no se veía florecer.

En medio de esa desesperación, sollozando, lanza un alarido en la noche, desgarra el ambiente su voz angustiada, y se siente como un náufrago, prisionero en su mortaja, recluida en su muerte inaplazable contra la que su instinto se rebela. Con esa inquietud, ese sentimiento atormentado, penetra en la sombra y ve alzarse una catedral fantasmal. Llega temblando hasta su umbral. El colosal templo permanecía solitario y en silencio, poseído por una misteriosa tenebrosidad. Con ese pesar sigue avanzando a tientas y a ciegas hasta que llega al altar.

Allí cae prosternada y enmudecida y es incapaz de rezar. Temblando y medrosa mira arriba con la esperanza de encontrar algún signo acogedor. A través de los cristales se filtra una luz balsámica, cuyos rayos ígneos están ornados de oro y azul. Es una luz sacra y potente, que besa los capiteles, acaricia los áureos artesonados, reconforta el ancho techo ojival hasta iluminar el altar. De pronto cesa el silencio, de las bóvedas se apodera un vago rumor, luego las campanas prodigan su incesante clamor, el órgano esparce sus bellas armonías, sus cantos y melodías.

Toda la catedral se estremece con sus notas poderosas, reanimando a los santos y a las vírgenes. Los armados caballeros, los monjes y los cardenales se agitan en sus tumbas. Entonces aparecen los ángeles y demonios que escenificando una violenta lucha en el recinto sagrado. Se escucha la voz de Patmos, resuena el Apocalipsis y las Siete Trompetas de oro llamando al Juicio Final. Se oyen voces célicas, relámpagos y aguas que caen como en una tempestad. Suenan las campanillas, se configura el incensario y el denso velo de Sión. Entonces, la gente arrodillada, humillada y temblorosa ve la presencia de Dios.

En "Pedid y recibiréis" Lucía nos habla del misterio de la Eucaristía, de ese mundo silencioso lleno de significado, que es la reencarnación de Cristo a través de la Hostia y el Vino consagrado. Ningún fenómeno de la naturaleza es tan trascendente como este prodigio. Ese pan que se convierte en cuerpo y habla a los creyentes fatigados, a los tristes, a los dolientes. Jesucristo entra en las conciencias y habla de verdad y gracia. Pasarán los siglos pero Cristo ahí seguirá preso en el Sagrario ofreciendo su sangre para alcanzar la vida eterna.

Dentro de los poemas misceláneos nos encontramos con la serie *Epopeya del hombre*, cuyo primer poema se titula "Canto al hombre primitivo". Aquí Lucía pone en valor la audacia de esos hombres ignorados, argonautas de los mares, que llegaron a las costas de Chile en un tiempo en que no había aún historia. Fueron hombres recios, que pasaron mil penurias, y con su tesón fueron conquistando a través de los mares y los ríos los distintos parajes del litoral.

Fueron pescadores osados, modestos sin historia, los que a golpe de remo, escrutando los signos siderales, llegaron a Chile encontrando aquí su tierra prometida; procrearon, construyeron, dejaron su impronta. Era aquel un mundo sin fronteras, de rito y poesía, de mito y realidad, de vientos intempestivos y selvas impenetrables. Se pregunta Lucía qué habrá quedado en nosotros de esos primeros hombres, cuya sangre aventurera nos llegó con el devenir de los siglos. Qué nos dicen esos ojos misteriosos, esos rostros de pómulos salientes, de su mundo antiguo cargado de tradiciones ancestrales.

En "Presencia de Chile" la autora se emociona describiendo su patria. Introduce conceptos abstractos, ideas bonitas, cuando habla de una semilla oculta, que queda fermentando en el terreno fértil de los siglos, aprisionada entre los mares y un gigantesco muro de alabastro. Luego comenta la estrechez de Chile, que lo compara con una delgada espiga, o un esbelto lirio. Esta es tierra castigada por los aludes, azotada por las olas, estremecida de temblores, volcanes, viento y lluvia.

Se acuerda de sus bosques milenarios, de su riqueza de metales, de los rostros morenos que llegaron y forjaron su raza. Tierra de desierto en el norte, tibia y fértil en el centro y lluviosa en el sur. Tierra de cumbres, de un mar riquísimo, de miles de contrastes y bellezas, que avara oculta su tesoro en el más recóndito lugar del mundo.

En "Multitud" Lucía se interesa por esa fuerza que tiene el grupo para transformar el mundo. Compara la multitud con un cardumen atrapado por redes invisibles, que sin embargo, funciona al unísono. Este enjambre bullidor puede actuar como un mar enfurecido o como un asustado tropel. Esta multitud es capaz de recoger el dolor y hacerlo más grande aún, o por el contrario puede recoger la alegría, el fervor y la mística. A su imagen se crearon los corpúsculos de las arenas, innúmeros y opacos; las gotas confundidas en el agua o la lluvia. Huyendo del vacío y del silencio, los hombres se apiñan codo con codo, como los árboles de la selva.

Su mirada es semejante a la de los astros infinitos. Esta multitud es comparable a un gigantesco caballo, que cabalga animoso con sus voluntades anuladas, que dócil avanza o se refrena respondiendo al látigo o la brida de la historia. Su rasgo es la semilla que algún día habrá de ser brote y planta, y cuando se agita es que está naciendo, con dolor, una época. Su miseria es inmensa, como lo es su esperanza y si el hombre solitario se recluye temeroso, abatido y solitario, cuando se integra en la multitud brilla intensamente como el resplandor del alba palpitando como una nueva mañana.

"Terror" es una crítica al poder nefasto del átomo que sería una respuesta a un miedo inserto en el hombre, comparable con el pavor del hombre primitivo. Es este miedo irracional el que ha llevado a los hombres a combatirse los unos a los otros, a romper leyes, a derribar ídolos sin piedad, a despedazarse enloquecidos. Hay algo en el hombre de las edades cavernarias, como es el espanto ante el primer eclipse, el aluvión, el sorpresivo rayo, el fuego y el diluvio; el horror de los atlantes sepultados, el pánico de los hombres del primer milenio ante la idea del fin del mundo, presto a destruirse por su propia iniquidad.

En este terror se aduermen las conciencias asustadas, la de los científicos extasiados con la idea de poder liberar el átomo y destruir la vida. ¡Qué más da! Dirán unos. ¿No está el mundo ya condenado? Latente subyace en unos la cobarde hipocresía, y en otros el cinismo. Algunos padecen de histeria y regurgitan su risa loca, los más, sollozan escondidos. El terror es para Lucía como un tumor malsano, que roe las entrañas, devora a los seres, como el fantasma fatídico del átomo.

En "El cielo tan azul" se ve como en otras ocasiones la búsqueda del ideal, la realidad idealizada, la belleza intangible del paisaje y también cierto pesimismo. La autora se pregunta qué es viajar y si la vida no debería ser un continuo viaje de exploración, de entusiasmo, de captar las cosas hermosas de la vida. Sin embargo, parece que todo esfuerzo es inútil, que la vida se nos escapa. Vamos detrás de nuestras propias huellas, baldadas de míseros dolores y nuestro porvenir son ellas.

Como el anterior "Junto a la orilla" es un breve soneto. En él compara el alma humana con un barco. Como en otras ocasiones otorga ánima a las cosas en teoría inanimadas, que deslumbran bajo el filtro de su pensamiento. La orilla yace extática y dormida y en ella espera un frágil barco. Éste está ansioso de partir, porque su alma está dividida en todos esos confines del mundo que anteriormente ha recorrido.

El barco partirá a la vida una tarde placentera, por la ruta azul de la quimera. Así lo decidirá un capitán invisible, el diálogo sensual de las cosas. Como el barco el alma también anhela liberarse de su amarra, conquistar su destino, su yo ideal entorpecido por el prosaísmo de la cotidianidad. No importa los obstáculos con los que la vida nos sorprenda, para el que es paciente siempre habrá un puerto, siempre habrá una oportunidad de encontrar ese sentido balsámico, que como un hechizo todo lo embellece y nos abre infinitas puertas, nos da la llave de todos los secretos.

En la poesía titulada "Olas" la autora observa el hipnótico fenómeno, lleno de lirismo, con el que encuentra similitudes con la vida humana. Las olas brillan, portan estruendo, confusión de espumas, deslizándose en su retirada. De pronto, interrumpen su vaivén infinito, cansadas de su monotonía y alzan una cúpula brillante, que luego se desmorona en cataclismo. Algo así es la vida humana, un breve lucir, un tétrico escenario en el que tratamos de imponer nuestras voces. Allá en lo alto los dioses del Olimpo, con sus prismas de titanes, nos contemplan con risión. ¡Pobres humanos, breves seres diminutos, hormigas de su tiempo, afanados en sus miserias y egoísmos, viven tratando de esconder sus inseguridades, enredados en sus viles maquinaciones!

Para Lucía las olas son como las muchedumbres que llegan y amenazan, pero pronto retroceden en desorden, cual fugitivas huestes en derrota. Vaivén infinito de la historia. Poco más. Y siguen las olas danzando su danza infinita, como aladas mariposas de los mares. Eterno ritmo, mirada cíclica de un tiempo inagotable. Sátiro que nos priva de sentido y nos confunde en la infinita amalgama de propósitos olvidados.

En "Romance del bienvenido" nos habla de una casa que se ha engalanado para recibir a un niño que está a punto de nacer. Con sensibilidad suprema, su espíritu delicado nos va esbozando este mundo de belleza, de personajes simples y puros, que ofrecen su emoción bondadosa para hermosear esta casa. Imágenes furtivas, como el de un gorrión que espía por el postigo mientras golpea la ventana con su pico. Los tilos se yerguen orgullosos y los rojos cardenales montan guardia frente al sitio.

En la copa del acacio el zorzal forma su nido, primera escuela de canto de los tiernos zorzalillos. Así continúa Lucía dando rienda suelta a su emoción abrazada de naturaleza: diucas, palomas, oropéndolas, mirlos y torcazas pueblan su mundo de ensueño. Los árboles también tienen personalidad. El viejo sauce sonríe, es tierno y un poco engreído, tiene muecas de abuelito. Las flores silvestres conquistan las grietas del camino, el musgo se asoma tímido por el techo pardusco. Nubes y sol, los cielos límpidos hablan de primavera.

En "Hijo pródigo" nos habla de ese loco deseo que tenemos todos de escapar de la realidad, de expandirnos, de ser nosotros mismos y no lo que los demás o las circunstancias nos imponen. Todos tenemos esos momentos frenéticos de delirio inquieto, de éxtasis físico y mental, en el que revolucionamos como las aspas de un molino en busca de nuestro sino. Huir, huir a toda costa, como las *Dos mujeres corriendo en la playa* de Picasso, que corren pletóricas, con los brazos extendidos, con paso ansioso, abrazando lo que la vida quiere ofrecerles y hasta los efluvios del cosmos.

Para Lucía es como cabalgar con los corceles del ensueño, ascender al espacio, como el humo, desprendernos de nuestra prisión material y ser éter, informe, vago, caprichoso y volátil. Ella se niega a ser una estatua insensible, inmóvil, rígida y fría, eterna, sin deseo. Su vida está hecha de música, de melodías vibrantes, de perpetua variación y movimiento. Ella quiere ser como las aguas alegres que discurren vertiginosas por los valles, quiere tener sangre joven, que compara a un licor cordial.

Quiere correr por los campos cargada de una abundante provisión de ensueños, con el alma desprendida de las cosas, con la sandalia ajustada a un pie ligero. Quiere partir feliz a la conquista de los horizontes abiertos, empujada por los vientos del anhelo, sin pensar en que aquel sueño se acabará, sin pensar en pensar, en nada.

"Simplemente" sería la contrafigura a la poesía anterior. Aquí Lucía está triste y melancólica. Seguramente, se encuentra ante la tesitura de todo escritor, de que las palabras puedan ser sólo palabras y no significados, y que por tanto, se puedan moldear e incluso falsear. Ella está cansada de tantas angustias, de rumiar su tristeza, de ir tras palabras y quimeras, de tratar de condensar una emoción para obsequiarla como un perfume, embalsamado.

Se pregunta si no estuviera rodando sobre sí misma, si su mensaje no fuera un surtidor de fingidas transparencias, que se esfuman en el aire, sin que dejen un claro destello, un resultado, una consecuencia, que sean escuchadas por un auditorio atento. Se pregunta si todo se reduce a caducos malabarismos de la imagen o a fuegos artificiales de la idea. Se pregunta si acaso sus palabras no fueran más que bellas mariposas disecadas dispuestas en un corcho. Lucía busca la autenticidad y para lograrlo a veces es incluso necesario desprenderse de las palabras cuando éstas llegan a ser redundantes y una rémora a la expresión.

Por ello ella ve en la simplicidad el mayor sello de pureza, de genuina ingenuidad. Quiere desprenderse de todo falso ropaje que nos vele, que nos eclipse, que nos recluya en un mundo espurio. Quiere ir por el monte descuidada, desnuda de mentiras y serena. Por ello cuando diga "astro" o "luz" o hable de silencio o de tristeza, ella quisiera sin más palabras, sin adjetivos, sin aditivos, casi con un gesto, que tu corazón la escuchara y la comprendiera.

Un cariz muy distinto tiene su poesía "Nuevo himno" fechada en 1944 y que evoca sus emociones por los daños causados por la II Guerra Mundial, aún por entonces no concluida. Tras el horror de la metralla, la locura y el estrago desplegados en una guerra inútil, Lucía dice escribir con hondo amor y con lágrimas su nuevo himno. En él rememora a los niños que han muerto sin caricias, sin mimos y sin juegos. Al labriego bueno y rudo, que forzado tronchó vidas como quién siega el trigo. Al maestro que decía su mensaje de amor, claro y sencillo. También a las madres desgarradas que perdieron a sus hijos.

En nombre de todos ellos Lucía pide que reverberen las sonrisas, se escuchen los cantos maternales; que se acreciente la esperanza, se abandonen los fusiles y las manos se abran buscando otras. Implora que los políticos dejen que viva el mundo de los simples, de alma sencilla y corazón de lirio. Que se deje en paz a los que creen, a los que sienten amor por su tierra, al campesino, que prospere la ilusión del poeta y la dulce ingenuidad del niño. En nombre de la tierra devastada suplica paz, y en nombre de los muertos pide que haya nueva vida en un mundo con un mejor amanecer.

Por las regiones asoladas pide que caiga la nieve y ponga una túnica de olvido, que florezca la primavera y se pueblen los árboles de nidos. Para lavar el suelo ensangrentado requiere que el lago se desborde y crezca el verdor y la ilusión, allí donde sólo había odio. Anhela que todos unamos nuestras voces en un canto de esperanza, un nuevo himno de campanas que rediman un mundo dolorido.

Por último cerrando este ciclo de Humo azul nos encontramos con la poesía *Anteo* que es una crítica al hombre moderno, encerrado en la gran ciudad. Anteo era un gigante de la mitología griega, que desafiaba y mataba a todo aquel que atravesaba sus dominios, y siempre vencía en sus embates, ya que su madre, Gea, o sea, la Tierra, continuamente reanimaba sus fuerzas. El hombre moderno sería entonces un ser que había perdido su conexión con el agro maternal, se había despojado de sus raíces con la naturaleza y de ahí su debilidad presente.

El hombre actual glorifica su aparente libertad, se jacta de su voluntad omnipotente, pero en el fondo no hace más que vivir encerrado en su habitáculo, recluido entre angustias y cansancios. Este hombre no es capaz de contemplar la belleza, está tan ensimismado en su cotidianidad, que no aprecia el brillar del sol sobre los campos. Todo su tiempo lo malgasta en su guarida y en ella le coge la muerte.

Tampoco escucha la armonía de los mundos, sólo atiende al murmullo incoherente, a la estridencia de la gran ciudad. Corta sus lazos con el infinito, no se preocupa de pensar en cuestiones profundas; no le importa el más allá, se aleja del campo, y con un ciego impulso goza de las luces de neón, prisionero de las nuevas urbes de cemento. Lucía cree que estas ciudades modernas son un cubil de angustias, un Babel de maldición y castigo. Este nuevo hombre, creado por la Revolución Industrial, vive feliz en este micro-cosmos, como una hoja lanzada a la corriente, como una avecilla extraviada en el exilio.

Nuestra poeta considera que este hombre vive encadenado y que ha sucumbido a la atracción y maleficio de esta ciudad producto del artificio, del oropel, de todo aquello que es postizo. Por eso implora a este hombre cansado y débil, que deje su prisión en la que se ha internado en aras de su seguridad, Edén ilusorio, y como Anteo purifique su espíritu y bonifique su cuerpo. Lucía se apena por ese hombre desconsolado que vive en tristeza y descontento y que no sabe apreciar lo bello.

Él que nació nómade ahora vivía encerrado en su madriguera, era un mísero servil, un esclavo de su necesidad. Se pregunta Lucía si este hombre conoce la alegría de crear algo propio con sus propias manos. Le turba el hecho de que este hombre sea indiferente a un mes u otro, a la primavera o al otoño. Este hombre no estima la paz que nos ofrece un remanso de agua clara, la poesía que hay en el recodo de un sendero, ese tibio estremecimiento que sentimos cuando el sol nos contempla por un resquicio entre las nubes.

Tampoco ha sentido la emoción de comprender como dialoga la noche, cuando la enigmática luna dispersa su fulgor como si fuera lluvia bienhechora que cae sobre el campo en sosiego. En definitiva, Lucía exhorta a este hombre moderno, cansado y débil, a que mate su ser antiguo, caduco, estéril y se renueve por dentro. Le pide que se arranque esos ojos que no ven, que mueva sus brazos en libre movimiento y que se adhiera a la tierra con pasión para vivir de nuevo (Richard, 2004).

CAPÍTULO XIII

PRODUCCIÓN ENSAYÍSTICA

Doña Marina Ortiz de Gaete

n torno a 1947, después de la publicación de *El enigma*, Lucía Richard se involucra plenamente en un concurso de biográficas de la editorial Zig-Zag. Tras largas sesiones de investigación en la Biblioteca Nacional, acude al certamen con un nuevo ensayo biográfico basado en la figura histórica de doña Martina Ortiz de Gaete, mujer del conquistador don Pedro de Valdivia, donde se aprecia una gran introspección psicológica, así como grandes dotes de investigadora y capacidad para relacionar los distintos aspectos de la sociedad colonial[19].

---

[19] Aunque la familia considera que esta obra se escribió a comienzos de la década de 1950 y probablemente en 1955, Vera Zouroff en su libro *El Cenáculo de Poesía a sus poetas: 19 poetas del Cenáculo de Poesía* que data de 1947, (citado más arriba), ya se refiere a esta obra que la califica de ensayo biográfico. Téngase en cuenta que Guillermo González Echenique acusa recibo de la obra y contesta a la autora el 12 de julio de 1949, por lo que debió ser escrita antes de esta fecha (*Obras completas*, ob. Cit, pág.368). Por otra parte, la propia autora dice que la idea del ensayo tuvo su arranque en la conmemoración del cuarto centenario de la fundación de Santiago en 1941 *(Obras completas, ob. Cit, pág.268)*, aunque todo indica que fue un escrito posterior a *El Enigma*. De hecho Vera Zouroff en su libro *19 Poetas del cenáculo de Poesía* publicado en 1947 declara que Lucía *"tiene un libro de ensayo, listo para las prensas"*. Por otra parte si realmente fue un ensayo biográfico, (ella refiere a que rellena ciertos pasajes con su fantasía) entonces aunque el relato se basaba en una laboriosa investigación histórica, la autora habría superpuesto su personalidad y sus juicios sobre ese cúmulo de informaciones, por lo que no tuvo por qué atenerse a un sistema de fuentes. Aunque por otra parte al insertar documentos

No cabe duda de que con este nuevo proyecto literario Lucía estaba intentando ampliar horizontes intelectuales publicando obras de mayor gravedad, lo que evidencia de que estaba luchando por su propia supervivencia como escritora. Escoge un seudónimo "Eleerre", clara alusión a "L.R." (Lucía Richard). El porqué de este seudónimo no está claro, pero existen varias razones que se pueden intuir detrás del mismo. Es probable que Lucía quisiera dar un nuevo impulso a su carrera literaria, por lo tanto no quería ser "encasillada" como poeta. Tal vez tampoco quería que el jurado la prejuzgase por ser mujer, o por la pertenencia a un determinado grupo social. Una tercera posibilidad es que el uso del seudónimo fuera preceptivo por las propias bases del concurso.

Fuere como fuere, la obra fue desestimada, porque de no serlo habría sido publicada, lo que no ocurrió. Esto debió ser un gran varapalo en la trayectoria de la autora, que a partir de este momento ya no publicó nada más, pero sin embargo, colmó esta insuficiencia con una intensa labor social en pos de la cultura, las mujeres, la juventud, los niños. Más tarde se volcó en su faceta de articulista y en su programa radial, dónde desarrolló una gran labor como difusora de conocimiento.

El 12 de julio de 1949, Guillermo González Echenique, tras haber recibido y examinado el libro, respondió a la autora en términos encomiables, haciendo un resumen de los principales aspectos que se conjugaban en la obra. Además le transmitió lo siguiente:

> "Permítame sugerirle una idea. Imprima su trabajo. ¿Y quién leerá ese libro?, me preguntará usted. No le aseguro éxitos de librería, en estos tiempos de novelas policiales y dramones de cinematógrafo, pero tenga la seguridad que mientras quede una persona que se detenga a recoger una rosa, para bendecir al Señor y admirar la elegancia inimitable de sus pétalos y la viveza de sus colores, su libro tendrá lectores" (Richard, 2004, págs. 368-369).

La respuesta del Señor González Echenique fue amable y ajustada, pero quizás no captó los verdaderos móviles que indujeron a Lucía a interesarse por

---

históricos, hubiese sido más apropiado la mención de éstos. Todo apunta a que la obra es de un género híbrido.

este personaje. Estamos acostumbrados a percibir la historia bajo una lente machista, corolario de batallas y más batallas, nombres y fechas. Es la historia de los vencedores, de los poderosos, de los ricos, de los fuertes. Es la historia de los enajenados que oprimieron a los pueblos, subyugaron a los débiles y fueron luego magnificados por escritores cuya pluma estuvo sobornada al vencedor. Nada queda para el humilde, nada para el pobre, nada para la mujer. Las mujeres no han sido tradicionalmente protagonistas de la historia, sino meras sombras de sombras, cenizas.

Algo parecido había expresado Lucía en su poema "Medalla" que con gran elegancia y sin cataclismos expresó:

Anverso

Esculpida con los bronces de la gloria y de la fama / la medalla de la vida, exhibiendo va su anverso:

Los aguerridos vencedores de batallas, / en relieves orgullosos y perfectos, / los que triunfan en las justas de las ciencias, / los que vencen en las lides del dinero. / Para ellos las miradas placenteras, / las sonrisas laudatorias, para ellos.

Reverso

Y al reverso, con perfiles desteñidos / más sencillos, más escuetos, / van las largas caravanas de oprimidos, / que a la astucia del más fuerte sucumbieron; / los heroicos precursores combatidos, / los poetas soñadores y bohemios; / van los cristos traicionados por los judas, / van los tímidos, los buenos / y la angustia de la plebe miserable de cien pueblos / que a través de diferentes latitudes / es la misma humanidad, que va sufriendo (Richard, 2004, pág. 103).

Estas ideas con algunos matices ya las había plasmado en 1936 su compañero en el Cenáculo de Poesía, Jorge Gustavo Silva, en una obra titulada *Izquierdistas en la historia,* una obra atrevida que atacó a los chilenos por su amor hacia las genealogías y los blasones heráldicos. La obra catalogada de progresista, era una galería de padres de la Iglesia, libertos, reformadores, mártires, rebeldes, herejes de todas las cataduras, precursores ilustres u obscuros, todos los que protestaron por algo o contra alguien, todos los que sufrieron opresiones y destierros, los que se opusieron a los poderes consticonstituidos. La historia nunca podrá decirlo todo. Es una selección. Hecha por los vencedores, ha seleccionado lógicamente a los que vencieron.

Lucía Richard jamás llegará a tanto. Su interés radica en el corazón no en la política. Con este ensayo biográfico quiere dignificar a una mujer vejada y olvidada por la historia. Mucho más fácil hubiera sido ensalzar la figura de un héroe, de grandes acciones y actuaciones personales. Sin embargo, Lucía pone en su punto de mira a una mujer casi anónima, una anti-heroína, rodeada por la amargura y el fracaso. Representa su figura la antinomia a cualquier coloso de la historia y esto justamente es lo que suscita el interés de Lucía. Una opción valiente que tal vez no fue comprendida por sus jurados editoriales.

Tal vez podría achacarse a la obra su falta de celeridad en algunos pasajes, su carencia de virulencias, su placidez y serenidad, e incluso más que todo ello, defecto o virtud, podríamos hablar de ausencia de sentido dramático, atributos todos ellos que definen la personalidad de Lucía Richard. Con grandes dotes para la adjetivación, Lucía traza un relato ameno y bien construido en cuanto a la concatenación de personajes y acontecimientos históricos. Pero esto para Lucía es tan sólo una excusa, un pretexto, para poner el acento en aquello que más le interesa, que es realzar la dignidad de una mujer ignorada, que por injusticias del destino vio truncada su vida por completo.

Todo comienza en Castuera, allí doña Marina contrae matrimonio con Pedro de Valdivia futuro conquistador de Chile. La dicha dura poco, el gran hombre se marcha a la Conquista y la mujer queda en Extremadura abandonada en una larga espera. No hubo tiempo para disfrutar de los placeres de alcoba. No hubo tiempo para engendrar hijos que recordaran a su marido. Los días pasan y pasan sin solución de continuidad. Doña Marina tiene que hacer frente a las sonrisas socarronas. Luego está la sospecha de infidelidad.

Al fin un atisbo de esperanza, Alderete trae buenas nuevas a Castuera, Pedro de Valdivia era ahora el nuevo gobernador de Chile. Entusiasmada emprende el largo viaje ultramarino para reencontrarse con su marido y al llegar recibe la noticia de su muerte. Al entusiasmo sigue la desolación. Concepción ha sido destruida por los indios, donde se encontraban las encomiendas de su difunto esposo. Si bien le reconocen el derecho a suceder en las encomiendas de su marido, más tarde algunos en la corte urden planes para despojarla de sus bienes.

Consigue imponerse a los cosechadores de intrigas, pera ya no importa. Su vida es un desierto, que ya no tiene objeto. Se ve confrontada frente a la que cree la amante de su marido, la sanguínea Inés de Suárez. Ella es intrépida y vitalista, mientras doña Marina es una mujer digna y recatada, que guarda enlutada celosamente el recuerdo y respeto hacia su marido. Vive muchos años, ve a muchos de sus parientes morir y va disipándose en el tiempo en un lento anonimato. Como único consuelo le queda creer que su marido a pesar de sus devaneos amorosos, la respetó y la amó.

Toda una vida perdida, truncada al amor, condenada sin condena, ninguneada por la historia, sumida en un marasmo moral indescriptible, recluida en la cárcel de su injusto destino. Y es a esta mujer, a la que Lucía en un acto de coraje pretende dignificar. A esta mujer le dedica decenas de sesiones de estudio en la Biblioteca Nacional. Es un personaje secundario de la historia, la sombra del héroe. Son los Romeo y Julieta de Arauco, burlados por un mundo indómito y cruel, que pagaron literalmente con sus vidas, el precio que la Conquista impuso a sus próceres.

DANIEL PIEDRABUENA RUIZ-TAGLE

La pregunta inquietante: síntesis: de una revisión de la historia

n los últimos años de su vida Lucía escribe su ensayo *La pregunta inquietante*, escrito que no fue incluido en las *Obras completas*. No obstante su tono escéptico en claro contraste con la dulzura de sus escritos de primera juventud, se trata con diferencia del escrito más avanzado de su trayectoria literaria y ello por muchas razones. Allí nos encontramos con una mujer madura, en los últimos años de su existencia, que sabe que no va a publicar y que no tiene nada que perder. Es un escrito que dirige directamente a su descendencia y en el que por primera vez en su vida se libera de atavíos mundanales y se sincera claramente a través de posiciones político-ideológicas. Ignorarlo es desnaturalizar su verdadero mensaje.

Después de toda una vida de reflexiones Lucía se pregunta a sí misma que es la verdad. Partiendo de sus conocimientos y experiencias somete a revisión la andadura del hombre llegando a algunas conclusiones interesantes:

> "En la raíz de todo sentimiento religioso palpita el anhelo por saber la verdad. El hombre incapaz de descubrirla por sí mismo, se asila en la revelación y pide ayuda a los poderes sobrenaturales para encontrarla" (Richard, ca 1965, pág. 6).

Otra de las cuestiones que evidencia Lucía es el anacronismo de la vida. Las cosas que fueron importantes en otro tiempo hoy resultan ridículas. Descubrimientos científicos que representaron un hito en una época hoy son tristes antiguallas. Solidas formas de pensar que fueron los pilares de otras sociedades ahora no tienen ningún sentido. Las modas, el perseguir un canon de belleza, los estilos literarios del pasado, todo se disuelve en el polvo del tiempo. Para Lucía todo es vanidad, objetivos superfluos, banalidad. Tampoco ayudan a la búsqueda de esta verdad los héroes imaginarios, los falsos líderes de los pueblos, los atropellamientos colectivos que convirtieron a paranoicos en indiscutidos conductores de la nación.

Denuncia muchas de las vehemencias de la historia como el anuncio del fin del mundo, el régimen del terror en la Revolución Francesa, la locura de los regímenes totalitarios, los episodios de exaltación mística como las cruzadas a Jerusalén.

> "En muchas ocasiones la ignorancia, las supersticiones, la pasión, la falta de visión de los dirigentes fueron las causas de lamentables hechos del pasado" (Richard, ca 1965, pág. 8).

Otra cuestión que Lucía juzga una aberración fue la destrucción en Alejandría de los mejores libros de la Antigüedad clásica por el califa Omar; la quema en la hoguera por orden del cardenal Cisneros de toda la sabiduría judeomorisca tras la conquista de Granada; o el fanatismo de Savonarola, monje florentino que se dedicó a destruir en grandes piras las obras de arte del Renacimiento. Respecto a éste último dejó escrito:

> "Savoranola, el monje renacentista, es un ejemplo del hombre que quiso torcer el brazo de la historia. En un siglo de gozoso paganismo, en un momento en que el hombre viene de descubrir su valía y siente la curiosidad y el apremio de vivir, Savoranola quiso remontar el curso de la época e imponer el ascetismo y la penitencia propios de otros tiempos. Su voz tonante conmueve por un tiempo a la sociedad y los templos resuenan con sus palabras de profeta amenazador. Murió como en la época medieval, en la prueba del fuego. A los pocos años se reanudó la fiesta del divino paganismo que fue el Renacimiento" (Richard, ca 1965, pág. 16).

Muchas de las fuerzas motrices del pasado contempladas en retrospectiva devienen ahora errores absurdos: el crucificado venció al Imperio Romano; Jerusalén fue destruido; Juana de Arco pereció en la hoguera; Galileo fue obligado a retractarse de sus descubrimientos y Colón fue despreciado en la mayoría de las cortes europeas. El hombre medio es proclive a ser conservador y cuando aparecen nuevos avances de la ciencia o conquistas de la civilización los ataca como si fueran espíritus malignos a falta de otra explicación.

Dando un salto a nuestro tiempo presente Lucía expone el endiosamiento y decadencia súbita de líderes como Hitler, Mussolini, Stalin o Perón. El genocidio y la fobia anti judía —nos dice— son unos de los errores más trágicos del siglo XX. Chile sería como Saturno devorando a sus propios hijos, aquellos grandes libertadores como O'Higgins, Rodríguez, Portales o Balmaceda. Ante todos estos virajes en la política, la filosofía, el pensamiento, sólo la humildad constituye el principio fundamental sobre el que se asienta toda sabiduría.

Frente a la fragilidad de una historia cambiante, hay leyes eternas e inmutables, como el propio corazón humano, con su afán de conservación, de inquietud creadora, de progreso. La idiosincrasia de un pueblo es circunstancial y está condicionada por sus peculiaridades físicas, su clima, su posición geográfica, sus creencias, etc. Por eso la responsabilidad del historiador es enorme. Tiene que poseer una personalidad multifacética próxima al humanista de antaño. Debe desligarse del tiempo presente y saber contemplar la historia con cierta perspectiva e independencia de criterio, para así poder escudriñar con certeza en los hechos del pasado.

No tiene sentido aferrarse a verdades absolutas cuando la mentalidad de los hombres cambia tan radicalmente según su procedencia, país, siglo, creencia, ideología. Términos como "herejía", "democracia", "libertad" han cambiado por completo de significado con el paso del tiempo hasta ser del todo irreconocibles. Grandes contradicciones se hacinan en la historia. Los ideales plasmados en la leyenda de "igualdad, libertad y fraternidad" se vieron totalmente traicionados por las salvajes campañas de terror que los dirigentes de turno llevaron a cabo en Francia para imponer esos términos.

Muchas veces aparece la falta de visión en las acciones de los gobernantes. La conquista de América fue el resultado de la búsqueda de una ruta más corta hacia Oriente, o un enriquecimiento rápido, pero la orgullosa España no supo ver entonces el inmenso potencial de aquella tierra virgen, mientras se desangraba en una guerra absurda en los Países Bajos.

Nuestra poeta considera que en esa búsqueda de la verdad hay que liberarse de prejuicios e ideas preconcebidas, derribando los falsos ídolos que hemos construido en nuestro interior y a los que les rendimos culto. Muchas veces por pereza admitimos las ideas que se nos imponen. Un caso paradigmático sería la propaganda moderna, que si bien alberga una faceta positiva, en muchas ocasiones exagera y deforma los sucesos y ensalza mediocridades. La radio y la televisión cooperan en esta invasión de ámbitos de intimidad. Frente al encanto campestre que conlleva un espacio de reposo y silencio, la propaganda afectaría a la estética de las ciudades y atacaría nuestros nervios con sus estribillos y leyendas majaderas.

Lucía se identifica con el asceta y se altera frente a todo este atropello, aglomeraciones, la irrupción de la propaganda en nuestra vida y nuestras mentes, endiosando mediocridades, provocando histerismos colectivos especialmente entre los adolescentes, los ingenuos y los ignorantes. En definitiva nuestra artista denuncia la manipulación de la gente a través de la información, la deformación de la cultura con fines interesados. Detrás de este control estaría el afán de beneficio de casas comerciales; lenocinio del que no serían ajenos escritores anémicos, pintores extravagantes o pseudo-sabios.

Asimismo, se interesa por los males de América Latina, y que en definitiva ya era hora de salir de ese complejo de inferioridad, que se nutría de la visión expoliadora que las demás naciones habían tenido sobre nuestro continente y la falta de confianza para creer en la vitalidad de nuestra propia cultura, sin necesidad de reflejarnos en los logros de otros. Partiendo de bases económicas, sociológicas, geográficas, analiza el problema del subdesarrollo, la dificultad de unir diversas culturas, lenguas y territorios inexplorados; el problema de la guerra endémica; la pobreza, que acarrea la subversión política, y hace brotar el espíritu de rebeldía e inconformismo en las personas que la padecen, produciendo las huelgas, guerrillas, etc.

También es interesante la forma en que expone la exuberancia y grandiosidad del paisaje americano y cómo lo perciben sus intelectuales:

"...el hombre americano sabe de las distancias horizontales, de la ardua tarea de dominar las fuerzas de la naturaleza. Pero también hace que ame apasionadamente su paisaje vernáculo, esa visión paradisíaca hecha más de espacios que de realidades, de añoranzas y leyendas que de miradas al futuro. Sus escritores... los grandes poetas de este siglo... tenían fijas sus miradas en Europa y Occidente, cantan estas fuerzas vírgenes con un estro torpe y vigoroso como tallado en piedra y fundido en rojo metal. Esta mirada a la naturaleza y a sus hombres primitivos, a sus cantos y sus ritmos, a sus colores deslumbrantes se acentúan en estos tiempos que aún la arqueología ayuda a reconstruir un pasado que parece aplastado por la misma fuerza telúrica poderosa" (Richard, ca 1965, pág. 28).

Otro lastre para América Latina sería la falta de integración cultural y personal de la raza aborigen. El error tanto de los colonizadores, como de los próceres de la independencia habría sido despreciar a estos pueblos, que a la postre de esta fusión de fuerzas de elementos foráneos y autóctonos nacieron las mezclas raciales.

"Nuestros prohombres lucharon en los campos de batalla por librarse del yugo europeo y una vez conseguida esa meta de sus esfuerzos, sólo actuaron con la mirada puesta en sus antiguos dominadores, copiando su cultura, su estilo de vida, sus ideologías" (Richard, ca 1965, pág. 30).

Al igual que la historia, la literatura, verdadero espejo de los pueblos se habría contaminado al mirar hacia Occidente y sus raigambres griegas u orientales. En definitiva en este punto Lucía subraya la necesidad de hacer resurgir las riquezas autóctonas, el arte indígena, la propia cultura y sobre todo borrar las clases sociales que son el origen de la división americana y uno de los mayores males que azotan a todo el continente.

Otra cosa que preocupa considerablemente a nuestra autora es la irrupción de la bomba atómica. Intercalando pasajes del Apocalipsis de San Juan, ve en esta nueva arma una amenaza sin precedentes, cuyos efectos devastadores no pueden circunscribirse a un área concreta sino que sin ninguna contención se extiende en forma de lluvia radiactiva por todos los países. Es la era de kennedy y Kruchov, de las exhibiciones de fuerza, de los pactos improvisados, del pánico que suscita esta nueva maldición de la humanidad.

Frente a ello contempla las fuerzas positivas que existen detrás de la energía nuclear y exhorta a los responsables de su uso, a que se utilice como una herramienta de progreso. Otras amenazas que se ciernen sobre la humanidad son las luchas raciales. Lucía considera que la era de la hegemonía de la raza blanca ha pasado con el fin del colonialismo y los protectorados. El hecho de que la raza blanca capitaneada por Estados Unidos tenga el control de la técnica y una cultura avanzada, no impide la aparición de otras razas como la amarilla de creciente auge que está modificando la fisonomía de la tierra.

El nacionalismo chino, con sus nuevos líderes como Mao, con intervenciones políticas y militares en diversos países, sus programas nucleares, su proliferación demográfica, suponen una nueva amenaza para el mundo occidental. China ha despertado con su comunismo de su sueño milenario; ha adquirido orgullo y altivez, confianza en sí misma y en sus ansias de expansión no perdonará a sus antiguos opresores.

En igual sintonía pondera los problemas que arrostra la raza negra. Es ésta una raza históricamente maltratada e injertada por la fuerza en diversos lugares del mundo, lo que está provocando multitud de tensiones en las sociedades. La época del colonialismo y de la vergonzosa esclavitud ha pasado, pero aún hoy subsisten multitud de minorías negras en EEUU y otros lugares, que oprimidos por una mayoría blanca luchan por sus derechos civiles siendo esto una gran fuente de conflicto.

Frente a Martín Luther King y su programa de no violencia, se opone el fanatismo racial del Ku Klux Klan y frente éste la apuesta por la violencia que abandera el Black Power. En el otro lado de la balanza se encuentran países como Sudáfrica, con una mayoría negra dominada por una minoría blanca, y países de reciente independencia como El Congo, origen todo ello de una interminable escalada de desórdenes.

Por lo tanto en opinión de Lucía ya no valen la fuerza y el músculo. Los nuevos líderes tienen que arbitrar nuevas medidas para lograr una efectiva integración racial que evite esta fuente inagotable de conflictos y resquemor hacia los antiguos opresores. Así lo expresa Lucía:

"Ojalá que los dirigentes blancos busquen la raíz misma del mal y encuentren el remedio en la educación, los medios adecuados de vida, la vivienda conveniente y el respeto a la dignidad del hombre prescindiendo del color de la piel" (Richard, ca 1965, pág. 43).

En consecuencia, los problemas del mundo sólo tienen una vía para su redención: la total integración racial de la familia humana. En un alarde de talante democrático Lucía sitúa a la religión cristiana al mismo nivel que la islámica, la cual es profesada por muchas razas diferentes. Básicamente está refiriéndose a la libertad de creencias hoy derecho consagrado en multitud de constituciones, que implica la posibilidad de creer en una religión, en otra distinta, en un sistema filosófico o de no creer en nada. ¡Forjemos el futuro! – Nos dice–mientras nos habla de igualdad y respeto:

> "La segunda gran revolución de la historia, la francesa proclamó la igualdad como bien intrínseco del hombre. En nuestros tiempos la Carta de las Naciones Unidas, también lo expresa claramente al afirmar su fe en los derechos fundamentales del hombre, en la dignidad y valor de la persona humana, en la igualdad de hombres y mujeres, en las grandes y pequeñas naciones" (Richard, ca 1965, pág. 44).

En los siguientes párrafos se reafirma plenamente en estas ideas:

> "Tenemos que buscar una solución más profunda y radical: borrar el concepto de raza y hacer prevalecer el mucho más noble y verdadero de hombre".

> "Una verdadera integración racial es la que no pone cortapisas en la familia, en las uniones consanguíneas. Así el mundo del futuro será una sola gran nación que disfrutará de la misma técnica, sustentará los mismos ideales, gozará de las ventajas del progreso, tendrá una lengua común que en sus partes esenciales será comprendida por la mayoría de los pueblos" (Richard, ca 1965, pág. 45).

Nuestra autora se da perfecta cuenta de que está rozando la utopía, por lo que se pregunta a sí misma:

> ¿Por qué no podría progresar el espíritu del hombre así como progresan los conocimientos físicos y matemáticos? (Richard, ca 1965, pág. 45).

Es cierto que el etnocentrismo es un instinto muy intenso. Es un tema difícil. Somos proclives a agruparnos en torno a nuestra propia raza, cultura, grupo social. Si la integración racial total suena a idea de difícil materialización, cuanto menos debería existir una integración social, un respeto hacia la dignidad de las distintas razas de la familia humana, evitando toda suerte de dis-discriminación.

Lucía considera que esta integración es perfectamente posible y para ello no hay más que analizar la historia. América fue el resultado de infinidad de entrecruzamientos de distintos pueblos que en sucesivas olas migratorias llegaron hasta aquí. Lo mismo ocurrió en Sicilia que fue ocupada por una amalgama de razas diferentes. Las diversas campañas de conquista provocaron esta fusión en todos los países de Europa.

Los restos arqueológicos muestran semejanzas sorprendentes de distintas civilizaciones en vocablos, mitos y costumbres. El lenguaje arrastra una colección heterogénea de palabras de procedencias diversas. En la España colonial hubo luchas cruentas, pero no exterminio del indio. Los españoles se fusionaron con la población indígena. Finalmente, los distintos rasgos de las razas —como es el caso de la pigmentación de la piel, el color del pelo— vendría a ser el producto de la adaptación de los individuos al clima y otros factores del entorno.

Asimismo, subraya el hecho de que la discriminación racial es relativamente reciente. En la Edad Media los judíos eran perseguidos por su religión, no por su raza. Los esclavos provenientes de las conquistas romanas podían ser blancos o negros. El norte de África fue un centro de alta cultura. Los cartagineses hicieron temblar a Roma. Es decir, Lucía nos está evidenciando con estas ideas la relativización del concepto de supremacía racial.

El auge de una raza en una determinada era no implica que su hegemonía se mantenga en otra distinta. Hoy lamentablemente —incide Lucía— el mundo tiende a la diferenciación. Sin embargo, considera que la creación de la O.N.U. con su integración de razas, culturas, diversos idiomas... es un instrumento formidable que coopera al gran objetivo que es el entendimiento universal.

Cambiando el rumbo de su exposición que no su objetivo, Lucía se adentra en los problemas del Oriente Medio. La guerra árabe-israelí sería un conflicto de tres mil años de antigüedad cuyos principales personajes y localizaciones ya se aludían en la Biblia. El odio que divide a los dos pueblos es profundo y ancestral. Así lo explica Lucía:

"Inmensidad de arenas, bajo las arenas, petróleo. Fastuosidad asiática y miseria. Regímenes monstruosos, príncipes que se educan en Europa y pueblo analfabeto, ignorante y supersticioso. Esclavos, sí, en este siglo, esclavos, gobiernos socialistas, progresistas y autocracias absolutas y todo bajo el denominador común de la falta de agua y el calor asfixiante" (Richard, ca 1965, pág. 48).

Seguidamente analiza todos los tejemanejes de la política de Nasser, sus aciertos y errores, preguntándose si algún día Isaac e Ismael se reconciliarán en el seno del padre Abraham.

Una nueva amenaza para la humanidad vendría con la explosión demográfica, y su corolario de hambre y falta de espacio vital para los seres humanos. Hace unas décadas, especialmente en América, se alentaba a través de diversos programas el incremento de la natalidad y la emigración, a la vez que se confiaba en la técnica sanitaria para aumentar la población, síntoma –según se creía– de progreso. Pero pronto los políticos tuvieron un brusco despertar, ya que siguiendo lo preconizado por Malthus se dieron cuenta de que la población aumentaba de forma exponencial, mientras la producción de alimentos se mantenía estacionaria, o no crecía al par de la población.

La falta de recursos arrastraba el problema del hambre al que ahora se trataba de combatir con campañas de control de natalidad. La paradoja es que frente a ese control ejercido en los países desarrollados de mayoría blanca, los países asiáticos y africanos, a veces sumidos en la pobreza continuaban aumentando su población desorbitadamente. Ya sea en Chile o en otros países este aumento incontrolado de población creaba (y crea) diversos problemas habitacionales, de transporte, de infraestructuras, de empleo, de cobertura sanitaria, educacional... y tenía una lánguida faceta de incremento del hambre, así como de competencia de recursos ahora escasos como el agua, necesaria tanto para el hombre, como para sus cultivos y su industria.

La distinta geografía física de las diferentes naciones no habría contribuido a crear una solución homogénea del problema. Como contrapartida a todas estas amenazas la FAO y otros organismos internacionales se habían propuesto aumentar los alimentos en el mundo. En definitiva, el hombre se apoyaba en su técnica, aprovechando los rayos solares, las fuerzas de las mareas, la energía nuclear, ideando una forma más racional de la redistribución y producción de la tierra, sintetizado en lo que se ha llamado la Reforma Agraria.

Toda esta explosión de creatividad liderada por técnicos estadounidenses y englobada bajo lo que se ha llamado el *Brain Trust* vendría a mejorar la producción de la tierra y la vida en ella, gracias a grandes avances en el dominio de la máquina, la biología, la educación, la sociología, constituyendo todo ello un factor determinante del progreso. En palabras de Lucía:

"Sería una dictadura, la de la técnica que requeriría una sumisión a la máquina, un total convencimiento y fe en sus mandatos" (Richard, ca 1965, pág. 53).

Frente a todo este maquinismo, industrialización, uso racional de los recursos, nuestra autora rememora con nostalgia los tiempos pasados. Sería el tiempo de los grandes conquistadores y navegantes, los exploradores del desierto y de los hielos, los pioneros en suma, con su sentido del honor, su búsqueda de la gloria, más que apetencia de bienes materiales. Concluyendo este pasaje afirma:

"El día que podamos reunir la ciencia, la técnica y la calidad de un conjunto de potencia, ese día quizá se dejarán a un lado las pasiones mezquinas de los pueblos, las rivalidades, las discusiones ideológicas que han descendido del plano mental al más rápido del convencimiento por las armas" (Richard, ca 1965, pág. 54).

Por otra parte Lucía contempla todas estas amenazas para la humanidad como una forma de apocalipsis y se pregunta si frente a toda esa revolución material no será necesaria también una revolución espiritual:

"Más que el *Brain Trust* de los norteamericanos, es mejor poner las esperanzas en la Noosfera de que habla Tailhard de Chardin, verdadero anillo de fuerzas espirituales que deberá rodearnos para ir al advenimiento del mundo futuro, en su nueva etapa de evolución, esperando al reino de Dios sobre la tierra, antes de la destrucción final" (Richard, ca 1965, pág. 54).

A pesar de todas las dificultades por las que atraviesa la humanidad, Lucía elogia al *Homo Sapiens* como una criatura versátil capaz de adaptarse a los entornos más hostiles y de producir grandes innovaciones que faciliten su vida. El hombre había abordado con éxito la conquista de la energía, había puesto punto y final al colonialismo, había vencido a las enfermedades, y ahora venía una de las revoluciones más interesantes en la trayectoria humana: "el desarrollo de la técnica".

Era un mundo nuevo, un mundo de ciencia ficción. Todo había comenzado con una sociedad patriarcal y de esta se pasó al concepto de comunidad, luego al de Estado, conquistas que trajeron aparejadas la guerra, la esclavitud y otros males. La primera ciencia, la ciencia primitiva era aquella que habría tratado de dar explicación a los fenómenos naturales.

Los romanos con su fuerza y su capacidad organizativa extendieron sus conquistas, fueron el vehículo de la civilización, asimilando y no aniquilando a los vencidos. Era un mundo de materialismo, de paganismo y a través de él se iba a imponer la revolución espiritual de Cristo, con su doctrina de amor y renunciamiento, de ausencia de egoísmo, que a la postre iba a minar las mismas bases del Imperio Romano.

Pero entonces llegaron los bárbaros, descompusieron el antiguo imperio, se perdió la sabiduría griega y empezó la prolongada noche de la Edad Media. Sólo en los monasterios se preservaba el saber. Y un día llegó la imprenta con su rápido intercambio de libros e ideas y propició una era de viajes, exploraciones, conquistas y descubrimientos. La caída de Bizancio esparció sus eruditos por Europa favoreciendo ese gran fenómeno que fue el Renacimiento. Aparecieron valiosos manuscritos, crisol de la filosofía, el pensamiento y la literatura de Grecia. Fue una época en la que el hombre hizo grandes avances como así lo expresa Lucía:

"Al tomar conciencia de su capacidad intelectual, el hombre pareció descubrirse a sí mismo. Ya no le ataron como antes los dogmas religiosos, ni las ideas tradicionales, ni el respeto a las instituciones y se lanzó con un ímpetu juvenil a la gran aventura de la investigación" (Richard, ca 1965, pág. 56).

Surgieron las naciones y nuevos gobernantes que se impusieron a los antiguos poderes feudales, así como a las influencias religiosas. La Revolución Francesa fue el corolario de esta rebeldía, de esta nueva fe en la capacidad del hombre que va en busca de sus derechos. Y así, paso a paso, nació la ciencia moderna, la técnica, el motor, el desarrollo de la industria, la Revolución Agraria y luego la Revolución Industrial. Fue decayendo la aldea en favor de la ciudad.

Una nueva ciudad cada vez más grande y compleja, que requirió obreros especializados, una nueva organización sindical, que hizo surgir la huelga como forma de reivindicación y la masa como entidad. El arte, las costumbres y la religión cambiaron su fisonomía. Murió el arte elitista, aquel del que se beneficiaba sólo los príncipes y pudientes en restringidos cenáculos. Ahora el arte se estandariza, se hace popular, llega al gran público. Los cuadros salen de los palacios y se exponen en museos, los libros en grandes bibliotecas, la música se difunde a través de nuevos medios de transmisión.

La palabra escrita fue complementada con la imagen y el sonido. Al teatro de elaboración minuciosa y artesanal, dirigido a un público aristocrático, sustituyó el cine con su prodigalidad y abundancia, con su anonimidad. Incluso Lucía se anticipó a internet al imaginar en las aulas una gran pantalla que albergara los rudimentos de la lectura y escritura, las matemáticas, los principios morales y religiosos, la historia y la geografía.

La época moderna en el pensamiento richardiano ha caído en el demérito, ha perdido su valor, ha renunciado a la singularidad del ser humano para diluirse en el reino de la medianía. La era industrial había traído la facilidad con que recibimos los bienes del progreso, la mediocridad de los productos, en definitiva, la superficialidad. Hemos perdido la facultad de apreciar el esfuerzo, todo nos llega simplificado para un fácil consumo.

Lucía contempla con nostalgia los tiempos pasados, la era de la carreta, del arado, del huso para la fabricación casera, del telar, la diligencia, la carta largamente esperada. Eran tiempos en que la vida tenía otro ritmo, en los que el hombre era capaz de crear obras admirables que desafiaban los siglos, obras de pulimento y perfección, dignas de admiración y regocijo. ¿Dónde ha quedado el antiguo artesano que tallaba las piedras de las catedrales, forjaba los hierros, hacía los vitrales? ¿Dónde el monje que iluminaba los libros o pintaba telas?

El menor esfuerzo para sobrevivir causaría asombro al hombre del pasado. Lucía se siente mucho más identificada con este mundo pretérito que con el mundo ajetreado de la actualidad. Las grandes empresas hay que sentirlas, experimentarlas, palpar el significado del esfuerzo y el sacrificio, para que penetren en nuestras conciencias. La dedicación empleada en la preparación del concierto de antaño se desvanece en el frío transmisor de nuestros tiempos.

La ilusión y la entrega de los comediantes que traían el júbilo a los pueblos, que sabían con su arte encender el espíritu de las gentes, se había sustituido por las imágenes disecadas que nos ofrece el cine, perdiéndose así el sentido de comunidad y la comunicación entre las personas. Para Lucía el conocimiento e incluso el trabajo ha de ser sentido, ha de penetrar en nuestras emociones, ha de palpitar en nuestro interior, porque si no es mero ejercicio de raciocinio, que no trasciende a la integralidad del ser, que no nos aporta nada:

"El conocimiento que no se adquiere paulatinamente por una disciplina de la mente, sino que es fruto de una memorización impuesta, no es conocimiento. La escuela que nos atiborra de fechas y detalles, nos quita el placer de experimentar, es tan agobiante como el trabajo de la fábrica, que por obra de la especialización priva al obrero de la satisfacción de crear" (Richard, ca 1965, pág. 59).

Las demandas del mercado, las apremiantes necesidades de la sociedad, la exigencia de producir más y más, de bajar los costes, la competencia comercial, nos había traído la producción en serie con su correlato de falta de calidad en los productos lanzados. Este apresuramiento por hipotecar el futuro nos trajo lo mediocre, dañando la perfección. La fábrica terminó con lo genuino, creó los substitutos, las imitaciones, las copias, los oropeles. Nuevamente Lucía reivindica un ritmo más pausado y sobre todo busca lo auténtico, lo perfecto, el halo divino que subyace en las cosas, la belleza en suma y denuncia un mundo viciado de falsedades, de oropeles, de adulteraciones.

La invasión de la técnica y de la cultura en todas las capas de la sociedad, la maravillosa Revolución Industrial, nos habría traído una consecuencia, un daño colateral, un efecto secundario, que es la aglomeración del hombre en las ciudades. La radio y la televisión habrían difundido al dios urbe y bajo su seducción irresistible fueron llamados los hombres del campo que acudieron a tropeles buscando mejorar sus condiciones de vida, sus salarios, sus posibilidades de esparcimiento. Así lo relata Lucía:

> "Así apareció este fenómeno del siglo veinte, esos monstruos inmensos y aburrimiento complicados que son las ciudades modernas" (Richard, ca 1965, pág. 61).

La ciudad es para Lucía la representación del pandemonio: un conjunto desordenado de edificios, callejuelas estrechas, monumentos y casas superpuestas que han perdido su proporción y perspectiva, creciendo todo en la más grande confusión. Nada más distinto es una ciudad, epítome del caos, que un bosque, la representación más natural de la armonía. La dificultad de desplazamiento de la periferia a los centros de trabajo, nos habría traído las comidas precipitadas, el abandono del hogar durante demasiadas horas, perdiéndose las conquistas de la técnica, provocando el desmembramiento de las familias.

El ser humano que desde tiempos arcaicos se había adaptado a toda clase de entornos naturales, ahora se ve compelido a vivir atrapado en nichos o colmenas, y a soportar todos los efectos nocivos de la gran ciudad: la atmósfera densa y viciada, las trepidaciones, las luces fulgurantes de avisos luminosos, muchas veces con un ritmo intermitente y majadero. El elevado volumen de altavoces desquician los nervios y los programas de radio y televisión dedicados a entretener más que a educar traerían la inquietud y el nerviosismo a los mismos hogares. Entonces aparecerían los calmantes, en una secuencia sin final, donde las mismas causas producirían los mismos efectos.

El smog y la neblina de ciudades como Londres o Nueva York habían traído la asfixia, el cáncer, las enfermedades de pulmón, el nerviosismo, las enfermedades mentales, los suicidios y hasta los crímenes. Piense el lector que Lucía se había dedicado toda su vida a glorificar la naturaleza, la vida campestre, los arroyos, las estaciones, un entorno de sosiego, donde se reivindica la autenticidad de la vida de otros siglos. La ciudad moderna con toda su confusión y locura colectiva, atentaba directamente contra el principio vital de Lucía, que debía de sentirse muy fuera de lugar, e inquieta en ese ambiente.

Toda su vida construyó un alegato de armonía, de belleza, de tranquilidad, de pureza, en el que no tenía cabida el desorden, la maldad, la insania, ni la vileza. La ciudad representa para nuestra autora toda una cacofonía comparable al arte cubista. La urbe moderna con sus ruidos invasores, con todos sus atropellos sociales, vehicula una invasión de ámbitos de intimidad. La irracionalidad colectiva ha irrumpido en la racionalidad individual. Lucía denuncia los trastornos de los apagones eléctricos, los atascos de automóviles y hasta piensa que las ciudades sirven de blanco a los bombardeos enemigos, pero sobre todo reflexiona sobre el sentimiento de soledad que provocan las grandes ciudades:

> "Es digno de estudiar por los psiquiatras el sentimiento de soledad, de frustración, de angustia, de incomprensión que oprimen al habitante de las grandes ciudades. Nunca nos sentimos más solos que cuando tratamos de abrirnos paso a través de una muchedumbre desconocida. Ni la inmensidad del océano produce ese sentimiento de soledad" (Richard, ca 1965, pág. 62).

De lo general va a lo particular, de la ciudad a la calle y junto a esta la plaza. El ágora griego es el punto donde convergen las inquietudes ciudadanas. Tiene un revestimiento de nobleza, ya que es allí donde tienen lugar los momentos solemnes y consagratorios. Pero para Lucía el verdadero peligro se encuentra en la calle, que ha sustituido el patio hogareño y el parrón de las casas modestas.

Nuevamente Lucía contempla esta violación de la intimidad individual por parte de la colectividad. Antiguamente la residencia familiar era un recinto cerrado al que difícilmente podía llegar el forastero. Ahora, no sólo la gente sale más a las calles, sino que se ve invadida en su espacio propio por medio de la radio, la televisión y el teléfono. La ventana es un límite imperceptible entre el hogar y la calle. A través de ella nos vemos asaltados por la comunidad.

La vida transcurre fuera y los niños en cuanto se separan de la madre corren el riesgo de verse sometidos a toda clase de influencias. La frontera entre lo inofensivo y lo perjudicial, debe quedar a cargo de los padres que deben ejercer su autoridad y limitar esas horas de expansión fuera de casa. Cuando el niño no encuentra lo que necesita en el hogar se lanza a buscarlo en la calle. Esta sería la juventud rebelde o inadaptada que se lanza a la carrera de la delincuencia, de lo absurdo, de lo antisocial.

Pero si la calle es un peligro para el joven, Lucía también reconoce que la ciudad ofrece otros beneficios como es la proximidad a los centros de educación y trabajo. En la ciudad el joven encuentra más posibilidades de completar su educación frecuentando museos y bibliotecas, vive bajo una mayor influencia religiosa, con más templos y más sacerdotes. Su salud está más protegida y tiene más posibilidad de practicar deportes.

En contraposición a lo anterior, las causas de la rebeldía e inadaptación de los jóvenes también hay que buscarla en el interior de los hogares. La desorientación de un mundo cambiante, la mala educación, el nerviosismo y desquiciamiento de los hogares cooperan a esta situación. Esta sería la generación de la inconsciencia, de la ira colectiva, del desenfreno. ¿Cuál es el origen de esta rebeldía? –se pregunta Lucía.

No sólo la mala educación, sino también otras circunstancias, la herencia y el ambiente. Las consecuencias de la guerra fueron nefastas. Tras los bombardeos los edificios se vuelven a erigir, pero la personalidad psíquica es mucho más difícil de reconstruir, porque el subconsciente guarda durante mucho tiempo los daños recibidos. El espanto de una guerra nuclear no es buen presagio para una generación serena y esperanzada.

La desintegración de los hogares no ayuda a estos jóvenes: el alcoholismo, las reyertas familiares, el abandono de menores, la indiferencia de los padres hacia los problemas de los hijos, los lenguajes procaces, los excesos sexuales, la pornografía, todo conduce a su destrucción. Padres fracasados que inculcan falsos heroísmos en sus hijos, o ensalzan la posesión del dinero como primera virtud, o buscan los éxitos escolares de sus vástagos para colmar su propia vanidad. Frente a la autosuficiencia del joven Lucía considera que es necesaria una moral que lo guíe, si no se tornará irrespetuoso y engreído. El atiborramiento de conocimientos mal dirigidos y asimilados convertirá al joven en un pedante que desprecia a sus mayores.

Aparte de la problemática de la calle y el hogar, lucía arroja duras críticas para los jóvenes:

"Juzgan ligeramente que el pasado no vale nada, se ríen de la vejez, reniegan hasta de la patria que hunde sus raíces en la tradición. Se sienten dueños del mundo porque pertenecen a esta era del átomo y de la técnica, que les parece en su ignorancia que ha comenzado con ellos.

En su afán de protestar por todo, usan vestimentas llamativas y peinados estrafalarios, desconocen las buenas maneras y los modales que la sociedad antigua hacía más amable la existencia" (Richard, ca 1965, pág. 68).

En definitiva, se trata de unos jóvenes que desprecian la unión de la familia, que ignoran los valores clásicos del arte y de la cultura y que se habían convertido en los nuevos vándalos que se arrojaban a las calles a perturbar la vida ciudadana. Pero no siempre cambio significa error, dice Lucía:

"En el futuro todos llevaremos una vida más natural, menos hipócrita y más valiente" (Richard, ca 1965, pág. 68).

Por suerte para la humanidad, los jóvenes inadaptados son una minoría. La propia vida se encargara de reconducirlos al redil. Frente a estos existe una juventud emprendedora, que se esfuerza e investiga en laboratorios y universidades, que aspira a triunfar en la vida. En la vida se han producido inmensos cambios, pero no son éstos producto sólo de la ciencia o de la técnica, sino también de los nuevos cambios en las costumbres, las leyes, la economía o el ritmo en el aprovechamiento del tiempo. Todos estos cambios han creado una coyuntura internacional que deja inoperante el aislamiento de las naciones, o el nacionalismo. Las nuevas tendencias de la economía nos conducen a un mundo sin fronteras:

> "El mundo va a su integración y como dijo luminosamente Teilhard de Chardin la era de las civilizaciones ha terminado y llegado la era de la civilización" (Richard, ca 1965, pág. 71).

Un pensamiento muy liberal es el pensar que el ocio de las clases altas, signo de distinción en otras épocas ya no puede existir. Este un tema con grandes derivaciones. El poder de la aristocracia ha sido históricamente mermado como resulta de la supresión de los mayorazgos. Los reyes ya no pueden encabezar monarquías absolutas. La laxitud de las élites ha sido achicada por un mundo de meritocracia. La pluralización de los apellidos es un hecho. También nos dice Lucía que la clasificación entre profesiones nobles y profesiones para el vulgo, ha desaparecido y cientos de especialidades interesantes disputan la atención de la juventud.

Pensemos que en el Barroco las profesiones manuales estaban muy mal vistas, y la literatura de la época está plagada de parodias que se burlan del noble pobre, que se aferra a su abolengo y mil veces prefiere vivir en la miseria que descender al mundo de los innominados. La nueva juventud tiene que hacer frente a las fuerzas que presionan al mundo: la dictadura de la técnica y la dictadura de las masas. Los gobiernos están sometidos en su ejercicio de poder por un cúmulo de poderes fácticos: las criptocracias científicas, militares o sindicales. Otra cuestión interesante es que Lucía relativiza la importancia del materialismo y el mercantilismo y cuestiona la autosuficiencia de la ciencia como única explicación racional al misterio de la vida:

> "Hay que dar a lo aparentemente inútil el valor que también posee y respetar el espíritu en todas sus manifestaciones: sentimiento religioso, filosofía, arte, poesía. El pragmatismo nos hizo dar demasiada importancia a la utilidad de las cosas, despreciando su valor intrínseco" (Richard, ca 1965, pág. 71).

Aquí se aproximó a Unamuno, un hombre complejo, a veces contradictorio, que basculó entre el fervor religioso y el acatolicismo, que en ocasiones condenó la intransigencia y dominio del pensamiento ejercido por la Iglesia, pero también criticó el nuevo endiosamiento de la ciencia, como una nueva tiranía tan lacerante como la anterior. Fue un intelectual regeneracionista que pretendió la modernización de España y que temía al público al que llamaba bestia multifauce. Pasó de católico practicante a enarbolar la enseña de la religión laica de la libertad.

Cree que toda ideología que se convierte en fe carbonaria genera nuevos ídolos que en definitiva es una nueva forma de inquisición latente; considera que el cientificismo funciona como una nueva fe positivista; que el intelectualismo cuestiona los grandes interrogantes del destino humano; teme que el escepticismo se haga fanático; que el progresismo sea una nueva religión que aduerme la conciencia crítica. Todo esto tiene mucho que ver con Lucía Richard, que busco el consenso y que también abogó por un individuo más etéreo y que diera menos importancia a lo material, otra gran tiranía del siglo XX.

En el siguiente párrafo de esta *Pregunta inquietante* establece una verdadera síntesis de su pensamiento:

"La juventud de hoy no debe dejarse arrastrar por todo lo novedoso. Tiene que defender lo bueno del pasado, lo medular de la tradición, rendir culto a los valores eternos; el pensamiento griego, el Decálogo Bíblico, el amor cristiano, así como el arte clásico, el sentido de amor al terruño, del deber, de la lealtad, de la amistad" (Richard, ca 1965, pág. 71).

El punto fuerte de la personalidad richardiana es una extraordinaria capacidad para expresar la belleza. Su limitación, el haberse circunscrito a la naturaleza, por la que siente verdadera devoción, lo que la alejó de otros posibles motivos de sus versos, en especial los sentimientos del pueblo chileno. La nota más aclaratoria de su pensamiento es "el eclecticismo". Intentó unir fe y razón, panteísmo y fervor cristiano; el paganismo, arte clásico y el pensamiento griego con una fe incorruptible; cuestionó en ocasiones ciertos aspectos dogmáticos, y también los abanderó como la señal de identidad de un pueblo.

En su pensamiento se aprecian brotes de elitismo, de exclusivismo, de desprecio hacia el vulgo, lo que se conjuga con una amalgama de ideas liberales y de condena a las divisiones sociales. Creyó en la singularidad de ciertas razas, o en la belleza como fuente de vigor de las razas, y en otros pasajes de su obra defendió abiertamente la integración racial, la unión de la comunidad humana. Fue una feminista, y ensalzó la meritocracia, pero no obstante sus muchas declaraciones en pos de la emancipación de la mujer, como mujer casada en ocasiones evitó exponerse al nivel que lo hacían sus compañeras y más bien albergó una conciencia de clase.

Otras facetas de su efigie nos muestra a una mujer que defendió conservar lo más enriquecedor de la tradición pero también abogó por el progreso y por el cambio: *¡cambiar es ser humano, estancarse es hacer caricatura de Dios!* – nos dice. Supo vislumbrar las grandes ventajas que proporciona la ciencia y la técnica, pero también consideró que el culto a estos nuevos dioses nos podrían conducir un mundo asfixiante de materialismo. El espiritualismo en contraposición al materialismo es para Lucía mucho más que devoción cristiana, equiparando el arte, la filosofía y la poesía al sentimiento religioso.

Divisa el peligro que conlleva el erigir nuevos ídolos, el peligro de la confusión en la colectividad, el endiosamiento operado por las masas como una nueva forma de tiranía que atenta contra de la identidad individual. También se pregunta: *¿La tradición puede ser algo más que un pedestal en donde se coloque la estatua de un nuevo Dios?* Este nuevo Dios es para Lucía un concepto multifacético y desde luego una amenaza polisémica, que opera en una indistinta invasión de ámbitos, en nuevas formas encubiertas de opresión, no necesariamente ideológicas, pero siempre en menoscabo de la libertad del ser humano.

Un ritmo alocado de vida, ciudades de cemento, mensajes majaderos, falta de gozo en la experimentación del saber, toda clase de invasiones de ámbitos habrían conducido al hombre a un proceso de desnaturalización. Las nuevas conquistas del mundo moderno, con su prurito de materialismo e indiferencia, se habían impuesto a costa de restar espiritualidad al ser humano, reivindicando la belleza del mundo antiguo, un mundo más pausado, más genuino, más en contacto con la naturaleza; una mente más pura que discurre a través de un ritmo más dilatado del tiempo.

No sólo mantuvo un pensamiento próximo a Paul Claudel, sino también a Pierre Teilhard de Chardin, al que cita en varias ocasiones en su obra y al que sin duda había leído. Teilhard de Chardin fue una especie de Darwin de la Iglesia. Filósofo, científico y jesuita fue uno de los grandes filósofos del siglo XX, el cual intentó conciliar los dogmas cristianos con los modernos avances de la ciencia. Viajero, místico, geólogo, paleontólogo, naturalista y visionario, su pensamiento influyó poderosamente en la apertura del Concilio Vaticano II y en el diálogo entre cristianos y materialistas.

El insigne jesuita, fue un demócrata y republicano convencido y sostuvo tesis próximas al socialismo, razón por la cual fue víctima de la intolerancia de las autoridades eclesiásticas. Desde muy joven se dedica al trabajo científico, visitando las grutas de Altamira en Santander. En 1922 obtiene una licenciatura en Ciencias Naturales y posteriormente se desempeña como profesor del Instituto Católico de París. Durante algún tiempo residió en Mongolia y Pekín donde realizó trabajos de paleontología. Posteriormente en 1950 es elegido miembro de la Academia de Ciencias de París. Debido a las censuras que provocaba su obra científica se exilió a Estados Unidos, donde falleció en un accidente en 1955.

Su visión del mundo parte de que existe una dialéctica de la Naturaleza, entendida como una interpenetración de los fenómenos que lleva a un monismo, a una coherencia de la realidad como un todo unitario. Bajo estas premisas difunde un progresismo optimista y nos habla de pluralidad, unidad y energía. El hombre es una materia viva que llega mediante una lenta progresión al espíritu, a la conciencia. Aunque su teoría es larga y compleja para explicar aquí, cabe subrayar que fue un hombre que intentó conciliar ciencia y religión, biología y espíritu, bajo un criterio de antropología evolucionista. En este sentido tuvo un pensamiento disidente a la Iglesia que le acarreó numerosas críticas y en definitiva tuvo un pensamiento ecléctico, el mismo que se puede rastrear en Lucía Richard.

Tras describir los muchos adelantos del mundo moderno Lucía sentencia:

"Este cuadro paradisíaco o dantesco de la humanidad, esta creación del mundo hecha por el hombre integral sólo será posible si la juventud comprende sus enormes responsabilidades, no se deja seducir solamente por la técnica y así como hace progresos en la ciencia, los haga también en el mantenimiento y defensa de los valores morales y en el desenvolvimiento de sus fuerzas espirituales" (Richard, ca 1965, pág. 72).

Para finalizar esta *Pregunta inquietante* ofrece a los jóvenes toda una serie de pautas para recoger lo más positivo entre tradición y progreso, haciendo de mediadora entre dos grupos en conflicto: los jóvenes y los viejos. La historia se concibe como un viaje cíclico en el que los jóvenes son un eslabón de una cadena universal.

DANIEL PIEDRABUENA RUIZ-TAGLE

Lucía Richard frente al psicoanálisis

 n otro orden de cosas, Lucía considera que la grandeza del arte radica en su eterna permanencia. Su principal sello de nobleza lo constituiría el desinterés en su creación, su aparente inutilidad. El principal móvil en el artista no es el oneroso. La falta de egoísmo, su desinterés en su forma de proceder, le permite construir una obra imperecedera. El hombre moderno se haya alienado por su trabajo, sin que llegue a percibir los frutos de su trabajo. Sería el arte por tanto el que redimiría al hombre de su materialismo, permitiéndole desarrollar un sentido más completo de su personalidad. También nos dice Lucía:

"El arte con su escuela de desinterés es una especie de religión que penetra en rincones en donde otra forma de espiritualismo no hubiera podido penetrar. Esta disciplina u ordenación que impone el arte, lejos de ahogar la imaginación, le da amplitud. Toda obra del artista es una lucha entre la preceptiva y la inspiración. ¿Dónde quedaron, pues, los anormales del doctor Bergler, los ociosos, maniáticos y egoístas que tanto daño hacen a la humanidad?" (Richard, 1956).

Para saber con mayor concreción cuál es la repercusión de la manía en el proceso creativo del arte, nos vemos en la obligatoriedad de acudir a la lectura de otras opiniones, más autorizadas o científicas si se quiere, para saber hasta qué punto hubo desproporción o coherencia en las declaraciones del doctor Bergler, o hasta qué punto, hubo arrebato en la defensa de Lucía, o si por el contrario sus palabras estuvieron llenas de buena inclinación y sensatez.

Carlos Humeres Solar, contemporáneo de Lucía Richard, tío abuelo de quien subscribe estas líneas, dedicó gran parte de su vida al estudio y promoción del arte en todas sus manifestaciones. Profesor de Estética en la Universidad de Chile, director de la Facultad de Bellas Artes, secretario del Conservatorio Nacional de Música, fue un apasionado de estas materias. Lo interesante para nosotros es que en 1935, en su calidad de redactor de la *Revista de Arte* de la Facultad de Bellas Artes publicó un artículo titulado "Arte y psicoanálisis" que se ajusta a la perfección a nuestros propósitos.

Así en el citado artículo, Carlos Humeres aúna todo lo que la ciencia y la filosofía de entonces habían producido entorno a la cuestión de la interpretación de la creación artística, poniendo especial relieve en los máximos representantes de la ciencia psicoanalítica, entre ellos a Freud, Adler, Jung, Baudoin, Abraham y Rank.

Comienza su exposición señalando el aspecto más controvertido del psicoanálisis con relación al arte, esto es, el ser un método terapéutico que se ensaya con mayor o menor resultado, en el tratamiento de ciertas enfermedades nerviosas. Continúa su enfoque subrayando que el objeto central de la nueva ciencia es el estudio del subconsciente o inconsciente. Sobre ello ya habían teorizado los filósofos románticos, arguyendo que la vida anímica no se reducía sólo a la razón —algo en lo que creían también los racionalistas— sino que ésta ocupaba una parte reducida respecto a la vasta nebulosa que es el inconsciente.

Carlos Gustavo Carus en su obra *Pysche* que data de 1846, tuvo la gloria de ser el primero en sostener que el alma tiene en el hombre una extensión mucho mayor que la conciencia. Estas ideas influyeron en Eduard von Hartmann, que escribió reflexiones similares en su *Filosofía del inconsciente*. El movimiento teosófico, con su divulgación del misticismo oriental, también exploró la nueva frontera, siendo el yoguismo uno de los máximos exponentes de esta nueva conquista. También fueron pioneros autores como Myers en su obra *Human psicology* y William James, en *The varieties of religious expirience*, donde demuestran que la conciencia está rodeada por todas partes de un océano insondable de inconsciencia, que puede considerarse como irracional o suprarracional.

A su vez, el psicoanálisis retoma la temática, cuya originalidad radica en intentar crear una morfología del inconsciente sujeto a leyes semejantes a las que ordenan la evolución orgánica. Así el inconsciente individual estaría determinado por factores hereditarios y en parte por la experiencia, complementándose ambos planos, de donde provienen los impulsos, que a veces pueden surgir con gran virulencia, propia de los instintos vitales.

También el psicoanálisis distingue entre los instintos primarios, comunes a la especie animal, de los instintos superiores, que hacen del ser humano un ser sociable, de sentimientos altruistas, morales o religiosos. En una zona intermedia entre ambos estarían los complejos, que son definidos por Baudoin como sentimientos considerados en sus raíces inconscientes. Los complejos tienen un carácter dinámico, constituyendo enmarañadas redes de tendencias, o sea vías de reacción psicológica.

El complejo así definido sería un fenómeno de acomodación entre la naturaleza inferior del hombre, instintiva y egoísta y su conducta racional, superior, regida por los imperativos conscientes del organismo social del cual forma parte. El hombre se ve obligado a sublimar sus instintos, o digamos, transmutarlos a un orden más elevado. De no hacerlo podrían derivar en conflictos neuropáticos. También el psicoanálisis habla de fuerza instintiva primordial que constituye la raíz de la evolución anímica: la libido, es decir el instinto sexual, según Freud y el instinto de predominio o voluntad de potencia, según Adler.

Por lo tanto el fenómeno de la sublimación se interpreta desde la antigüedad como una satisfacción de placer sensual o como una finalidad extrínseca de origen intelectual. La psicología genética propugnada por el psicoanálisis encontró su mayor apoyo en Aristóteles, el cual bautizó con el nombre de *Khatarsis*, la función que desempeña el arte como purificador de pasiones. Más explícito sería Schopenhauer, que en su obra *El mundo como voluntad y representación* escribe que "toda voluntad procede de una necesidad", o dicho de otro modo de una privación, de un sufrimiento. En consecuencia, la satisfacción del deseo vendría a redimir ese tormento derivado de una carencia.

Otro aspecto interesante del psicoanálisis, es que con sus métodos de investigación inductiva, ha observado la semejanza que existe entre los sueños y las creaciones del arte. El sueño es la vía regia que nos pone en comunicación con el inconsciente. Los sueños se interpretan como símbolos, expresiones disfrazadas de los impulsos inconscientes que el imperativo de la conciencia ha censurado y que se mantienen en estado latente, es decir, en forma de complejos.

Por tanto, estos impulsos latentes que no encuentran expresión adecuada por la vía de la realización activa o bien por el proceso de sublimación, originan esos trastornos de la vida efectiva y de la personalidad que el psicoanálisis intentar curar con sus métodos especiales. Bajo esta visión, la obra de arte emerge del inconsciente por análogas causas de las que producen los sueños, llegando a decir Baoudoin que la obra de arte es un sueño, o un sueño cristalizado.

En síntesis, el hombre necesita liberarse de ese potencial afectivo que, sometido a alta presión en las entrañas del subconsciente requiere una válvula de escape y la encuentra felizmente en el proceso de creación artística. Bajo esta concepción, el arte, considerado hasta ahora como una de las manifestaciones más sublimes de la espiritualidad humana, se nos muestra en una posición equívoca, inestable, resultado de un mero proceso compensatorio vecino a la neurosis y que mantiene con ella numerosos puntos de contacto. Rank llegó a definir el arte como un estado de equilibrio entre la neurosis y la perversión.

Esto es lo que hasta aquí la ciencia, en especial la psicoanalítica ha explicado acerca de la creación artística. Sin embargo, no todos sus adeptos convienen en sus postulados. El propio Carlos Humeres reconoce sus méritos, como ciencia que explica los procesos del desarrollo anímico, pero también cree que sus afirmaciones son meras hipótesis en las cuales hay ciertas dosis de fantasía. Así la nueva ciencia estaría plagada de suposiciones más o menos aventuradas, puerilidades chocantes y otras majaderías de difícil aprehensión.

La *khatarsis* artística no explica cuál es la circunstancia exterior o la disposición interna, que lleva al artista a objetivar sus deseos o impulsos en una obra de arte. En definitiva, aunque Carlos Humeres reconoce que el examen psicoanalítico proporciona algunas explicaciones satisfactorias, otros aspectos por el contrario escapan a él completamente. Las fuerzas motrices del arte son esos mismos conflictos que precipitan a algunos individuos a la neurosis, sin embargo, el poder afirmar de dónde proviene el poder creador del artista, es éste un problema que sale fuera de los dominios de la psicología. La materia, la vida, el espíritu –concluye– son fenómenos cuya esencia aún escapa tanto al análisis escrutador del sabio como a la ambiciosa especulación del metafísico (Humeres Solar, Año I, 1935).

Vista la temática y lo que sus seguidores dicen de ella, hay que entender que cuando Lucía ataca al psicoanálisis no lo hace por maldad, ni con verdades de Perogrullo o de erudito, sino por razones que para ella son muy sólidas. Nuestra autora se opone frontalmente a la petulancia de un lenguaje que pretende apoderarse de la verdad respecto a la gestación del arte, algo que hiere sus sentimientos más profundos, a la par que provoca en ella una airada reacción emotiva.

A Lucía le indigna contemplar el maltrato que se prodiga al arte y a sus artífices. No puede mantenerse indiferente al observar el arte defenestrado por los psicoanalistas de sus virtudes más preciosas, de su sello de nobleza más auténtico. El psicoanálisis con la frialdad de un cirujano y sin rubor alguno, habría pretendido apoderarse del misterio más sagrado del arte, que es el origen de su inspiración. Nuestra autora lo único que reivindica es la dignidad del artista, la grandeza de su trabajo comprometido y sincero, su trascendencia en el tiempo, su inmortalidad, su universalidad, su generosidad; una labor que bajo su sentir le parece irritante que se equipare a la categoría de las enfermedades nerviosas.

El arte como purga, la belleza como defecación de una mente contrariada, es una irreverencia a su excelsitud más profunda. El arte como las grandes gestas, se nutre del ideal al que sirve y encuentra su ennoblecimiento en el revestimiento áureo del que está impregnado. El arte tiene adherida una corona inmarcesible de gloria y la virtud de haber sido laureado en reconocimiento a la conquista de un espacio sin fronteras, en beneficio de la humanidad entera.

La versión del psicoanálisis, no obstante su pragmatismo científico, no contribuye al hermosamiento del acto generoso que es el arte, ni tampoco constituye la única explicación racional al fenómeno de la gestación del arte. Nuestra artista como los mejores atletas de Olimpia, porta aquí el testigo de la llama eterna, el tesoro más preciado, el Santo Grial del arte, que es el secreto de su significado más excelso y recóndito, del que nuestra protagonista es ella misma por misteriosa cualidad innata uno de sus representantes más sinceros y aventajados. El arte en Lucía es un corpúsculo de luz, un tránsito hacia la divinidad, cuyo vehículo es la inspiración o numen, palabra que desde la Antigüedad ha tenido unas resonancias infinitas y que encara directamente al poeta o artista en su diálogo con los dioses.

El psicoanálisis no sólo se refiere al inconsciente individual sino también al colectivo. Lucía Richard en la audición radial ya mencionada *Psicoanálisis en el arte* menciona el hecho de que Gustavo Le Bon en su *Psicología de las multitudes* había sido el primero, antes que Freud, que había estudiado a las masas. Así refiere como la historia está plagada de ejemplos que ilustran como el individuo se transforma, pierde su personalidad al verse arrollado por el influjo de las masas, y ese ser que aisladamente podría albergar las más bellas virtudes, de pronto, influenciado por el medio, se convierte en un ser sanguinario, abandonado a sus impulsos.

Como ejemplos de toda esta irracionalidad incontrolada habla de Cristo frente a Caifás, la Revolución Francesa con sus tribunales del pueblo y numerosos ejemplos que nos informan acerca de esta regresión del hombre a su estado cavernario, cuando una pasión momentánea de la masa lo arrastra a su corriente. Este hecho se explica porque el hombre al sumarse a una multitud, pierde su sentido de la responsabilidad y lo que la civilización le ha impuesto, dejándose arrastrar por los impulsos.

Para más aseveración de su pensamiento, trae a colación que las grandes revoluciones, las que verdaderamente conllevan cambios en la humanidad, son las revoluciones incruentas, las revoluciones constructivas, que se desarrollan en el ámbito de las ideas. Como ejemplo pone el *New Deal*, doctrina que como sabemos fue muy apoyada por todas sus compañeras y que habría salvado a Estados Unidos de la peor de sus crisis, terminó con un sistema cerrado de capitalismo, creó la solidaridad americana y la política del buen vecino, precursora de la Sociedad de Naciones (Richard, 2004, pág. 608).

Lucía Richard y las masas: comparación con el pensamiento de José Ortega y Gasset

n el pensamiento richardiano se pueden encontrar muchos referentes que indican un distanciamiento de las masas. Estas ideas no sólo se pueden rastrear en alguna de sus poesías, artículos o programas radiales, sino también en su ensayo *La pregunta inquietante*, especialmente en el epígrafe titulado: "Características de la época moderna". En ese ensayo vuelca muchas ideas coincidentes con el pensamiento de Ortega y Gasset (1883-1955) en su también ensayo *La rebelión de las masas* (Ortega y Gasset, 2010). Si Lucía no leyó este escrito, entonces desarrolló un pensamiento personalísimo, generado por las propias fuerzas motrices de su tiempo, y que evidencia una aguda capacidad de observadora de la realidad social.

Es curioso que muchas de las premisas del ideario orteguiano fueron hurtadas por la Falange Española, que las hizo suyas, a lo que reaccionó Ortega con estupor, dado que no se sentía en absoluto identificado con ese programa político. Para Ortega el Hombre-masa, es un individuo producto de la Revolución Industrial, pero sobre todo es un hombre políticamente neutro, que puede ser tanto conservador como radical. Este concepto no excluye al obrero, pero tampoco pretende designar una clase social determinada, sino que se trata de un modo de ser hombre, que se da en todas las clases sociales, que representa a nuestro tiempo y que corresponde al estrato de la burguesía, la gran triunfadora de nuestra época.

Lucía siente abominación por este Hombre-masa, que ella puede igualmente situar en el ignorante, en el joven arrogante e irrespetuoso de la tradición o las normas sociales, que en el vulgo, en el snob, el burgués snob, al que define como *"un tipo estándar y repelente"* (Richard, 1955). Por lo tanto, cuando Lucía habla de la masa, en ningún momento se refiere a masas obreras —aunque no las descarta—, sino que su hombre-medio, llamémoslo mediocre, mediano, vulgar, común, regular... pertenecería a una nueva casta, una estirpe soberbia e iconoclasta, que se jacta de su autosuficiencia y que puede ser tanto de clase alta como de baja, siendo su mayor defecto su carácter influenciable, su materialismo, y su capacidad para derribar todo lo que se le opone.

Para Ortega la masa es el conjunto de personas no especialmente cualificadas. Es un hombre en cuanto no se diferencia de otros hombres, es un patrón que repite un tipo genérico. Masa es todo aquel que no se valora a sí mismo, sino que se siente como todo el mundo y, sin embargo, no se angustia, se siente cómodo al saberse idéntico a los demás.

Forma parte de la masa el individuo que no se exige nada especial, que es como una boya que va a la deriva. Lo característico del momento es el alma vulgar, la cual sabiéndose vulgar, tiene la altivez de afirmar el derecho a la vulgaridad y de imponerla dondequiera. La masa arrolla todo lo diferente, egregio, individual, calificado y selecto. Quien no sea como todo el mundo, quien no piense como todo el mundo, corre el riesgo de ser eliminado.

Tanto en el pensamiento de Lucía como en el de Ortega, esta nueva casta proviene de un boom demográfico, de un aumento extraordinario de la población en todos los países, de la Revolución Industrial, de la mejora de las condiciones de vida, de las conquistas de la ciencia, la técnica, la medicina, las condiciones sanitarias, los avances en materia de salubridad; las conquistas económicas, las legales, etc.

Este nuevo mundo moderno nos habría traído la mundialización, la nivelación de continentes, de fortunas, de clases sociales, de cultura; es un lugar en el que se persigue la concentración de intereses comunes. Este es el mundo de las aglomeraciones, de los atascos de vehículos, de la invasión de todos los espacios por la muchedumbre. Lucía denuncia el sentimiento de soledad que le produce caminar en medio de esta turba indiferenciada.

Lucía nos dice que ahora todo nos llega con demasiada facilidad. Ambos coinciden en que hay una superabundancia de medios, que Ortega cree que ha creado a este nuevo engendro social, individuo relajado, altanero, que no sólo se ríe de las minorías selectas, sino que las suplanta. Para Ortega las grandes conquistas de la vida humana siempre se han producido debido a que había un desequilibrio entre las necesidades humanas y los medios para colmarlas. Pero ahora el hombre habita en un mar de suficiencia que inexorablemente le llevará a la degeneración.

En el pensamiento de ambos vivimos en un mundo acelerado, lleno de invasiones inquietantes, de ruidos aniquiladores, de luces de neón, de contaminación, de atropellamientos. La urbe es una conquista de la civilización, que ha traído aparejada el acotamiento. Primero el ágora, o sea la plaza, luego la calle, después los edificios y finalmente la ciudad. La urbe existe en la medida que ha destruido a la naturaleza, que es precisamente aquello que más aprecia Lucía: la autenticidad del medio natural.

El Hombre-masa sería la criatura de la ciudad moderna, invasora del medio natural. Nuestra autora reivindica los tiempos pasados, en los que el ritmo de la vida era más pausado. Puede contemplar el regocijo del artesano que dialoga con su obra que puede durar años, la ansiedad de la amante que espera una carta ampliamente anhelada, el vaivén campechano de una carreta que atraviesa un campo en sosiego.

Ortega considera que la velocidad del tempo con que hoy marchan las cosas, el ímpetu y energía con que se hace todo, angustian al hombre arcaico, y esa angustia mide el desnivel entre la altura de su pulso y la altura de la época. Este hombre respetaba el pasado, los tiempos clásicos, cuya existencia se le presentaba como algo más ancho, más rico, más perfecto y difícil que la vida de su tiempo. El hombre moderno se burla de los tiempos antiguos. El Renacimiento le parece un tiempo provincial, angostísimo. Pretende hacer tabla rasa de todo clasicismo. Este nuevo hombre se cree potencialmente ilimitado, no reconoce otros tiempos normativos, ni vallas a su expansión y considera todo tiempo pretérito afectado de enanismo.

Lucía como sabemos añora una "edad de oro", un estado de plenitud, de perfección, de acrecentamiento, que encuentra en la sabia Grecia y Roma. Es por eso precisamente que Lucía atesora un espíritu clásico, reivindica la nostalgia de un tiempo mejor, ese momento cenital en el que se edificaron los sólidos pilares de la civilización. Es por ello que nuestra autora sufre en la ciudad, en el mundo moderno y se refugia en ese ideal clásico, que fuera o no quimera, le proporciona un recinto de confort y aliento para expandir su pensamiento.

Es claro que a Lucía le aterran las masas, por la carga de incultura que transportan, por su poder destructor de toda civilización, por su barbarie, su violencia incontrolada. La razón de la fuerza en Lucía se confronta a la fuerza de la razón. La originalidad del artista, la aserción en los valores más preciados de su personalidad, se oponen a la puerilidad de una masa iletrada, anónima e irresponsable. Se reivindica el orden frente al caos. Se desprecia al vulgo, a la gente incapaz de profundizar en el significado y belleza de las cosas, a la gente superficial, epidérmica, huera. Así define Lucía a este hombre en su ensayo *La pregunta inquietante*:

"Al hombre-lobo de los primeros tiempos, al hombre-águila de la Edad Media en sus encumbrados castillos, parece haber sucedido el hombre-hormiga que lleva su vida apresuradamente sin saber el porqué de su destino ni atinar a diferenciarse en nada de los otros componentes del hormiguero" (Richard, ca 1965, pág. 63).

Ortega calificó en muchas ocasiones a este hombre de insecto, de abeja, el cual vive en el mundo como suspendido de una colmena. El filósofo considera que las masas se han hecho indóciles frente a las minorías: no las obedecen, no las siguen, no las respetan, sino que las dan de lado, las suplantan. Hoy triunfa la hiperdemocracia en la que la masa actúa a través de presiones fácticas, ignorando la ley, imponiendo sus aspiraciones y sus gustos.

El desplome del Imperio Romano, tuvo mucho que ver con la aglomeración, con la irrupción de unas masas que absorbieron y anularon a las minorías dirigentes y se colocaron en su lugar. En nuestro tiempo es el Hombre-masa quien decide. No se puede gobernar sin contar con la opinión pública. Ello significa que detrás del nuevo poder público se encuentra un representante de las masas y éstas son tan poderosas, que han aniquilado toda posible oposición.

En opinión de Ortega la sociedad es aristocrática y siempre será aristocrática. Así pues ahora ha llegado una nueva casta: la masa, que no quiere razones ni quiere tener razón, sino que, sencillamente, se muestra resuelta a imponer sus opiniones y que muchas veces es partidaria de la acción directa. Esta nueva casta tan insolente como avasalladora, que Ortega sitúa bajo la leyenda de "imperio de las masas", nos habría traído el sindicalismo, el fascismo y el bolchevismo, movimientos todos ellos igual de peligrosos para la convivencia humana. Asimismo, considera que el Hombre-masa vegeta suspendido ficticiamente en el espacio. Sus vidas no tienen peso ni raíz, están desenraizadas de su destino, dejándose arrastrar por la más ligera corriente.

Así pues, todas las aventuras nacionalistas o totalitarias serían movimientos típicos de hombres-masa, dirigidos por hombres mediocres, extemporáneos y sin conciencia histórica. Es decir, la vida es esencialmente anacrónica. Por ello Ortega entiende que toda revolución devora a sus propios hijos. Todo comienza con un partido mesurado, que se hace extremista, de ahí se retrocede a la restauración y vuelta a empezar. Tanto el fascismo como el bolchevismo no están a la altura de los tiempos, no tienen en cuenta la lección enriquecedora del pretérito, de ahí que estén abocados al fracaso, condenados a ser arrollados por el porvenir.

Ortega nos habla del Hombre-masa como un ser primitivo que se ha colado por los bastidores de la civilización. Es un sujeto nihilista, derribador, iconoclasta. Así nos habla de la "invasión vertical de los bárbaros". Encuentra un símil con la figura del "cínico" en la época helenística, el cual jamás creó ni hizo nada. Su papel era deshacer, practicar el nihilismo, negar. Sería el parásito de la civilización. La masa no vino al mundo para actuar por sí misma, sino que siempre tuvo la necesidad de ser dirigida, influida o representada por minorías excelentes.

En el momento que pretende actuar por sí misma, es rebelarse contra su propio destino y cómo es eso lo que hacían en los años 30, Ortega hablaba de "la rebelión de las masas". La masa linchaba, triunfaba a través de la violencia. Por contra, el liberalismo habría sido el invento político más extraordinario y antinatural de la humanidad. El liberalismo representaba la suprema generosidad, ya que bajo sus consignas, el poder público aun sabiéndose omnipotente se limitaba para acoger en su seno a las minorías, es decir, a los que no viven, ni sienten, ni piensan como él.

Su mayor proclama es convivir con el enemigo, con el enemigo débil. Y aquí hay un acto de ternura, de solidaridad, de filantropía; pero no por ello deja de ser una construcción antinatural. Pues bien, a juicio de Ortega, este es un invento demasiado complicado para que se consolide en la tierra. En su opinión, la masa no desea convivir con el enemigo, ni gobernar con la oposición, no desea cohabitar con lo que no es ella. Odia a muerte la discrepancia, la disidencia.

Lucía en su ensayo *La pregunta inquietante* nos habló de muchas cosas. Nos hizo ver la necesidad realizar un consenso entre lo mejor de la tradición y las nuevas aportaciones que nos trae la juventud. Nos enseñó que no se puede vivir en un mundo de materialismo, y que también es necesario preservar la faceta espiritual de la vida, respetando la manera en que cada uno contemple esta vivencia espiritual. También nos hizo partícipes de la necesidad de derribar a los falsos ídolos, de poner un veto a la intrusión ajena, de rebelarse contra el mayor atentado contra el pensamiento: la propaganda.

Frente a la alienante propaganda comercial contempla una verdadera amenaza en la propaganda que pretende invadir campos ideológicos o políticos. La masa es esencialmente influenciable, volátil, inflamable y Lucía nos indica un rasgo interesante de su carácter: se deja guiar no por la razón sino por sus sentimientos. En consecuencia, nuestra autora denuncia todos estos movimientos colectivos paralizantes de la voluntad ciudadana. Oigamos sus palabras:

> "Hemos presenciado o conocido de dictaduras que más que medios coercitivos han recurrido a una verdadera hipnosis de las masas. Entre todas la más poderosa fue la del nazismo alemán. En su comienzo acudió como todos los totalitarismos a la propaganda personal, al slogan, a la majadería. Luego preparando el terreno bastaba un gesto, una palabra, una consigna para encender la chispa que hacía vibrar y obedecer a la gente. Nunca se había visto más palpable ese influjo invisible que se establece entre el orador y su auditorio o entre un jefe y la multitud. Los que dirigían este movimiento totalitario hicieron de la publicidad y la propaganda una verdadera ciencia con leyes fijas basada en la psicología y el carácter de las masas" (Richard, ca 1965, pág. 22).

Pero también –dice Lucía– hay otras formas de opresión de gobiernos democráticos que se amparan en la legalidad. Cuando los gobiernos operan como dictaduras encubiertas, también se valen de la propaganda. El partido único controla los medios de información y la ciudadanía oscila entre la mentira oficial y la insidia privada. Nace así la corrupción, el panfleto, la manipulación política, la demagogia, la tergiversación de los hechos.

El fenómeno más representativo de la era totalitaria sería el "lavado de cerebros", el moldeamiento de la masa, especialmente de la juventud, a través de medios compulsivos y persuasivos que buscan aherrojar la voluntad, encender el furor, hacer que nazca tanto el odio y la violencia, como el entusiasmo y el aplauso. Coincide con Ortega en el peligro de estos movimientos y los medios que emplean, poniendo como ejemplo a las juventudes hitlerianas y a los guardias rojos de Mao Tse Tung.

La propaganda exagerada promueve el nacionalismo, alienta pasiones chauvinistas, hace de antesala de guerras, donde dictadores sin escrúpulos excitan hábilmente al pueblo para distraerlo de los problemas internos. Para Lucía esta interconexión entre el líder megalómano y sus adoradores tiene una doble dirección: de un lado, está el pueblo inflamable, que en cualquier momento puede caer en el desengaño o la decepción, quemando lo que antes había idolatrado. De otro el demagogo o jefe, que teme perder el favor de la multitud y en su desesperación recurre a toda clase de métodos para lograr su adhesión. A esto lo llama Lucía "doble esclavitud".

Conviene Ortega que el antiguo vulgo siempre vivió bajo una relación de dependencia de su señor, en un estado de opresión, en un horizonte de limitaciones. Ahora el nuevo Hombre-masa reivindica su rol de señor, luce caras vestimentas, se pavonea por el mundo no reconociendo superior. No existen los "estados" ni las "castas". No hay nadie civilmente privilegiado. El hombre medio aprende que todos los hombres son legalmente iguales. Al no haber limitación este hombre puede abandonarse tranquilamente a sí mismo.

Nada es imposible ni peligroso, no hay instancia superior a él, se encuentra satisfecho. A diferencia de éste, el hombre selecto se exige a sí mismo, se obliga y apela a una norma superior a él. El hombre-masa no se exige nada. Noble es aquel que es acreedor de la fama, que es excelente, que es esforzado y que sobresale sobre la masa anónima. En el actual estado de cosas es la criatura de selección y no la masa, la que vive en una esencial servidumbre. Y esto es una increíble paradoja que subvierte los tiempos antiguos.

Las características psicológicas de este nuevo hombre-masa serían, en primer lugar, que tiene una impresión constitutiva y radical de que la vida es fácil, sobrada, sin limitaciones trágicas, lo que le proporciona una sensación de dominio y de triunfo; en segundo lugar, da por válido y completo su haber moral e intelectual, está cerrado, no escucha, no pone en tela de juicio sus opiniones, no cuenta con los demás; en tercer lugar, interviene en todo imponiendo su vulgar opinión sin miramientos, a veces a través de la acción directa.

Se trata de un individuo que hace del juego y los deportes uno de los objetos centrales de su existencia. Cultiva el cuerpo, atiende a su higiene, cuida de la excelsitud de sus atavíos, pero ha olvidado el romanticismo trovadoresco hacia la mujer, ha vulgarizado el amor. Ortega cree que son tres los principios que han posibilitado la aparición de este nuevo hombre: la democracia liberal, la experimentación científica y el industrialismo. Como sucedáneo de los dos últimos ha surgido la técnica. Este hombre-masa vive en una abundancia de medios, pero no de angustias.

Nunca como ahora ha tenido resuelto su problema económico. Su repertorio de posibilidades es ilimitado. Cree vivir en una época superior a todas las históricamente conocidas. Está rodeado de instrumentos prodigiosos, de medicinas benéficas, de Estados previsores, de derechos cómodos. Todo esto ha propiciado la aparición de lo que Ortega llama "el señorito satisfecho", el cual, por la propia inercia de las cosas, puesto que la vida es pulso y sacrificio, está abocado a la degeneración. Es un hombre que a pesar de sus posibilidades, carece de proyectos, no construye nada.

Lucía nos relata los grandes logros de la ciencia, el poder y también el peligro de la energía nuclear, el vencimiento de muchas enfermedades, el desarrollo de la técnica. Ahora asistimos a un mundo donde ha nacido el concepto de comunidad, mucho más amplio que el de la familia, clan o grupo. Al hombre que surgió de estos portentos ya no le frenaron los dogmas religiosos, se deshizo de las estructuras moralizantes del pasado, derribó las ideas tradicionales de respeto a las instituciones y se lanzó con espíritu juvenil a la gran aventura de la investigación. Surgieron las naciones y sus gobernantes, un nuevo mosaico de poder, que destruyó la organización feudal, que laicizó la organización política y social, al liberarse de influencias religiosas.

Es un mundo de efervescencia de la ciencia, de avance de la técnica; se inventó el motor multiplicando las fuerzas de la industria. Se terminó la era del músculo y comenzó la de la máquina. Llegó la Revolución Agraria y la Industrial. Según Lucía este nuevo orden requirió la aparición de obreros especializados, que abandonaron los campos y aldeas. Nacieron las grandes ciudades, el sindicalismo, la masa. Por medio de la huelga fueron conquistando sus derechos, mejorando sus condiciones de vida, doblegando a los gobiernos del antiguo orden que se vieron obligados a escucharles.

Lucía también conviene en que es un mundo donde impera la afluencia de medios, y define la "facilidad" como la palabra clave de nuestro tiempo. El menor esfuerzo para desplazarnos de un sitio a otro, para obtener y preparar alimentos, para vestirnos, para comunicarnos, para vencer a las enfermedades, para sobrevivir en suma, causaría asombro a los hombres del pasado. Sin embargo, también conjura los peligros de la producción en serie, que conlleva la mediocridad de los productos lanzados al mercado.

Es un mundo que ha dañado la creación artesanal de antaño, pródiga en laboriosidad y perfección, en abnegado compromiso; ha suprimido la participación humana en la fabricación, en beneficio de un producto de baja calidad, nacido de un proceso impersonal, racional, deshumanizado. Se terminó con lo genuino, se crearon los substitutos, las imitaciones, las copias, los oropeles.

Todos estos avances de la ciencia, estos beneficios de la civilización, que habían subsanado la carencia en el hombre, también habían provocado una serie de efectos secundarios. Entre ellos la aglomeración en las ciudades, con su consecuente smog, la intranquilidad, la invasión publicitaria, las luces artificiales. De este hacinamiento de personas habían surgido los conflictos colectivos, ya sean afectivos o ideológicos, tan difíciles de encontrar en poblaciones o pequeños pueblos. En otros pensamientos de Lucía volcados en *La pregunta inquietante* podemos encontrar muchos paralelismos con las ideas de Ortega:

"En la ciudad es posible la violación psíquica que produce la propaganda, la histeria colectiva que logra convertir a la masa indefensa en una muchedumbre delirante. Recordemos que el hombre medio es esencialmente influenciable. Ellos se sienten protegidos por el grupo, se expanden en la calle, el desfile o la aglomeración de los espectáculos deportivos. Solamente en grupo se sienten importantes, a diferencia del hombre de clase alta que tiene medios de figurar en los salones, universidades o profesiones" (Richard, ca 1965, pág. 62).

Bien es verdad que Ortega nos habló de hombre selecto, no necesariamente de clase alta, en contraposición a una masa políticamente neutra, a un modo de ser hombre. Lucía a veces identifica a la masa con una clase social inferior, es decir, polariza a la masa, rebasa el concepto que quiso darle Ortega. En otras alude a ella como una entidad genérica. Por otra parte la construcción orteguiana de un hombre-masa, distinto a todas las clases conocidas y perteneciente a todas ellas, es tan complicada como la generosidad y la ternura del liberalismo, pero al parecer no imposible.

También nos dice Lucía lo siguiente:

"La ciudad con su aglomeración influye al hombre standard, propenso a seguir ciegamente a los líderes que en su ignorancia convierte en héroes y se deja dominar fácilmente por el terror o la exaltación" (Richard, ca 1965, pág. 62).

Añadiendo en otro pasaje:

"Esta angustia contemporánea ha sido tema preferido del teatro, el cine, la novela y es problema que preocupa a médicos, psiquiatras o sociólogos por cuanto incide en la paralización de la voluntad y la pérdida o disminución de la personalidad. Esta civilización utilitaria que todo lo reduce a estadísticas no ha captado todavía a los perdidos de la gran ciudad" (Richard, ca 1965, pág. 63).

Como vemos, si bien Ortega intentó adentrarse en la figura de este Hombre-masa desde una perspectiva sociológica, filosófica o política, Lucía también ahondó en la cuestión existencial, en el menoscabo de la personalidad humana, en el sufrimiento del hombre en las ciudades. Este Hombre-masa en Lucía no es sólo un sujeto transgresor, o un individuo que subvierte los valores de la sociedad con el apoyo de la colectividad, sino también un ser que padece las consecuencias del mundo que ha creado. Es una visión mucho más sentimental, menos abstraccionista o teórica, que se conduele de las emociones de esa masa, de esos seres perdidos, como seres humanos que son.

La educación o la cultura de estas masas también fueron objeto de preocupación preferente en Ortega. Para el filósofo, el hombre actual posee una alma mucho más sana y más fuerte, pero también mucho más simple. En las escuelas modernas se ha enseñado a este hombre las técnicas de la vida moderna, pero no ha conseguido educarlas. Le ha dado los instrumentos para vivir mejor, pero no le ha infundido la sensibilidad de los grandes deberes históricos; le ha inoculado atropelladamente el orgullo y el poder de los medios modernos, pero no el espíritu. A este hombre lo califica Ortega como un ser primitivo que ha surgido inesperadamente en la vieja civilización.

Es un hombre que tiene el alma obliterada, hermética, que se siente perfecto, pleno, intelectualmente completo, siendo incapaz de descubrir su insuficiencia, o de compararse con otros seres. Su alma mediocre está negada a las transmigraciones, deporte supremo. A este sujeto califica Ortega de "tonto", "necio", que se regodea en su autosuficiencia, que no se sospecha a sí mismo y es imposible sacarlo de su tontería. No quiere decir que este individuo no sea listo, o que no tenga más capacidad intelectiva que otras personas de la Antigüedad, sino que ésta no le vale para nada, ya que en rigor, la vaga sensación de poseerla le sirve sólo para cerrarse más en sí y no usarla.

Ortega añade que el vulgo de otros siglos jamás tuvo "ideas" sobre las cosas. Tenía creencias, tradiciones, experiencias, proverbios, pero no opiniones teóricas. Jamás ambicionó en decidir en las actividades públicas. Aunque tenga una mayor cultura, no tiene propiamente ideas, ni es culto. No le interesan los valores fundamentales de la cultura, hace acopio de ellos, pero no se pone a su servicio, no constituyen su estímulo o su guía.

Critica al hombre de ciencia actual, que se ha convertido en un especialista, que ha estrechado su campo visual, se ha vuelto reduccionista, despreciando al antiguo hombre enciclopédico de otros siglos. Ha dividido a la ciencia en pequeños segmentos, pero sólo domina su pequeño rincón del universo. No es propiamente un ignorante, pero tampoco un sabio, sin embargo, emite juicios y decide en nuestro tiempo.

En Lucía el tema de la cultura adquiere otro interesante cariz, donde también hay puntos de coincidencia con el filósofo. Dice Lucía:

"Lo que no se conquista con el esfuerzo y el sacrificio, no penetra profundamente en nuestras conciencias. El conocimiento que no se adquiere paso a paso por una disciplina constante de la mente, sino que es fruto sólo de la memorización, no es verdadero conocimiento. La escuela que nos atiborra de fechas y detalles y nos quita el placer de experimentar, es tan agobiante como el trabajo de la fábrica que por obra de la especialización priva al obrero de la satisfacción de crear".

"La juventud ama los libros y le seduce la técnica, más, en medio de esta indigestión de textos no tiene verdadera filosofía, la que da la vida" (Richard, ca 1965, pág. 59).

Esto es algo muy parecido a lo que refería Ortega respecto a la inoculación de la técnica moderna, lo cual habría privado al hombre actual de sensibilidad histórica. Era esta una educación utilitaria, estereotipada, clónica, fría, que creaba sujetos uniformados, Hombres-masa. Lucía considera que los datos recibidos, entran a formar parte de un proceso de enriquecimiento personal, que sólo puede ser auténtico si se siente, si penetra en nuestros poros a través de las emociones. Una educación impersonal, crea máquinas racionales, no hombres apasionados; produce una estandarización de la sociedad que puede ser práctica y efectiva, pero no extrae la mejor esencia del ser humano, la belleza íntima de las cosas.

Una sociedad así construida puede fácilmente caer en la chabacanería, en un mundo de ordinarios, en la comunalización del pensamiento. Es la autocracia de la técnica que cada vez deja menos espacio a la singularidad del ser humano. Y que mayor singularidad que la de una original poetisa que supo crear un mundo propio de belleza y bondad. Esa libertad es la que reclama Lucía. Nada de aulas cerradas, niños aprisionados, maestras enervadas por el esfuerzo agotador –nos dice Lucía. Imaginó nuestra artista la educación como un espacio de disfrute, como una actividad recreacional:

"En el aula habrá una gran pantalla por donde desfilaran debidamente explicados, los rudimentos de la lectura y la escritura, de las matemáticas, del buen hablar, de los principios morales y religiosos que enaltecen al hombre, de la historia y geografía" (Richard, ca 1965, pág. 57).

En otro orden de cosas, Lucía nos explicó lo mucho que había cambiado la relación del hombre con la cultura. Había muerto el arte solitario, restringido, que sólo penetraba en los cenáculos de los príncipes, destinado al goce de unos pocos. Ahora con los medios de difusión de masas como la grabación o la radio, la música podía llegar a todas las clases sociales. El cuadro había salido de los palacios y se exponía ahora en los museos, siendo objeto de todas las miradas.

El libro que otrora fuera tesoro de bibliófilos, adorno de las bibliotecas aristocráticas, en la actualidad era patrimonio de todos. Después llegaron los resúmenes baratos, los panfletos, los *pockets-books*, las historias ilustradas, las revistas frívolas para matar el tiempo en los transportes públicos. La palabra escrita fue adornada con la imagen y el sonido. Al antiguo teatro que requería de una larga preparación, sucedió la abundancia del cine y la prodigalidad de las representaciones televisadas. Es decir, la cultura se había vulgarizado, había rebajado su calidad, en favor de la mayoría.

Lucía es una mujer del Renacimiento y como tal cree en el elitismo de la cultura. La cultura no se puede difundir a cualquier precio y mucho menos si con ello se cae en lo superficial. Se rebela contra el positivismo a ultranza, contra el materialismo y cientificismo como una única realidad de vida. La verdadera meta del progreso no se puede basar sólo en conquistas materiales, como aumentar el nivel de vida, sino que es vital aumentar la cultura, desplegar las fuerzas espirituales.

En la visión de Lucía existe una pugna entre la cantidad y calidad. No se puede pretender elevar a toda costa a las masas si con ello se consigue cohibir a los espíritus selectos, rebajando así el valor de la cultura. De nuevo nos encontramos aquí con una desconfianza hacia las masas, que con su acopio de ignorancia derriban la singularidad del genio creador:

"El gran pecado de estos tiempos sería que por halagar a los ignorantes que son los más, hacerles creer que las únicas manifestaciones artísticas valederas son las suyas y no darles a conocer las demás expresiones inmortales del arte. El folclore es importante y valioso, pero no es toda la música; ni el cacharro de greda toda la plástica, ni la canción melódica o el ritmo dislocado la única manifestación de musicalidad" (Richard, ca 1965, pág. 60).

Da la impresión que Lucía prefiere aquí a Beethoven antes que a Violeta Parra. Tiene sus razones y hay que entenderlas. Busca la perfección, la belleza sublime, y el arte popular con su falta de pulimento, de estudio, arrastra una carga de ignorancia, de tosquedad, de improvisación y una conexión con los sentimientos destemplados de las masas, que nuestra autora aborrece sin disimulo. En una visión arribista de la cultura que entraría en franca colisión con el pensamiento nerudiano.

Esos mascarones de proa que con tanto mimo coleccionaba Neruda, representan en Lucía el principio rector del arte y por extensión de toda la cultura, que no puede ser otro que el de la perfección y la belleza. El elevado origen social de Lucía dio un grado de refinamiento a su obra pero impidió que ésta alcanzara un auditorio mayor. Ese sentido exclusivista de la cultura fue un pensamiento muy extendido en la Antigüedad donde la mayor parte de la población era analfabeta, pero hoy en día, en las sociedades avanzadas, queda vacío de contenido, ya no tiene fundamento.

Como epílogo, Ortega vislumbra a este Hombre-masa como un gigante de nuestro tiempo, como un cósmico signo de interrogación, que se ha instalado en nuestro mundo para hacer tambalear nuestra civilización. Nuestro pensador augura un futuro pesimista, equiparando a esta nueva casta, esta "mesocracia", con la aristocracia. Esta nueva clase que se enseñorea en nuestro tiempo vive relajada, adormecida en una súper abundancia de medios materiales, confiada en su suficiencia.

Padece el interno y trágico mecanismo que conduce a toda aristocracia hereditaria a su irremediable degeneración. Esa excesiva sobrestimación de sí misma, la conducirá inexorablemente al vicio, la laxitud, a su ruina total. Es un error pensar que la sobra de medios favorece la vida. Todo lo contrario. Un mundo sobrado de posibilidades produce graves deformaciones y conduce a la decadencia. El desplome del Imperio Romano sería un ejemplo paradigmático de como una sociedad se destruye desde dentro.

El enorme desnivel entre la fuerza social y la del poder público hizo posible la revolución. Pero a través de la revolución la burguesía se apoderó del poder público y aplicó al Estado sus virtudes, emergiendo un Estado poderoso. El Hombre-masa ve en el Estado un poder anónimo como él y considera que éste le pertenece. El mayor peligro que hoy amenaza a nuestra civilización es la "estatificación" de la vida, el intervencionismo del Estado, la absorción de toda espontaneidad social por el Estado, que funciona como una colosal máquina arrolladora, que bajo cualquier pretexto, pretenderá aplastar toda minoría creadora que lo perturbe.

En la nueva era aparece un nuevo Dios: el Estado. Comienza una nueva esclavitud y una nueva hegemonía de un súper poder que se alza omnímodo sobre el individuo, que languidece enredado en los ensortijados tentáculos de la burocracia. Ortega considera que amedrenta escuchar a Mussolini aquello de que "todo por el Estado; nada fuera del Estado; nada contra el Estado", viendo en el fascismo un típico movimiento de hombres-masa. Es más, el Estado que Mussolini recogió había sido admirablemente construido por la democracia liberal, precisamente las ideas que él combatía. Por tanto cree que hay razones para temer que el "imperio de las masas" acabe por aplastar la independencia del individuo y agostar definitivamente el porvenir.

De todos los pensamientos que Lucía escribió en su ensayo se pueden entrever muchas cosas, pero desde luego construyó un futuro mucho más esperanzador. Nuestra artista sintió pavor ante el achicamiento del medio natural. La ciudad sería el epítome de esta nueva invasión. La ciudad se erige como una construcción artificial que corrompe lo genuino que subyace en el ser humano. Esta sociedad adulterada, postiza, nos habría traído todo una serie de degradaciones y violaciones psíquicas del individuo. Criatura de este mundo artificial es la masa, transgresora, iconoclasta, irrespetuosa.

Por tanto, Lucía teme el poder uniformador de las masas, la intrusión ajena, la invasión de ámbitos de intimidad, el ataque al individuo por parte de una colectividad que pretende imponer su desafuero. Denuncia el comportamiento de algunos jóvenes, que se lanzan a las calles con vestimentas llamativas y peinados estrafalarios. Estos desconocen las buenas maneras y los modales que la sociedad antigua hacía más amable la existencia. Ignoran los valores clásicos del arte y de la cultura. Son los nuevos vándalos que se arrojan a las calles a perturbar la vida ciudadana.

Algunos toman el disfraz de patriotas, como los Guardias Rojos de Mao, y destruyen la base de la cultura y la tradición del país: el respeto a la nacionalidad y a los valores antiguos consagrados. Se trata de una nueva juventud, producto de la desorientación de nuestro tiempo, hijos de una guerra mundial, de la neurosis, del desconcierto. Se lanzan a las calles sin saber por qué y arruinan monumentos, rompen jardines, vuelcan autos, quiebran vidrios, para mostrar un inconformismo que ni ellos mismos saben precisar.

Pese a todo ello cree en el poder de la juventud. Las nuevas generaciones deben respetar lo más acrisolado del pasado, de las tradiciones, de las buenas costumbres y también saber mirar hacia las conquistas del futuro. Deben realizar un consenso entre las fuerzas materiales y las espirituales, entre la religión y la sabiduría griega, entre las razones de los viejos y las pasiones de los jóvenes.

Como ejemplo de ese futuro esperanzador, divulga el mensaje del gran músico Pablo Casals, el cual puso de manifiesto el distanciamiento entre padres e hijos, los criterios divergentes que dificultan la comunicación y acentúan el silencio. Pero también consideró que se trataba de un fenómeno transitorio de una juventud que era el reflejo de una sociedad que se agitaba. La pasión y el sentimiento se habían impuesto sobre la razón reflexiva y serena.

Asimismo, nos hizo ver que el joven era capaz de percibir y sentir con ardor e indagar en las verdades elementales, sencillas y a la vez insondables de la Creación. Lucía, a su vez, señala la belleza que hay en la generosa admiración de la juventud pronta a dejarse arrebatar por la elocuencia o por los grandes gestos. El joven es audaz, sacrifica la belleza de la pasión a la verdad.

Su mayor negación al Hombre-masa, es considerar que el joven debe dejar de buscar su autoafirmación copiando todo de su entorno; debe abandonar el hábito de la moda, de imitar los trajes y costumbres de otros. Debe cesar en esa búsqueda de modelos de héroes y esa actitud mimética hacia escuelas, aficiones, movimientos literarios en el arte o la literatura, adoptando las novedades. Esto conducirá a la creación de un sujeto estandarizado, insulso, e indeseable: un snob. Es necesario que sepa huir de la rutina, del relajamiento y sepa oír sus propias voces.

En Lucía existe un puente, un paralelismo, entre el desprecio que siente hacia las masas y la aversión que profesa hacia el snob, más aún si se trata de la mujer snob, por su falta de elevación, su espíritu superficial, su propensión a la charlatanería y su banalidad.

Hay pruebas que señalan a Lucía Richard desde 1925 involucrada en las aspiraciones feministas. Sin embargo, nunca hasta 1956 había hablado con tanto arrojo sobre este tema en un medio público, lo que demuestra lo mucho que había cambiado para entonces la sociedad santiaguina. En un artículo titulado "Las teclas negras" publicado en *El Mercurio*, el 3 de junio de 1956 Lucía se encuentra *vis-à-vis* con las representantes de su sexo, calificando a la mujer como *"la gran conservadora de la especie humana"*.

Mucho se había luchado por conquistar los derechos políticos para la mujer, pero después de haberlos conseguido, las mujeres no optaban por puestos de elección popular, ni lograban organizarse políticamente. Mientras tanto continuaban soportando toda clase de leyes atentatorias de sus derechos. Retórica y más retórica, pero parece que la mujer no quería cambiar. Triunfaba individualmente, pero fracasaba en lo colectivo.

Analiza este fracaso en tres clases: la clase baja, la media y la alta. Lo que en su día calló en "Tía Eulalia" ahora lo denuncia claramente. La mujer del pueblo era casi analfabeta. Sus nulos conocimientos no le habían permitido adquirir una madurez cívica. Su falta de recursos no le permite dedicar tiempo a cultivarse. La mujer soporta estoica la carga de los hijos, muchas veces naturales o abandonados por maridos borrachos.

De la casi exigua clase media surge una mujer luchadora, esforzada, que acude a la Universidad, practica las profesiones, se dedica al comercio, sobresale en el arte, en la enseñanza. Pero en esta actividad frenética no le queda tiempo para organizarse, ni para cultivarse.

La crítica para con la clase alta es bastante ácida. Las mujeres de este estrato son elegantes, llenas de buen gusto innato, pero se preocupan en muchas banalidades y gasta demasiado en cosas superfluas. Pone su mira en el extranjero, pero no para cultivarse, sino para vestir bien. Por deficiente educación o por el ambiente cómodo en que vivía no comprendió el cambio profundo que se estaba produciendo en la sociedad chilena.

Algunas comenzaban a reaccionar: trabajaban, se instruían, actuaban... Pero todavía quedaba el grupo de las *bibelot de luxe* es decir, las que pasaban por la vida luciéndose como un florero, que sólo se dedicaban a mantener las casas de moda y a aparecer en las columnas de vida social de los periódicos. Estas descansaban en una vida cómoda y regalona y se reían de los derechos políticos de la mujer.

Como epílogo a este pasaje Lucía alude al hecho de que la mujer elegante y superficial, no representa a la verdadera alma de la mujer chilena. Hay que enorgullecerse –dice– de la inteligencia, del espíritu de sacrificio y abnegación de la mujer chilena. Muchas han sobresalido tanto en Chile como en el extranjero. Los tiempos según Lucía habían cambiado, ya no se seleccionaba a la gente por sus apellidos, sino por sus capacidades. La justicia social había que pelearla para conseguirla. Por último exhorta a todas las mujeres chilenas a que cambien su mentalidad, como una vía para un cambio en el país (Richard, 1956, pág. 513).

En esta trilogía de la mujer chilena, podemos contemplar *"le monde á l'envers"*, es decir, el mundo al revés. Como tantas otras veces Lucía reivindica "el orden frente al caos", el sacrificio y la virtud frente a la holgazanería y la indiferencia. La primera representante en esta taxonomía de la mujer chilena, lo constituiría la mujer de clase alta, llámese burguesa o aristocrática, pudiente y oligarca. Esta mujer era la única que tenía los medios para realizar una profunda transformación en la sociedad chilena, sin embargo, sus atributos más comunes eran la ociosidad, su acomodo en el orden dominante machista, su hedonismo, su banalidad, su esnobismo.

Es una mujer que sólo vive para seguir los dictados de la moda, una mujer superficial que no ahonda en las verdaderas necesidades de las féminas, no contribuye a su realización, sino que se puede inferir que se vale de su sensualidad para ir a la caza de hombres que le resuelvan la vida, lo que en definitiva asegura su supervivencia pero no dignifica su figura, o la pone en paridad intelectual con el hombre. Es una mujer chismosa, que se ríe de los derechos políticos de la mujer. Es la única que puede realizar el cambio, pero no le interesa.

El acervo democrático de Lucía está en que lanza un amplio elogio a la mujer de la clase media, llegándose a cuestionar si existe en Chile tal clase. Esta sería la columna vertebral del progreso en un mundo nuevo de meritocracia, un mundo de mujeres abnegadas y profesionales, que luchaban para sacar adelante el país y su familia. Pero tan inmersas estaban en la vorágine de sus actividades, que no tenían ni el tiempo, ni los medios para organizarse. Junto a estas también menciona el hecho de que algunas mujeres de la clase burguesa habían empezado a reaccionar.

Por último, vemos surgir la compasión en Lucía hacia la mujer del pueblo, que por su incultura, su analfabetismo, su total carencia de medios económicos, pasaba por la vida como alma en pena, arrastrando tras de sí una legión de niños naturales, abandonados por maridos borrachos. Esta mujer no tenía ninguna opción de representación política, no era ni sujeto, ni objeto de la historia.

En definitiva aquí hay una receta muy clara, para poder acceder al progreso de la mujer chilena. Es la misma —salvando las distancias—que la que provocó la Revolución Francesa, pero esta es una revolución silenciosa, una revolución del intelecto, una revolución incruenta y social, una revolución del espíritu, que sólo se puede lograr con sincero compromiso, entrega y sacrificio. *"Le monde à l'envers"*, radica en que quien puede realizar el cambio no lo quiere, o no lo necesita y quien quiere llevarlo a cabo no tiene los medios necesarios para su feliz consecución.

DOCUMENTOS ANEXOS

Artículos, reseñas biográficas y cartas no incluidas en las Obras completas

1- A Gabriela Mistral. 16 de abril de 1922. Biblioteca Nacional de Chile.

Ante todo, perdone que le escriba, porque lo hago cediendo a mi primer impulso, que es bien espontáneo y sincero.

Ud. ha venido con sus *Cantos de cuna* a llenar una necesidad; Ud. ha traído un aroma de jardín y un resplandor de estrellas a la camita del niño, que hasta ahora para dormirse no había escuchado más que palabras sin sentido que sólo hacían amables la voz siempre dulce y siempre tierna de la madre.

He escrito sus poesías en el álbum en que anoto las gracias, los adelantos y los recuerdos todos de mi "baby", para que así se penetren en su alma, se graben en sus oídos, de manera que cuando llegue a la edad en que se vive sólo de los recuerdos, los repita con la misma emoción con que a veces los hombres rememoran la primera Ave María que aprendieron a recitar acurrucados entre los brazos maternales.

Por eso le doy gracias, infinitas gracias, en nombre de los niños y en nombre de las madres, por ser usted la primera que ha sabido traducir sus emociones y por habernos dado a conocer una parte siquiera de toda esa poesía que brota espontánea de la infancia

Lucía Richard de Piedrabuena (1922)

2- Lucía Richard, Las mujeres del Quijote, Revista de la Sociedad de Escritores de Chile, SECH, 1946, vol. II, nº 6/7, págs. 36-38.

Desde la famosa maritornes "ancha de cara, llana de cogote, de nariz roma, de un ojo tuerto, y del otro no muy sana" hasta la duquesa, graciosa y amiga de burlas, toda la gama de las mujeres de España pasa por la paleta de Cervantes al escribir el Quijote, marcando tan acentuadamente los contrastes de los caracteres y las situaciones, como el Greco los claro-oscuro de sus visiones arrobadas. Hijos de una misma época parecen gustar ambos de la exageración y los matices fuertes para poder dar así la síntesis total de la época o el asunto.

Esta contradicción de los personajes cervantinos, Quijote y Sancho, sueño y realidad de entonces y de siempre tuvo necesariamente sus figuras correlativas entre los personajes femeninos de la novela. En la imaginaria y deshumanizada Dulcinea del Toboso y la tan humana y terrenal Teresa Panza vemos repetirse el mismo paralelismo de la realidad y la fantasía, de lo que creemos ver y lo que verdaderamente es, de la locura y la necedad, los apetitos de la carne y los apremios del espíritu, paralelismo que armoniza sin entrechocarse jamás y que forma toda la razón de la sinrazón del alma castellana.

Si una, la imaginaria, nos muestra un aspecto de la fiebre visionaria y de la exaltación que agitaban a muchos en esos días; la otra, la real, es un documento humano de interés permanente y de insospechadas lecciones objetivas. Los Quijotes y sus Dulcineas se lanzaron a la conquista del mundo o del cielo y los Sanchos y sus esposas siguen aún destripando terrones y vertiendo su innata sabiduría en la gracia sin par de sus refranes, en donde quiera se hable la lengua castellana.

Toda esa historieta de la buena mujer del escudero, de la ingenua y sesuda Teresa Panza es de una frescura y gracia sin iguales. Tan simple como su marido no es sin embargo crédula, sino más bien desconfiada y sospechosa y ninguna promesa de Sancho le hace perder los estribos en cuanto al bienestar de su hija se refiere. Esa discreta "y graciosa plática que pasó entre Sancho

Panza y su mujer Teresa Panza" como dice Cervantes al anunciar su capítulo V de la segunda parte es de una ingenuidad y un verismo delicioso.

La puja de los dos esposos por el destino de Sanchica, a quien el padre quiere ver convertida en condesa que le dé nietos y que se llamen señoría y la madre que se empeña en que no salga de su estado porque "gentil cosa sería casar a nuestra María con un condazo o un caballerote que cuando se le antojase la pusiese como nueva llamándola de villana, hija de destripaterrones y de la pelarruecas".

Pero pasa el tiempo y la gobernación soñada por Sancho se ha hecho realidad, gracias al espíritu burlón y amigo de bromas del duque, y la señora duquesa escribe a Teresa Panza informándole del suceso y enviándole una sarta de corales con extremos de oro. Esto era demasiado para la ingenua labradora. Saliose Teresa de la casa con la carta y con la sarta al cuello e iba tañendo en las cartas como si fuera un pandero y encontrándose con el cura y Sansón Carrasco comenzó a bailar y a decir "a fe que agora no hay pariente pobre, gobiernito tenemos".

¿No era para maravillarse el ver los presentes y las atenciones de la duquesa? Entonces piensa en desquitarse, no tanto de las privaciones –hablaba una castellana– sino de las humillaciones que había recibido de las empingorotadas hidalgotas del pueblo. El honor y el rango antes que todo y sueña con ir en coche hasta la gobernación y en ver a su hija acompañada de carrozas y literas de gran número de sirvientes.

¿Por qué hemos de admirarnos de la credulidad de la buena Teresa? La Ínsula Barataria no era más inaccesible ni más portentosa que el imperio de los incas o de los aztecas, conquistados por otros Sanchos de Extremadura o de Castilla.

En este episodio, como en todos los demás, Cervantes demostró haber escrito lo que había visto y vivido, siendo de admirar que sus constantes desgracias no ahogaran su vena festiva, y no ensombrecieran demasiado su visión de las cosas, coincidiendo con el Greco, en poner las nubes luminosas junto a los enlutados caballeros (1946).

3- ¿Quién es González Vera? Lucía Richard. La Hora, 19 de junio de 1950

Este título, que parece de folletín policial, responde a una pregunta que surge, en este momento, de muchísimos labios. El gran público no conoce al escritor que ha recibido el Premio Nacional de Literatura. Hemos de preguntarnos las causas de que su obra no haya trascendido a la masa de lectores, y aún, de que sea ignorada por muchísimos de los que siguen de cerca nuestra producción literaria.

¿Quién es González Vera y por qué su obra es desconocida?

Para contestar estas preguntas quiero asirme de las palabras con que el escritor Ernesto Montenegro, miembro del jurado que concedió el Premio, fundamentó su voto.

Dice así Montenegro, en bien pensadas razones, que son un juicio definitivo, ante el cual todo otro argumento parece redundancia:

"La obra de González Vera se singulariza en la literatura chilena por su originalidad y es representativa del genio chileno en sus mejores aspectos".

"Encontramos en él –prosigue Montenegro– una visión directa de las gentes y las cosas. La suya es hasta donde sea posible una literatura sin literatura. El estilo es sobrio hasta el ascetismo. Es la humildad y la sinceridad hechas verbo, producto legítimo de una conciencia bien penetrada de las altísimas responsabilidades de una verdadera vocación de escritor".

En estas palabras están sintetizadas las mejores cualidades de González Vera. El escritor ha superado la etapa de la lucha con la técnica. Él tiene, indudablemente, la suya. Pero está bien dominada, tan escondida entre las calidades de su pensamiento, que no la advertimos. Para él, la palabra no vale aisladamente como música o elocuencia, sino en cuanto lleva a la visión directa de las cosas que quiere representar. Y en este castigo constante de toda exuberancia, en medio de esta pobreza voluntaria, de esta sobriedad de estilo, sus pinceladas poéticas y su fino humorismo se realzan, compensándonos de la aridez circundante.

Copio al azar un párrafo de *El conventillo*, uno es los relatos de *Vidas mínimas*:

"Al atardecer fui al sitio de un vecino y tomé una rosa. Una pequeñita rosa, muy perfecta en su sencillez. Al cortarla pensé en ella y la dejé en un vaso hasta su llegada.

Ya anochecido, vino mi amiga. Mi madre no había regresado aún. La recibí en mi cuarto y conversamos sobre asuntos vacíos de interés. En ese instante llegó mi chiquilla de un humor terrible. Quise bromear, pero me lleno de impertinencias. A pesar de eso, le ofrecí la rosa; entonces, sin recibírmela, dijo despreciativamente: De esas basuras el cementerio está lleno".

Todo un poema entre zarzas, una flor en un roquedal. Este es un estilo. Visión directa del natural, que es realismo, que es vida; gracia fina, ternura emocionada, que es su elemento propio. Subjetivismo y objetivismo en juego acompasado, equilibrado y armónico. Para obtener esos resultados no necesita ni erudición ni artificios. Observa a su alrededor y toma conciencia de sí. Nada más. En seguida, narra con sencillez; describe los tipos humanos, los caracteres, y expresa lo que siente ante ellos. Y como su mirada es certera y su contenido emocional y poético, de alta calidad, salen sus producciones acabadas y perfectas en medio de su aparente desgano y trivialidad.

Otra consideración sobre su estilo. González Vera no abandona nunca la mirada burlona que desarma, su sonrisa volteriana, su humorismo liviano, que no nace de sequedad de corazón, de amargura, sino de comprensión humana. Por eso su humor nunca hiere. No ridiculiza, no castiga: paraliza.

Nos queda por aclarar la causa de que sus obras, a pesar de ser de ambientes populares y fáciles de leer, no sean conocidas del público. La razón hay que buscarla en su irritante retraimiento, su desprecio por publicar, su alejamiento de sociedades literarias y círculos editoriales. Se necesitó de personas que, conociéndolo íntimamente, lo descubrieran y lo lanzaran a la consideración del gran público, que no se da el trabajo de buscar valores, sino que recibe lo que la propaganda le entrega, hechos para su fácil digestión (1950).

4- El libro de horas. Lucía Richard. El Mercurio 1/1/ 1957

Los delicados artistas medievales pintaban cuadros para acompañar los distintos meses del año y bordeaban esos libros piadosos con guirnaldas alegóricas y pinturas ingenuas y detalladas de las costumbres y faenas de la época que querían ilustrar. Esos Libros de Horas, como los llamaban, seguían paso a paso el desenvolvimiento de las estaciones y de los sucesos más importantes del año. En realidad, como esos artistas lo comprendían, cada mes tiene su fisonomía propia y está asociado en nuestra imaginación a nuestras ocupaciones mínimas o a nuestros más serios problemas.

Siempre frente a nuestras miradas pende, visible o invisible, un inexorable calendario. No podemos prescindir de él desde el momento que hemos tenido que aceptar la imposición del reloj, de los plazos, de la puntualidad, del orden moderno que tanto ayudan como destrozan nuestras vidas. Cada mes al iniciarse trae escrita una historia especial: cada uno nos indica un camino a seguir o nos amenaza con una tarea o con una dificultad.

Con el transcurso del tiempo esta asociación de ideas con el calendario varía fundamentalmente. Ya no es marzo el del dulce de membrillo o enero el de los baños de mar, como pensábamos en la infancia; pero cada mes sigue conservando algunos motivos ingenuos y encantadores junto a los pesados, graves y aniquilantes que nos agobian con su insistente majadería. Diciembre se redime de su fisonomía de Juicio Final con las dulces imágenes de la fiesta de la Inmaculada y de la Navidad.

Los exámenes escolares, los balances bancarios, la mirada triste o satisfecha hacia el año que pasó, son cosas duras e irritantes. Suelen traer algunos halagos o satisfacer vanidades, pero, más que todo, nos dejan la amargura de tener que enfrentarnos con la realidad de la vida, que raramente nos presenta un cuadro placentero.

No sé lo que pueda pasar en el corazón de un hombre —soy incapaz de imaginarlo— que ve llegar el final del año sin experimentar esa deliciosa ilusión de la Pascua de Navidad. Haber comenzado trescientas sesenta veces un día semejante a otro y trescientas sesenta veces terminarlo reclinando la cabeza abrumado de hastío o de cansancio y prepararse a comenzar un nuevo año sin poner un paréntesis a tanta rutina, es tarea sobrehumana que para mí sería imposible de sobrellevar.

Un poeta, San Francisco de Asís, fue el primero que comprendió la belleza y la emoción que produce esa celebración del nacimiento del Infante Divino. Interpretó el sentido íntimo y jubiloso de esta fiesta de la cristiandad y desde entonces todas las campanas de la tierra se echan a vuelo y los niños sonríen esperanzados y los hombres sacuden por un momento el fardo de sus obligaciones en esa dichosa medianoche destinada a los hombres de buena voluntad.

Para unos llega la Navidad entre copos de nieve y pinos encapuchados: para otros, entre campos verdegueantes, trigales dorados y frutas tempraneras. Nosotros tenemos la suerte de tener esa Navidad florida. Se nos ha adentrado tanto en el corazón, que ha dejado un impacto profundo en el folclore y en el arte popular. Los pesebres, hoy relegados a las iglesias, con su pequeño mundo en miniatura; los villancicos que guardaban todo el sabor del sentido musical y poético de nuestro pueblo, las figurillas de greda, representando el Divino Misterio, los mismos grupos campesinos que se daban cita en la iglesia en esa bendita Misa del Gallo, son recuerdos de esa ferviente alegría que sacudía a un pueblo cuando no se preocupaba de lucubrar sistemas, sino a dar expansión a sus sentimientos.

Esa era la Navidad más propiamente nuestra y que tenemos el deber de defender. La otra, de fiestas mundanas, de representaciones importadas y de bullicio sin alegría, jamás podrá arrastrarnos con su postiza algazara que no trae sus fuentes del pasado.

Parece un contrasentido hablar de estas cosas cuando hay otras tan apremiantes y graves que todos los días nos salen al encuentro para robarnos nuestra tranquilidad. Los sucesos mundiales nos alteran y con justicia nos apasionan y nos conmueven. Vivimos en un orbe sin fronteras y la ciencia moderna ha hecho de todos los hombres ciudadanos del mundo y partículas microscópicas de una entidad universal.

Pero cada hombre necesita conservar su individualidad y cada pueblo su fisonomía. Hacer tabla rasa de ellas es ir en contra del corazón humano que cuando no cae en la abyección estalla magnífica y dolorosamente en cada etapa de su historia, demostrando que puede vivir sin satisfacciones materiales, pero no sin libertad para sus creencias, sus costumbres y sus tradiciones.

En nuestro calendario invisible, junto a la hoja de este diciembre rezagado, coloquemos un jubiloso final que sea un paréntesis, un descanso entre las rutinas de la vida, un refresco balsámico y restaurador de energías. Pero este paréntesis sea la genuina expresión de la chilenidad que no se asusta cuando borra las diferencias de clases y de edades y nos hace sentirnos niños, con esa simplicidad que tienen los pueblos y los infantes, hecha de inagotable generosidad y de esperanzada ilusión (1957).

5-Diario La Opinión, Una pregunta a seis escritores, 25 de diciembre de 1946. Entrevista a Lucía Richard

"Libro apropiado para niños es aquel que su autor se sitúa en el plano infantil y toma como tema vidas de niños. Todos los libros clásicos de la literatura infantil tienen como héroe principal a un niño: *Corazón de Amicis*, *Alicia en el país de las maravillas*, *Oliver Twist*, *Tres años de vacaciones*, etc. Es enorme la influencia que tienen estas lecturas iniciales; como la primera ventana que se abre al mundo exterior. Antes de saber leer, el niño con sus pequeñas cosas constituye con ellas su universo propio. Después de esa edad comienza a cruzar las fronteras de su vida íntima y vegetal y da los primeros pasos por el mundo exterior.

Los héroes de sus libros son pues, los primeros compañeros en su vida. Por ese motivo hay que poner mucho cuidado en elegir estos compañeros. Creo que el libro que para ellos hace falta es la vida de niños célebres. Así se le sitúa, desde el principio en compañía de seres selectos que se convertirán en sus modelos y maestros.

En nuestro propio país, tenemos las vidas ejemplares de los que han forjado nuestra nacionalidad. Sería interesante hacer relatos de las infancias de O´Higgins, Pérez Rosales, Blanco, Arias, Plaza, Alfredo Lobos, Gabriela Mistral, etc. Podrían completarse estos relatos con historias noveladas de las figuras de América y en general de los benefactores de la humanidad. Creo que este libro que espera el niño chileno y no sólo el chileno, ya que al hablar de la infancia no se puede hablar de la nacionalidad; esos primeros años de la vida no llevan marcados diferencias raciales ni sociales y todos los niños son como una inmensa selva por descubrir" (La Opinión, 1946).

6-Omer Emeth (Emilio Vaisse). Movimiento Literario. Sursum Corda, poesías de Lucía Richard de Piedrabuena, ilustraciones de J.Delano, Santiago, Impr. Universo, 1925, crónica bibliográfica de *"El Mercurio"* del lunes 25 de diciembre de 1925, pág. 3. Ficha catalográfica nº 1878 de los artículos publicados por el autor.

MOVIMIENTO LITERARIO POR OMER EMETH

SURSUM CORDA. Poesías de Lucía Richard de Piedrabuena. Ilustraciones de J. Delano. Santiago. Impr. Universo, 1925.

Al abrir este libro, adviértese desde la primera estrofa que se entra en un jardín de delicias donde sopla una brisa fresca y todo habla de salud, vigor, esperanza y alegría de vivir. Aun cuando los versos fuesen malos (y me apresuro a decir que no lo son), la autora de Sursum Corda merecería mis más sinceros parabienes y toda mi gratitud por esa brisa y esa alegría...

No sé si, en esto, mis lectores comparten mi modo de sentir, pero lo confieso: yo estoy harto de leer versos pesimistas que parecen escritos en una prisión, en un hospital, en una tierra que, ni por broma, es copia feliz del Edén y donde la vida se ha vuelto purgatorio o infierno.

Repúgname aquello tanto por la falta de arte cuanto por la escasez de sinceridad. Algunos de esos lacrimosos poetas y poetisas cuyas jeremiadas destilan tanta tristeza, son en realidad gentes alegres que sacan buen provecho de su juventud. "Lo demás es literatura", como decía cierto poeta francés.

La señora Lucía Richard de Piedrabuena confiesa su felicidad y la canta:

¡Arriba corazones, / la vida es alegría! / ¿Quién a llorar se atreve / cuando sonríe el sol? / Mirad, que ha salido / y está radiante el día / sin vientos y sin lluvias / sin nubes ni arrebol.

No pensemos empero que la autora de esta estrofa sea incapaz de percibir la melancolía de ciertos paisajes y de ciertas horas:

Yo adoro los paisajes imprecisos / que a la luz de la tarde se bosquejan / cuando todo es misterio y penumbra / en el ambiente triste.

Yo busco las tranquilas soledades / donde se escuchan vagas melodías / y las calladas voces de las cosas / evocan los recuerdos.

Y bosques tranquilos y sombríos / donde murmura inquieta alguna fuente / y a través del encaje de las frondas / diviso alguna estrella.

Pero esos ratos de melancolía son brevísimos: la alegría de vivir vence hasta extremos de engendrar escrúpulos. Y así la poetisa, sintiéndose demasiado feliz, pide a Dios perdón.

Perdóname Señor si amo la tierra / y pongo mis amores en las cosas. / Tú sembraste de flores mi camino / de flores olorosas.

Yo he sentido perfume en el sendero / y visto tras el monte luz del día / espero que amanezca y busco flores / ¡Señor, tú las envías!

Perdóname, Señor, si a veces miro / la tierra con cariño y con ternura / aquí, tú la creaste y bien lo sabes / ¡También hay cosas puras!

Por primera vez en veinte años tropiezo con un poeta que confiesa ser feliz. Es este uno de esos días que el poeta romano marcaba con piedra blanca... ¡Alabado sea Dios! (Omer, 1925).

7- Sara Guerín de Elgueta, Sursum Corda, 1928. Guerin de Elgueta, Sara, Actividades femeninas en Chile: obra publicada con motivo del cincuentenario del decreto que concedió a la mujer el derecho de validar sus exámenes secundarios (datos hasta diciembre de 1927). Santiago, imprenta y litografía, La Ilustración, 1928, págs. 721 y 728.

Sencillamente, sin padrinos de lujo, vio la luz pública, no hace muchos años, un pequeño tomo de poesías de la Sra. Lucía Richard de Piedrabuena, titulado *Sursum Corda*.

Sus temas son tiernos, absolutamente poéticos, por decirlo así, pues no versifica la autora sino motivos delicados y espirituales. Su manera de sentir e interpretar la Naturaleza, como en *Quietud Campestre*, la expresión sencilla y dulce de su amor maternal, de su piedad cristiana, que acredita su *"Oración al Nazareno"*, predisponen desde el primer momento en su favor.

Es inspirada, correcta, su frase bien moldeada brota con facilidad. Sin gastar esfuerzo alguno para ganar lugar en las filas de las mujeres que escriben, ha logrado la Sra. Richard de Piedrabuena colocarse a la altura de nuestras mejores poetisas. Puede el lector juzgar de nuestro aserto al leer algunas estrofas siquiera de esa bellísima oración que no resistimos el deseo de transcribir... (a continuación se transcriben los pasajes más representativos de "Oración") (Guerín de Elgueta, 1928).

8- Stefan Sweig, conferencia dada por Lucía Richard, Boletín del Cenáculo de Poesía nº 3, 1942, pág.6.

Stefan Sweig

"Sobre la personalidad de este maravilloso escritor judío, versó una brillante conferencia que diera en el Cenáculo de Poesía, la escritora y poetisa, Sra. Lucía Richard de Piedrabuena.

La conferenciante es una figura destacada en la intelectualidad femenina de Chile y trató el tema con extrema soltura y amenidad. El malogrado escritor suicida revivió y se presentó con todas las sobresalientes líneas de su silueta intelectual en la evocación de la culta dama.

La selecta concurrencia que llenaba el Auditorio, escuchó en fervoroso recogimiento la palabra ilustrada de Lucía Richard de Piedrabuena, quién fue muy aplaudida y felicitada, viéndose obligada, por las exigencias de sus admiradores a recitar algunas de sus poesías originales" (Zenteno de León E. , 1942a).

9- Marta Elba Miranda, El Enigma, Revista de la Sociedad de Escritores de Chile /SECH, 1946: II, (7/8): 44/45.

El Enigma, cuentos por Lucía Richard, Editorial Tegualda. Con un conjunto de diez cuentos, reunidos bajo el nombre de *El enigma*, título del primero de la serie, Lucía Richard ha entregado a la luz pública su primera obra en prosa.

Son estos cuentos, hechos o escenas que pintan la vida sencilla y anónima de seres que viven, actúan y sufren perdidos en los medios corrientes del vivir cotidiano. La autora maneja bien el diálogo, lo que da interés y movimiento al desarrollo de los argumentos. No se extiende en vanos análisis o en fastidiosas disquisiciones ni siquiera detalla sus personajes, le basta apuntar un gesto, destacar un aspecto para señalar la intención, y la fuerza psicológica del asunto.

"Cuando Bernardo se case le darís el catre de bronce", dice la carta que la madre alarga al sacerdote para que éste comprenda porqué se resiste al matrimonio de su hijo con la mujer que ama.

Esta frase resume la intensidad del conflicto, surgido de la lucha que sostiene la protagonista, entre el deber de dar cumplimiento a la voluntad del esposo entregando al hijo el día de su boda el catre de bronce y el dolor que le significa deshacerse del preciado objeto que fuera también el objeto nupcial de ella.

Este cuento, tal vez el mejor logrado del volumen, muestra la capacidad creadora de Lucía Richard y su valiosa cualidad observadora sutil y captadora sagaz de esas pequeñas tragedias que afligen a almas sencillas.

Pedrín, el pequeño que se gana la vida en la puerta del cementerio "agüita pa las flores" en cambio de algunas monedas, es otro hallazgo en esta clase.

Estos intrascendentes personajes que sufren y se debaten en medio de simples conflictos como sus espíritus, suelen también resolverlos en forma análoga:

¿Qué te parece que hiciéramos la torta que le gusta tanto? Dice Cristina, la solterona a su hermana viuda, madre de un pequeño que está por regresar del colegio, al término de una agria disputa entre ellos.

El amor al niño es la servidumbre, el yugo –como la autora lo llama– que las hace vivir juntas, soportar sus temperamentos disímiles, que desembocan, a veces, en querellas cargadas de palabras hirientes, de reproches amargos, como este en que la hermana solterona da cima invitando a la madre a prepararle al niño "la torta que tanto le gusta".

Lucía Richard entra a formar parte de la numerosa familia chilena de cuentistas con una seria y valiosa credencial. Su libro de relatos está bien (Elba Miranda, 1946).

9- Reseña de Lucía Richard por Vera Zouroff. Vera Zouroff, El Cenáculo de Poesía a sus Poetas, 1ª serie, Santiago, Nascimento, 1947.

"He dicho en otra ocasión que en Lucía Richard hay algo transparente, como esas imágenes dentro de las cuales se enciende una luz.

¡Transparente!

Su exquisita feminidad, su distinción de gran dama, su reciedumbre de mujer fuerte como la descrita por el Evangelio, pero velada por esa suavidad pálida y dulce de su rostro un tanto nacarado, son el cristal a través de cuyos tallados se tornasola en múltiples cambiantes luminosos la llama interna, que oscila a las ráfagas de su inquietud artística, provocando en ella ese amor al estudio en perpetua peregrinación por los senderos del arte.

Nacida en hogar aristocrático, educada conforme a su linaje, perfiló sus gustos literarios en la vieja cultura europea, adquiriendo la impecable corrección clásica de su estilo elegante y puro, y cierto eclecticismo sereno para mirar las cosas de la vida desde la altura de sus pensamientos.

Viajes y lecturas han enriquecido su mente reflejándose en sus escritos. Ha publicado varios poemarios y prosas y tiene en reserva un rico bagaje de conferencias y charlas radiales, junto con un libro de ensayo, listo para las prensas.

Sus versos, sus estrofas, son gemas ricamente talladas y en ellas asoma el espíritu de la mujer cristiana, la madre, la dama y la artista desbordante de inspiración y ternura" (Zenteno de León E. , 1947).

10- Emilio González López, El Enigma, Revista Hispánica Moderna, 1950, vol. 16, pág. 145.

"Estos interesantes cuentos de Lucía Richard tienen como nota común que les une, el ser todos ellos pequeños incidentes que revelan de pronto, como si fueran un fogonazo disparado a quemarropa, el carácter de un individuo o le causa a éste la muerte de sus ilusiones. La escritora busca un detalle, un accidente al parecer trivial, pero que está cargado de graves consecuencias para la persona que lo sufre.

El título del primer cuento, *Enigma*, (que es la historia de un pobre viudo empeñado en registrar el escritorio donde su mujer guardaba sus cosas personales y que descubre en esta búsqueda la infidelidad de su esposa), podía servir de título a otros cuentos más, pues en cada uno de ellos, en estos cuentos breves, Lucía Richard nos descubre uno de los pequeños-grandes misterios del enigma de la vida" (Gónzalez López, 1950).

11- Virgilio Figueroa, reseña de Lucía Richard. Diccionario Histórico Biográfico y Bibliográfico, Nendeln, Liechtenstein: Kraus Reprint, 1974, volumen V, pág. 678.

Virgilio Figueroa:

Omer Emeth, tan egoísta cuando no se trataba de ponderar la hegemonía mental francesa, decía al imponerse de *Sursum Corda*, una colección poética dada a la luz en 1925 por la señora Lucía Richard, que por primera vez en 20 años había tropezado con un poeta que confesaba ser feliz.

Y para comprobarlo transcribía algunas estrofas, embebidas en miel de dulzura y en elixir de felicidad.

Omer Emeth:

Pocos discípulos de Apolo son los que entonan salmos de dicha y ofrendan en el altar de la conformidad. Casi todos recorren los valles lacrimosos y destilan el zumo de sus penas, ficticias e imaginadas las más veces. En *Sursum Corda* la señora Richard se desentiende de la vociglería patética y entona cánticos felices. En "Penumbra", ella, al revés de lo que hace la legión de portatristezas, no busca quejumbres ni el penar de los días grises. En "Perdóname, Señor", reconoce que es feliz y pide perdón (Figueroa V. , 1974).

12- Copia facsímile de una carta de Esmeralda Zenteno de León (Vera Zouroff) dirigida a Gabriela Mistral el 8 de septiembre de 1954, que en nombre del Comité Directivo de la Casa de América, le daba la bienvenida en su regreso a Chile. Biblioteca Nacional de Chile (Zouroff, 1954).

CASA DE AMERICA
CRILLON
AGUSTINAS ▪ SANTIAGO CHILE

Argentina
Bolivia
Brasil
Canada
Colombia
Costa Rica
Cuba
Chile
Dominica
Ecuador
Filipinas
Guatemala
Haití
Honduras
Jamaica
Mexico
Nicaragua
Panama
Paraguay
Perú
Puerto Rico
Salvador
United States
Uruguay
Venezuela

Santiago, Septiembre(mes de Chile) 8 de 1954

Excelsa Gabriela;

Al ganar el Premio Nobel de Literatura, de tí lo recibió por la primera vez, el Continente dentro del cual vive tu Patria; hoy, que a ella regresas, el Directorio de esta institución americanista, en el nombre de nuestra América te da la bienvenida.

Esmeralda Zenteno de León
Presidenta

Nombres de las firmas.
Esmeralda Zenteno de León, Cor. Agustín Benedicto; Santiago Aguirre Mengual; Carlos Valdovinos;Sofía Flores de Aguirre; Gral. Teófilo Gomez Vera; Hilda de Guzman; Ema Ortíz; Luis Consiglieri;Lucía Richard de piedrabuena; Amanda Brieba de Lorca. berta Traversari de Ureta;Adela Perez de Larrain, Edelmira Muñoz; Carmen Alonso.Dora Puelma.

Bibliografía

Amunátegui Johnson, M. (enero-febrero de 1949). El congreso de Chile concede a las mujeres los derechos políticos. *Mujeres de América: "Manos Unidas, Corazones Fuertes"*(9), págs. p.1-2.

Andonie Dracos, C. (30 de Diciembre de 2004). La escritora que transgredió los cánones sin romperlos. *El Mercurio*, P C12.

Andrade Coello, A. (1939). *Perifonemas: programas de Radio Cuba.* Quito, Ecuador: Imprenta Ecuador.

Arabena Williams, H. (1950). *Enrique Nercasseau y Morán (1854-1925).* Santiago: Editorial Universitaria.

Arabena Williams, H. (1986). *Ensayos de exégesis literaria* (Vol. I). Santiago, Chile: Editorial Nascimento.

Araneda Bravo, F. (12 de julio de 1978). En la muerte de Patricia Morgan. *La Prensa Austral*, pág. p.2.

Besoaín Armijo, R. (1997). René Amengual, un enamorado de la música. *Tiempo Nuevo*, pp.87.

Brieba de Aldunate, M. (septiembre-octubre de 1949). Contribuyamos a la rehabilitación histórica de la mujer. *Mujeres de América: "Manos Unidas, Corazones Fuertes"*(13), pág. p.1.

Brieba de Aldunate, M., & Guiller, E. (14 de septiembre de 1949). Carta de Mími Brieba de Aldunate y Elena Guiller a Gabriela Mistral, residente en Santa Bárbara, Estados Unidos. (B. N. Chile, Recopilador) Santiago, Chile.

Calderón, A. (31 de enero de 1991). *La Nación*, pág. p.14.

Casa de América. (junio de 1951). *Boletín Anual de la Casa de América.* (B. H. Madrid, Recopilador) Santiago, Chile: Casa de América.

Díez Aljaro, F. (martes 20 de mayo de 1997). El sacerdote Bernardino Abarzúa Troncoso. *El Heraldo*.

Donoso, A., & Wilson, E. (1910). *El parnaso chileno/ Compilado por Armando Donoso: aumentado en una segunda serie por la baronesa Wilson.* Barcelona, España: Maucci.

Elba Miranda, M. (1946). El Enigma. *Revista de la Sociedad de Escritores de Chile, II*(7/8), pp.44-45.

Fernández Richard, J. (ca 2000). *Surcos en la Arena.* Santiago, Chile: memoria inédita.

Figueroa, P. (1900). *Diccionario biográfico de extranjeros en Chile.* Santiago, Chile: Imprenta Moderna.

Figueroa, V. (1930). *Diccionario histórico biográfico y bibliográfico de Chile* (Vol. V). Santiago, Chile: Imprenta y Litrografía La Ilustración.

Figueroa, V. (1974). *Diccionario histórico, biográfico y bibliográfico* (Vol. V). Nendeln, Liechtenstein: Kraus Reprint.

García y García, E. (enero-febrero de 1949). Salvemos a los niños. *Mujeres de América: "Manos Unidas, Corazones Fuertes"*(9), pág. p.3.

González Cerda, R., & Casanova, M. (1913). *Corona funebre a la memoria de Enrique Richard Fontecilla/sus amigos.* Santiago, Chile: Soc. Imp. Lit. Universo.

Gónzalez López, E. (1950). El Enigma. *Revista Hispánica Moderna, 16*, p.145.

Gónzalez López, E. (1950). El Enigma. *Revista Hispánica Moderna*(16), 145.

Guerín de Elgueta, S. (1928). *Actividades femeninas en Chile: obra publicada con motivo del cincuentenario del decreto que concedió a la mujer el derecho de validar sus exámenes secundarios (datos hasta diciembre de 1927).* Santiago, Chile: Imprenta y Litografía La Ilustración.

Guerrero, P. (7 de junio de 2015). Rescatando a Lucía Richard. *El Mercurio: Sección Artes y Letras, Revista de Libros*, pág. p.12.

Hooper, F., & Yust, W. (1948). Two collections of short stories, El Enigma by Lucía Richard and Melodías de antaño by Victoria Orjikh. *Britanica book of the year. Enciclopedia Britanica*, p.62.

Hübner, S. (1919). Charlas. *Sucesos*(1-897).

Huidobro, V. (marzo de año XI, 1956). Oposición al surrealismo. *Caballo de Fuego*(8), p.1.

Humeres Solar, C. (Año I, 1935). Arte y psicoanálisis. *Revista de Arte*(6).

Huneuus, G. (18 de octubre de 1951). Carta de Gabriela Huneuus a Gabriela Mistral. (B. N. Chile, Recopilador) Santiago, Chile.

Huneuus, G. (26 de enero de 1955). Carta de Gabriela Huneuus a Gabriela Mistral. (B. N. Chile, Recopilador) Santiago, Chile.

Jarpa Gana de Lazo, S. (mayo-junio de 1948). Absurdo coloniaje en América ¿América para los americanos? *Mujeres de América "Manos Unidas Corazones Fuertes"*(5), pág. p.3.

La Opinión. (25 de diciembre de 1946). Una pregunta a seis escritores. *La opinión*.

La Torre, M. (31 de marzo de 1926). *Revista Atenea*, 69.

Larco Herrera, R. (1952). *La última carta de la democracia: América en la encrucijada roja*. Lima, Perú: Editora Médica Peruana.

Lillo, S. (1947). *Espejo del pasado*. Santiago, Chile: Nascimento.

Lillo, S. (1952). *La literatura chilena*. Santiago, Chile: Nascimento.

Mariategui Oliva, R. (1953). *Visión de Chile*. Lima, Perú: Editorial Ausonia.

Mayer de Zulen, D. (enero-febrero de 1949). La primera etapa de las mujeres de América. *Mujeres de América: "Manos Unidas, Corazones Fuertes"*(9), pág. p.3.

Minchero Vilasaro, A. (1957). *Diccionario universal de escritores* (Vol. 2). San Sebastián, España: Edidhe.

Muñoz, E. (junio de 1950). Carta de Edelmira Muñoz a Gabriela Mistral. (B. N. Chile, Recopilador) Santiago, Chile.

Nachrichten. (18 de noviembre de 1829). *Allgemeine Musikalische Zeitung*, p.758.

Nómez, N. (1996-2000). *Antología crítica de la poesía chilena/selección, introducción, notas y bibliografía de Naín Nómez* (Vol. I). Santiago, Chile: Lom Ediciones.

Oliveira de Núñez, I. (1 de octubre de 1950). Carta de Inés Oliveira de Núñez a Gabriela Mistral, residente en Jalapa, Veracruz, México. (B. N. Chile, Recopilador) Santiago, Chile.

Omer, E. (lunes 25 de diciembre de 1925). Sursum Corda, poesías de Lucía Richard de Piedrabuena, ilustraciones de Jorge Delano. Santiago, Impr. Universo, 1925. *El Mercurio. Crónica bibliográfica de Movimiento Literario*, pág. p. 3.

Ortega y Gasset, J. (2010). *La rebelión de las masas.* Madrid: Espasa.

Parker, W. (1967). *Chileans of today.* New York, Estados Unidos: Kraus Reprint Corporation.

Piedrabuena Richard, C. (1995). Recuerdos de Conchalí. *I*. Santiago, Chile: Memoria inédita.

René Correa, C. (1944). *Poetas chilenos (1557-1944).* Santiago, Chile: Editorial La Salle.

Richard, L. (16 de 04 de 1922). A Gabriela Mistral. Santiago, Chile.

Richard, L. (1925). *Sursum Corda: poesías / Lucía Richard de Piedrabuena; ilustraciones de Jorge Delano.* Santiago, Chile: Sociedad Imprenta y Litografía Universo.

Richard, L. (1934). *Recuerdos de viaje.* Santiago, Chile: Imprenta La Bandera.

Richard, L. (1938). *Poesías.* Santiago, Chile: Imprenta Nascimento.

Richard, L. (1945). El Rescate. *Revista Atenea, 80*(239), p.113.

Richard, L. (1946). Las mujeres del Quijote. *Revista de la Sociedad de Escritores de Chile, SECH, II*(6/7), pp.36-38.

Richard, L. (1947). *El enigma.* Santiago, Chile: Editorial Tegualda.

Richard, L. (19 de junio de 1950). ¿Quién es González Vera? *La Hora.*

Richard, L. (2 de julio de 1950). Neruda y los poetas chilenos. *La Hora.*

Richard, L. (18 de diciembre de 1955). Juventud rebelde. *El Mercurio.*

Richard, L. (18 de marzo de 1956). Divagaciones sobre el arte. *El Mercurio.*

Richard, L. (3 de junio de 1956). Las teclas negras. *El Mercurio* .

Richard, L. (23 de septiembre de 1956). Vida, pasión y muerte del retrato. *El Mercurio.*

Richard, L. (1 de enero de 1957). El libro de las horas. *El Mercurio.*

Richard, L. (28 de febrero de 1964). En el cuarto centenario de Miguel Ángel. *El Mercurio.*

Richard, L. (7 de junio de 1964). Tagore, Gandhi y Nehru, los gigantes de la India. *El Mercuio.*

Richard, L. (2004). *Obras completas de Lucía Richard* (1 ed.). (G. P. Richard, Ed.) Santiago, Chile: Editorial Andrés Bello.

Richard, L. (ca 1950). Holanda contemporánea. *Radio Chilena. Crónicas de Arte.* Santiago, Chile: programa radial inédito.

Richard, L. (ca 1950). Crónicas de arte: Franz Liszt. Santiago, Chile: Progama radial inédito.

Richard, L. (ca 1950). Crónicas de arte: Preludios de Chopin. *Radio Chilena.* Santiago, Chile: programa radial inédito.

Richard, L. (ca 1950). Temporada teatral. *Radio Chilena.* Santiago, Chile: programa radial inédito.

Richard, L. (ca 1960). Defensas del hombre. Santiago , Chile: ensayo inédito.

Richard, L. (ca 1965). La pregunta inquietante. 75 págs. Santiago, Chile: Ensayo inédito.

Richard, L. (ca. 1950). Bélgica. *Crónicas de Arte. Radio Chilena.* Santiago, Chile: Programa radial inédito.

Rocuant, M. (1902). *Brumas / Miguel Luis Rocuant: prólogo de Marcial Cabrera Guerra: ilustraciones de Santiago Pulgar.* Santiago, Chile: Imprenta y Litrografía Francho-Chilena.

Romero, G. (ca 2006). Revolucionarias très chic. *Caras*, pp. 43-44.

Rubio, P. (1994-1999). *Escritoras chilenas, novela y cuento.* (Vol. III). Santiago, Chile: Editorial Cuarto Propio.

Sainz de Robles, F. (1953). *Ensayo de un diccionario de la literatura* (2 ed., Vol. 2. Escritores españoles e hispanoamericanos). Madrid, España: Aguilar.

Santa Cruz, L., Pereira, T., & Zegers-Valeria Maino, I. (1978). *Tres ensayos sobre la mujer chilena.* Santiago, Chile: Editorial Universitaria.

Santivan, F. (ca. 1920). Crónica periodística sobre Sarah Hübner. p.7. (B. N. Chile, Recopilador) Valdivia, Chile.

Santiván, F. (ca. 1930). Sara Hübner Bezanilla. (B. N. Chile, Recopilador) Valdivia, Chile.

Silva Castro, R. (1961). *Panorama literario de Chile.* Santiago, Chile: Editorial Universitaria.

Silva, J. (20 de julio de 1947). Carta de Jorge Gustavo Silva a Gabriela Mistral. (B. N. Chile, Recopilador) Llolleo, Chile.

Simpson, A. (9 de julio de 1978). Patricia de Chile... *El Mercurio de Valparaíso*, pág. p.2.

Sudermann, M. (1918). Diario íntimo de Magda Sudermann. *Revista de Artes y Letras.*

Sux, A. (1911). *La juventud intelectual de la América hispana/ por Alejandro Sux; prólogo Ruben Darío.* Barcelona : Presa Hermanos.

Ugarte, M. (1908). *Las nuevas tendencias literarias.* Valencia: F. Sempere.

Vergara, M. (1962). *Memorias de una mujer irreverente.* Santiago: Zig-Zag.

Wilde, O. (1996). *The complete Oscar Wilde.* Londres, Reino Unido: Michael O'Mara Books.

Yutronic Cruz, M. (Año CXIII, tercer trimestre de 1955). Presencia de Omer Ometh en la literatura chilena y su magisterio crítico. *Anales de la Universidad de Chile*(99), pp. 13-24.

Zenteno de León, E. (. (1948-1951). *Mujeres de América.* (B. N. Chile, Recopilador) Santiago, Chile.

Zenteno de León, E. (. (1948-1951). Mujeres de América. (B. N. Chile, Recopilador) Santiago, Chile.

Zenteno de León, E. (1940a). Cenáculo de Poesía del Conservatorio de Declamación. *Boletín del Cenáculo de Poseía*, 1-6.

Zenteno de León, E. (29 de noviembre de 1940b). Gran Festival Poético en la Sala Cervantes. (B. L. U. Texas Austin, Recopilador) Santiago, Chile.

Zenteno de León, E. (1941a). *Boletín del Cenáculo de Poesía(2)*. Santiago, Chile: Imprenta y Litrografía Leblanc.

Zenteno de León, E. (30 de octubre de 1941b). Gran Festival Poético en la Sala Cervantes. (U. T. Benson Latin American Collection, Recopilador) Santiago, Chile.

Zenteno de León, E. (1942a). *Boletín del Cenáculo de Poesía(3)*. Santiago, Chile: Imprenta y Litografía Leblanc.

Zenteno de León, E. (24 de agosto de 1942b). Recital poético en la Sala Cervantes. (T. A. University, Recopilador) Santiago, Chile.

Zenteno de León, E. (1943a). *Boletín del Cenáculo de Poesía(4)*. Santiago, Chile: Imprenta y Litrografía Leblanc.

Zenteno de León, E. (30 de septiembre de 1943b). Recital poético en la Sala Cervantes. (U. T. Austin, Recopilador) Santiago, Chile.

Zenteno de León, E. (1944). *Boletín del Cenáculo de Poesía del Conservatorio de Declamación(5)*. Santiago, Chile: Imprenta y Litrografía Leblanc.

Zenteno de León, E. (1945). *El arte de la declamación y la enseñanza práctica de este arte.* Santiago, Chile: Nascimento.

Zenteno de León, E. (1947). *El Cenáculo de Poesía a sus poetas: 19 poetas del Cenáculo de Poesía* (1 ed.). Santiago, Chile: Talleres de la Editorial Nascimento.

Zenteno de León, E. (septiembre-octubre de 1950). Alessandri. *Mujeres de América: "Manos Unidas, Corazones Fuertes"*(19), pág. p.1.

Zenteno de León, E. (ca 1944). Recital de poesía en la Sala Cervantes. (T. A. University, Recopilador) Santiago, Chile.

Zenteno de León, E., C. de Guzman, H., Decarett Jaar, L., Jarpa G. de Lazo, S., & Mayer de Zulen, D. (mayo-junio de 1948). Dora Puelma. *Mujeres de América: "Manos Unidas Corazones Fuertes"*(5), pág. p.4.

Zenteno de León, E., C. de Guzman, H., Deccarett Jaar, L., Jarga Gana de Lazo, S., & Mayer de Zulen, D. (mayo-junio de 1948). Nuestra directora recibe distinción honorífica por su labor americanista (Homenaje a Vera Zouroff). *Mujeres de América "Manos Unidas Corazones Fuertes"*(5), pág. p.1.

Zenteno de León, E., C. de Guzman, H., Deccarett Jaar, L., Jarpa Gana de Lazo, S., & Mayer de Zulen, D. (mayo-junio de 1948). Mujeres en la diplomacia. *Mujeres de América: "Manos Unidas Corazones Fuertes"*(5), pág. p.2.

Zenteno de León, E., Enríquez , G., Puelma, D., Bose Méndez, B., Deccarett Jaar, L., Jarpa Gana de Lazo, S., y otros. (julio-agosto de 1948). Bolivar, 27 de julio de 1703. *Mujeres de América: " Manos Unidas Corazones Fuertes"*(6), pág. p.3.

Zenteno de León, E., Enríquez, G., Puelma, D., Bose Méndez, B., Decarett Jaar, L., Jarpa, S., y otros. (julio-agosto de 1948). Mujeres en la diplomacia. *Mujeres de América: "Manos Unidas Corazones Fuertes"*(6), pág. p.2.

Zenteno de León, E., Enríquez, G., Puelma, D., Bose Méndez, B., Deccarett Jaar, L., Jarpa Gana de Lazo, S., y otros. (julio-agosto de 1948). Problemas sociales. *Mujeres de América: "Manos Unidas Corazones Fuertes"*(6), pág. p.1.

Zenteno de León, E., Jarpa Gana de Lazo, S., Aguirre Cavada, R., Deccarett Jaar, L., Mayer de Zulen, D., Sosa Mendy, B., y otros. (enero-febrero de 1949). Unidad política continental. *Mujeres de América: "Manos Unidas, Corazones Fuertes"*(9), pág. p.3.

Zenteno de León, E., Jarpa Gana de Lazo, S., Mayer de Zulen, D., A.Bailey, A., de Lara, G., & de Marin , M. (mayo-junio de 1949). Marta Herrera de Warnken (Patricia Morgan). *Mujeres de América: "Manos Unidas, Corazones Fuertes"*(11), pág. p.1.

Zenteno de León, E., Jarpa Gana de Lazo, S., Mayer de Zulen, D., García, E., Daccaret Jaar, L., & Urivi, A. (julio- agosto de 1949). Dora Mayer de Zulen. *Mujeres de América: "Manos Unidas, Corazones Fuertes"*(12), pág. p.4.

Zenteno de León, E., Jarpa Gana de Lazo, S., Mayer de Zulen, D., Garía , E., Daccarett Jaar, L., & Urivi, A. (julio-agosto de 1949). Obra cultural realizada en Brasil por la poetisa chilena señora Gabriela Huneeus de

Izquierdo. *Mujeres de América: "Manos Unidas, Corazones Fuertes"*(12), págs. p-1.

Zenteno de León, E., Jarpa, S., Aguirre Cavada, R., Deccarett Jaar, L., Mayer de Zulen, D., Sosa Mendy, B., y otros. (enero-febrero de 1949). A las mujeres de América de la Mesa Redonda Panamericana de Chile. *Mujeres de América: "Manos Unidas, Corazones Fuertes"*(9), pág. p.1.

Zenteno de León, E., Mayer de Zulen, D., & Huerta Oliveira, M. (noviembre-diciembre de 1950). Actividades de la Casa de América. *Mujeres de América: "Manos Unidas, Corazones Fuertes"*(20), pág. p.1.

Zenteno de León, E., Mayer de Zulen, D., De Miranda, D., & Sosa Mendy, B. (septiembre-octubre de 1950). Homenaje a O'higgins en la Casa de América. *Mujeres de América: "Manos Unidas, Corazones Fuertes"*(19), pág. p.2.

Zenteno de León, E., Mayer de Zulen, D., Huerta Oliveira, M., & Silva de Santolalla, I. (enero-febrero de 1951). Estatutos y objetivos de la Casa de América-Chile. *Mujéres de América: "Manos Unidas, Corazones Fuertes"*(21), págs. p.1-2.

Zenteno de León, E., Mayer de Zulen, D., Vilchis Baz, C., & Huertas Oliveira, M. (julio-agosto de 1950). Actividades de la Mesa Redonda Panamericana de Mujeres de Chile. *Mujeres de América: "Manos Unidas, Corazones Fuertes"*(18), pág. p.1.

Zenteno de León, E., Mayer de Zulen, D., Vilchis Baz, C., & Huertas Oliveira, M. (julio-agosto de 1950). En Santiago de Chile se funda la Casa de América. *Mujeres de América: "Manos Unidas, Corazones Fuertes"*(18), pág. p.1.

Zenteno de León, E., Mayer de Zulen, D., Vilchis Baz, C., & Huertas Oliveira, M. O. (julio- agosto de 1950). Acta de fundación de la Casa de América. *Mujéres de América: "Manos Unidas, Corazones Fuertes"*(18), pág. p.2.

Zenteno de León, E., Mayer de Zulen, D., Vilchis de Baz, C., & Huertas Oliveira, M. (julio- agosto de 1950). Generoso gesto de Gabriela Mistral. *Mujeres de América: "Manos Unidas, Corazones Fuertes"*(18), pág. p.2.

Zouroff, V. (6 de octubre de 1949). Carta dirigida por Vera Zouroff a Gabriela Mistal. (B. N. Chile, Recopilador) Santiago, Chile.

Zouroff, V. (8 de septiembre de 1954). Carta de Vera Zouroff a Gabriela Mistral. (B. N. Chile, Recopilador) Santiago, Chile.

Acerca del autor

Daniel Piedrabuena Ruiz-Tagle (1964). Nació y vivió sus primeros nueve años de vida en Santiago de Chile. Lleva residiendo cuarenta y uno en España, fundamentalmente en Madrid. Licenciado en Derecho (Uned), Diplomado en Empresas y Actividades Turísticas (Uned), Técnico Publicitario (Centro Español de Nuevas Profesiones). Ha sido durante diecisiete años (1994-2012) investigador de la Biblioteca Nacional de España, Real Academia de la Historia, Archivo Histórico Nacional, Archivo del Ejército, de la Marina, de la Biblioteca Hispánica, Fundación Tavera, Fundación alemana Göerres y otros muchos archivos y bibliotecas.

Asimismo ha investigado en diversos archivos regionales, realizando un total de seis viajes por España: tres a Málaga, donde ha investigado en el Archivo Histórico Provincial, en el Archivo Municipal y en el Archivo Catedralicio; dos a Sevilla, donde ha investigado en el Archivo General de Indias y en la Casa de Pilatos; uno a Granada, donde ha investigado en la Real Chancillería. Fruto de esta ingente labor investigadora ha escrito la serie titulada *Los protegidos del César*, la cual se subdivide en dos tomos; el primero, *El conquistador alemán Pedro Lísperguer Wittemberg*; y el segundo, *Los Lísperguer Wittemberg: una familia alemana en el corazón de la cultura chilena*.

Gran admirador de la obra de su abuela, también el autor ha escrito otra obra titulada *Impresiones de Lucía Richard*, en la que no sólo se consagra como investigador, sino que relata con maestría los principales movimientos literarios y feministas de la década de los 40 y 50.

La vocación intelectual del autor y su amor a la tierra americana que le vio nacer, le ha llevado a seguir estudiando y en la actualidad está cursando un máster de la Facultad de Filología titulado "Máster Universitario en Formación e Investigación Literaria y Teatral en el Contexto Europeo", dependiente del Departamento de Literatura Española y Teoría (Uned), que contiene muchos presupuestos americanistas y que pronto le abrirá las puertas a un doctorado en literatura.

Autor del libro: *El conquistador alemán Pedro Lísperguer Wittemberg*
Autor del libro: *Los Lisperguer Wittemberg: una familia alemana en el corazón de la cultura chilena*
Autor del Libro: *Impresiones de Lucía Richard*
Autor del artículo: Los Lísperguer Wittemberg: Luces y sombras de una singular familia alemana presente en la historia de España y Chile
Administrador del Blog: http://lisperguerwittemberg.blogspot.com.es
Visita su página en Facebook:
https://www.facebook.com/LisperguerWittemberg/
Visita su página en Twitter: https://twitter.com/danielpiedrab10
Visita su página en Wordpress: https://booksideals.wordpress.com/
Si quieres comentar cualquier aspecto de esta obra lo puedes hacer a través de la siguiente dirección de correo: booksideals@gmail.com
Si este libro te ha cautivado, interesado, o si simplemente te ha sido útil, puedes también comentarlo en la plataforma donde hayas adquirido el libro. Gracias.